서사의학

의료인문학 교육을 위한
이야기 활용 방법론

이 저서는 2018년 대한민국 교육부와 한국연구재단의 지원을 받아 수행된
연구임(NRF-2018S1A6A4A01028814)

서사의학

박용익

의료인문학 교육을 위한 이야기 활용 방법론

역락

사랑하는 나의 가족
정연옥, 박도원, 박인원에게

서문

　지금 현대인은 그동안 체험해보지 못한 대규모의 돌림병인 코로나19를 겪고 있다. 이 돌림병으로 인해서 모두가 일상생활의 많은 제약을 받고 있고, 생계의 어려움에 처해 있는 사람들도 많다. 또한 감염으로 인해 많은 사람들이 고통받고 희생되기도 하였다. 발생 초기만 하더라도 모든 이들이 돌림병과 그에 대한 대처 방안을 몰라서 당혹감과 불안 그리고 공포에 시달렸다. 이 돌림병이 아직도 진행형이기는 하지만 인류는 의료인의 노력과 헌신 덕분에 인류에 대재앙을 끼쳤던 흑사병이나 콜레라 등과는 비교할 수 없을 만큼 신속하게 코로나19에 대처할 수 있었고 이제는 멀지 않은 시기에 종식을 기대할 수 있게 되었다. 이와 같이 현대의학은 이전에는 불가능했던 많은 질병을 예방하고 치료할 수 있게 되었고, 이를 통해서 많은 사람들의 생명을 구하고 건강을 회복시켜 줄 수 있게 되었다. 이에 대해서 많은 사람들이 의료인에 대한 찬사와 감사 그리고 존경의 마음을 가지고 있다.

　그러나 다른 한편으로는 의료인에 대한 불신과 외면 그리고 불평과 분노의 마음을 표현하는 환자들의 목소리도 또한 적지 않다. 사람들의 건강을 회복시켜주고 생명을 구해주는 의료인이 환자로부터 찬사와 감사 대신에 불평과 분노의 소리를 들어야 하고 외면당하는 현상을 현대의학의 역설이라고 부른다. 저자가 의료커뮤니케이션과 의료인문학을 연구하고 교육하는 현장에서 만나게 되는 적지 않은 의료인이 이러한 역설적인 평가에 대해 불편감과 아쉬움을 나타내고 있다. 이를 보면 환자가 의사에 대해 갖는 부정적인 평가가 단순히 환자의 정서적인 불편감으로만 머물러 있지 않고, 의료인의 직업 만족도와 삶의 질에도 크게 영향을 끼친다는 사실을 알 수 있다.

현대의학의 큰 진전에도 불구하고 의료인에 대한 불만과 분노 그리고 불신의 원인으로 무엇보다도 진료 과정에서 인간소외와 따뜻함의 부재가 거론되고 있다. 지금까지 현대의학의 대체적인 흐름은 의학기술과 과학지식을 토대로 정상적이지 않은 신체 기관과 조직을 질병의 진단과 치료의 대상으로 하는 것이었다. 이런 이유로 현대의학에서 환자는 전인적 인격체가 아닌 치료의 대상이었고 의사는 환자를 치료하는 제도적 전문 역할자일 뿐이었다. 이러한 현대의학의 관행에서 의사와 환자와 사이에 공감적이고 전인적인 만남의 자리는 존재하지 않는다. 그렇지만 환자는 진료 과정에서 한 인간으로서 존중되고 배려받고 싶어하고, 질병으로 인한 자신의 고통과 불편감을 토로하고 그에 대해서 위로받고 공감받기를 원한다. 하지만 환자는 그러한 욕구가 충분히 충족되는 느낌을 받지 못하는 것으로 보인다.

이러한 현대의학의 문제와 한계를 극복하기 위해서 의학계는 임상의학과 의학교육에 인문학을 접목하려는 시도를 하였다. 이를 의료인문학이라고 부른다. 의료인문학의 핵심적인 목표는 의료 현장에서 의사와 환자 모두 인간으로서 존재하고, 의료 현장에 인간미와 따뜻함을 회복시키는 것이며, 그동안 권위적이고 냉랭하였던 의사와 환자의 관계를 상호 존중적이고 따뜻하며 공감적인 것으로 전환하려는 것이다. 외국의 의학계에서는 1970년대부터 그리고 한국의 의학계에서는 2000년대부터 본격적으로 도입된 의료인문학은 현대의학에서 인간 중심의 따뜻하고 공감적 의료라는 목표를 실현시키기 위해서 많은 노력을 기울이고 있다.

의료인문학의 그러한 노력 가운데 하나가 이야기를 의료와 의학교육에 활용하고자 하는 서사의학이다. 서사의학은 일상생활에서 매우 흔하게 접할 수 있고, 누구나 쉽게 할 수 있는 이야기를 질병의 진단과 치료에 활용하려는 의학의 한 모델이다. 환자의 이야기는 첨단 의료기기를 통해서도 알 수 없는 질병의 원인과 증상에 관한 다양한 정보를 의사에게 제공함으로써 의사가 정확한 질병 진단을 하는 데 도움이 된다. 또한 의료인은 환자의 이야기를 통해서 환자가 질병으로 인해서 어쩔 수 없이 겪게 되는 고통과 불편감 그리고 심리적·정서적 어려움을 이해할 수 있게 되고, 환자의 이야기에 대한 경청과 공감을 통해서 환자에게 전인적 대처를 할 수 있게 된다. 이 과정에서 환자의 심리적·정서적 치유가 이루어지기도 한다. 이를 이야기 치료라고 한다.

서사의학은 궁극적으로 의사와 환자의 인간적이고 따뜻한 만남을 목표로 한다. 서사의학은 2000년대부터 미국과 영국의 의학계에서 본격적으로 도입되었고 이제는 여러 나라의 의학교육과 의료인문학 교육의 방법론으로 정립되어 있다. 한국의 의학계에서도 서사의학에 대한 관심이 늘어나고 있기는 하지만 아직까지는 구체적인 논의가 부족한 실정이다.

이 책의 일차적인 목적은 서사의학에 대한 체계적인 이해를 돕고 서사의학의 구체적인 교육 방법론을 제시하는 것이다. 이 책을 통해서 소개된 서사의학이 인간미와 따뜻함을 갖춘 좋은 의사의 양성과 인본주의에 바탕을 둔 임상의료의 실천에 활용되기를 바란다. 그렇게 되면 환자는 서사의학을 실천하는 좋은 의사와의 만남에서 신체적 치료뿐만 아니라 질병으로 인해서 손상된 자아 존중감을 회복하고 고통과 불편감이 이해되며 공감받는다는 느낌을 가질 수 있게 될 것이다. 이런 치료를 받은 만족한 환자는 의료인에 대한 존경과 감사의 마음을 표하게 될 것이다. 이는 다시 의료인의 직업만족도와 삶의 질을 제고하는 원동력으로 작용하게 될 것이다. 그러므로 이 책의 궁극적인 목적은 행복한 환자와 행복한 의사가 함께 존재하는 의료 환경을 만드는

데 기여하는 것이다. 이 책의 저자는 서사의학과 의료인문학을 포괄하는 의학교육의 최종적인 목표가 의과대학생이 의료현장과 일상생활에서 행복한 사람으로 성장하고 존재할 수 있도록 도와주고 안내해주는 것이라고 믿고 있다.

이 책은 한국연구재단의 연구지원 사업에 선정되어 저술되었다. 선정 이후 작성한 이 책의 여러 내용은 학술지에 먼저 논문으로 게재한 바 있다. 구체적인 출처는 해당되는 곳의 각주에 명기하였다.

이 책이 나오기까지 많은 분들의 도움을 받았다. 이 책을 저술하는 동안 건양대학교 의료인문학 교실 연구교수로 재직하면서 이 책의 내용을 강의할 수 있었다. 이 과정에서 이 책의 내용을 검증하고 조금이라도 개선할 수 있었다. 부족한 강의였지만 진지하고 성실하게 수업에 임해주었던 건양대학교 의과대학생들에게 감사의 마음을 전한다. 제7장에서 서사 인터뷰 과제를 예시로 활용하는 데 동의해 준 한 학생에게 특히 고마운 마음이다. 이 책의 거친 원고를 꼼꼼히 읽고 원고의 개선을 위한 많은 유용한 제안을 해주신 이정우 선생님께 깊고 깊은 감사의 마음을 표하고 싶다. 어려운 출판 상황에서 이 책의 출판을 흔쾌히 허락해 주신 역락 출판사 이대현 사장님과 부족한 원고를 좋은 책으로 만들기 위해서 수고를 아끼지 않으신 관계자 여러분들께도 감사한 마음이다.

이 책을 쓰는 과정에서 뜻밖에도 사랑하는 아내가 위중한 질병을 앓게 되었고 이로 인해서 저자는 일상생활이 불가능할 만큼 깊은 시름과 절망의 상태에 놓인 적이 있었다. 아내의 질병을 발견하고 치료해주신 모든 의료인과 저자의 일상생활이 회복될 수 있도록 물심양면의 도움과 지지를 베풀어주신 모든 분들께도 감사의 마음을 전한다. 그 모든 분들의 덕분에 이 책의 저술이 완성될 수 있었다. 무엇보다도 힘든 치료의 과정을 잘 견뎌준 아내 정연옥과 힘들고 어려운 시련의 시간을 견뎌낼 수 있도록 온 힘을 다해주고 가족 간 사랑의 놀라운 힘을 새삼 일깨워준 두 아들 도원과 인원에게도 고마움과 사랑의 마음을 전한다.

2022년 6월

박용익

차례

1. 들어가는 말

1. 들어가는 말

1.1. 필요성과 목적

사회는 다양한 전문적 기능을 발현하는 여러 제도로 구성되어 운영된다. 그러한 제도 가운데 하나가 바로 의료 제도이다. 의료는 사람의 삶과 죽음 그리고 고통과 통증 등과 같은 인간의 가장 원초적인 관심사인 생명과 건강을 다루고 이를 위해서 정신적·신체적으로 가장 내밀한 개인의 사적 영역에 관여하는 사회의 한 전문 영역이다. 그러한 이유로 의료인은 감사와 찬사의 대상이 되기도 하지만, 거꾸로 비난과 원망의 대상이 되는 경우도 적지 않다. 의료인에 대한 환자의 불만과 불평은 환자를 전인적 인격체로서 배려하고 존중하지 못하는 현대의학의 한계에서 기인한다.

이러한 비판을 인식하고 자성하고 있는 의료계는 변화를 위한 다양한 노력을 기울이고 있다. 그 중의 하나가 현대의학의 한계와 문제의 원인이었던 생의학과 과학적 지식 전달과 의료 술기를 중심으로 하였던 기존의 의학교육을 개선하기 위한 방안의 하나로 의학교육에 의료인문학을 도입한 것이었다.

환자를 전인적 인격체로 배려하고 존중하며 따뜻하게 대할 줄 아는 인도적
의사의 양성을 목표로 하는 의료인문학이 1970년대 처음으로 미국의 의학교
육에 도입된 이후, 현재 세계 여러 나라에서 의학교육의 필수적인 교육과정
으로 확고히 정립되었다. 한국의 의료계도 국제적인 의학교육의 새로운 흐름
에 따라서 2000년대부터 의학교육에서 의료인문학 교육을 본격적으로 도입
하기 시작하였다. 의료인문학은 '좋은 의사'를 양성하고 환자 중심의 의료 환
경을 조성할 수 있을 것이라는 믿음과 희망으로 시작되었고, 그러한 믿음과
희망은 여전하다. 하지만 국내외의 의료교육학회에서 의료인문학 교육의 목
표가 기대한 만큼 달성되고 있지 않다는 평가가 주를 이루고 있기도 하다.

　의료인문학 교육의 목표가 기대하고 희망한 만큼 달성되고 있지 못한 것
의 가장 큰 원인은 교육의 목표와 내용 그리고 방법론 등이 추상적으로 설정
되어 있거나 구체적으로 제시되어 있지 않기 때문이다. 애초에 의료인문학이
추구했던 목적을 달성하기 위해서 무엇보다도 먼저 의료인문학에 대한 구체
적인 개념과 목표 설정을 보다 명확히 해야 하고, 그러한 개념을 구현하고
목표를 실현할 수 있는 구체적인 방법론의 개발도 필요하다.

　의료인문학 교육의 목표를 구체적으로 구현할 수 있는 한 방법으로 의료
및 의학교육에서 이야기를 활용하는 서사의학(narrative medicine)이 제안되고
있다. 미국과 영국의 의과대학에서 1990년대부터 의료인문학 교육의 구현수
단으로 본격적으로 활용되기 시작한 서사의학은 이제 여러 나라의 의과대학
에서 의료인문학 교육 방법론으로 활발하게 활용되고 있다. 한국의 의학교육
계에도 의료인문학자 황임경의 여러 논문을 통해서 서사의학이 소개된 바
있다. 하지만 한국의 의학교육학계에서 서사의학의 핵심 요소인 이야기, 서
사의학의 본질적 목표인 경청과 공감의 개념과 수행 방법, 그리고 서사의학
을 활용한 구체적인 교육 방법에 대해서는 논의가 충분히 이루어지고 있지

않다. 이러한 이유로 한국의 의학교육계의 서사의학에 대한 관심이 작지는 않지만 서사의학이 의료인문학 교육 방법으로 충분히 활용되지는 못하고 있는 실정이다.

이 책의 저술은 의료인문학의 교육 목표를 구현하기 위한 교육 수단으로서 서사의학의 적합성을 밝혀내고 경청과 공감 능력 계발 교육을 위한 구체적인 서사의학 활용 방법의 제시를 목적으로 한다. 이러한 전체적인 목적 달성을 위한 하위 목표는 다음과 같다.

- 현행 의료인문학 교육의 현황과 한계 및 개선을 위한 방법으로서 서사의학의 적합성에 대한 논의
- 서사의학의 개념과 목적 그리고 특징에 대한 논의
- 서사의학의 수단인 이야기의 언어 의사소통적 특성에 대한 논의
- 인간과 의학에 대한 이야기의 의미와 관련성에 대한 논의
- 의료인문학 교육의 핵심 목표인 경청과 공감의 개념과 수행 방법에 대한 논의
- 경청과 공감 능력 계발을 위한 서사 인터뷰 및 정밀읽기의 활용과 교육 방법론에 대한 논의

이 책의 대상자는 일차적으로 의료인문학 및 의학교육자이다. 하지만 이야기와 경청 그리고 공감이 의료라는 특정 분야에만 해당되는 관심사는 아니다. 특히 오늘날 '공감의 시대', '공감적 존재로서의 인간(homo empathichus)이라고 불릴 만큼 경청과 공감은 세대와 영역을 넘어서는 보편적인 관심사이다. 그러므로 이 책은 경청과 공감 능력 계발을 위한 모든 영역에서, 특히 치의학이나 간호학 그리고 기타 의료보건 관련 학과에서도 활용될 수 있을

것이다.

1.2. 내용과 구성

이 책은 모두 8개의 장으로 구성하여 저술되었다. 1장에서 이 책의 저술 배경과 목적에 대해서 간략히 논의하고 이 책의 전체 내용 구성에 대해서 소개할 것이다.

제 2장 "의료인문학 교육의 구현 수단으로서 서사의학"은 의료인문학과 서사의학에 대한 논의를 목적으로 한다. 이에 대한 논의는 서사의학이 의료인문학의 한 영역이므로 서사의학을 의료인문학이라는 보다 더 큰 관점에서 살펴본다는 점에서 의미가 있다. 이 장에서 다룰 구체적인 내용은 의료인문학의 정의와 목표, 의료인문학 도입의 배경과 필요성, 의료인문학의 발달사, 의료인문학의 한계와 개선을 위한 기존의 논의, 의료인문학 교육 방법으로서 서사의학에 대해서 논의할 것이다.

제 3장 "서사의학 이해"는 서사의학에 대한 정확하고 체계적인 이해를 목적으로 한다. 이를 위해서 먼저 서사의학의 개념 정의와 의학교육에서 도입의 배경과 필요성 및 목표 등에 대한 논의를 할 것이다. 이어서 서사의학의 이론적 토대와 철학 그리고 서사의학과 생의학을 중심으로 하는 기존 의학의 차이점 등에 대해서 기술할 것이다. 이 장의 마지막 부분에서는 서사의학의 한계와 가능성 그리고 서사의학의 기대효과 등에 대해서 살펴볼 것이다.

제 4장 "이야기의 특성"은 서사의학의 핵심 도구인 이야기(敍事, 내러티브(narrative))에 대한 정확한 이해를 목적으로 한다. 그 이유는 서사의학의 핵심 요소인 이야기를 정확히 이해해야 서사의학에 대해서도 정확하게 이해할 수

있고, 서사의학을 의학교육과 의료 현장에서 적확하게 활용할 수 있기 때문이다. 또한 서사의학에 대한 수용과 거부와 관련된 논의가 분분한데, 의미 있는 논의를 위해서 무엇보다도 이야기의 개념에 대한 상호 이해와 합의가 필요하기 때문이기도 하다. 이를 위해서 이 장에서는 이야기의 개념 정의 및 언어 의사소통적 특성 그리고 이야기와 유사하지만 다른 언어 의사소통적 특징을 가지고 있는 보고, 기술, 논증 등과의 관련성에 대해서 논의할 것이다.

제 5장 "인간과 이야기 그리고 의학"은 인간과 의학에서 이야기가 차지하는 의미와 영향에 대한 논의를 목적으로 한다. 이 장의 전반부에서 인간의 원초적이고 보편적인 자질로서의 이야기의 특성과 인류의 진화과정에 끼친 이야기의 영향에 대해서 기술할 것이다. 이 장의 후반부에서는 의학에서 이야기의 활용의 필요성과 영향에 대한 논의를 할 것이다. 특히 진단과 치료 그리고 의료인과 환자에 대한 이야기의 효능에 대한 논의를 함으로써 의학에서 이야기 활용의 유용성과 타당성을 입증할 것이다.

제 6장 "서사의학의 핵심 목표로서의 경청과 공감"은 경청과 공감에 대한 정확한 이해를 목적으로 한다. 서사의학의 목표 중에서 가장 핵심적인 것이 의료인과 환자 그리고 의료인과 의료인 사이의 경청과 공감 능력의 계발이다. 경청과 공감을 올바로 교육하고 수행하기 위해서 가장 먼저 필요한 것은 경청과 공감의 개념과 구성요소를 명확하고 구체적으로 이해하는 것이 필요하다. 이를 위해서 이 장에서는 먼저 경청과 공감의 개념과 구성요소에 대해 심층적으로 논의할 것이다. 특히 공감이 공감자와 피공감자 모두에게 이익이 되는 상호 호혜적 특성, 즉 공감이 타인에 대한 헌신이나 희생이 아닌 공감자 자신에게도 도움과 이익이 되는 사실에 대해서 기술함으로써 공감 능력 계발에 대한 필요성과 자발적 동기부여를 강조할 것이다. 이 장의 후반부에서는 의학에서 공감 도입의 배경과 목적 그리고 의료와 의료인에 대한 의미와 효

능에 대해서 논의할 것이다.

3장에서 6장까지가 서사의학의 이론적인 논의에 해당된다면 제7장과 제 8장은 경청과 공감 능력을 계발하고 향상시킬 수 있는 구체적인 교육 방법론에 대한 논의를 목적으로 한다.

제 7장 "경청과 공감 교육 방법론 1: 서사 인터뷰의 활용"은 경청과 공감 능력 계발 교육에서 서사 인터뷰의 적합성과 유용성에 대한 논의와 구체적인 활용 방법의 제시를 목적으로 한다. 이를 위해서 먼저 경청과 공감 교육의 조건과 원칙을 제시할 것이고, 서사 인터뷰의 특성이 공감 교육에서 유용하고 적합한 이유 및 장점에 대해서 논의할 것이다. 이어서 이론교육 - 실습교육 - 평가 및 피드백 교육으로 이어지는 서사 인터뷰를 활용한 경청과 공감 능력 계발 교육 방법론을 구체적으로 제시할 것이다. 마지막으로 서사 인터뷰를 활용한 경청과 공감 교육을 위한 수업 계획안을 제시할 것이다.

제 8장 "경청과 공감 교육 방법론 2: 정밀읽기의 활용"은 정밀읽기를 활용하여 의사의 경청 능력을 향상시킬 수 있는 교육 방법론에 대한 논의를 목적으로 한다. 이를 위해서 먼저 정밀읽기 개념과 서사의학의 교육 수단으로서 정밀읽기의 적합성에 대해서 논의할 것이다. 이어서 정밀읽기의 원리와 방법과 정밀읽기의 교육 방법과 진행과정 그리고 정밀읽기와 창의적 글쓰기에 대해서 살펴볼 것이다. 마지막으로 정밀읽기의 실제 사례와 정밀읽기를 활용한 경청과 공감 교육을 위한 수업 계획안을 제시할 것이다.

2. 의료인문학 교육의 구현 수단으로서 서사의학

2. 의료인문학 교육의 구현 수단으로서 서사의학

2.1. 의료인문학의 정의와 목표

의료인문학의 개념 정의는 공식적으로 합의되어 있거나 관련 연구자 및 교육자 사이에서 광범위하게 그리고 보편적으로 사용되고 있는 주도적인 개념 정의도 없는 상태이다(권상옥 2008, 8; 안정희 외 2008, 134).[1] 그렇기 때문에 의료인문학이 무엇인가에 대한 개념을 명료하게 이해하는 데 어려움이 있다. 대상을 규정하는 개념 정의는 그것을 바라보는 사람의 관점과 목적 그리고 그 맥락이 서로 다를 수밖에 없기 때문에 그 대상에 대한 정의가 매우 다양한 것은 비단 의료인문학뿐만 아니라 모든 대상에도 적용되는 보편적인 현상이다.

하나의 대상을 하나의 정의로 전체적으로 그리고 온전하게 규정하고 기술하는 것은 불가능하다. 이는 다면적이고 복합적인 특성을 가진 다차원적인

---

[1]   의료인문학과 관련하여 한국의 의학교육학계에서는 주로 '의료인문학(medical humanities)'과 '인문사회의학(medical humanities & social science)'이라는 용어가 사용되고 있다. 이 책에서는 거의 같은 의미로 사용되고 있는 이 두 용어 중에서 '의료인문학'을 사용하기로 하겠다.

대상을 이차원적인 속성을 가지고 있는 언어로서 규정할 때 필연적으로 발생하는 현상이라고 할 수 있다. 그렇기 때문에 특정한 개념에 대한 다양한 정의는 그 개념에 대한 명료한 이해를 어렵게 하는 문제를 야기하기도 하지만, 다른 한편으로는 대상에 대한 다면적이고 복합적인 이해를 가능하게 하는 순기능을 가지고 있기도 하다.

의료인문학을 가장 단순하게 정의하자면 의료 및 의학교육에서 인문학을 활용하는 것일 것이다.[2] 인문학의 개념은 의료인문학보다 더 다양하게 정의되겠지만 이를 단순화해서 정의하자면 인문학은 인간됨을 탐구하는 학문이라고 할 수 있다. 최진석(2017, 62.f)에 따르면 인문(人文)은 인간이 그리는 무늬 혹은 결을 의미한다. 그러므로 인문학은 인간의 무늬 또는 결이 무엇인가를 이해하고자 하는 연구 분야라고 할 수 있다. 무늬나 결은 저절로 생겨나는 것이 아니라 인간이 살아낸 삶의 흔적이다. 인간의 삶은 언제나 사회적 관계 속에서 영위된다. 그러므로 인문학은 인간의 무늬와 결이 무엇인지 알아내고 이를 통해서 타인과의 관계 속에서 이루어진 인간의 삶과 정신을 들여다보고 이해하고자 하는 연구 분야이기도 하다. 그런 이유로 - 역시 매우 단순화한 정의이지만 - 인문학은 인간과 인간의 삶을 이해하고자 하는 연구 분야라고 할 수 있을 것이다.

이러한 인문학의 개념 정의에 따르자면 의료 및 의학교육에서 활용하고자 하는 인문학, 즉 의료인문학은 의료 상황에서 생겨나고 발견되는 인간(의사와 환자)[3]의 무늬와 결을 이해하고자 하는 것이다. 그러한 이해를 통해서 의사는

---

2   이와 비슷하게 의료인문학은 진료와 의학교육에 예술과 인문학을 적용하는 것(Breakley 2018, xliii)) 또는 의학의 인간적인 면을 간 학문적으로 탐구하는 학문(Arnott et al. 2001, 104f.)이라고 정의되었다.

3   의료인문학이 대상으로 하는 인간을 좁게 보자면 의사와 환자이고, 보다 더 넓게 보자면 의사와 환자 외에도 환자 보호자와 다양한 직역의 의료인을 포함한다.

의료인으로서 자신의 삶을 반추해보고 이해할 수 있으며 동시에 환자를 전인적 인격체로서 이해할 수 있게 된다. 또한 의료인문학은 의료 상황에서 벌어지는 사회적 관계, 즉 의사와 환자 사이에 벌어지는 인간관계를 보다 더 명확하게 이해하는 데 기여할 수 있다. 이와 관련하여 영국의 의료인문학 협회는 의료인문학을 의료의 인간적인 측면 그리고 환자와 의사 관계를 포함하여 환자와 의사가 겪는 의료 경험을 의료, 교육 그리고 연구의 측면에서 학제 간으로 탐구하는 학문이라고 규정한 바 있다(Hurwitz/Dakin 2009, 84). 의료인문학은 생의학 모델을 토대로 하는 현대의학에서 '사라지고 잊혀진' 인간으로서의 환자를 재발견하는 데에서 큰 의미가 있다고 할 수 있다(권상옥 2008, 12-13).

지금까지 기술한 의료인문학의 개념 정의는 이미 언급한 바대로 매우 단순화된 것이어서 이러한 개념 정의로는 의료인문학을 세세하고 구체적으로 이해하는 데 부족하다. 이를 위해서 지금까지 논의된 의료인문학의 다양한 개념 정의를 논의하는 것이 필요하다.

의료인문학의 용어가 지칭하는 대상 또는 의미로는 다음과 같은 것들이 있다(El-Moamly 2017, 1f.)

- 의료 윤리, 행동 기술, 의사 결정 또는 의사소통 기술을 통칭하는 용어
- 인생 경험을 이해할 수 있는 인간적인 의사의 양성과 공감과 연민 그리고 통찰력과 이해력을 촉진할 수 있는 모든 학문이나 교과목을 지칭하는 용어
- 의료 행위의 여러 양상, 특히 인간이 중심이 되는 의학의 교육과 연구에 관한 지속적이며 학제적인 탐구를 지칭하는 용어
- 인문학(문학, 역사, 윤리, 신학)과 예술(문학, 영화, 음악, 무용, 연극, 시각 예술) 및 인류학을 포함하는 학제 간 영역을 지칭하는 용어
- 같은 인간으로서의 환자와 환자 가족 및 의료팀 구성원의 인간성과 존엄

성을 존중하는 인간적인 의사 양성의 목표 달성을 위해 여러 생의학 교과
목과 통합된 의학 교육 과정을 지칭하는 용어

에반스는 의료인문학이 실천되고 수행되는 영역을 세 가지로 분류하여 의
료인문학의 개념을 논의하였다(Evans 2007, 367).

- 보건의료 속의 예술: 글쓰기, 회화 등과 같은 창작예술 활동의 치료적 활
  용 그리고 건전한 공동체를 만들고 유지하기 위한 방법으로 창작예술과
  공공미술의 협동 제작 등
- 의학교육 프로그램과 활동: 의과대학의 학생이나 대학원생의 교육 프로
  그램, 의사의 지속적인 재교육을 위한 주기적인 학습 자원, 예술이나 문학
  또는 창의적인 자기표현을 통한 개인적 자원
- 학술적 또는 이론적 특성이 강한 활동: 기술적 의학의 한계에 대한 비판
  적 논의를 통해 인간의 본성을 더 잘 이해하기 위한 활동으로서 주로 철
  학적 탐구와 논의

의료인문학은 추구하는 목표와 이를 위한 활동과 관련하여서 정의될 수도
있다. 의료인문학의 목표에 대한 목적과 활동은 연구자마다 비슷하지만 서로
조금은 다르게 다양하게 정의되어 있다.

(1) Arnott/Bolton/Evans et al. (2001, 105)의 정의

- 의과대학에서 이루어지는 교과목과 구별되는 교육에 대한 강조와 학습을
  위한 호기심 촉진

- 의과 대학생과 의사의 경청과 해석 및 의사소통 능력 개선과 의료의 윤리적 차원에 대한 민감성의 촉진
- 인간의 본성을 경이롭게 바라볼 수 있는 태도의 촉진과 장려
- 연구와 탐구에 대한 열정의 촉진과 장려
- 의과 대학생과 의사가 자신의 직업적, 개인적 가치를 탐구하고 발견하며 계발하고 유지하도록 장려
- 의과 대학생과 의사가 자신의 경험과 지식에 대한 비판적인 시각과 성찰 능력을 계발할 수 있도록 장려
- 인간 조건의 여러 측면에 대한 통찰력과 관심의 계발 장려
- 의과 대학생과 의사가 넓은 인문학적, 역사적 맥락에서 자신의 경험을 이해할 수 있는 능력 계발 촉진
- 의학이 전적으로 과학 또는 예술에 기반을 둔 학문이 아니라, 두 분야가 통합된 영역이라는 사실을 의과 대학생과 의사가 수용하도록 장려
- 자연과학 전공자 이외의 지원자가 의과대학에 입학할 수 있는 기회의 확대 촉진

(2) El-Moamly (2017, 2)의 정의

- 의학과 문학 혹은 예술을 통하여 정서적 감수성(sensibility)과 공감능력을 키우고, 의사학과 의철학을 통하여 비판적 성찰 능력을 키우는 것
- 타자성, 타인에 대한 공감과 연민의 태도, 타인의 경험을 적확하게 이해하고자 하는 태도 등의 함양을 위한 의과대학생의 지식과 숙련성을 갖추도록 하는 것
- 의사가 의료의 여러 인간적인 요소를 인식할 수 있도록 하는 것

- 의사가 인간의 감정, 느낌, 생각, 표현, 언어, 상상력, 문화를 고려하면서 진료를 할 수 있도록 도와주는 것
- 의료인문학은 인간학을 지향하고자 하는 노력

(3) 한국의과대학·의학전문대학원협회(2007)의 정의

- 인간과 고통에 대한 이해
- 윤리와 의료윤리의 이해
- 자신에 대한 분석과 자기 계발
- 의료와 사회의 관계에 대한 이해
- 다른 사람과의 관계 유지
- 의사의 직업 전문성

한국의 의학교육학계에서도 의료인문학의 과제와 목표에 대한 여러 논의가 있다. 그 중에서 몇 가지만 소개하면 다음과 같다.

- 자신과 타인에 대한 성찰을 바탕으로 생의학 교육에서는 배울 수 없는 인간과 사회에 대한 폭넓은 이해를 하고, 이를 통해 좀 더 따뜻하고 책임감 있는 의료인으로서의 태도를 갖추도록 하는 것(황임경 2013, 83)
- '좋은 의사(good doctor)'의 양성(전우택 2010, 24)
- 인간성 함양을 위한 인문학과 폭넓은 사회과학 지식을 습득하도록 함으로써 질병과 그 질병을 가지고 있는 환자에 대한 심리적, 사회문화적 상황을 올바로 이해하게 하고, 이를 통해 환자가 가진 질병이 아닌 질병을 가진 인격체로서의 환자를 통합적으로 이해하고 접근할 수 있는 능력을

키워주는 것(맹광호 2007, 7)

- 인간적인 의사로서, 환자를 깊이 이해할 뿐만 아니라 개성이나 가치관의 차이를 인정하고, 윤리적인 문제를 해결할 수 있으며, 의료 경험이나 지식을 비판할 수 있는 의사의 양성(권상옥 2008, 12-13)
- 좀 더 풍부한 인간미를 갖춘 교양인이 되게 하는 한편, 인간 생명의 소중함과 삶의 의미를 올바로 이해함으로써 환자들을 인격체로 대하고, 질병 발생의 사회경제적 요인에 대한 이해와 이를 효과적으로 관리하는 능력을 키워주는 것(맹광호 2007, 7)
- 자신의 존재에 대한 성찰을 바탕으로 인간에 대한 이해와 사랑을 기본으로 하여 타자와의 관계를 올바로 정립해 나가면서 우리 사회뿐만 아니라 세계인에 대한 이해와 애정을 다져나감으로써 의료문제를 주체적으로 해결할 수 있는 의료인 양성(안정희 외 2008, 136)
- 인도적인 의사 양성: 인간이나 질병에 대한 생의학적 패러다임을 극복하고 새로운 패러다임을 형성하는 데 기여하는 것(권상옥 2005, 221)

의료인문학을 통해서 이해되고 알 수 있게 되는 것으로는 다음과 같은 것들이 있다.

- 자연과학으로는 설명할 수 없는 의료의 실천적 측면: (예) 의료의 가치와 관련된 모든 종류의 질문, 의료윤리
- 의학, 질병, 고통, 장애, 그리고 건강의 체험 방식을 진지하게 생각하는 '의료의 인간적 측면': (예) 질병 기록 – 질병체험의 기록과 해석; 치료적(그리고 때로는 진단적) 맥락에서 질병체험과 창의적이고 표현적인 예술을 접목시키는 것

- 의학, 건강, 질병, 고통 또는 장애의 경험과 관련된 다양한 주관성과 타자: (예) 의학사, 의철학 또는 의학 및 문학 등에 대한 폭넓은 연구를 통해서 알게 된 개인의 경험을 타인이 유용하게 사용할 수 있도록 하는 것
- 인간의 상태와 본성: (예) 일반적으로는 의철학, 세부적으로는 전형과 경험에 대한 철학적 탐구, 또는 의료 인류학과 민족지학의 유사한 연구 (Evans 2008, 369f.)

2.2. 의료인문학의 도입 배경과 필요성

의료기술의 발달과 획기적인 치료 약품의 개발로 이전에는 불가능했던 질병을 치료하거나 완화시킬 수 있고 수많은 생명을 구하거나 연장할 수 있게 된 현대의학에서 의료인이 환자로부터 신뢰와 권위 그리고 존경심과 찬사를 받기보다는 오히려 불평과 분노 그리고 불신의 목소리를 더 많이 듣게 된 것은 현대의학의 역설이다. 이러한 현상은 환자들의 의료인에 대한 불신과 불평만을 야기할 뿐만 아니라 궁극적으로는 의료인이 높은 직업만족도와 삶의 질을 향유하지 못하는 이유로 작용하기도 한다(정연옥/박용익 2020, 239-241). 의료지식과 술기능력 그리고 의료기기와 치료 약품을 통한 현대의학의 눈부신 발달에도 불구하고 환자와 의료인 모두가 만족하지 못하는 것은 현대의학의 한계와 문제점에 기인한다. 그러한 현대의학의 한계와 문제점에 대한 원인은 다양할 수 있으나 이 책의 논의와 관련하여 세 가지만 꼽자면 현대의학의 생의학적 관점, 근거중심 의학, 그리고 가부장적 의사-환자 관계 모형을 꼽을 수 있다.[4]

생의학(biomedicine)이란 질병의 상태와 원인을 주로 의료 기기를 활용하여

검사한 결과를 토대로 질병을 객관적으로 확인 가능한 신체 기관 및 조직의 비정상적인 상태로 규정하려는 의학의 한 모형이다. 그렇기 때문에 생의학은 진단과 치료를 의료기기와 약품을 사용하여 신체 기관과 조직에 집중할 뿐, 환자의 질병과 관련된 사회심리학적 요인과 환자를 전인적 인격체로서 고려하지 않는다(Engel 1977). 또한 같은 이유로 생의학에서는 개인적인 질병체험의 고통에 대한 소통이 일어나지 않으며 의사가 환자에게 경청과 공감을 할 필요도 없게 된다.

생의학적 관점과 직접적으로 관련이 있는 근거중심의학(evidence based medicine)은 의료인의 개별적이고 단편적인 임상 경험 또는 질병 메카니즘에 따르는 치료와 진단을 하는 이전의 의료를 지양하고, 진단 및 치료와 관련된 모든 사항을 최신의 임상 연구 결과를 기반으로 하는 학술적으로 입증된 객관적인 사실만을 근거로 삼는 의학을 의미한다(권상옥 2004, 335f.). 하지만 연구 결과에 나타난 임상 정보가 학술적이고 객관화된 사실일지라고 하더라도 개인별 질병의 모든 사례에 보편적이고 무제한적으로 적용하는 것은 불가능하다. 같은 질병이라고 하더라도 질병의 원인이나 진행 과정 그리고 치료의 결과가 개인별로 각각 다르기 때문이다. 근거중심의학이 오로지 학술적 자료에 나타난 과학적이고 객관적인 정보만을 근거로 하기 때문에 보다 정확하고 통합적인 임상적 판단에 필요한 환자의 개인적이고 사회 심리적인 요인들이 의료에서 배제되는 문제와 한계를 가지고 있다. 그러한 이유로 의사-환자 사이의 관계 형성과 의사소통이 근거중심의학에서는 크게 중요하지 않다(Greenhalgh 1999, 323-325).

가부장적 의사-환자 관계 모형은 생의학적 의료 모형에 따라서 질병을 신

---

4   이에 대한 논의는 3장에서 보다 자세하게 다룰 것이다.

체기관과 조직의 장애로 규정하고 이를 발견하고 치료할 수 있는 지식과 능력을 오로지 의사만이 가지고 있고, 의사가 진단과 치료에 대해서 독단적으로 결정할 수 있는 권한을 가지고 있다는 관념에서 출발한다. 가부장적 의사-환자 모형에 따르면 의사가 일방적으로 질문하고 지시할 수 있고 환자는 그에 순종하여야 한다(Emanuel/Emanuel 1992, 2221, Klemperer 2003, 11-12; 14). 가부장적 관념을 가진 의사가 일방적이고 권력적이며, 환자는 그와의 만남에서 하고 싶은 말을 자유롭게 하지 못하고, 말을 하더라도 경청되지 않고 공감받지 못하기 때문에 만족하지 못한다(박용익 2014, 56-60).

이러한 생의학과 근거중심의학 그리고 가부장적 의사환자 관계 모형으로 인한 한계와 문제점을 요약하면 다음과 같다.

- 환자를 진단과 치료의 대상으로 간주하고, 전인적 인격체로 바라보고 존중하지 않는다.
- 환자를 학술적으로 객관적이고 표준화된 지표로 바라보고 개별적 존재로서 존중하고 배려하지 않는다.
- 환자의 개인적인 사회 심리적 요인을 고려하지 않는다. 즉 질병과 관련된 개별 환자의 경험과 감정 및 고통 그리고 환자가 처한 사회적 환경에 대해서 고려하지 않는다.
- 의사와 환자의 관계를 위계적으로 바라본다. 즉 의사는 의료 행위의 주도적이고 지시적인 권한을 가지고 있고, 환자는 반응적이고 순응적인 역할을 가지고 있는 것으로 바라본다.
- 의사와 환자 사이의 의사소통이 부족하고 불평등하다.
- 환자가 경청되고 공감받지 못한다고 느낀다.

개별적이고 독립적이며 전인적 인격체로서의 환자가 소외된 비인간화된 의료, 환자의 감정과 고통이 경청되지 않고 공감받지 못하는 차갑고 냉혹한 의료, 의사가 지시하고 주도하고 환자는 그에 대해서 순응하고 반응해야 하는 수동적인 역할로 자리매김되는 의사중심적이고 불평등한 의료라는 현대의학의 한계와 문제에 대해서 인식하고 이를 개선하기 위한 노력이 의료인문학이 의학교육에 도입되게 된 중요한 요인으로 작용하였다(Breakley 2018, xliii; 권상옥 2005, 221; 권상옥 2008, 6; 안정희 외 2008, 134).

이러한 현대의학의 한계와 문제점에 대한 각성과 자성 이외에도 1960년대 이후 시작된 시대정신의 새로운 흐름이었던 포스트모더니즘도 또한 의료인문학이 의학계에 도입되는 데 중요한 영향을 끼쳤다. 진리와 정의 그리고 가치와 권력의 획일성과 절대성 및 독점성을 해체하고, 그것의 다양성과 차이 그리고 각각의 고유성과 이질성을 존중하고 추구하였던 포스트모더니즘의 영향으로 개인의 절대적 가치와 자유 그리고 평등을 추구하는 새로운 사회문화적 흐름이 형성되었다(Boudreau/Cassell/Fuks 2018, 52; 정연옥/박용익 2020, 242). 이러한 새로운 시대정신의 흐름에 따라 의료계도 기존의 일방적이고 권위적이었던 의사-환자 관계에서 양방향적이고 평등한 관계로 전환하려고 노력하였다. 또한 자신의 가치와 권리를 새롭게 인식하게 된 환자들도 수동적인 치료의 대상자에서 의료의 주체자로 자신을 자리매김하게 되었고 환자의 권리와 평등하고 협력적인 의사-환자 관계를 요구하게 되었다(권상옥 2008, 6; 박용익 2014, 16).

의료인문학의 중요한 특징이자 목표 가운데 하나인 평등하고 협력적인 의사-환자 관계로의 전환을 추구하게 된 것은 현대 기술 문명의 발달과도 깊은 관계가 있다. 다양한 대중매체와 인터넷의 발달로 환자들도 이전에는 의사들만 독점적으로 가지고 있었던 의료지식을 접할 수 있게 되었다. 또한 환자가 그러한 매체와 인터넷을 통해서 습득한 다양한 정보를 토대로 의료인과 의료

기관을 선택할 수 있게 된 것도 의사-환자 관계가 수평적이고 양방향적으로 전환하게 된 중요한 요인으로 작용하였다(박용익 2006, 8).

2.3. 의료인문학의 발달사

현재 전 세계의 의학교육학의 중요한 교육과정으로 자리매김되고 있는 의료인문학 교육과정과 이를 지칭하는 용어 '의료인문학'이 처음으로 그리고 본격적으로 논의되기 시작한 곳은 1970년대 미국의 의학교육학계로 알려져 있다. 이렇게 보면 의료인문학은 의학교육의 전혀 새로운 교육과정으로 보인다. 하지만 이미 오래전에 의학과 인문학은 서로 통합되어 있었고 엮어져 있는 매우 오랜 전통을 가지고 있다. 예를 들면 알 라지(Al-Razi, 854–932)와 아비센나(Avicenna, 980–1037)와 같은 잘 알려진 중동의 의사는 철학자이자 작가였으며 또한 종교학자이기도 하였다. 또한 중세의 유럽에서는 의학을 공부하기 전에 먼저 4년간 7학 예과(facultas artium)를 이수하여 학사(Bakkalaureus, 오늘날의 bachelor) 학위를 갖추어야 했다(El-Moamly 2017, 3). 본과 과정(의학, 법학, 신학, 교사자격 과정) 입학을 위한 예비 과정이었던 7학 예과는 3학(문법, 수사학, 논리학)과 4과(산술, 기하학, 음악, 천문학)로 이루어졌었다. 2-3년간 본과 과정을 이수하면 졸업생은 철학 석사와 의학 석사(magister) 학위를 모두 취득할 수 있었다. 12세기에 신학으로부터 분리되어 만들어진 7학 예과는 15세기와 18세기에 걸쳐서 철학 대학(faculty of philosophy)으로 발전하였고, 철학 대학에서 오늘날의 인문 대학과 자연과학 대학이 분리되어 탄생되었다.[5] 19세기부터 인문대학과

---

5   https://de.wikipedia.org/wiki/Artistenfakult%C3%A4t

의과대학이 분리되었지만 의과대학생은 여전히 의학 과정을 이수하기 전에 2년간 철학 및 기타 다양한 인문학 과목을 공부해야 했다. 이후 인문학과 자연과학 사이의 차이가 점점 더 커지고 그 사이가 멀어지면서 의학은 인문학적 전통을 상실하게 되었고 전적으로 자연과학 영역으로 변화되었다. 특히 획기적인 치료제와 의학기술이 발달한 현대의학은 자연과학으로서 자리매김되었고, 생의학에 집중하면서 의료에서 인간적인 측면을 도외시하였다(El-Moamly 2017, 3). 의료인문학은 의학에서 긴 역사에도 불구하고 오랜 기간 사라지고 잊혀졌다가 현대의학의 한계와 문제를 극복하기 위한 방안으로 1970년대 다시 의학교육에 재등장하였다. 그런 이유로 의료인문학은 '오랫 동안 잃어버렸던 친구(long-lost friend)'로 불리기도 한다(Evans 2007).

이미 앞에서 언급한 대로 현대적 의미에서 의료인문학의 이념과 연구 및 교육의 영역이 형성되고 그에 대한 용어가 각인된 곳은 미국의 의학계이다(Breakley 2018, 31). 1937년의 논문에서 밴더빌트 대학교 의과대학의 생물학 교수였던 라인케는 현재의 의학교육이 더 많은 과목과 세련된 과학적 교육 그리고 더 많은 임상교육을 제공할 수 있을 만큼 큰 발전을 이루었지만, 그러한 의학교육을 받은 의사가 이전의 의사보다 인간에 대해서 더 많은 것을 알고 있는지에 대한 의문을 제기하였다. 의사는 장기 치료자이고 환자는 종종 실험동물로 간주되기도 하였던 인간이 소외된 당시 의학의 문제를 해결하기 위해서 라인케는 의학교육에 인문교양 교육의 도입을 주장하였다. 라인케는 예를 들면 법학이나 공학 또는 신학 등과 같은 모든 학문의 영역에서 인문교양 기초 교육이 필요하지만, 특히 의학교육에서 인문교양 기초 교육이 필요한 이유는 삶과 죽음이 오가는 의료 현장에서 의사가 정신과 의지 그리고 마음과 신체 등에 관한 모든 자원을 필요로 하기 때문이라고 말하고 있다(Reinke 1937, 151). 술기 중심의 의학교육에 인문교양 교육을 도입하자는 라인케의 호소는 이후 의학교육의 개선과 의료인문학 교육과정 발전의 토대가 되었다(Breakley 2018, 36).

의료인문학의 이념적 토대를 제공하였고 이후 발달에 큰 영향을 끼쳤던 라인케는 '인문교양교육(liberal education)'이란 용어를 사용하였다. 오늘날의 용어 '의료인문학(medical humanities)'을 처음 사용한 사람은 미국 과학사 연구 분야의 개척자였던 벨기에 태생의 과학사 연구자 사톤(George Sarton 1884-1956)으로 알려져 있다(Hurwitz/Dakin, 2009, 84). 그는 시카고 대학의 학술지 ISIS에 1948년에 게재되었던 의사 에드먼드 앤드류스(Edmund Andrews 1892-1941)의 '과학 영어사'[6]에 대한 서평에서 이 개념을 처음 사용하였다. 그는 서평에서 의료인문학의 개념에 대해서 구체적인 정의를 하지는 않았다. 하지만 사톤이 이 개념의 사용과 관련하여 극찬했던 앤드류스의 책이 문헌학적 통찰력을 토대로 의학적 경험이 저술되어 있다고 기술한 부분을 보면, 그는 인문학적 관점으로 접근한 의학 연구를 의료인문학이라고 정의한 것으로 보인다. 인문학적 소양을 풍부하게 갖추었고 의료인문학의 발전에 더 큰 기여를 할 수 있었을 것으로 기대되었던 앤드류스가 48세의 나이로 일찍 사망한 사실에 대해서 사톤은 의료인문학에 대한 슬픈 타격이라며 아쉬워하였다(Sarton/Siegel 1948, 127).

'의료인문학'이라는 용어가 1948년에 각인된 이후 20년 넘게 의학에서 사용되지 않다가 1970년대 초중반부터 다시 의학과 의학교육에서 등장하였다. 1990년대 초중반 이전에는 '의료인문학'이란 용어가 사용되지 않았지만 의사 교육과정에서 인문학적 관점과 내용을 접목하기 위한 다양한 노력이 이어졌다. 예를 들면 클리브랜드 케이스웨스턴리저브 의과대학(Case Western Reserve medical school)이 1952년부터 1957년까지 5년간 의학교육 과정을 정비하는 과

---

6   "A history of scientific English. The story of its evolution based on a study of biomedical terminology".

정에서 의학사를 도입하였다. 펜실베니아주립대학 의과대학은 1967년에 의과대학에 최초로 인문학과를 설치하였다. 또한 현대적인 의미의 의료인문학 교육의 중요한 교과목인 의학사와 의료윤리학이 의료인문학 이전부터 이미 의학교육의 정규 교과목으로 도입되어 있었다. 예를 들면 의학사의 경우 이미 1952–1957 사이에 정비된 케이스 리저브 의과대학 교육과정에 교과목으로 도입되었다. 의료윤리의 경우 'medical ethics'라는 용어가 1803년 영국 의사 토마스 퍼서발(Thomas Perceval (1740-1804))이 저술한 저서의 제목에서 처음 사용된 오래된 전통이 있다(Baker/McCullough 2012, 3). 미국 의사협회가 1847년에 제정한 의료윤리 강령은 퍼서발의 책에서 기술된 의료윤리 강령을 토대로 하였고 여러 번의 수정을 거쳤지만 핵심적인 내용은 퍼서발의 강령과 크게 다르지 않다. 그런 이유로 퍼서발은 의료윤리 강령의 제정자로 불린다.[7] 의료윤리가 의과대학의 정규 교육과정으로 편입되기 시작한 것은 1970년 이전부터로 추정된다.[8] 이미 1972년에 의료윤리학이 미국의 81개 의과대학에서 강의되고 있었다고 알려져 있다.

'의료인문학'이란 용어가 다시 사용되기 시작한 것은 역사와 문학 그리고 종교학을 중점적으로 다루었던 텍사스 대학이 의료인문학 연구소를 1973년에 설립한 이후이다. 텍사스 대학에 의료인문학과가 설립된 것은 단지 용어의 재등장뿐만 아니라 의료인문학이 제도화되었다는 점에서 큰 의미가 있다. 1976년 호주의 외과 의사 무어(Anthony Moore)가 의학교육학 학회지에 '의료인문학'이란 용어를 최초로 사용한 논문을 발표하였다(Breakley 2018, 62). 1979

7　　Thomas Percival (1740-1804) codifier of medical ethics (1965), JAMA 194(12), 1319-1320.

8　　의료윤리학이 어느 대학에서 언제 최초로 개설되어 있는지에 대해서 관련 연구에서 개략적인 시기만을 제시하고 있다. 예를 들면 Fox et al. (1995)는 의료윤리학 교육의 역사를 1995년을 기점으로 25년이 넘은 것으로, 그리고 Miles et al. (1989)는 1989년을 기점으로 지난 20년간 의료윤리학 교육이 나타났고 자리잡는 것을 목격하였다고 기술하고 있다.

년에 의료인문학회지(Journal of Medical Humanities)가 창간되었고 이 시기를 전후로 의료인문학과 관련된 다양한 학회지가 창간되었다.[9] 의료인문학 교육과 연구에 선도 역할을 했던 미국 의학교육계의 뒤를 이어 영국이 가장 적극적으로 의료인문학을 의학교육에 도입하였고 활성화하였다(Breakley 2018, 62). 2000년대 이후에는 미국과 영국뿐만 아니라 세계의 여러 국가에서 의사 양성 과정에서 의료인문학의 가치를 중요하게 자리매김하고 의학교육 교과목으로 채택하고 있다. "Academic Medicine" 학술지는 2003년도에 의료인문학을 주제로 특별판을 출간하였는데 미국, 유럽(영국, 독일, 스위스, 스웨덴, 크로아티아, 노르웨이 등)과 남미(아르헨티나) 호주, 그리고 아시아(이스라엘, 대만)의 여러 의과대학에서 시행 중인 의료인문학 교육을 개별 논문의 형태로 소개하고 있다(Academic Medicine 2003, 78(10)). 이를 보면 이제 의료인문학은 전 세계적으로 의학교육의 중요한 교과목으로 자리매김된 것으로 보인다.

한국에서도 1996년부터 의료인문학에 대한 논의가 시작되었고, 2000년 한국의과대학학장협의회가 발간한 '21세기 한국의학교육계획 - 21세기 한국의사상'에 관한 보고서에서 의료인문학 교육의 필요성을 크게 강조한 이후 의료인문학이 한국의 의학교육에 본격적으로 도입되기 시작하였다(맹광호 2007, 6; 손현순 외 2021, 191). 한국의 의학교육에 의료인문학이 도입된 것은 한편으로는 현대의학의 지나친 과학 중심성과 인간이 소외된 차가운 의료를 극복하고자 하는 국제적인 의학교육의 흐름을 따른 결과이기도 하다.[10] 하지만 다른 한편으

9　"Medical History" (1957), "the Journal of Medical Ethics" (1975), "Journal of Medicine and Philosophy" (1976), "Journal of Literature and Medicine" (1982).

10　한국의 의학교육학계에서 의료인문학에 대한 연구와 교육이 본격적으로 시작된 시기는 2000년대로 판단되지만 한국에서도 이 분야를 선도하고 있는 미국의 의학교육 과정에 의사학과 의료윤리학이 의료인문학에 앞서 도입된 동일한 현상을 관찰할 수 있다. 의학사의 경우 의사 김두종이 이미 1946년에 세브란스 의과대학에서 처음으로 강의를 개설하였고, 1947년에

로는 의료인문학의 도입은 2000에 발생한 의약 분업 분쟁으로 인한 '의료대
란'을 겪으면서 의사에 대한 불만과 불신 그리고 그로 인한 낮아진 사회적
인정과 존중 등과 같은 문제를 해소하기 위한 목적과도 관련이 있다(권상옥
2008, 5).

　의학교육에서 의료인문학의 중요성에 대한 인식을 토대로 한국의학교육평
가원은 의과대학에서 의료인문학의 연구와 교육을 2019년부터 적용되는 의학
교육 평가인증 기준(Accreditation Standards of KIMEE (ASK) 2019)의 일부로 제시
하고 있다. 이 평가 기준에 따르면 의학연구는 기초의학과 임상의학 그리고
의료인문학 교육으로 이루어진다. 그리고 구체적인 의학교육 평가 기준으로
의료인문학 교육과정의 적절한 운영, 현재와 미래의 의료환경변화에 맞춘 의
료인문학 내용의 수정 보완, 기초의학, 의료인문학, 임상의학 간에 적절한 조화
를 이룬 교육과정, 관련 학문, 학과, 과정이 수평 통합된 교육과정의 운영, 임상
의학과 기초의학, 의료인문학이 수직 통합된 교육과정의 운영, 의료인문학 교
육을 위한 전임 교수 또는 전담 교수의 적절한 확보 등을 제시하고 있다
(http://www.kimee.or.kr/).

　1990년대 중후반에 서서히 시작된 의료인문학 교육이 본격적으로 확장되
기 시작한 것은 2000년대부터이다. 2008년에 발표된 한국의 의과대학 의료
인문학 교육 현황에 대한 논문에 따르면(안정희 외 2008, 136f.) 전국 41개 모든
의과대학에서 다양한 강의 형식(여러 유형의 의료인문학 교육 내용을 통합한 간학제적
교과 운영(19.5%), 여러 유형의 의료인문학 교과목을 개별적으로 교육하는 다학
제적 교과 운영(예: 의학사, 의료윤리, 41.5%), 간학제적 교과와 다학제적 교과를

　서울대학교 의과대학에 창립된 의사학 교실의 교수로 부임한 바 있다(여인석 2010, 8). 의료
윤리학의 경우 1980년에 연세대학교와 가톨릭대학교 의과대학에서 처음 강의가 개설된 것으
로 알려져 있다(맹광호 2003, 1).

모두 교육하는 혼합형 교과 운영(39%))의 의료인문학 교육이 전공필수 과목으로 이루어지고 있는 것으로 나타났다.[11] 각 의과대학에서 학생들이 이수해야 하는 의료인문학 과목의 학점은 간학제적 교과 운영의 경우 평균 9.06학점, 다학제적 교과운형의 경우 평균13.21학점, 혼합형 교과운영의 경우 평균 14.81학점 등인 것으로 나타났다. 이로 살펴볼 때 의료인문학은 한국 의학교육에서 중요한 하나의 분야로 확고한 입지를 정립했다고 할 수 있다.

2.4. 의료인문학 교육의 한계와 개선을 위한 논의

기존의 의료 관행을 개선하고 좋은 의사를 양성하는 데 기여할 것이라는 기대와 희망으로 시작된 의료인문학은 의학교육에서 예나 다름없이 매우 중요하고 필요하다고 여겨진다. 이에 따라서 의료인문학은 세계 여러 나라와 한국의 의학교육에서 중요하게 다루어지는 교과목으로 자리매김되었고 의료인문학 교육의 활성화를 위한 다양한 제도적 장치가 마련되기도 하였다. 하지만 의료인문학이 의학 교육에 도입된지 40여년이 지난 현재의 시점에서 의과대학에서 의료인문학 교육이 효율적으로 이루어지고 있는지, 그리고 의학교육에 의료인문학이 도입되고 운영되는 과정에서 품었던 기대와 희망이 현실적으로 얼마만큼 실현되었는가에 대한 질문에 대해서 아직까지는 긍정적인 대답이 많지 않은 실정이다.

샤피로 등은 의료인문학이 아직까지는 의학 교육과의 통합 과정이 원활하지 않은 상태이고, 의료인문학은 의학 교육의 핵심 영역이 아닌 흥미로운 부차

---

11   간학제적 교과 운영과 다학제적 교과 운영에 대한 개념정의는 2.4.2.에 소개되어 있다.

적 영역으로 간주되고 있다고 진단하고 있다(Shapiro/Coulehan/Wear/Montello 2009, 193). 이와 비슷하게 권상옥(2005, 220)도 한국의 의학교육에서 의료인문학 교육의 목표 설정이 구체적이지 않고, 의료인문학 교육 내용이 대단히 피상적이며, 의학을 자연과학으로 생각하는 의과대학의 분위기에서 의료인문학 교육이 원활하게 진행될 수도 제대로 된 성과를 낼 수도 없는 것으로 진단하고 있다. 그는 또한 의과대학 구성원이 의료인문학 교육이 좋은 의사 양성을 위해서 필요한 소양이나 태도를 갖추도록 하는데 유용하지만, 과연 의과대학생이나 의사의 행동변화를 유도할 수 있는지에 대해서는 회의적인 시각을 가지고 있는 것으로 판단하고 있다.

　의료인문학 교육의 원활하지 못한 진행 과정과 미진한 결과에 대한 부정적인 판단의 근거는 의료인문학 교육 과정의 내용과 교육 방법 등에 대한 미국 의과대학생의 비판적 평가에서 명료하게 드러난다. 많은 학생들이 의료인문학 교육의 내용이 실제적이지 않고 구체적인 의료 술기를 제시하지 못한다고 생각한다. 그들은 또한 의료인문학 교육의 내용이 단순하거나 상식적이며 흥미롭지도 않고 특히 중요하지 않다고 생각하기도 한다. 연구에 참여한 30%의 학생들은 치료에 대한 영향이나 공감 능력의 향상 그리고 스트레스 해소에 전혀 영향을 끼치지 못하거나 제한적인 영향을 끼치는 것으로 평가하고 있다. 그러한 이유로 그들은 의료인문학을 필수 교육과정으로 이수하는 데 대해서 이견을 가지고 있다. 또한 학생들 중에는 인문학 교수자가 의학 교육을 받지 않은 의학 전공자가 아니며 임상의사로서의 경험이 없기 때문에 임상의학의 현실을 이해하지 못한다는 인식을 가지는 있는 경우도 많다. 그렇기 때문에 그들은 의학 전공자가 아닌 의료인문학 교과 과정 교수는 의학 교육자로서의 자격에 문제가 있다고 생각한다(Shapiro/Coulehan/Wear/Montello 2009, 193f.).

　이와 같이 의료인문학이 의학 교육학에 온전히 통합되지 못하고 부차적인 교과목으로 맴돌고 있고 의료인문학에 대한 학생들의 만족도가 떨어지는 이유로 다음과 같은 의료인문학의 몇 가지 문제가 지적되고 있다.

- 의료인문학 교육의 목표가 불분명하거나 구체적으로 설정되어 있지 않다.
- 의료인문학 교육에서 어떤 내용을 가르칠 것인가에 대한 개념이 불분명하다.
- 의료인문학 교육의 방법이 기존의 지식 전달을 위한 강의식 교육과 지필평가 평가방법을 답습하고 있는 경우가 많다.
- 의료인문학 교육을 담당할 수 있는 전문 교육자가 의료계에도 인문학계에도 많지 않은 실정이다.
- 기초의학과 임상의학 그리고 의료인문학 교육이 통합되지 않고 각각 별도로 떨어져서 교육이 이루어지는 이유로 의료인문학 교육의 실제성과 관여성이 충분히 발현되지 않는다.
- 현재 대부분 대학별로 개별적으로 이루어지고 있는 의료인문학 교육의 개선을 위한 상호 교류나 논의를 위한 공론의 장이 없다(전우택 2010, 24; 맹광호 2007, 7; 안정희 외 2008, 143).

효과적이고 효율적인 의료인문학 교육을 위해서 해야 할 과제는 앞에서 논의한 아직까지 해결되지 않은 의료인문학 교육의 한계를 극복하는 것이다. 이와 관련하여 의료인문학 교육의 목표 설정과 교과과정 구성 그리고 교육 방법 등의 문제에 제한하여 논의하자면 다음과 같다.

2.4.1. 의료인문학의 교육 목표 설정

의료인문학의 교육내용과 교육 방법론을 정립하기 위해서 가장 먼저 필요한 일은 의료인문학 교육의 목표를 설정하는 것이다. 이와 관련하여 이미 2.1.에서 논의한 바와 같이 국내외의 의학교육학계에서 매우 다양한 의료인문학의 교육 목표가 제시되고 있다. 그 중에서 대표적인 것을 제시하면 다음과 같다.

- 인간생명의 소중함과 삶의 의미를 이해할 줄 아는 의사 양성
- 자신과 타인 그리고 의료에 대한 성찰과 비판 능력을 갖춘 의사 양성
- 인간과 사회에 대한 전반적인 이해와 통찰력을 가진 의사 양성
- 경청과 공감적 의사소통 능력을 갖춘 의사 양성
- 환자 및 타자와의 좋은 인간관계 형성 능력을 갖춘 의사 양성
- 환자를 사회 심리적 맥락에서 정확하게 이해할 줄 아는 의사 양성
- 환자를 전인적 인격체로서 대할 줄 아는 의사 양성
- 따뜻하고 책임감 있는 인간적인 '좋은 의사(good doctor)' 양성

2.4.2. 의료인문학 교육의 교과과정 구성

국내외에서 의료인문학의 교육 내용과 관련하여 가장 많이 논의되는 것은 의료인문학을 단일 교과목으로 교육할 것인가 또는 의료인문학이라는 '우산' 아래 있는 여러 인문학 교과목을 교육할 것인가에 관한 것이다. 통상적으로 다학제적 접근이라고 불리는 의료인문학 교육은 의료윤리학, 의사학, 의철학, 의료커뮤니케이션, 인문사회의학, 문학, 예술 등과 같은 개별 교과목을 독립적으로 교육하는 것을 의미한다. 이와는 반대로 간학제적인 의료인문학 교육은

'좋은 의사(good doctor)'이면서 동시에 교양있는 시민(cultured citizen) 그리고 의료의 인간적인 측면에 대해서 관심을 갖는 의료인을 양성하기 위해서 필요한 교육 내용을 개별 인문학 영역에서 선별하고 이를 유기적으로 연결한 통합적인 하나의 교과목을 의미한다. 한국의 의과대학에서는 대체적으로 간학제적 의료인문학 교육을 선호하는 것으로 알려져 있다(전우택/김상현/오승민 2010, 81; 권상옥 2005, 219). 간학제적 의료인문학 교육의 경우 개별 과목으로 교과목을 운영하는 대신 특정 주제와 관련하여 전통적인 의학 교과목과 통합하여 강의를 할 수도 있다. 예를 들면 종양 내과 교과목에서 환자중심의 나쁜 소식 전하기 대화 방법에 대한 강의를 할 수도 있고 해부학 수업에서는 죽음학에 대한 강의를 할 수도 있다(맹광호 2007, 8).

의학교육 과정에서 어떤 내용의 의료인문학 강의를 제공할 것인가에 대한 논의에 대해서 전우택은 구체적인 방안을 제시하고 있다. 그는 의료인문학 교육 도입의 난이도 또는 의과대학 학생과 교수의 수용 정도에 따라서 네 그룹의 의료인문학 교육 내용을 구분하고 있다(전우택 2010, 25)[12].

- 제 1군 (가장 쉽게 도입할 수 있는 교육 내용): 의료법, 의료윤리 교육
- 제 2군 (어느 정도 쉽게 도입할 수 있는 교육): 의료 커뮤니케이션 교육
- 제 3군 (어느 정도 어렵게 도입되는 교육): 의학사, 프로페셔널리즘(profes- sional- ism) 교육
- 제 4군 (도입하기가 어려운 교육): 의철학, 의학과 음악, 의학과 문학, 의학과

---

[12]   여기서 말하는 난이도와 수용의 정도는 의료인문학 교육의 내용이 전통적인 임상의료와의 상호 관련성과 의사국가고시에서의 출제여부와 관련이 있다. 제 1군의 교육 내용은 임상 의료와 밀접한 관련성이 있는데 특히 의료법의 경우 의사국가고시에서 시험 문항으로 출제되고 있다. 제 2군의 의료커뮤니케이션 능력은 의사국사고시의 실기시험에서 비중 있게 검증되고 있다(전우택 2010, 25).

종교와 같은 인문학과의 연계 교육

그는 이러한 다양한 의료인문학 교육의 내용을 의학교육 과정에 도입하는 방법으로 다음과 같은 제안을 한다(전우택 2010, 26f.)

- 쉽게 도입할 수 있는 의료인문학 교육 내용부터 단계별로 도입한다.
- 필수과목과 선택과목으로 나누어 도입한다.
- 전체 학년에 걸쳐 인문사회의학 교육이 이루어지도록 배치한다.

2.4.3. 의료인문학 교육 방법

의과관련 교과목은 대부분 지식전달을 위한 강의식 수업으로 이루어지고 그에 대한 평가도 지필평가로 이루어진다. 하지만 의료인문학 교육은 인간과 환자에 대한 존중과 배려 그리고 경청과 공감 등과 같은 인식 또는 가치관의 변화와 실제의 상황에서 실천 등을 목적으로 한다. 그렇기 때문에 이와 관련된 교육 내용을 단순히 지식 전달의 차원으로 강의하고 학생의 지식 습득의 정도를 평가하는 것으로는 의료인문학 교육의 목표를 달성하기 어렵다. 이러한 문제를 인식하고 있는 일단의 연구자는 의료인문학 교육 목표를 효율적으로 달성하기 위한 의료인문학 교육 방법의 개선을 위한 방안을 제시하고 있다. 개선된 의료인문학 교육 방법론의 핵심은 강의식 교육을 지양하고 학생들이 수업을 주체적이고 적극적으로 참여하게 하는 것이다.

전우택/양은배(2003, 199-217)는 의료인문학 교육이 이루어지는 영역에 따라서 강의실 내 수업에서 이루어지는 교육 방법(질문식 교수법과 토의식 교수법 그리고 역할극 교수법), 강의실 밖에서 이루어지는 교육 방법(지도교수 제도, 학생동아리

제도), 사회 속에서 이루어지는 수업 외적 교육 방법(현장 실습, 사회봉사 활동) 등
으로 구분하여 제시하였다. 맹광호(2007, 8-9)는 학생들이 적극적으로 수업에
참여할 수 있도록 하는 의료인문학 교육 방법으로 문학작품 독서, 성찰적 사
색, 토론, 사회과학적 소양이 필요한 사례를 토대로 하는 문제바탕학습
(Problem-Based Learning, PBL) 교수법을 제안하고 있다. 그는 또한 수업 외적인
비정규적 교육과정으로 학생들이 교수자의 모습에서 직접 보고 배울 수 있는
역할모델(role model)교육 방법의 중요성을 강조하기도 하였다. 그는 의료인문
학의 학습 성과 평가는 평가의 대상에 따라서 다양한 방법으로 실시할 것을
제안하였다.

- 지식의 이해 정도 평가: 객관식 문항평가, 에세이, 구두시험
- 학습 내용의 응용 능력 평가: 구두시험
- 학습 내용의 실천 능력 평가: 표준화 환자를 활용한 OSCE 또는 CPX, 교수
  의 관찰 평가, 학생들의 포트폴리오 같은 체험수기 평가

전우택/김상현/오승민(2010, 191-200)은 의료인문학 교육 방법을 개선하기
위한 방법으로 학생의 직접적인 참여와 활동 강화, 글쓰기 교육의 강화, 가치
관 교육의 강화, 의학교육의 범위 확대 및 진로지도 등을 제안하고 있다.

- **학생의 직접적인 참여와 활동 강화**: 대형 강의실에서 외부 전문가와 교수
  가 강의 내용에 대해서 대담을 나누고 이에 대해서 학생들이 질문하고 외
  부 전문가가 대답하는 방식, 학생들이 수행한 프로젝트에 대해서 발표하
  고 토론하게 하는 방식, 학생들의 질문을 토대로 수업을 진행하는 방식
- **글쓰기 교육의 강화**: 책을 읽고 독후감을 쓰게 한 후에 수업 시간에 잘 된

독후감을 해당 학생이 발표하고 그 내용에 대해서 교수가 코멘트를 하고
학생이 코멘트에 대해서 발언하게 하는 방식, 미리 읽을 자료를 제공하고
글쓰기로 시험 보기
* **체험을 통한 가치관 교육의 강화**: 의료와 관련된 의미 있는 장소를 방문하
  고 체험에 대한 글쓰기를 하게 하기, 회진을 동행한 후 느낀 점을 작성하
  여 과제로 제출한 후 수업시간에 그 내용에 대해서 발표하고 토론하기, 봉
  사활동을 체험하고 그에 대한 소감을 발표하고 토론하기
* **의학교육의 범위 확대 및 진로지도**: 다양한 영역에서 활동하고 있는 선배
  들과의 만남(예: 의료전문기자, 의료선교사 등), 다양한 선택과목의 개설, 외부
  프로그램과의 연계(예: 로펌활동)

2.5. 의료인문학 교육 방법으로서 서사의학

2.4에서 의료인문학 교육의 한계와 이를 극복할 수 있는 여러 방안에 대한
기존의 논의를 소개하였다. 매우 다양하고 유익한 논의이기는 하지만 의료인
문학 교육 목표설정이나 교육과정 구성 그리고 교육 방법의 구체성은 여전히
다소 부족하다. 의료인문학 교육의 목표와 내용 그리고 방법에 대한 논의는
교육과 평가가 실현될 수 있도록 보다 더 구체화될 필요가 있다.
　이미 앞에서 논의한 의료인문학 교육의 목표 가운데 '인간생명의 소중함과
삶의 의미를 이해할 줄 아는 의사', '자신과 타인 그리고 의료에 대한 성찰과
비판 능력을 갖춘 의사', '인간과 사회에 대한 전반적인 이해와 통찰력을 가
진 의사' 모두 필요하고 중요하다는 데 이견이 없을 것이다. 하지만 그러한
목표는 다소 추상적이고 전생애에 걸쳐서 형성될 수 있는 장기적이며 광범위

한 것이어서 특정한 의료인문학 교과목 또는 교육의 내용과 방법론을 통해서 직접적으로 교육하는 것이 불가능하다.

이와는 반대로 교육과 실습 및 평가와 피드백을 상대적으로 직접적이고 구체적으로 실천할 수 있는 목표가 있기도 하다. 그 중의 대표적인 것이 경청과 공감적 의사소통 능력이다. 경청과 공감은 의료인문학 교육의 주요 목표 중 하나이다. 그 이유는 경청과 공감적 의사소통 능력을 가진 의사는 환자를 사회 심리적 맥락에서 정확하게 이해할 수 있으며, 환자 및 타자와의 좋은 인간관계 형성 능력을 갖추게 되고, 환자를 전인적 인격체로서 대할 수 있는 따뜻하고 책임감 있는 인간적인 '좋은 의사(good doctor)'가 될 수 있기 때문이다.

의료인문학 교육의 핵심 목표인 경청과 공감 및 의사소통 능력을 향상시키기 위한 교육 방법론의 조건과 요소들로는 다음과 같은 것들이 있다.

(1) 의료인문학 교육에 대한 학생들의 동기부여 강화

의료인문학 교육의 목표와 내용의 일부를 간단히 말하자면 '좋은 의사', '친절한 의사', '인도적인 의사', '공감적인 따뜻한 의사' 등과 같은 인성과 윤리 그리고 가치관 등과 직접적인 관련이 있다. 이와 같은 의료인문학 교육의 목표와 내용에 대해서 학생들은 필요성을 느끼지 못하거나, 추상적인 가치 지향에 대한 공허함, 그러한 품성을 갖추어야 한다는 도덕적 요구에 대한 압박감, 환자를 위해서 자신을 희생하거나 헌신해야 한다는 박탈감이나 심지어 반감을 느낄 수도 있다. 이러한 여러 이유로 학생들은 의료인문학 교육에 대한 동기부여를 크게 느끼지 못할 가능성이 많다. 이러한 문제를 해결하기 위한 교육 방법론의 하나는 타인에 대해서 친절하고 공감적이며 따뜻한 태도와 행동을 하게 되면, 인간 상호작용의 핵심 원리인 상호 호혜성의 원리 또는 상호주의의 법칙(Cialdini 2001, 51-101)에 따라서 타인으로부터 친절과 공감 그리고 감사와 존경을 통해서 보상받는다는 사실을 직접적으로 인식하고 느낄 수 있는 장치를 마련하는 것이다.[13] 그리고 환자로부터의 긍정적인 반응이 의사로서의 직업만족도와 삶의 질을 확보할 수 있는 중요한 자원이이라는 사실을 인식시켜줄 필요가 있다.

이와 관련하여 달라이 라마는 타인에 대한 사랑의 마음을 교육하기 위한 방법에 대해서 다음과 같이 말하고 있다.

> "누군가에게 '자비심을 갖는 것이 정말 중요하다. 그러므로 당신은 더 많은 사랑을 간직해야 한다'라고 말하는 것만으로는 충분하지 않습니다. 이렇게 단순한 명령이 효과를 가져오긴 어렵습니다. 하지만 더욱 따뜻하고 자비로운 마음을 갖도록 가르쳐줄 수 있는 좋은 방법이 있습니다. 그것은 자비심의 가치와 실제적인 혜택에 대해 설명하고, 아울러 다른 사람들이 그에게 친절을 베풀었을 때 어떤 느낌을 받았는지 생각해보라고 가르치는 일입니다." (Dalai Lama/Cutler 2002, 96)

(2) 학생들이 지금 여기에서 필요한 것을 대상으로 하는 교육

제도권에서 이루어지는 교육의 대부분은 실제의 문제가 아닌 미래에 해결해야 할 가상의 문제를 대상으로 한다. 예를 들면 의과대학생이 전체 교육 과정에서 공부하는 내용은 미래에 의사가 되면 활용할 수 있는 것들을 대상으로 한다. 그렇기 때문에 많은 학생들이 성적 이외에는 학습 내용에 대한 실제적인 흥미와 동기를 갖기 어렵다. 이와는 반대로 의료인문학의 교육 목표와 내용인 존중과 배려 그리고 경청과 공감 및 의사소통 능력 등은 미래에

---

[13]   상호 호혜성의 원리 또는 상호주의의 법칙은 타인으로부터 받은 호의를 호의로 보상하려는 인간의 보편적인 행동 성향을 의미한다.

의사가 되면 필요하고 실천하기 위한 자질일 뿐만 아니라, 학생의 현재 일상 생활과 6년 동안 함께 해야 하는 동료들 사이에서도 매우 필요한 자질이다. 이런 관점에서 학습자의 동기와 흥미를 유발하기 위한 하나의 방법으로 학습 자가 해당 시점에서 그리고 곧바로 활용할 수 있는 것, 특히 경청과 공감적 의사소통을 교육의 대상과 내용으로 하는 것이 바람직하다.

(3) 상호 호혜성 또는 상호주의의 법칙을 인식하고 느낄 수 있는 체험 중심의 실습교육

경청과 공감의 실천은 경청과 공감 그리고 존중과 감사로 보상받는다는 상호 호혜성 또는 상호주의의 법칙을 실제의 상황에서 인식하고 몸과 마음으로 느낄 수 있는 학생의 주도적이고 적극적인 체험 중심의 실습 중심의 교육이 중요하다. 학생들이 이러한 체험 중심의 학습을 통해서 경청과 공감의 보상을 느껴본다면 경청과 공감이 궁극적으로 자신에게 유익한 것이라고 생각할 수 있고 경청과 공감적 의사소통 능력의 향상을 위한 학습에 큰 동기부여를 받을 수 있을 것이다.

(4) 학습결과에 대한 근거 중심의 평가와 피드백

학생의 주체적이고 주도적인 실습에 대한 평가를 하기 위한 구체적인 평가의 기준과 방법이 필요하다. 평가에서 점수로 환산되는 것이 아닌 실습에서 잘한 점과 향후 비슷한 상황에서 보다 더 잘할 수 있는 구체적인 방법에 대한 교수자와 학생 사이의 상호 논의가 보다 더 중요하다. 학생에게 구체적인 숫자로 제시되는 성적 대신에 교수자가 평가표를 토대로 환산한 성적을 기준으로 pass/non-pass로 평가하는 것이 바람직할 것이다.

(5) 학습 과정에서 교수로부터 학습 목표인 존중과 배려 그리고 경청과 공감 체험

의료인문학 교육에서 교수자의 롤모델 역할이 매우 중요한 것은 먼저 학생들이 교수자가 가르치고자 하는 것을 직접 교수자에게서 체험하고 확인할 수 있다는 점에서 중요하다. 또한 의료인문학의 교육 과정에서 학습자가 교수자로부터 교육의 목표인 존중과 배려 그리고 경청과 공감을 받는다면 학습자는 수여자의 입장에서 그러한 처우가 얼마나 필요하고 중요한지를 인식하고 느낄 수 있게 될 수 있을 가능성이 크다. 그렇게 되면 학습에 대한 보다 큰 동기 부여를 가지게 되고 수업에 더 적극적으로 참여하게 될 가능성이 크다.

학생의 의료인문학 학습에 대한 관심과 동기를 제고하기 위해서 앞에서 논의한 여러 방법에 부합하는 가장 구체적이고 적합한 교육 방법이 바로 서사의학(narrative medicine)이다. 서사의학은 기존의 현대의학에서 간과되고 배제되었던 개별 환자의 사회 심리적 요인이나 요구 및 선호 사항 등을 환자와의 이야기를 통해서 발견하고자 하는 의학을 의미한다. 이를 위해서 의사는 의료에서 환자 이야기의 필요성과 중요성을 인식해야 하고 환자가 이야기를 할 수 있도록 장려하고 존중할 수 있어야 한다. 또한 환자가 이야기를 하는 동안 환자의 이야기에 집중하고 경청해야 하며 이야기를 통해서 환자가 전하고자 하는 다양한 의미와 메시지를 찾아내고 존중하며, 이를 기반으로 환자를 위해서 행동할 수 있어야 한다(Charon 2001, 1897).

서사의학의 궁극적인 목적은 환자의 질병체험 이야기에 집중적 주의와 경청, 환자에 대한 정확한 이해, 환자에 대한 공감, 의사와 환자의 연대와 유대감을 형성할 수 있는 능력 등과 같은 서사 능력의 계발이다(Charon 2007, 1265-1266; Charon 2017, 3). 서사의학의 목적이 의료인문학이 지향하는 목적과 거의 동일하다는 점에서 서사의학이 의료인문학 교육의 구현 수단으로서 적합하다고 할 수 있다.

의료인문학 교육 수단으로서 서사의학의 적합성은 서사의학이 구체적인 교육 방법론을 제시한다는 점에서도 찾을 수 있다. 서사의학 교육의 목적을 달성하기 위한 구체적인 방법론으로서 서사 인터뷰(narrative interview)와 정밀 읽기(close reading)가 활용되고 있다. 이 두 방법론은 특히 경청과 공감적 의사소통 능력을 직접적이고 구체적으로 계발할 수 있다는 점에서 의료인문학 교육의 구체적인 구현 수단으로서 의미가 크다(7장과 8장 참조).

서사의학이 의료인문학 교육의 구현수단으로서 적합한 또 다른 이유는 이야기의 용이성 및 보편성과 관련이 있다. 이야기는 화자가 직·간접적으로 체험하였고 잘 알고 있는 것을 대상으로 하기 때문에 누구라도 이야기를 '전문가적 입장'에서 쉽게 할 수 있고, 시대와 장소 그리고 문화를 초월하는 보편적인 특징을 가지고 있다. 그러한 이유로 의료에서 이야기를 활용하는 데 큰 지식이나 술기가 요구되지 않는 장점이 있다.

이야기가 환자의 인간적인 면에 대한 이해를 하는 데 도움이 되는 이유는 이야기가 한 개인의 경험과 세계관 그리고 삶의 이력과 사회적 환경(직업, 가족 관계 등)에 접근할 수 있는 핵심적인 통로이기 때문이다. 이야기를 통해서 한 개인이 경험한 과거의 사건을 어떻게 바라보고 표현하는지, 그와 관련하여 자신의 심리가 어떠한지, 자신의 정체성을 어떻게 규정하는지를 알 수 있다(Lucius-Hoene/Deppermann 2011, 36). 그러므로 질병의 발견과 치료에 필요한 다양한 정보가 담겨 있는 환자의 이야기를 도구로 하는 서사의학은 환자에 대한 전인적 이해를 목표로 하는 의료인문학 교육의 도구로서 적합하다.

서사의학이 의료인문학의 실현 수단으로 적합한 또 하나의 이유는 서사의학의 구현 수단인 이야기에 치료적 효능이 있기 때문이다. 질병으로 인한 신체와 정신 그리고 환경적 변화를 겪는 환자는 불안, 걱정, 혼란스러움, 좌절감, 손실감 그리고 자아 정체성에 대한 위기감을 느끼게 된다. 이러한 상황에서 환자는 대부분의 경우 자신의 힘든 처지를 이야기하고 싶어 한다. 이야기를 함으로써 환자는 자신이 처한 상태에 대해서 명확히 이해할 수 있음으로써 혼란스러움에서 벗어날 수 있고, 새로운 상황에 대한 긍정적 의미를 부여함으로써 좌절감과 손실감에서 벗어날 수 있다. 또한 이야기를 듣는 청자의 공감과 수용 그리고 위로와 존중적 반응을 통해서 환자는 불안과 걱정에서 벗어날 수 있으면 손상된 정체성을 회복할 수 있다. 이러한 이야기의 효능을 이야기 치료(narrative therapy)라고 한다(고미영 2004; Lucius-Hoene 2007; Lucius-Hoene/Deppermann 2011, 112-114). 이야기의 긍정적 효과는 의료인에게도 나타난다. 환자와의 이야기를 통해서 의료인은 인간의 삶과 정신세계 그리고 마음에 대한 폭넓은 이해를 할 수 있고 삶의 지혜를 습득할 수 있다. 또한 타인과의 관계 형성 및 유지에 필요한 지혜를 습득할 수 있고 타인으로부터 신뢰받는 다는 느낌으로 인해서 자아 존중감이 높아지고 타인과의 정서적 일체감으로 인한 행복감을 느끼게 된다(Charon 2001, 1899).

3. 서사의학의 이해

3. 서사의학의 이해

3.1. 서사의학의 개념

서사(敍事)의학은 질병과 관련된 환자의 체험 이야기를 임상 의학과 의학교육에서 활용하고자 하는 의학과 의학교육의 새로운 모델이라고 광의적으로 정의할 수 있다. 서사의학은 한국의 의료계에서 '이야기 근거 의학(narrative based medicine)' 또는 '내러티브 메디신(narrative medicine)'이라는 용어로 불리기도 한다.[1] 서사의학은 거의 같은 시기에 두 명의 연구자와 한 곳의 연구팀에 의해서 시작되었다.

---

[1]   이 책에서는 '서사의학'을 사용하기로 한다. '내러티브 메디신'은 의학 또는 의학교육의 용어를 최대한 한국어로 사용하여야 한다는 의미에서 배제한다. 이 책에서 '이야기(서사)'는 '과거에 발생한 사건을 현재의 관점으로 그리고 시간의 순서에 따라서 재구성적으로 재현하는 특정 유형의 의사소통'을 지칭하는 특수한 학술적 의미로 사용된다. 하지만 한국어의 일상적인 언어생활에서 '이야기'는 '말하다'와 동일하게 모든 유형의 의사소통을 지칭할 수 있는 보편적인 용어로 사용된다. 이 책에서 '이야기'라는 용어를 오로지 특수한 학술적 개념으로 사용할 것이고 '이야기'의 일상적 용어 사용과 구분하기 위해서 '이야기 근거 의학'이라는 용어는 사용하지 않을 것이다. 이야기의 개념 정의와 이야기의 언어 의사소통적 특성에 대한 사항은 제 4장을 참조할 수 있다.

서사의학과 관련하여 가장 저명하며 큰 영향력을 가지고 있는 연구자는 미국의 콜럼비아 의과대학의 샤론(Charon)이다. 샤론의 서사의학은 과학에 기반한 현대의학 하나만으로는 건강을 상실하였거나 고통 가운데에서 의미를 찾으려고 하는 환자를 도울 수 없다는 인식에서 출발하였다. 서사의학은 환자의 삶에 대한 개별적인 관점을 소중하게 생각하지 않는 환원주의적이고 파편화된 현대의학에 도전하고, 건강에 대한 심각한 불평등과 차별적인 정책 및 임상에 대해서 저항하기 위한 목적으로 탄생되었다. 서사적 지식과 방법론은 의료인의 환자에 대한 지식의 정확성과 범위를 확장하고 환자들과의 치료적 관계를 심화시킬 수 있기 때문에 결과적으로 환자 치료의 질을 개선할 수 있는 것으로 간주되고 있다(Charon et al. 2016, 1).

'서사의학(narrative medicine)'은 질병체험 이야기를 인식하고 흡수하며 분해하고 해석하며 또한 질병체험 이야기에 의해서 감동받을 수 있는 서사 능력에 의해서 강화된 의료를 일컫는 용어로서 2000년에 샤론에 의해서 처음 사용되었다. 서사능력이란 의사가 환자의 이야기를 존중하고 경청하며, 이야기 속에서 의미를 찾아내고 그에 대해서 공감할 줄 알며, 이를 기반으로 환자를 위해서 행동할 수 있는 능력, 즉 환자의 이야기에 몰입하고 해석하며 이야기에 대해서 반응할 수 있는 능력을 의미한다(Charon 2001, 1897). 서사의학은 의사가 공감과 성찰 능력 그리고 직업전문성과 신뢰감을 갖춘 의사의 양성을 궁극적인 목적으로 한다. 서사의학은 환자 중심적 돌봄에서 의사가 환자와의 정서적이고 상호 호혜적 관계에 충실할 수 있고 치료과정에서 필수적인 환자 삶의 개인적이고 사회적인 요인에 대한 시각을 확장하는 데 도움이 될 수 있다(Charon et al. 2016, 1).

서사의학의 또 다른 창시자는 영국의 그린핼프(Greenhalgh)이다. 유니버시티 칼리지 런던 대학과 퀸 메리 런던 대학교 교수에 이어서 현재는 옥스퍼드 대학의 교수로 재직하고 있는 그린핼프는 '이야기 근거 의학(narrative based medicine)'이란 용어를 최초로 도입하였다(Greenhalgh 1998). 그린핼프는 기존의 근거 중심 의학(evidence-based medicine)에 대한 반대 또는 보완적 개념으로서 이야기 근거 의학의 개념을 정의한다.[2] 모든 임상적 판단을 최신의 임상 연구 결과를 기반으로 하는 과학적이고 객관적인 사실만을 유일한 근거로 삼는 근거 중심 의학(권상옥 2004, 335f.)에 대해서 그린핼프는 회의적이고 비판적인 입장을 가지고 있다. 그녀는 환자의 질병 발견 과정이 과학적 연구 과정과 동일할 수 없고, 근거 중심 의학에 기반하더라도 임상적 판단은 대개 명백한 사실에 대한 객관적 분석과는 거리가 멀다고 비판한다. 그녀에 따르면 실제의 임상에서 의사는 신체 증상에 대한 진단을 객관적이고 과학적인 지식을 기반으로 하는 것이 아니라, 예측되는 질병의 외적 진단 기준과 환자의 개인적 이야기 및 의사 자신의 축적된 전문지식을 통합한 결과를 토대로 해석한 결과라는 것이다. 또한 학문적이고 객관화된 사실일지라고 하더라도 이를 개별 질병의 모든 사례에 보편적이고 무제한적으로 적용하는 것은 불가능하다는 것이기도 하다(Grimley 1995).

그렇기 때문에 환자의 질병체험 이야기와 임상적 방법에 대한 직관적이고 주관적인 차원을 토대로 하는 서사의학의 요소가 필요하다. 그 이유는 진정한 근거 중심 의학이라면 일상적 임상에서 주관성을 배제할 것이 아니라 환자가 특정한 상황에서 자신의 고유한 관점으로 체험한 이야기의 해석을 전제로 해야 하기 때문이다. 그러므로 의사는 활용할 수 있는 모든 유형의 근거, 즉 의사 자신의 사례에 대한 경험, 환자의 개인적이고 문화적인 관점, 엄밀한 임상 연구와 관찰 연구의 결과를 활용하여 통합적인 임상적 판단을 내려야

---

2   근거 중심 의학의 개념은 1992년에 최초로 등장하였고 1990년대 중반부터 의학 연구에서 빈번하게 사용되기 시작하였다(Bensing 2000, 18)

한다(Greenhalgh 1999, 323-325). 그린햄프는 이러한 관점에서 이야기 근거 중심 의학은 기존의 근거 중심적 의학의 보완적 기능을 하고 있기 때문에 임상 의학과 의료교육에서 이야기 근거 의학의 도입이 필요한 것으로 보고 있다.

'서사의학'이란 용어는 직접적으로 사용하지는 않았지만 서사의학의 발달 은 연구 영국의 옥스퍼드 대학을 중심으로 하는 질병체험 이야기 데이터베이 스(The database of personal experiences of health and illness; DIPEx) 연구팀으로부터 영향을 받기도 하였다.3 디펙스 연구팀이 질병체험 이야기에 관심을 가지게 된 배경은 다음과 같다. 환자가 심각한 질병을 가지고 있다고 처음 진단받을 경우 당황스럽고 두려움을 가지게 된다. 또한 대부분의 경우 환자는 그 질병 에 대해서 거의 알지 못하기 때문에 그 질병과 관련된 모든 종류의 정보(질병 의 특성, 치료방법, 삶에 끼치는 영향 등)가 갑작스럽게 필요하게 된다. 하지만 환자 들은 그러한 질병과 관련된 검증된 정보를 구할 곳이 없다. 심각한 질병을 처음으로 알게 된 환자가 동일한 질병을 먼저 체험한 사람들로부터 유용한 정보를 얻을 수 있다.

이에 착안하여 옥스퍼드 대학의 질병체험 이야기 연구팀은 특정 유형의 질병을 체험한 사람들로부터 이야기를 수집하여 데이터베이스화하기 시작하 였다. 디펙스란 서사 인터뷰를 통해서 특정 질병을 체험한 사람들로부터 질 병체험에 대한 다양한 정보(예: 전조 증상과 질병의 발견, 치료 방법과 치료 효과, 질병 과 일상생활, 대인관계 등)를 수집하고 체계적으로 분석한 후에 그러한 정보를 필 요로 하는 모든 사람들(새롭게 질병을 앓게 된 환자와 가족, 의료보건 관련 직군, 연구자 등)이 자유롭게 이용할 수 있도록 웹사이트에 게재하는 것을 의미한다. 디펙 스의 최우선적인 목적은 위중한 질병을 진단 받은 사람들에게 검증되고 체계

---

3   통상적으로 디펙스(DIPEx)로 통칭되는 이 연구를 이 책에서도 디펙스라고 부르기로 한다.

화된 질병체험 정보를 제공하는 것이다. 또한 질병체험 연구를 통해서 밝혀
진 환자들의 세계관과 일상생활 그리고 다양한 요구와 선호 사항에 대해서
의료진이 알게 됨으로써 의료진이 환자 중심적인 의료 수행 능력을 배양할
수 있도록 하는 것이다(Herxeimer et al 2000)

이 연구팀은 자신의 연구를 '서사의학' 또는 '이야기 근거 의학'이라는 용
어를 직접적으로 사용하지는 않았다. 하지만 환자의 질병체험 이야기를 환자
의 진단과 치료에 활용하고자 하는 의학과 의학교육의 새로운 모델이라는
서사의학의 광의적 차원에서는 디펙스를 서사의학의 한 부류로 규정할 수
있다. 그 이유는 디펙스가 질병을 체험한 사람들의 이야기를 수집하고 연구
하여 새롭게 질병을 앓게 된 환자에게는 질병의 이해와 대처에 필요한 정보
를 제공하고, 의료인에게는 환자 중심적 관점을 제공하는 것을 목적으로 하
기 때문이다(Herxeimer et al 2000; Herxheimer/Ziebland 2003; Breuning et al 2017).

3.2. 서사의학 도입의 배경과 필요성

서사의학의 개념을 정립한 세 개의 모델(샤론, 그린햄프, 디펙스)에 대한 기술
에서 이미 언급된 바 있듯이 서사의학이 시작되게 된 본질적 배경은 기존
의학의 한계와 문제점에 대한 인식과 관련이 있다. 서사의학 도입의 배경이
라고 할 수 있는 기존 의학의 한계와 문제점의 원천은 생의학적 관점이다.
생의학은 질병을 오로지 측정 가능한 생물학적, 신체적 변수의 규범과 관련
하여서 규정하려는 의학의 한 모델이다. 그렇기 때문에 생의학은 질병의 사
회심리학적이고 행동과 관련된 차원을 배제한다. 생의학적 모델은 질병을 사
회적 행동과는 상관없는 것으로 그리고 행동 장애를 신체(생화학 또는 신경생리

학적)적 과정의 이상으로 간주한다(Engel 1977). 생의학적 관점으로 인해서 의료에서 환자의 사회 심리적 요인의 배제, 의사의 과도한 주도성과 권한, 그리고 의사-환자 관계 형성의 문제점, 일방적이고 권위적인 의사 중심적 의료 등과 같은 문제가 발생한다. 또한 생의학적 관점으로 인해서 의사가 진단과 처방 모두를 주도적이고 독단적으로 결정하고, 환자는 의사의 지시에 따라서 행동해야 하는 수동적 역할을 수행해야 한다는 가부장적 의사-환자 관계가 가능하게 된다. 가부장적 의사-환자 관계의 특징은 다음과 같다.

- 질병은 신체기관의 장애로 규정된다.
- 대부분의 질환에는 유일하고 가장 좋은 치료 방법이 있다.
- 의사는 그 방법을 잘 알고 있다.
- 의사는 경험과 전문성을 바탕으로 진단과 치료를 위해서 무엇을 어떻게 할 것인가를 판단할 수 있다.
- 의사는 직업적 관심과 직업의 윤리적 의무로 인해서 진단과 치료에 관한 결정의 권한을 갖는다(박용익 2014, 57).

이러한 생의학적 관점과 가부장적 의사-환자 관계 설정, 의사 중심적 관점으로 인해서 많은 의사소통의 문제가 발생하기도 한다. 보편적으로 지적되는 기존의 의사-환자 간 의사소통의 문제점들로는 다음과 같은 것들이 있다.

- 의사가 적극적인 대화 연속체의 시작 발화(예: 질문과 대답의 질문, 제안과 수락의 제안 등)를 하는 반면에, 환자는 대화 연속체의 반응적 부분을 수행하는 경우가 대부분이다.
- 의사가 대화의 시작과 종료 그리고 주제 선택과 대화의 전개 과정을 결정

하고 환자는 이를 수용하는 역할을 한다.

- 의사가 환자의 대화시작과 이야기 시도를 중단시키고 억제하는 경우가 많다.
- 의사가 보다 많은 발화 시간을 갖는다.
- 전형적인 의사의 질문은 예/아니오의 대답을 요구하는 닫힌 질문(선택/결정 질문)이다. 그렇기 때문에 환자들은 의사가 질문을 통해서 사전에 요구하는 정보 외에 정작 자신이 하고 싶은 이야기를 하지 못하는 경우가 자주 발생한다.
- 의사가 자발적으로 진단과 치료에 대한 정보나 추가적인 설명을 하는 경우가 드물다(박용익 2014, 48).

생의학적 관점으로 인해서 발생하는 또 다른 문제는 환자가 전인적 인격체로서 존중받지 못하고 병을 가진 치료의 대상으로서 간주되고 취급되는 인간소외의 문제이다. 질병을 오로지 신체기관의 장애로만 바라보는 생의학적 관점은 많은 경우 질병의 발생원인으로 작용하는 환자의 사회 심리적 요인, 환자의 치료과정 및 결과에 큰 영향력을 가지고 있는 환자의 감정(두려움, 불안감, 절망감, 좌절감 등)과 요구 및 선호 사항, 그리고 질병으로 인한 환자의 고통과 불편감 등이 치료 과정에서 고려의 대상이 되지 않는 문제를 야기한다.

생의학적 의료에서 배제되는 환자의 사회 심리적 요인에 대한 사항은 과학적으로 연구되고 표준화된 의료 지식이나 첨단 의료 기계 장치로는 파악이 불가능하다. 또한 질병이 신체 기관의 장애 현상이고 질병에 대해서 의사가 과학적이고 객관적이며 감정 중립적으로 대처해야 한다고 생각하기 때문에 환자의 사회 심리적 요인과 개별적 요구 및 선호 사항에 대해서 파악할 필요조차 없다. 질병과 관련된 환자 개인의 사회 심리적 요인과 치료를 위한 개별 환자의 요구 및 선호 사항이 무시된다는 것은 곧 환자의 주관성과 주체성이 무시되는 것이며, 질병 발견과 치료 과정에서 환자의 주도성과 참여 가능성이 배제된다는 것을 의미하는 것이기도 하다.

생의학적 의료 관행과 가부장적이고 의사 중심적인 관점으로 인해서 질병 발견과 치료 및 의사-환자 관계 형성에 끼치는 부정적인 영향을 요약하면 다음과 같다(박용익 2014, 58).

- 질병의 진단과 치료에 매우 중요한 개인적인 사회 심리적 정보가 무시되고 개인의 다양성과 편차를 존중하지 않고 천편일률적으로 병력 청취가 이루어진다.
- 의사가 환자의 발언을 선별적으로 청취하고 질병의 특정한 단서에만 반응함으로써 질병 발견에 중요할 수 있는 정보를 가지고 있는 환자의 언어적·비언어적 단서를 포착하지 못한다.
- 의사가 객관화된 의료 지식을 토대로 자신의 관점으로 질문함으로써 환자의 특정한 정보를 유도할 수 있고 의료적 문제에만 집중함으로써 질병에 관한 성급한 가설을 제시할 수 있다.
- 환자가 자신의 관심사를 말할 수 있는 기회와 능력을 제한하고 환자의 견해를 무시하거나 유치한 것으로 치부하거나 환자의 관심을 고려하지 않음으로써 환자의 주관성과 주도적 참여 가능성이 배제된다.
- 질병으로 인한 환자의 고통과 정서적인 문제가 고려되지 않음으로써 환자가 소외감을 느끼고 의사에 대한 불만을 가질 있다. 이는 진단과 치료에 긍정적인 작용을 하는 환자와의 관계를 원활하게 형성하고 유지하는 데 장애 요인으로 작용하기도 한다.

환자는 자신의 질병을 이해해주고 치료해주는 것을 넘어서 질병이 나을 때까지 자신을 동반해 줄 의사를 원한다. 그렇지만 질병 발견과 치료를 위한 지식과 기술의 눈부신 발달에도 불구하고 의사는 환자가 처해 있는 어려운 상황을 이해해주고 고통 속에 있는 환자에게 공감적으로 다가가고 환자의 삶에 동참할 줄 아는 능력을 보이지 못하는 경우가 많다(Charon 2001). 훌륭한 진단 능력을 갖춘 의사가 드문 이유는 의료 지식과 술기를 갖추고 있지 못해서가 아니라, 대부분의 경우 진료 과정에서 질병의 신체적 요인 이외에 질병에 영향을 끼칠 수 있는 정서적, 역사적, 환경적 요소 등을 고려하지 않기 때문이다(DasGupta 2017).

질병 중심적이고 의사 중심의 의료적 관점과 관행으로 인해서 나타나는 많은 문제점은 질병 발견과 치료 및 의사-화자 사이의 관계에만 국한되는 것은 아니다. 이러한 부작용의 영향은 최종적으로 의사가 받게 된다. 전인적 인격체로서 존중받지 못한다고 생각하는 환자는 의사에 대한 인정과 존경심을 상실하게 된다. 행복한 삶의 원천인 타인으로부터의 인정과 존경심을 충분히 받지 못함으로써 의사의 사회적 위상과 자아 존중감 및 직업 만족도가 낮아지게 된다. 또한 환자와의 원만하지 못한 관계로 인해서 불필요한 의료 분쟁이 초래되고 의사가 이를 해결하기 위해서 많은 시간적 물질적 비용을 지불해야 하는 경우가 생기기도 한다(박용익 2012).

생의학적 의료(또는 근거 중심 의학이나 가부장적 의료)의 한계와 문제점을 극복하기 위한 대안으로 환자 중심 의료(patient-orieted medicine)[4] 또는 인간 중심의 의료(human-centered medicine)가 제시되었다. 환자가 의료의 중심이라는 관

---

[4]   "환자 중심 의료"의 개념은 의학 연구에서 1970년대부터 꾸준하게 사용되었고 1993년부터 좀 더 자주 나타나기는 하지만 "근거 중심 의학" 개념의 사용빈도에는 미치지 못한다(Bensing 2000, 18).

념은 고대 그리스의 의학으로 거슬러 올라갈 만큼 매우 오래된 것으로서 이는 환자의 건강과 이익을 최우선으로 하는 히포크라테스 선서에도 잘 나타나 있다(Stewart et al. 2000; Bardes 2012). 그러나 지난 수십 년 동안 의료는 환자 또는 인간이 아닌 객관화되고 질병과 표준화된 의료 지식 그리고 의사의 관점으로 이루어져 왔다. 이에 대비되는 환자 중심 의료의 발달에 영향을 끼친 1970년대의 다양한 학제의 모델들로는 경청과 환자와의 관계를 중시했던 발린트 그룹(Balint group)의 의료면담법,[5] 로저스(Rogers 1951; 2009)의 내담자 중심의 상담기법, 의료에 생물학적 요소와 심리적 요소 및 사회적 요소를 통합할 것을 제안한 엥겔스(Engels 1977), 간호에서의 전인적 접근(Neuman/Young 1972), 질병 중심과 환자 중심의 의료를 구분하였던 바이른과 롱(Byrne/Long 1976) 등을 꼽을 수 있다(Stewart et al. 2000).

환자 중심 의료는 기존 의료의 질병 중심적 관점과 의사 중심적 의료와 대별되는 의료이다. 환자 중심 의료에서 질병은 개인과 그의 생활환경, 삶의 역사, 심리작용(걱정, 불안, 좌절감, 희망 등), 신체적 소인의 관련성 속에서 발병되는 것으로 인식된다(박용익 2014, 61). 그러므로 질병의 발견과 치료 과정에서 그러한 다양한 요소 및 이들 사이의 상호 관련성 그리고 환자가 질병으로 인해서 겪는 신체적·정신적 고통을 이해하는 것이 중요하다. 그러한 것들은 개별 환자마다 각각 다르다. 그렇기 때문에 환자 중심의 의료에서는 개별 환자를 그에 대한 지식을 가진 전문가로 간주하고 그들의 주관적 견해를 존중한다. 환자는 자신의 질병과 관련된 사회·심리적 요인에 대한 정보 제공자로서 그리고 질병의 발견과 치료를 위한 의사결정 과정의 협력자로서 적극적인 참여가 권장되고 보장된다. 그러므로 질병 중심의 의료에서는 환자가 질병 치료의 대상

---

5   https://balint.co.uk/about/introduction/

자로서 자리매김되는 것과는 달리, 환자 중심 의료에서는 환자가 질병 발견과 치료를 위한 전문가이자 동반자 그리고 협력자로 자리매김된다.

환자 중심 의료의 또 다른 특징은 환자의 자율성이다. 질병 중심 의료에서는 환자가 의사의 지시를 수용하고 따라야 하는 수용자 또는 순응자로서 자리매김되는 것과는 달리, 환자 중심 의료에서는 환자가 자신의 기대와 선호 사항을 자유롭게 표현할 수 있고, 의사는 이를 진지하게 고려하고 협의하며 수용한다. 질병 중심의 의료는 의사와 환자 사이에 통보와 수용, 지시와 수용 그리고 질문과 대답 등과 같이 의사의 주도성과 권위 그리고 의사소통의 일방향성이 특징이라고 할 수 있다. 반면에 환자 중심 의료에서는 환자 이야기-의사 경청, 의사 질문-환자 대답, 공동의사결정(shared decision making) 등과 같이 주도성과 권력이 의사와 환자 사이에 분산되고 의사소통이 양방향적이고 민주적으로 이루어진다.

이와 같은 환자 중심 의료는 기존의 질병 중심 의료의 한계와 문제점을 극복하고 보완할 수 있는 다음과 같은 다양한 장점을 가지고 있다(Silverman/Kurtz/Draper 2004; Dwamena/Fortin VI/Smith 2005; Fitzgerald 2005; 박용익 2014, 60).

- 환자가 자신이 겪고 있는 질병에 대한 체험을 자신의 관점으로 자유롭게 이야기할 수 있다.
- 환자의 질병체험에 대한 정보를 바탕으로 생의학적 관점과 환자의 관점을 통합적으로 탐구함으로써 보다 효과적인 진단 근거가 제시된다.
- 환자의 두려움, 절망감, 피로감 등과 같은 심리적 고통과 신체적 통증 및 선호 사항과 기대 등을 구체적으로 이해하고 그에 대해서 적극적으로 대처함으로써 환자의 만족도와 순응도를 제고할 수 있다.
- 의사의 닫힌 질문에 의한 어림짐작을 예방할 수 있게 됨으로써 오히려 시

간과 여유가 확보된다.

- 환자가 대화에 자율적이고 주도적으로 참여함으로써 의사의 일방적이고 주도적인 역할을 해소할 수 있다.
- 의사와 환자의 원만한 인간관계와 상호 협력자 및 동반자로서의 의료적 관계를 효율적으로 형성하고 유지할 수 있다. 이는 의사와 환자 사이의 상호 신뢰도 제고의 토대가 된다. 이를 통해서 불필요한 의료분쟁과 의사 쇼핑 및 의료 소송을 감소할 수 있다.
- 혈압과 혈당의 감소, 입원 기간 축소, 위중한 환자의 임종 개선 등과 같은 치료 효과가 높아진다.

3.3. 서사의학의 이론적 토대

서사의학이 지향하는 철학과 본질적 가치 그리고 구현을 위한 구체적인 방법론은 철학, 언어학, 자서전 작가, 심리분석가, 문예학자, 명상, 불교 등 다양한 분야에서 차용되었다(Charon 2007; 2009). 그러한 다양한 영역 중에서 서사의학의 본질적 가치 또는 철학에 직접적이고 본질적인 영향을 끼친 것은 레비나스의 타자 철학과 문학이다. 그 외에도 서사의학의 실천 방법론에 큰 영향을 끼친 것으로 명상을 꼽을 수 있다.

3.3.1. 레비나스의 타자 철학

서사의학의 본질적 가치와 철학의 하나인 타자성이 레비나스의 타자 철학에 기인하였다는 사실은 서사의학과 관련된 여러 문헌에서 확인할 수 있다 (Charon 2007; DasGupta 2007; Irvine 2005). "인간의 에로스적인 본성을 전제로 하며 타자를 위한 사회윤리·정의의 실현을 목표로 하며 나아가 신의 사랑이 실현되는 유토피아를 목적으로 하는"(윤대선 2004, 122) 타자 철학의 핵심 개념은 '타자'와 '얼굴' 그리고 '무한성'과 '외재성'이다(박치완 2012).

레비나스가 말하는 타자는 주체와 무한하게 다른 특성을 가지고 있기 때문에 주체와는 전혀 다른 무한성을 가진 존재이다. 그렇기 때문에 타자는 주체의 관념 속으로 귀속될 수 없고, 주체의 이해 능력 범위를 벗어나 있으며, 주체자와 동일시될 수 없는 외재자로서 존재한다. 타자는 주체의 관념에 의해서 만들어지거나 포착되는 것이 아니라, 주체와는 다른 낯선 외부로부터 주체에게로 찾아오는 것이다(윤대선 2004, 118). 그렇기 때문에 타자는 주체자에 의해서 어떠한 수단을 통해서도 지배될 수 없고, 주체로 환원될 수 없는 절대적 외재성을 가지고 있다(강영안 1995, 164).

레비나스의 타자 철학의 또 다른 핵심 개념인 '얼굴'은 통상적으로 이해되는 인간 신체의 일부가 아니다. 레비나스에게 얼굴은 타자가 주체의 관념 속에 들어 있는 타자에 대한 모든 생각을 초월하여 스스로 나타내는 방식을 의미한다. 레비나스가 말하고자 하는 얼굴을 보다 구체적으로 이해하자면 얼굴은 대략 세 가지로 설명될 수 있다. 첫 번째로 얼굴은 타자를 의미하고 타자는 무한성과 외재성을 지니고 있는 존재이므로 얼굴은 볼 수도 이해할 수도 없는 대상이다. 둘째로 얼굴은 인간에게 현현된 신의 계시로서 주체 자신보다는 타자를 우선하고 신의 사랑을 실천하라는 윤리적 명령이다. 세 번째로 얼굴은 인간의 얼굴, 특히 가난한 사람, 고아, 과부 등과 같은 약자의 헐벗고 굶주리며 매 맞고 죽어가는 고통의 얼굴로서 명령, 요구, 호소, 간청으로 주체에게 다가오며 그들의 고통에 응답하라는 신의 계시가 인간의 얼굴로 나타난 것이다. 레비나스의 얼굴의 개념은 타자와 무한성 그리고 신과 약자에 대한 윤리적 책임과 의무 등과 동일하다(박치완 2012; 박연규 2017).

주체가 진정한 의미의 주체성을 가질 수 있는 조건은 약자를 영접하고 대접할 때, 즉 환대로서의 주체성이 확립된다(강영안 1995). 이는 타자의 얼굴에 나타난 신의 계시, 즉 윤리적 명령에 의해서 주체가 철저히 탈주체화되고 윤리적 의무와 책임만을 가지게 된다는 것을 의미한다. 반대로 타자는 주체의 윤리적 의무와 책임에 따른 환대와 대접을 받을 권리가 일방적으로 주어진다. 그러므로 주체와 타자의 관계는 비대칭적이다. 이것이 바로 레비나스가 생각하는 윤리이고 정의이며 책임이다(박치완 2012).

서사의학이 이론적 배경으로서 레비나스의 타자 철학의 핵심적 개념들을 차용한 이유는 다음과 같다. 타자 철학의 무한성과 외재성의 개념은 의사가 만나는 환자의 유일성과 절대성 그리고 의학적 지식을 토대로 하는 이해를 초월하는 의사의 지식과 관념의 외부에 존재하는 대상임을 함의한다. 그렇기 때문에 환자는 그의 절대 다름과 유일성에 대한 존중의 대상이지 의사의 주도와 지배의 대상이 아닌 것이다. 주체보다 타자를 우선시하고 그들의 고통에 응답하라는 윤리적 명령의 의미를 가지고 있는 타자 철학의 '얼굴'은 의사가 환자를 위해서 존재해야 하고 그들의 고통을 인식하고 응답해야 한다는 의사의 원초적인 윤리를 함의한다.

이와 관련하여 다스굽타는 의사가 화자를 보살피는 것뿐만 아니라 환자가 의사에게 주의 기울임, 깨어 있음, 지금 여기에 현존하기, 상호 의존성 그리고 공감 등을 가르쳐 주는 교사가 되게 할 수 있는 특권을 가지고 있다고 보고 있다. 또한 권력의 관계를 전환하여 의사는 자신을 가르쳐주는 환자의 발밑에서 배우고, 환자의 목소리와 침묵의 소리를 듣는 것 등을 통해서 보다 헌신적인 의료에 접근하는 것이 바로 의사의 깊은 겸손이라고 말하고 있다

(DasGupta 2007, 1391).

레비나스의 타자 철학이 서사의학의 이론적 배경이 되는 또 다른 요소는 질병체험에 대한 이야기 활용 방법에 관한 지식을 통해서 보완된 의학을 표현하기 위한 개념으로서 서사의학을 정의하는 것과 관련이 있다(Charon 2009, 121). 레비나스에 따르면 타자는 면대면 상황에서 이루어지는 이야기를 통해서 주체가 평가하고 규정할 수 없는 어떤 존재로서 스스로를 드러낸다(Irvine 2005, 10f.). 오로지 이야기만이 절대 다른 타자와 주체를 공유된 하나의 세계로 통합시킬 수 있고 이야기를 하고 수용하는 가운데 고통을 받는 자와 도움을 줄 사람 사이의 새로운 관계가 형성된다. 그러므로 이야기에 대한 진지한 탐구가 타자에게 온전하게 주의집중을 하는 데 필수적이라는 점에서 서사의학의 이론적 배경이 된다(Charon 2007, 1266).

3.3.2. 문학

문학이 서사의학의 이론적 배경이 되는 이유 중의 하나는 문학을 통해서 의과대학생과 의사가 효과적인 의료를 위해서 필요한 서사적 능력을 배양할 수 있고 질병에 대한 인간적인 의미로 가득 찬 이야기를 활용할 수 있기 때문이다. 그 이유는 의과대학생과 의사가 문학을 통해서 환자의 고통을 이해할 수 있고, 임상에서 접할 수 있는 이야기를 해석할 수 있는 근본적인 능력을 배양할 수 있으며, 의료에서 사용하는 언어에 대한 정밀한 탐구를 통해서 의사 자신의 일을 이해할 수 있기 때문이다(Charon 2000, 23). 황임경은 문학과 의학이 만나는 최초이자 가장 중요한 지점으로 개별 인간의 주관성을 꼽고 있다. 문학에 의해 형상화된 질병 이야기의 도움을 통해서 개별 환자가 겪는 질병의 고통을 이해할 수 있고 이를 통해서 현대의학이 그동안 소홀히 하였던 '타자'에 대한 윤리와 '사회'를 발견할 수 있게 된다(황임경 2014).

샤론은 서사의학의 이론적 배경으로서 문학이 활용되는 또 다른 이유로 문학과 의학이 서로 닮은 점이 있고 밀접한 관련성이 있다는 사실을 꼽고 있다(Charon 2000, 24-25). 의학과 문학이 서로 유사한 점은 첫째, 이 두 분야가 개별 낱말의 총합보다 더 많은 것을 의미하는 텍스트를 대상으로 한다는 점이다. 즉, 문학이나 의학에서 사용되는 텍스트는 구조, 용어 선택, 이미지, 줄거리 등과 같은 텍스트의 구성 요소에 따라서 사용된 모든 낱말의 의미를 넘는 매우 다양한 의미를 가질 수 있다. 문학 텍스트나 환자가 모든 의사소통 수단을 통해서 전달한 텍스트의 의미를 정확히 해석해내기 위해서 독자나 의사 모두 의미 발현에 직접적인 영향을 끼치는 텍스트의 구성 요소에 대한 분석이 요구된다.

둘째, 문학과 의학은 비슷한 목적을 추구한다. 문학이 인간은 어디로부터 오고 어디를 향해서 나아가는가(또는 삶의 목적과 이유)에 대한 답을 찾는 것, 즉 인간의 삶과 그 의미에 대한 물음에 대답하는 것을 목적으로 한다. 의학도 이와 동일하게 인간의 출생과 죽음에 이르는 인간의 삶 전체와 그 의미에 대한 답을 찾는다.

셋째, 두 분야가 사용하는 방법론의 유사성이다. 의사가 환자에 대한 병력을 청취하는 것은 언어로 이루어진다. 그러므로 진료는 의사가 환자의 삶에 대한 읽기와 쓰기의 과정에 몰입하게 된다. 환자가 말하는 것을 정확하게 해석하기 위해서 의사가 사용하는 방법은 독자가 저자의 말을 이해할 때 사용하는 수단과 다르지 않다.

넷째, 문학과 의학의 상호 호혜성과 합일성이다. 문학은 의학적 주제(인간의 탄생과 고통 그리고 죽음)와 관심을 대상으로 하고, 의학은 진단과 치료를 위해서 언어의 힘을 빌린다. 다시 말해서 문학은 의학적 줄거리를 차용하고 의학은 문학의 형식을 차용한다.

다양한 유사점과 관련성이 있는 문학을 의학 교육에서 활용할 때 지향하는 목적과 기대하는 효과는 다음과 같다(Hunter/Charon/Coulehan 1995).

- 독자를 보다 좋은 인간이 되도록 돕는 문학의 도덕적 영향력을 의학에서도 기대할 수 있다. 즉 문학을 통해서 의과대학생의 도덕 교육을 풍부하게 할 수 있다.
- 의과대학생이 열린 마음과 관심 그리고 공감 능력을 가지고 환자를 만나게 할 수 있는 능력과 태도를 함양할 수 있다.
- 의과대학생이 질병으로 인해서 복잡해진 삶의 다양한 상황들을 이해할 수 있다.
- 의과대학생이 타자의 관점을 수용하고 복잡하고 혼란스러운 이야기의 줄거리를 따라갈 수 있으며, 의미의 복잡성을 견디어낼 수 있고 인간에게 닥친 사건의 복합적이고, 때로는 서로 상반된 의미를 인식할 수 있는 서사적 능력을 계발할 수 있다.
- 의과대학생이 환자 돌봄의 정서적이고 인간관계적 차원에 필요한 용어를 배울 수 있다.
- 의과대학생이 문학 작품을 읽고 환자에 대한 서사 텍스트를 써 봄으로써 임상과 도덕에 대한 상상력과 타자와 그들의 상황에 대한 공감적 감수성을 계발할 수 있다.
- 의과대학생이 다양한 문화적 배경을 지난 여러 작가의 작품을 읽게 되면 건강과 질병 그리고 돌봄과 관련된 문화와 종교 그리고 사회적 요인들의 다양성을 이해할 수 있게 된다.
- 의과대학생이 문학을 통해서 환자와 만날 때 무의식적으로 영향을 끼칠

수 있는 기질적 요인과 개인적인 연상 작용을 인식할 수 있음으로써 임상적으로 중요한 자기 인식을 심화할 수 있다.

의사가 환자와 자기 자신을 보다 더 잘 돌볼 수 있는 능력의 계발을 목적으로 하는 문학 교육 방법론은 윤리적 접근법과 심미적 접근법 그리고 공감적 접근법이 있다(Hunter/Charon/Coulehan 1995, 789). 윤리적 접근법은 학생이 도덕적 성찰과 삶의 질에 대해서 생각하게 하는 것에 초점을 맞춘다. 윤리적 접근법은 문학에 나타난 의사의 이미지, 질병에 대한 다양한 문화적 관점, 사회적 정의의 문제, 환자와 의사 관계의 도덕적 차원 등을 다룬다. 심미적 접근법은 읽기와 쓰기 그리고 해석 등과 같은 문학적 역량을 강조한다. 이 접근법은 관점, 은유 구조, 서사적 태도, 등장인물과의 동일시 등과 같은 문학 교육이 강조된다. 심미적 접근법은 임상 상황의 모호성과 혼란스러움에 대한 인내심과 진단과 의사-환자 관계의 핵심인 해석 능력을 배양할 수 있다. 공감적 접근법은 타인의 경험과 감정 그리고 가치 등에 대한 이해 능력과 이를 토대로 환자와의 공감적 상호작용 능력의 향상을 목적으로 한다. 문학 작품 읽기가 자신의 관점을 억제하고 타자인 등장인물의 현실 속으로 들어가는 행위라는 점에서 의사가 자신의 관점을 억제하고 타자인 환자의 관점을 있는 그대로 수용해야 하는 공감 능력을 배양할 수 있다.

3.3.3. 명상

서사의학이 지향하는 본질적 가치 중의 하나는 환자에 대한 의사의 주의집중이다. 의사의 주의집중 능력과 계발을 위해서 서사의학의 이론적 틀을 만들었던 다스굽타는 불교의 명상법을 서사의학의 이론적 배경으로 도입하였다(이하 DasGuta 2007 참조). 다스굽타는 서양의 교육이 지적인 사람의 양성을 목표로 하는 것과 달리, 좋은 사람('good heart')의 양성을 목표로 하는 불교의 교육 철학이 지적 능력 계발과 더불어 의학 교육의 목표가 되어야 한다고 주장한다. 또한 그에 대한 실천 방안의 하나로 명상을 의학 교육에 도입할 것을 제안하고 있다. 그 이유는 명상이 집중을 할 수 있게 하고 심오한 내적 지식에 도달하게 할 수 있는 통로이기 때문이다. 명상은 자기 인식을 가능하게 하고 자기 인식은 타자 인식의 토대가 된다. 또한 명상은 통해서 자기 자신을 비워내고 내적 고요함을 창출함으로써 타자의 이야기를 더 잘 받아들이고 더 명료하게 이해할 수 있게 된다. 즉 명상은 집중과 자기 비워냄 그리고 타자의 이야기 수용과 이해의 순환 속에서 의사들을 좋은 경청자로 만들어낼 수 있는 것이다.6 다스굽타는 현대의학의 위기, 즉 의료에서 이야기 소멸의 위기에 대처하기 위한 방안의 하나로 모든 의과 대학생에게 명상과 자기 인식의 핵심적인 방법을 가르칠 것을 제안한다. 그녀는 또한 환자의 이야기를 촉진하고 증언하는 것을 넘어서 의료인의 의식 속에 환자의 이야기를 온전하게 통합시키는 능력도 의과 대학생에게 가르칠 것을 제안하다.

서사의학은 주의집중의 실천방안으로 명상 이외에도 프로이드의 부유하는 수평적 집중(evenly hovering attention) 방법을 도입하였다. 부유하는 수평적 집중이란 상대가 말하는 것 중에 어떤 특정한 것에 집중해서 주의를 기울이지 말고 상대가 말하는 모든 것에 대해서 고르게 주의 집중하라는 심리 치료의 한 방법이다. 한 곳에만 집중적으로 주의를 기울이게 되면 다른 것들에 대해서 주의를 기울이지 못하게 되고, 그렇게 되면 주의를 기울이지 못한 말이

---

6   샤론은 환자가 말과 침묵 그리고 신체 상태로써 전하고자 하는 말을 잘 파악할 수 있기 위해서는 매음챙김(mindfulness)과 자기 헌신 그리고 지속적인 관찰과 집중이 잘 조합을 이루어야 한다고 말한다(Charon 2007, 1265).

전달할 수 있는 중요하고 다양한 정보를 발견할 수 없게 된다(Freud 1912/2000, 171f.).

서사의학은 또한 의사의 주의집중 능력을 계발하기 위해서 고통받은 사람의 이야기를 무비판적으로 수용하는 구술사의 방법을 서사의학에 도입하기도 하였다(Charon 2007, 1265f.).

3.4. 서사의학의 철학

이미 앞에서도 기술한 바 있듯이, 환자의 질병체험 이야기를 적극적으로 경청하고 그 체험 이야기의 의미를 흡수하고 이해하며 환자의 이야기에 의해서 감동을 받고 환자의 측면에서 행동할 수 있는 의사의 능력이 서사의학의 본질이다. 이러한 능력의 전제조건은 무엇보다도 먼저 의사가 이야기 사용의 가치와 의미를 인식하고 인정할 수 있어야 하고 환자를 이야기할 수 있도록 초대하고 그가 이야기를 지속할 수 있도록 촉진할 수 있어야 한다. 서사 능력의 핵심은 타자에 대한 경청과 존중 및 공감 그리고 타자의 관점에서 이해하고 행동할 수 있는 것이라고 할 수 있다(Charon 2001, 2007).

의학에서 서사 능력을 통해서 최종적으로 달성하고자 하는 목표는 의사와 환자 사이의 연대감을 창출 또는 실현하는 것과 환자의 고통에 의사가 동참하는 것이다. 이와 관련하여 샤론은 "서사의학은 우리가 질병으로 고통을 겪을 때 서로 함께 하는 능력에 초점을 맞추는 것이고 임상적 무력함의 짐을 감내하는 것이다. 간단히 말하자면 이 세상에서 삶의 한계를 용감하게 응시하는 것"(Charon 2007, 1267)이라고 말하고 있다.

서사 능력을 발현하기 위해서 의사는 박애주의, 공감, 존중심, 충성심, 겸손, 용기, 신뢰 등과 같은 성품을 갖추고 있어야 한다(Charon 2001, 1899). 이러한 성품을 갖춘 의사가 자신의 관점이 아닌 타자의 관점으로 세상을 바라보고 사고하며 느끼고 행동할 수 있다. 타자의 관점을 가지기 위해서는 자신의 관점과 가치 판단 그리고 이해관계를 어느 정도는 제한할 수 있는 의지와 능력이 있어야 한다.

자기중심적 태도나 이기심을 제거하거나 제한하는 것을 다스굽타는 '자기비우기'라고 명명한 바 있다. 자기를 비워낸 자리에 환자가 자리할 수 있는 빈 공간이 생긴다. 다스굽타에 의하면 누군가 타인에 대해서 주의를 기울이는 일은 곧 그가 자신을 비우고 타인의 의미를 수용하는 도구가 되는 것이다 (DasGupta 2007, 1385). 이를 통해서 의사와 환자를 구분하는 경계선이 사라지게 되고 이 둘 사이에 사회적이고 정서적인 연대감이 생겨난다. 다스굽타에게 타자는 자기와 다르지 않은 존재이다(DasGupta 2007, 1388). 자기와 타자를 구분하지 않는 상태에서야 비로소 타자가 이야기를 통해서 전달하고자 하는 체험과 관점 그리고 감정 등을 전달된 그대로 인식할 수 있다. 그렇기 때문에 가장 좋은 의료 도구는 관심을 통해서 환자에게 조율되어 있고, 공감을 통해서 환자의 편에 있으며, 성찰을 통해서 환자가 이용할 수 있는 의사 자신일 수 있다(Charon 2001, 1899).

서사의학이 추구하는 철학 또는 본질적 가치는 환자가 질병과 관련된 경험에 집중적인 주의를 기울이고 환자(타자)를 그의 관점에서 바라보고 이해하고 느낄 수 있는 타자성과 의사와 환자의 사회적이고 정서적인 결속이라고 할 수 있다. 이러한 서사의학의 본질적 가치를 실현하기 위한 행동으로는 주의집중(attention)과 표현(representation) 그리고 결속(affiliation)이 있다(이하 Charon 2007, 1265-1266; Charon 2017, 3 참조).

주의집중은 청자가 화자에게 바칠 수 있는 고조된 집중과 헌신의 상태를 의미한다. 주의집중은 경청하는 자아를 화자가 하는 말을 파악하고 발견하는 도구로 사용한다. 의사는 마음의 고요, 헌신, 지속적 관찰, 조율된 집중 등의 조합으로 이루어진 주의집중력을 가지고 있어야 한다. 그래야 그는 환자가 말과 침묵 그리고 신체로 표출하는 것을 인식할 수 있다.

표현은 주로 쓰기로 이루어지는데, 듣고 인식한 것에 형태를 부여함으로써 의식하지 않으면 사라져 버릴 것들을 화자와 청자 모두가 듣고 보게 할 수 있다(8장 참조). 환자가 자신의 질병체험 이야기를 쓰게 되면 독자는 그 글에 대해서 즉각적이고 내밀한 반응자의 역할을 맡게 된다. 즉 독자는 이야기를 하는 그 순간에 현존하며 대답을 해야 하는 사람으로서의 역할을 요구 받는다. 표현은 질병으로 인해서 사랑하는 사람과 건강한 신체 그리고 자기 자신으로부터 고립된 사람에게 타인이 자신에게 주의를 기울이고 있다는 사실을 알게 해주고 고립에서 벗어나 타자와 다시 연결되게 할 수 있다. 표현을 통해서 이전에는 서로 관계가 없던 의사와 환자는 서로 연결되고 서로를 인정할 수 있으며 공동체 구성에 대한 희망을 가지게 된다. 주의집중과 표현을 통해서 서사의학의 궁극적인 목적인 환자와 의사 사이의 연대감이 형성된다.

지금까지 살펴본 대로 서사의학의 철학 또는 본질적 가치에는 타자성과 관계론적 세계관이 자리잡고 있다. 관계론적 세계관이란 모든 주체는 그 자체로서 존재할 수 없고 항상 타자의 존재를 전제로 한다는 것이다. 다시 말해서 주체는 타자를 통해서 그리고 타자는 주체를 통해서만 존재할 수 있다는 사실, 즉 존재의 상호의존성을 의미한다. 그러한 관계론적 세계관은 불교 사상과 부버(Buber)의 대화 철학 그리고 미드(Mead)의 사회심리 철학 등의 핵심적 개념이다(이하 박용익 2016 참조).

불교의 관계론적 세계관은 연기(緣起)론에 잘 나타나 있다. "이것이 있으므로 저것이 있고(此有故彼有), 이것이 생기므로 저것이 생기며(此起故彼起), 이것이 없으므로 저것도 없고(此無故彼無), 이것이 없어지므로 저것도 없어진다(此滅故彼滅)".7 연기론에 따르면 주체와 타자의 구분이 되지 않으므로 주체가 곧 타자이고 타자고 곧 주체가 되는 것이다. 이러한 만물동체(萬物動體)라는 연기적 관점은 자신을 아끼고 사랑하는 주체가 자신과 동일하게 생각하는 타자도 자신처럼 아끼고 사랑하며 보살펴야 하는 동체자비(動體慈悲) 사상으로 이어진다.8 동체자비의 구체적인 실천 방안은 타자의 고통을 나의 고통으로 느끼는 자각이다(안옥선 2007, 236-238). 그렇기 때문에 타자가 아프면 주체도 아프고 타자가 아프지 않으면 주체도 아프지 않게 되는 것이다.9

관계를 인간의 다른 이름이라고 규정한 부버는 인간은 주체자(나) 혼자로서는 존재할 수 없고 오로지 상대자(너)가 있어야 하고 그와의 대면적 대화 속에서야 비로소 주체자로서 존재할 수 있다고 하였다(우정길 2007, 139). 그는 내가 나를 나라고 말할 수 있는 것은 나를 자각하는 순간에 이루어지는 것이고, 나(자아)를 자각하기 위해서는 먼저 너와의 만남이 선행되어야 하므로 자아 관계는 너와의 관계가 이루어진 후에 발생하는 것이라고 하였다(윤석빈 2006, 291).

자아 생성의 상호작용적 측면을 강조한 사회심리 철학자인 미드는 자아가 태어나면서 원천적으로 존재하거나 주어지는 것이 아니라 다른 사람들과의 상호작용 과정에서 타인에 대한 경험을 토대로 형성되는 것이라고 규정한다. "다른 사람의 태도를 취할 수 있고 다른 사람들이 행동하듯이 스스로에게도

---

7   원불교대사전(http://terms.naver.com).

8   "나에게 나 자신이 가장 사랑스럽다. 이는 다른 이들에게도 마찬가지이다. 그러므로 자신을 해치지 않고 사랑하듯이 그들에 대해서도 그렇게 하라"(Samyutta-nikaya I, 75쪽; 안옥선 2007, 238에서 재인용).

9   "중생이 병을 앓을 때 보살도 병을 앓으며 중생의 병이 나으면 보살의 병도 낫습니다"(http://www.buruna.org/).

행동할 수 있는 한에서 자아가 된다"(Mead 2010, 262). 주체자가 자아라고 생각하는 것은 결국 타자가 생각한다고 판단하는 자신의 자아상을 주체자가 수용하면서, 즉 자아는 주체자가 자신에 대한 타인의 시선을 통해서 자신을 바라볼 수 있을 때 형성되는 것이다. 그러므로 자아에는 타자의 정신과 세계관이 들어 있는 것이고, 자신에 대한 자아상은 타인의 인정과 수용을 통해서만 인증되고 확인되는 것이기도 하다(Honneth 2011, 173). 주체자의 자아가 타인에 의해서 형성되는 것처럼, 주체자도 다른 타자에게는 그의 자아 형성에 영향을 끼치는 타자로서의 역할을 하기도 한다. 그러므로 주체자의 자아에는 타자가 그리고 타자의 자아에는 주체자가 서로 혼재해 있는 것이다. 그렇기 때문에 자아와 타자는 명확하게 구분될 수 없다(Mead 2010, 256).

3.5. 기존 의학과 서사의학

지금까지 기술한 서사의학의 개념 정의에서 살펴볼 수 있듯이 서사의학은 기존 의료(생의학, 근거 중심 의학)의 한계와 문제점을 보완하기 위한 목적으로 도입되었다. 기존 의학의 한계와 문제점을 극복하고 본완할 수 있는 서사의학의 특징을 기존 의료 관행의 요소와 대별하면 아래와 같다(Jeoung/Lucius -Hoene/Bak 2018).

(1) 질병 중심 vs 질병체험 중심

한국어에서 질병과 질병체험이 서로 다른 의미가 있듯이 영어에서는 'disease(질병)'과 '질병체험(illness)'의 의미가 서로 다르다. 질병은 신체기관과 신체조직의 구조와 기능의 비정상적인 상태를 의미하고, 질병체험은 환자가 본인의 불편한 상태의 원인과 중요성에 대한 생각, 환자의 행동과 인간관계에 끼치는 영향에 대한 생각, 그리고 그러한 상황을 개선하기 위한 조치와 관련된 생각 등과 관련이 있다(Helman 1981). 질병은 대개의 경우 전통적인 의학교육을 통해서 배우는 병리학적 과정과 관련이 있다. 의사가 보고 만지며 계측하고 냄새 맡을 수 있는 질병은 객관성을 가지고 있으며 의학의 본질적 요소로 간주된다. 반면에 질병체험은 전적으로 개인적이고 환자의 내적 상태와 관련이 있는 건강하지 못한 상태에 대한 느낌과 체험을 의미한다(Kenneth 2000). 많은 경우 신체의 병리학적 이상 증상을 시진이나 촉진 또는 기계적 장치를 이용해서 형태적 또는 객관적으로 확인할 수 있는 것과는 달리, 건강하지 못한 상태에 대한 환자의 느낌과 감정, 관점, 가치 부여 등은 기존의 의학 지식이나 기계적 장치로 확인하는 것이 불가능하다. 그러한 감정이나 관념과 관점 등과 같은 환자의 내적 상태인 질병체험은 오로지 환자의 이야기를 통해서 확인할 수 있다. 기존의 의학이 질병을 중심으로 이루어진다면 서사의학은 질병체험을 중심으로 한다.

(2) 의사 중심(의사=전문가, 환자=비전문가) vs 환자 중심(의사, 환자=전문가)

기존의 정규 의학 교육을 통해서 훈련된 의사는 질병을 확인하고 치료하는 전문 지식과 술기를 가지고 있다. 반면에 환자 자신의 개인적 질병체험 그리고 환자가 선호하는 바와 기대와 요구 등에 대한 사항은 환자가 전문적 지식을 가지고 있다. 기존의 의학에서는 의료적 지식과 술기를 가지고 있는 의사를 유일한 전문가로 그리고 환자는 비전문가로 규정했다. 하지만 서사의학에서는 의사뿐만 아니라 질병 발견과 치료에 대해서 큰 영향력을 가지는 질병체험 지식을 가지고 있는 환자도 전문가로 간주한다.

(3) 이성 중심 vs 감정 중심

기존의 의학에서는 질병과 관련된 과학적 합리성과 이성이 중심이 되었다면, 서사의학에서는 질병과 관련되어 있고 의사-환자의 관계에 큰 영향을 끼치는 환자의 걱정이나 불안 등과 같은 환자의 감정이 중심이 된다. 그렇기 때문에 질병과 관련된 환자의 감정에 대한 탐구 능력과 환자에 대한 공감 능력을 의사가 계발하고 수행하게 하는 것이 서사의학의 중요한 목표 중 하나이다.

(4) 객관성 vs 주관성

기존의 의학이 과학적 연구되고 체계화된 객관적인 사실만을 진단과 치료의 근거로 삼는다. 이와는 달리 서사의학에서는 질병의 원인과 진행과정 그리고 그것의 영향 등과 관련된 환자 개인의 주관적인 느낌이나 관점 등도 존중된다.

(5) 표준성 vs 개별성

질병과 치료와 관련된 표준적인 지식이 기존 의학의 중심이라면 서사의학에서는 개인이 처한 상황과 문화 그리고 개인의 선호와 요구 등과 같은 개별적인 측면이 존중된다. 그 이유는 객관적이고 표준화된 과학적 지식이라고 하더라도 그것을 모든 환자에게 보편적으로 적용하는 것이 불가능하기 때문이다.

(6) 의료진 주도성(의사질문-환자대답) vs 환자의 주도성(환자 이야기-의사 경청)

기존의 의학에서는 생의학적 의료지식과 질병의 진단과 발견 과정에서 의사의 전문성과 우월성을 토대로 의사가 의사-환자 대화를 주도하는 것이 통상적이다. 예를 들면 병력대화는 보통의 경우 의사가 묻고 환자가 대답을 하는 방식으로 이루어진다. 다시 말해서 의사가 병력대화의 내용을 설정하고 대화의 진행과정도 주도하게 된다. 이 경우 의사는 질문자로 그리고 대화의 주도자로서 자리매김하게 되고, 환자는 질문에 반응해야 하는 수동적인 역할로서 자리매김된다.

반면에 서사의학에서는 의사가 잘 모르는 환자의 개별적인 질병체험에 대한 전문성을 인정하고 존중한다. 그렇기 때문에 서사의학을 기반으로 하는 병력대화의 시작부분에서 의사가 대화 주제를 주도적으로 설정하면서 질문하고 환자가 대답을 요구하지 않는 대신에 환자가 자신의 질병체험에 대한 이야기를 자유롭고 주도적으로 할 수 있도록 한다. 이 경우 환자는 이야기하는 사람으로서 자리매김하게 되고, 의사는 이야기를 촉진하고 경청하는 역할자로서 자리매김하게 된다.

이미 앞에서 서사의학의 개념을 '임상 의학과 의학교육에서 질병과 관련된 환자의 체험 이야기를 활용하고자 하는 의학과 의학교육의 새로운 모델'이라고 광의적으로 정의하였다. 지금까지 논의한 기존 의학과 대비되는 서사의학의 특징을 바탕으로 서사의학의 개념을 보다 세밀하게 정의사면 다음과 같다. 서사의학은 기존 의학의 한계와 문제점을 극복하기 위해서 질병과 관련된 환자의 체험 이야기를 존중하고 진단과 치료에 적극적으로 활용한다. 이야기를 존중하고 활용한다는 것의 의미는 환자의 이야기를 주의 깊게 경청해주고 촉진하는 것이며 환자의 이야기를 수용하고 공감해주는 것이다. 이야기의 활용을 통해서 의사는 질병의 원인과 진행과정 그리고 질병이 환자의 일상생활에서 끼치는 신체 및 정서적이고 사회적인 영향을 개별 환자의 주관적인 관점에서 이해하고 환자의 감정과 요구에 적절하게 대처할 수 있게 된다. 그러므로 서사의학은 개별 환자 중심적이고 의료에 환자가 적극적이고 주체적으로 참여할 수 있게 하는 의료의 한 모델이라고 정의될 수 있다.

3.6. 서사의학의 한계와 가능성

서사의학이 국내에 소개되고 논의된 역사도 짧고 서사의학과 관련된 연구도 소수에 불과하다. 그럼에도 불구하고 서사의학에 대한 회의와 한계에 대한 비판의 목소리가 작지 않은 실정이다. 그러한 서사의학에 대한 비판적인 관점은 대개의 경우 특정한 유형의 의사소통인 이야기와 서사의학의 본질에 대한 정확한 이해가 불충분한 데서 기인하는 것으로 보인다. 그러한 비판적인 시각은 불필요하게 서사의학의 특징과 장점에 대한 정확한 이해를 방해하는 요소로 작용할 것이다. 그렇기 때문에 서사의학의 한계에 대한 비판에 대한 비판적 논의가 필요하다. 해외 연구 문헌에서 논의된 서사의학에 대한 비판은 황임경(2015)과 김준혁(2019)에 자세하게 소개되고 논의되고 있다. 이를 종합하면 서사의학의 한계와 문제점은 (1) 서사의학의 진실성의 문제, (2) 서사의학의 강제성, (3) 서사의학의 감상주의, (4) 서사의학의 문화적 편향성, (5) 서사의학의 비현실성, (6) 서사의학의 만능주의, (7) 서사의학의 비보편성, (8) 서사의학의 기존 의학에 대한 부정, (9) 서사의학의 도구적 편향성, (10) 서사의학의 효용성에 대한 의문 등으로 정리할 수 있다.

(1) **서사의학의 진실성의 문제**: 환자의 질병에 대한 객관적 진단과 치료를 목적으로 하는 의학에서 사실에 부합하는지에 대한 확실성이 없는 이야기를 활용하는 것이 타당한 것인가에 대한 의문이 있다.

이는 서사의학의 근본적인 목표에 대한 오해에서 비롯된 비판이다. 서사의학은 객관적 진단과 질병 치료를 위해서 도입된 것이 아니다. 서사의학은 질병과 관련된 환자의 고통과 관점 그리고 감정과 평가를 환자의 관점에서 이해하고, 이를 토대로 환자를 지지하고 위로하려는 목적으로 도입되었다. 같은 질병을 같은 정도로 앓더라도 그에 대한 개인의 고통과 의미 그리고 감정과 관점 등은 사람에 따라서 매우 다르기 때문에 이야기를 통해서 그러한 것을 이해하고 적절하게 대처하고자 하는 것이 서사의학의 근본적인 목표 중의 하나이다.

(2) **서사의학의 강제성**: 어떤 사람들은 이야기에 익숙하지 않을 수도 있고 이야기하기를 원하지 않을 수도 있는데 이야기를 강요하는 것은 적절하지도 않고 별다른 효용성도 없다. 또한 서사의학이 공감의 중요성을 너무 강조한 나머지 이런 능력이 떨어지는 의사에게는 부담으로 작용할 수 있고 공감에 대한 가식적인 태도를 가지게 할 수도 있다.

서사의학의 가장 근본적인 태도는 타자 지향성이다. 다시 말해서 서사의학은 의사가 환자가 처한 상황을 그의 입장에서 이해하고 그가 원하는 바에 부합하게 행동할 수 있도록 노력하는 것이 핵심이다. 이를 위해서 서사의학은 이야기의 욕구를 가진 환자가 이야기할 수 있도록 의사가 환경을 조성하고 촉진하는 것이지 이야기에 익숙하지 않거나 원하지 않는 사람에게 이야기를 강요하지 않는다. 이야기를 강요하는 것은 의사가 중심적이고 주도적인 것을 의미하므로 환자 중심성을 핵심적 특성으로 하는 서사의학의 본질에서 벗어난다. 그러므로 그러한 의료 행위가 이루어지는 것을 서사의학이라고 할 수 없다.

공감 능력의 결여는 타인에게만 불편감을 끼치는 것이 아니다. 인간의 모든 사회적 관계는 상호주의 원칙에 기반하므로 의사가 환자에게 공감을 하지 못한다면 그는 환자로부터 그리고 일상생활에서는 타인으로부터 인정과 존중 그리고 공감을 받기 어렵다. 다른 모든 사회 구성원과 마찬가지로 의사도 타인으로부터의 인정과 공감이 필요한 존재이다. 공감 능력이 부족한 의사의 직업만족도와 삶의 질이 낮은 것으로 보고되고 있다(6.2 참조). 의사도 다른 사람들과 마찬가지로 높은 직업만족도와 행복한 삶의 토대인 공감을 타인으로부터 받기 위해서는 먼저 타인을 공감해야 한다. 굳이 서사의학이 아니더라도 그리고 어떤 다른 수단을 통해서라도 의사가 공감 능력을 계발하는 것은 필요한 일일 것이다.

(3) **서사의학의 과도한 감상주의**: 서사의학은 의사들이 전문가적 역할을 벗어나거나 넘어서서 영적 조언자, 사회사업가, 인생 상담 조언가의 역할을 맡으라는 것이어서 오히려 환자의 위험을 증가시킬 수 있다.

서사의학이 지향하는 바는 의사의 생의학적 전문 지식과 술기 능력을 부정하는 것이 아니다. 서사의학은 현재의 의사가 생의학에 지나치게 경도된 나머지 환자를 전인적인 인격체로 간주하지 않는다거나, 질병으로 인해서 겪게 되는 환자의 고통이나 걱정 또는 불안이나 좌절감 등 다양한 사회 심리적 요인을 이해하지 못하고 적절하게 대처하지 못하는 현재의 의료관행을 보완하고자 하는 시도일 뿐이다. 서사의학은 또한 환자의 특정한 사안에 대해서 조언하거나 영적 지도를 하는 것이 아니다. 서사의학은 환자의 이야기를 경청하고 그의 관점에서 이해해주고 공감해주는 것을 목적으로 한다. 그러므로 서사의학이 의사의 역할을 벗어나게 하거나 환자의 위험을 증가시킬 이유가 없다.

(4) **서사의학의 문화적 편향성**: 서사의학에서 활용되는 문학 작품과 투병기와 같은 질병체험 이야기 또한 대부분 영어로 이루어져 있다. 영어권 문화의 이야기가 한국 사회에서 활용되는 것은 적절하지 않다.

서사의학의 본질적 특징 가운데 하나는 표준화된 화자가 아니라, 언제나 개별 환자가 중심이며 환자를 그가 살아온 전기적 맥락과 현재 처한 사회심리적 상황에서 바라보고자 노력하는 것이다. 그러므로 서사의학을 성공적으로 의학과 의학교육에서 구현하기 위해서는 동일한 언어와 문화권에서 사용된 이야기의 활용과 개별 환자를 치료하는 과정에서 환자의 이야기를 활용하는 것은 필수적이다. 그렇기 때문에 서사의학을 선도적으로 수행하고 있는 어떤 연구자도 특정 언어나 문화권의 이야기를 다른 언어나 문화권에서도 사용해야 한다는 요구를 제기한 바 없다. 오히려 서사의학의 한 갈래인 옥스퍼드 대학의 질병체험이야기 데이터베이스 연구팀은 서사의학의 구현을 위한 이야기 자료의 구축을 개별 국가에서 수행할 것을 적극적으로 권장하고 있고 이를 위한 국제간 협력을 강화하고 있다. 이러한 노력의 결과로 현재 13개 국가에서 자국의 언어로 이루어진 질병체험 이야기 데이터베이스가 구축되어 있다.[10]

(5) **서사의학의 비현실성**: 서사의학은 임상 현장에서 환자의 이야기를 들어 주는 것을 요체로 하는데 매우 바쁜 임상 현장에서 환자의 이야기를 듣는 것은 비현실적이다.

서사의학에 대한 이러한 비판은 의사가 환자에게 자유롭게 이야기를 하게 하면 환자가 무한정 길게 이야기를 할 것이라는 선입견을 토대로 하는 것으로 보인다. 스위스 바젤 대학에서 355명의 환자를 대상으로 한 연구에서 환자에게 대화의 시작 부분에서 자유롭게 이야기를 하도록 한 결과 환자들은 평균 92초 후에 이야기를 멈추고 의사의 반응을 기다리는 것으로 밝혀졌다. 78%의 환자는 2분 안에 이야기를 종료하였고 오로지 7명만이 5분 이상 이야기를 한 것으로 나타났다(Langewitz et al. 2002). 독일의 한 가정의 의원에서 20명의 환자를 대상으로 한 연구에서는 환자는 대화의 시작 부분에서 평균 103초 동안 이야기를 한 것으로 나타났다(Stunder 2004). 이러한 연구 결과 환자에게 이야기를 자유롭게 하게 하면 환자가 무제한적으로 이야기를 할 것이고 그렇기 때문에 바쁘게 돌아가는 의료현장에서 서사의학이 적합하지 않을 것이라는 걱정은 근거가 충분하지 않다고 할 수 있다. 2분 정도의 시간만 주어지면 환자는 대개의 경우 하고 싶은 이야기를 충분히 한다. 그렇기 때문에 서사의학은 시간의 제약 속에 바삐 돌아가는 임상현장에서도 충분히 실현 가능하다고 할 수 있다(Langewitz et al. 2002, 683; Schwantes 2006, 19–21.).

(6) **이야기 만능주의에 대한 비판**: 인간이 이야기의 형식으로 세상을 파악하고 사고하며 기억한다는 주장, 이야기로 세상과 자아를 창조하며, 심

지어 이야기의 형식으로 삶을 살아간다는 주장은 사실이 아니다.

인간의 모든 사고와 행위가 이야기로 이루어진다는 주장은 과도하고 사실에 부합하지도 않는다. 이야기로 세상이나 자아를 창조하거나 파악하는 것은 아니기 때문이다. 이와 관련하여 부르너는 "하나의 이야기를 말한다는 것은, 세계를 이야기 그것으로서 보는 것이 아니라, 이야기 속에 구현된 것으로서 보도록 하는 초청"(Bruner 2010, 51)이라고 말한 바 있다. 또한 인간은 이야기로 사고하고 기억하는 것이 아니라 사고하고 기억하는 내용을 이야기의 형식으로 말하는 것에 불과하기 때문이기도 하다. 다음 장에서 이야기의 정의에 대해서 논의하겠지만 이야기는 과거의 사건을 현재의 관점으로 말하는 것, 즉 의사소통의 한 유형을 지칭하는 것이지 사고와 기억을 지칭하는 것이 아니다. 인간이 경험한 것 중에는 완전한 이야기의 형식을 갖추어서 기억되는 것도 있고, 완전한 형식을 갖추고 있지 못한 이야기 구조를 지닌 기억도 있으며, 또한 이야기의 형태를 전혀 갖추지 못하고 오로지 이야기의 조각으로 산재하고 있는 기억도 있다. 이야기되는 내용은 기억이나 사고와 동일하지 않다(Lucius-Hoene/Deppermann 2011, 51). 이야기는 청자와 화자가 이야기를 하는 의사소통의 과정에서 창발적으로 만들어지는 것이지 인간의 사고 속에서 존재하는 것이 아니다. 인간의 사고 속에 들어 있는 것은 이야기가 아니라 사건에 대한 경험에 대한 지식 또는 기억이다. 서사의학을 주장하고 표방하는 매우 다양한 연구자들 중에는 그러한 주장을 하는 사람도 있을 수 있지만, 적어도 샤론이나 그린핼프 또는 영국의 디펙스 연구팀과 같은 서사의학의 주류에서는 그러한 주장을 한 바 없다.

(7) **서사의학의 비보편성**: 이야기는 서구 자유주의와 신자유주의적 중산층
의 존재 방식일 것으로 의심된다. 서사가 보편적이지 않기 때문에 서사
중심 의학도 보편적일 수 없다.

이야기는 인종과 계층 그리고 문화와 시간을 초월해서 존재하는 보편성을
가진다는 사실에 대해서는 이야기를 탐구하는 모든 연구자의 이론이 없는
일치된 견해이다. 이야기는 항상, 모든 곳, 모든 사회, 모든 인종과 계층에서
존재해 왔다. 이야기는 인류 역사와 함께 시작되었다. 이야기가 존재하지 않
은 곳도 없었고 이야기를 하지 않은 사람들도 없었다. 이야기는 국경과 역사
그리고 문화를 넘은 그곳에 언제나 그리고 항상 존재해 왔다(Barthes/Duisit
1975).

이야기가 시간과 장소를 초월하여 누구나 할 수 있는 보편적인 자질이 된
이유 가운데 하나는 화자가 이야기하고자 하는 사건을 직·간접적으로 경험
하였기 때문에 잘 알고 있고 자신이 원하고 할 수 있는 방식으로 전할 수
있는 이야기의 편의성 때문이다. 이야기는 중산층이 독점적으로 향유하고 있
는 존재 방식이 아니라 인간이 무엇이며 세계는 어떠한가에 대한 상식적이고
일반적인 보통의 신념을 취급하는 심오한 민중의 일상 예술이다(Bruner 2010,
130). 이야기가 인간의 보편적인 자질인 것과 비례하여 의학에서도 이야기는
항상 존재하였다. 다만 현대의학의 발달과 더불어 생의학이 강조되면서 이야
기가 사라진 것일 뿐이다(Kalitzkus/Matthiessen 2009, 80-86). 그러므로 서사의학
은 현대의학에서 잊혀진 오래된 보편적 전통인 이야기를 의료에서 복원하고
회복하려는 시도라고 할 수 있다.

(8) **서사의학의 기존의학에 대한 부정**: 서사의학은 생의학의 기본 패러다임
     을 문제 삼거나 의학적 지식에 대한 도전이며 의학에 극단적 상대주의
     를 도입하려는 시도이다.

서사의학은 생의학의 기본 패러다임을 부정하거나 심지어 대체하려는 것
이 아니다. 서사의학은 질병을 오로지 신체적 관점으로 보고자하는 생의학의
패러다임으로써 해결할 수 없는 한계(3.1 참조)를 보완함으로써 보다 인본주의
적이고 환자 친화적인 의료 모델을 만들고자 하는 시도일 뿐이다. 다시 말해
서 서사의학은 한편으로는 질병의 발견과 치료를 위한 생의학의 과학적이고
전문적인 지식과 기능은 그대로 인정하고 존중한다. 하지만 다른 한편으로
서사의학은 환자의 질병체험 이야기를 의료에 도입함으로써 생의학의 패러
다임이 다루지 못하는 환자의 고통과 감정 및 바라는 바를 이해하고 대처할
수 있도록 하는 것이다. 결론적으로 말하면 의료에 서사의학을 도입하려는
것은 서사의학을 생의학과 병존시킴으로써 한편으로는 과학적 사실에 기반
하는 생의학과 다른 한편으로는 인본주의적이고 환자 친화적인 서사의학을
통합하고자 하는 것이다.

(9) **서사의학의 도구적 편향성**: 최근의 서사의학은 이야기를 환자와 의료인
     사이의 원활한 의사소통이나 공감 형성의 도구로만 사용하려 할 뿐 의
     학의 은폐된 억압구조나 권력관계를 극복하고자 하는 서사의학의 정치
     적 가능성을 배제하는 경향을 보인다.

서사의학의 출발점은 생의학적 전문 지식만이 강조됨으로써 나타나는 환
자에 대한 의사의 지나친 권력과 주도성과 질병을 신체 기관의 이상으로만

바라봄으로써 환자가 전인적 인격체로 존중받지 못하는 것에 대한 문제의식에서 출발한다. 이러한 생의학적 관점의 한계를 극복하기 위해서 서사의학은 그동안 질병 발견과 치료의 과정에서 비전문가로 취급되었던 환자를 자신의 질병체험에 대한 전문가로 인정하고 의료의 협력자이자 동반자로 존중한다. 또한 억제되거나 무시되었던 질병체험에 대한 환자의 주관적인 관점을 존중하고 질병치료에 적극적으로 활용하고자 하기도 한다. 그렇기 때문에 서사의학이 의사소통 교육의 도구로 활용된다고 하더라도 그 의사소통 교육의 내용은 환자 또는 인간 중심의 의료를 구현하는 의사소통적 태도와 행위를 수행할 수 있는 능력을 함양하는 것이다. 그렇기 때문에 서사의학은 의사-환자 관계의 억압구조나 권력관계를 극복하는 정치적 가능성을 가지게 되는 것이다.

(10) **서사의학의 효용성에 대한 불확실성**: 의료인과 환자 사이에 질병체험 이야기를 말하고 듣는 것이 환자의 치유와 인간 중심의 의료로 발전시킬 수 있다는 가정에 대한 의문이 제기된다.

이야기는 언제나 기대하지 않은 것, 비일상적인 것, 비연속성, 계획의 중단, 스캔들, 불안정적 요소를 대상으로 한다. 화자는 그러한 사건들에 의해서 놀람이나 좌절감 또는 기쁨이나 환희와 같은 감정의 증폭을 겪게 된다. 이러한 감정의 증폭은 감정의 불균형을 의미한다. 인간의 본능적 욕구 가운데 하나는 불균형을 바로 잡으려는 노력하는 평형 상태 욕구이다(이용승 2010). 이러한 노력 가운데 하나가 이야기이다. 우리가 불공정한 사건으로 인해서 억울한 감정이 들거나 불행한 사건으로 인해서 슬픔과 좌절감이 들 때 우리는 그에 대한 이야기를 하고 싶은 욕구를 가지게 된다. 질병을 앓는 사람은 단순히 신체 기능의 상실과 제한 또는 신체적 고통을 넘어서 그로 인한 다양한 감정의 변화를 겪게 되고 또한 자아 정체성의 훼손이나 상실감을 느끼게 된다. 그러한 모든 것을 환자는 대개의 경우 불균형 상태로 인식하고 그것을 바로 잡으려는 평형상태 욕구를 이야기를 통해서 충족하고자 한다. 그러므로 질병으로 인해서 감정의 불균형 상태를 가지고 있는 환자에게 이야기의 기회를 부여하는 것만으로도 환자의 본능적 욕구 하나를 해소할 수 있는 가능성이 크다. 환자는 이야기 과정의 경청을 통해서 자신의 욕구가 존중되고 수용되는 느낌을 가지게 되고, 공감을 통해서 자신이 지향하는 자아상을 청자로부터 인증받음으로써 자신의 정체성을 회복할 수 있다. 환자는 자신이 겪은 사건을 이야기함으로써 자신에게 혼란스러움을 초래했던 과거의 사건을 정리할 수 있고 명료하게 이해할 수 있게 된다. 환자는 이야기 과정에서 자신을 괴롭혀왔던 과거의 사건의 불필요한 요소들을 이해함으로써 제거할 수도 있고 동일한 고통을 겪는 다른 사람들도 많다는 사실을 알게 됨으로써 자신의 고통을 경감할 수도 있다. 이러한 모든 것을 이야기 치료라고 한다. 그러므로 이야기를 활용하는 서사의학은 환자의 치유와 생의학의 목표인 신체적 장애의 극복을 넘어선 인간 중심의 의료에 기여할 수 있다고 할 수 있다.

3.7. 서사의학의 기대 효과

서사의학의 궁극적인 목적은 의사가 서사 능력을 갖추는 것이다. 서사의학의 선구자인 샤론은 서사 능력의 개념을 서로 미세한 차이가 나는 다양한 관점으로 정의한다.

- 환자의 이야기를 인식, 흡수, 분해, 해석하고 환자의 이야기에 의해서 감

동반을 수 있는 능력, 즉, 환자의 이야기를 인식하고 수용하며 해석할 수 있는 인지적 능력과 환자에 대한 공감 능력
- 환자 이야기를 경청하고 이야기 속에서 의미를 발견하며 존중하고 환자를 위한 행동을 수행할 수 있는 능력, 즉 환자 이야기에 대한 경청, 이해, 존중, 수용 및 환자에 대한 공감적이고 실천적인 행동
- 환자의 이야기에 몰입하고 그 이야기를 해석하며 환자 이야기에 대해서 반응할 수 있는 능력, 즉 환자의 이야기에 주의를 기울이고 집중할 수 있는 능력과 이해 능력 및 환자에 대한 공감적으로 행동할 수 있는 능력
- 공감, 성찰, 직업전문성 그리고 신뢰감을 토대로 환자 중심적 의료를 수행할 수 있는 능력

서사의학 교육을 통해서 양성된 서사 능력을 갖춘 의사는 기존의 의료 행위 중에서 부정적인 관행을 극복하고 새로운 의사상을 지향한다. 서사의학을 실천하는 의사는 다음과 같은 성품과 태도 그리고 관점과 행위 등을 갖추고 있을 것으로 기대된다.

(1) 성찰과 자기 비우기

- 집중할 수 있다.
- 성찰할 수 있다.
- 자기를 인식할 수 있다.
- 자신의 관점과 욕망을 억제할 수 있다
- 내면의 고요함을 가지고 있다.

(2) 타자성

- 환자를 그의 관점에서 바라보고 이해할 수 있다.
- 환자의 고유성과 개별성을 수용하고 존중한다.
- 환자의 주관성과 자율성을 존중하고 수용한다.
- 환자의 권리와 이익을 최우선으로 한다.

(3) 관계론적 세계관

- 환자를 자기 자신으로 바라볼 수 있다.
- 환자와 의사를 구분하지 않고 동일시한다.
- 환자의 신체적 정신적 고통을 자신의 고통으로 받아들인다.

(4) 성품

- 열린 마음
- 박애주의
- 존중심
- 충성심
- 헌신
- 겸손
- 용기
- 신뢰

(5) 질병과 환자에 대한 관점

- 질병은 환자의 사회적 정서적 요인과 밀접한 관계 속에서 발병한다.
- 질병체험에 대한 환자의 주관성과 전문성을 존중한다.
- 평등하고 동반자적인 의사-환자 관계를 형성한다.

(6) 의사소통 행위

- 경청
- 공감
- 존중
- 수용
- 대화
- 협의

다양한 서사 능력의 개념과 서사의학을 실천하는 의사에게 기대되는 효과를 그림으로 나타내면 아래와 같다.

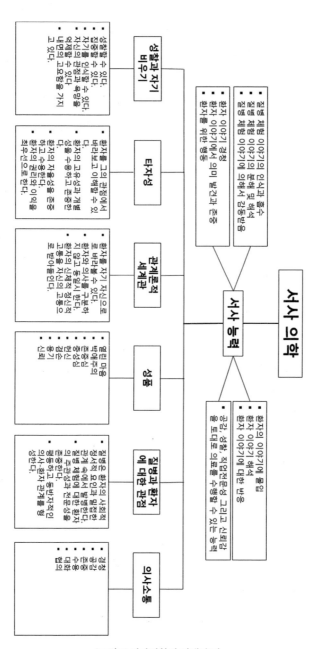

[그림 1] 서사의학의 기대 효과

4. 이야기(서사)의 언어 의사소통적 특성

4. 이야기(서사)의 언어 의사소통적 특성

4.1. 이야기의 개념과 특징

'이야기'는 한국어의 낱말 체계에서 두 개의 다른 의미를 가지고 있다.[1] 이 낱말은 한편으로 거의 모든 언어적 행위 유형(예: 보고, 묘사, 통보, 설명, 화해, 협상, 다툼 등)을 지칭하는 것으로, 가장 일상적이고 보편적인 화행동사인 '말하다' '대화하다'와 같은 의미로 사용되는 경우가 많다. 그러나 일상적 사용과는 달리 이야기가 '서사(徐事)' 또는 '내러티브(narrative)'라고도 일컬어지는 의사소통의 한 유형을 가리킬 때에는 보다 제한되고 특수한 의미를 갖는다. 이 경우에도 '이야기'는 매우 다양하게 정의될 수 있지만 이야기 정의의 가장 핵심적이고 보편적인 자질은 이야기를 하는 있는 시점 이전에 있었던, 즉 과거의 실제 또는 허구의 행위나 사건이 진행과정에 따라서 순차적으로 재구성된 의사소통의 한 유형이라고 할 수 있다(Lucius-Hoene/Deppermann 2011, 37; 박민정

---

[1]   이 장의 내용은 2006년 텍스트언어학 20집에 게재된 '이야기란 무엇인가'와 2013년 언어와 언어학 62집에 게재된 '이야기의 텍스트 구조'를 토대로 한다.

2006, 35).[2]

의사소통의 한 유형을 지칭하는 이야기는 다시 소설이나 동화 그리고 영화 등과 같은 꾸며낸 '허구의 이야기'와, 말하는 사람이 직접 체험했거나 또는 어떤 형태로든지 직·간접적으로 관련이 있는 '체험(또는 전기) 이야기'의 유형으로 크게 나눌 수 있다. 이 책에서는 화자가 과거에 체험한 경험을 현재의 관점으로 재구성하고 그 속에서 자신의 가치관과 세계관 그리고 의미와 감정 등을 표현하는 직접 체험한 것에 관한 이야기로 논의를 제한한다.

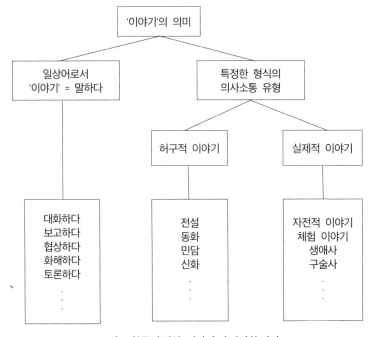

[그림 2] 한국어 낱말 '이야기'의 다양한 의미

---

2   자신의 출생이나 조상 등과 같이 자신과 관련된 중요한 이야기는 직접 체험이 아닌 간접 체험한 것을 대상으로 하기도 한다.

'이야기'는 연구 분야와 연구 목적에 따라서 매우 다양하고 서로 상이한 의사소통의 형태를 지칭한다. 예를 들면 사회 역사학과 인류학에서 이야기는 인터뷰와 관찰 그리고 문서 등으로 이루어진 생애사 이야기를 지칭한다. 사회언어학에서 이야기의 개념은 등장인물, 상황 그리고 플롯을 중심으로 조직된 주제가 특정된 짧은 이야기로 제한된다. 심리학이나 사회학에서 이야기는 일회 또는 다회기로 이루어진 인터뷰 과정에서 전개된 인생에 관한 광범위한 이야기를 가리킨다(Riessman 2005, 1).

기존의 연구에서 이루어진 이야기의 개념 정의는 크게 두 개의 양상으로 분류할 수 있다. 그 하나는 이야기와 인간 또는 인간의 삶의 상호관계와 관련된 정의이고, 다른 하나의 정의는 이야기의 구성 자질, 즉 이야기는 무엇으로 구성되고 이야기의 구조는 어떠한가와 관련이 있다(Herman/Jahn/Ryan 2010, 345).

이야기 연구의 선구자로 여겨지는 라보프와 웨일츠키는 이야기를 최소한 한 번의 시간적 변화를 포함하고 있는 매우 단순한 문장의 연쇄라고 정의하고 있다(Labov/Waletzky 1967, 28). 라보프는 이야기를 실제로 일어난 (또는 그러할 것이라고 추정되는) 사건의 연쇄와 문장의 연속체를 서로 일치시킴으로써 과거의 경험을 재정리하는 방법으로 정의하기도 한다. 이때 문장의 연속체 속에는 최소한 한 번의 시간 변화가 내포되어 있어야 한다(Labov 1972, 359-360).

이야기 연구의 또 다른 선구자인 브루너는 이야기의 구성요소로 자신만의 정신을 가진 자유로운 주체적 인물, 이야기 세계의 일상적 상태에 대한 기대, 예정된 상태의 어떤 파탄(아리스토텔레스의 '사태의 급변'), 파탄과 그로 인한 결과와 타협하려는 노력, 하나의 결말과 어떤 종류의 해결, 화자와 청자 혹은 독자 등을 꼽고 있다(Bruner 2010, 40). 리스만은 이야기를 특정한 수용자를 위해서 선별되고 조직되며 의미가 있게 평가되는 사건의 연쇄와 결과라고 정의

한다. 화자는 이야기 속에서 세상과 경험을 해석한다(Riessman 2005, 1). 하우젠 도르프와 크바스토프는 이야기의 기능을 경험을 정리하고 보관하며 공유하는 것으로 규정하고, 이야기의 형식은 화자와 청자의 역할을 교대하는 최소한 두 명의 참여자가 공동으로 그리고 서로에게 맞추어가면서 수행하는 언어적 행위의 한 형식으로 규정한다(Hausendorf/Quasthoff 2005, 9쪽). 귈리히와 하우젠도르프는 이야기하는 시점 이전에 발생한 실제 또는 가상의 행위나 사건의 진행 과정을 대화의 단위로 구현하는 언어적 재구성체로 이야기를 정의한다 (Gülich/Hausendorf 2000, 373).

이와 같은 이야기 개념의 정의를 토대로 이야기가 가지고 있는 특성을 아래와 같이 꼽을 수 있다(Lucius-Hoene/Deppermann 2011, 22-66; 박용익 2006, 147 -150).

(1) 순차적으로 구조화된 시간 변화의 재현

과거에 일어났고 우리에게 중요한 것으로 그리고 이야기할 만한 가치가 있는 것으로 보이는 사건이나 경험을 재현하려고 할 때 우리는 이야기한다. 이야기의 가장 기초적이고 핵심적인 자질은 시간의 흐름 속에서 사건의 변화에 관한 언어적 표현이다. 사건이 발생한 시점부터 시작하여서 종료될 때까지, 마치 사건의 결말을 모르는 듯이 사건의 시간적 경과와 변화를 순차적으로 배열된 문장으로 표현하는 것이 이야기의 구성적 자질이다. 이는 순차적으로 구조화된 시간 변화의 재현이 없는 말하기는 좁은 의미에서 이야기가 아니라는 사실을 함의한다. 그러한 말하기의 대표적인 것으로는 묘사와 기술 그리고 논증이다. 묘사와 기술의 의사소통은 특정한 시점(즉 시간의 변화가 없는 하나의 시점)의 상황이나 사태를 표현하고 재현하는 특성을 갖는다. 비유를 들어서 비교하자면 이야기는 일종의 동영상이고 묘사나 기술은 사진이나 그림이라고 할 수 있다.

(2) 내용의 일탈성

이야기에서 재현되는 사건은 보통 '기대하지 않은 것', '비일상적인 것', '비연속성', '계획의 중단', '스캔들', '불안정적 요소' 등과 관련이 있다. 다시 말해서 일상적이고 통상적으로 벌어지는 사건은 이야기거리가 될 수 없다. 그 이유는 일상적이고 통상적인 사건에 대해서 청자는 단조로움을 느끼고 흥미를 가질 수 없기 때문이다. 그러나 인간은 일상적 과정으로부터의 일탈에 대해서 부단히 주의를 기울이도록 진화되었다(Bruner 2010, 58). 화자는 청자가 이야기에 대해서 관심과 흥미를 끝까지 유지할 수 있도록 이야기의 결말, 즉 사건의 일탈성을 이야기의 끝 부분에 배치한다. 그렇기 때문에 사건의 자초지종을 알고 있는 화자는 마치 자신도 사건의 결말에 대해서 아무것도 모른다는 듯이 이야기를 하게 된다. 이야기하고자 하는 사건의 일탈성이 크면 클수록 그 사건은 청자의 기대와 흥미를 더 유발할 수 있고 그 만큼 이야기의 대상으로서 가치가 높아지게 된다. 바로 이 점이 과거에 일어났던 사건을 재현한다는 점에서 이야기와 보고는 동일하지만, 보고가 통상적으로 시작점에서 먼저 사건의 결말을 밝힌다는 점에서 이야기와 다르다.

(3) 동기와 의도

이야기는 행위를 수행하였거나, 목격한 사건으로 인해서 외적·내적인 변화를 경험하였거나 동기와 의도 또는 계획을 가지고 있는 사람이나 사람과 비슷한 존재의 체험과 관련이 있다. 세상에 일어난 사건 모두가 다 이야기가 되는 것은 아니다. 특정한 사건이 이야기가 되기 위해서는 화자가 그 사건이 통상적이거나 일상적이지 않다고 인식하고, 그러한 비일상적인 사건이 화자에게 어떤 의미를 가지며, 그것을 다른 사람에게 전달해야 할 특정한 의도와 목적을 가져야 한다. 특정한 사건을 화자가 어떤 관점과 동기를 가지고 인지하고 또 어떤 의도와 목적으로 그 사건을 재현하고자 하는가에 따라서 그 사건은 매우 다른 내용과 다른 형식으로 재구성된다. 화자가 이야기를 하는 의도와 목적은 매우 다양할 수 있다. 이에 관해서는 4.4. '이야기의 기능'에서 자세히 논의하기로 한다.

(4) 관점과 평가 그리고 감정

사건은 특정한 관점에서 이야기되고, 이 관점 속에 사건에 대한 화자의 태도(예: 사건에 대한 사무적 또는 감정적 참여, 지식의 정도, 평가)가 드러난다. 화자는 자신의 관점과 기억을 바탕으로 사건을 어떻게 체험했는지를 재현하고, 동시에 그 사건이 그에게 어떤 의미를 가지고 있는지에 대해서 전달해준다. 이야기는 단순히 사건의 개요만을 제공하는 것이 아니라 사건에 대한 화자의 입장도 말해준다. 화자는 이야기 속에 자신의 정서적 경험과 감정적 평가를 써넣는 것이다. 그래서 이야기는 언제나 사건의 진행과정에 대한 재현을 넘어서 그 사건에 대해서 평가, 감정, 욕구, 동기 등을 함께 전달하는 '다중 가치'를 갖는다. 사건에 대한 화자의 평가와 감정 또는 욕구와 동기 등은 이야기를 하는 화자의 본질적인 정보이고 흔히 이야기의 '메시지'로 표현된다. 이야기 과정에서 표현되는 화자의 감정을 통해서 화자가 이야기한 사건의 과거와 현재의 의미와 중요성을 이해할 수 있는 결정적인 근거가 제시되고, 화자가 사건에 심정적으로 얼마만큼 개입되어 있었는지를 확인할 수 있다. 이야기의

특징은 그러한 관점과 평가 그리고 감정이 객관적이라고 하기보다는 주관성
에 기인한다는 데 있다.

(5) 화자의 이중 시점

경험을 이야기할 때 화자는 체험하던 순간과는 근본적으로 다른 인식의
관점을 가지고 있다. 이야기를 하는 상황에서 화자는 이야기가 어떻게 종료
되는지를 알고 있는데, 그것은 당시의 행위자로서 사건이 진행되는 순간에는
불가능한 것이었다. 그러나 그는 동시에 사건이 진행되는 동안 시간과 사건
의 진행과 결과를 몰랐던 그 순간에 그가 무엇을 생각했고, 모든 것을 어떻게
해석했는지, 그가 왜 그렇게 행동했는지, 즉 어떤 느낌을 가졌는지를 회상하
기도 한다. 화자는 이야기하는 순간에 과거에 발생한 사건의 진행과정과 결
말에 대해서 잘 알고 있다. 하지만 이야기를 하는 순간에는 그 사건의 진행과
정과 결말에 대해서 마치 모르는 것처럼 사건이 시작되고 종료되는 과정을
순차적으로 이야기한다.

(6) 구성성

이야기에서는 본래 체험했던 사건과는 근본적인 거리가 존재한다. 이야기
는 세상을 모사하는 활동이 아니라, 창조적 모형이거나 우리들의 기대와 경
험 그리고 욕구를 바탕으로 이해한 사건을 재구성적으로 표현하는 행위이다.
이것이 함의하는 바는 사건이 일어난 그 자체로 인식되는 것이 아니라, 인식
하는 사람의 관점과 기대 그리고 평가 등에 의해서 편집적으로 인식되고 체
험된다는 것이다. 또한 인식된 사건도 역시 같은 이유로 인식하는 사람의 기

억 속에 편집적으로 저장된다. 더 나아가서 이야기는 기억을 회상하면서 이야기하는 시점에서 누구와 어떤 목적으로 이야기하고자 하는가에 따라서 이야기의 줄거리와 표현방식이 각각 다르게 재구성된다. 그러므로 실제로 일어난 사건과 화자를 통해서 이야기된 사건은 동일할 수가 없다. 다시 말하자면 이야기는 과거의 사건을 이야기하는 시점의 상황에 가장 알맞게 최적화하여 재구성하는 것이라고 할 수 있다.

(7) 쌍방향적 의사소통

이야기가 쌍방향적 의사소통이라는 말은 화자가 이야기를 매개로 하여 청자와 상호행위를 하는 것을 의미한다(Quasthoff 2001, 1300-1304). 이런 관점으로 보자면 이야기는 더 이상 한 사람의 개인적 구조물이 아니다. 청자의 비판적 의식과 판단능력 및 감정이입 등과 같은 다양한 반응에 따라서 화자는 이야기의 내용과 형식을 조절한다. 통상적으로 이야기는 화자가 타자 또는 청자의 반응을 고려하지 않고 일방적으로 표출된 결과물이 아닌 것이다. 이야기 속에는 청자의 가치관과 감정 그리고 관점 등이 반영되어 있다. 이야기는 청자와 협력으로 만들어진 결과물이고 그렇기 때문에 또한 사회화된 것이다. 청자는 이야기하는 화자에게 이야기에 대한 타자의 평가와 수용의 정도를 보여주는 역할을 한다. 그렇기 때문에 청자는 화자 또는 이야기가 사회적으로 어떻게 보여지고 들려지는지 그리고 얼마나 인정되고 수용되는지를 화자에게 알려주는 역할을 수행한다.

4.2. 이야기의 구조와 구성요소

4.2.1. 라보프/웨일츠키의 모델

이야기의 구성요소와 구조에 대해서 가장 최초의 논의이면서 동시에 지금까지도 가장 영향력이 크고 잘 알려진 것은 라보프와 웨일츠키(Labov/Waletzky 1967, 32-41; Labov 1972, 362-370; Johnstone 2001, 638)의 이야기 구조 모델이다. 라보프/웨일츠키의 모델에 의하면 이야기는 요약안내, 방향설정, 갈등, 평가, 결과, 종결부로 구성된다.

(1) 요약안내(abstract)

일종의 도입으로 이야기는 요약안내, 즉 이루어질 이야기의 내용의 미리 보여주기 또는 이야기의 평가적 의미를 표시하는 예고를 보이는 경우가 많다 ("재미 있는(슬픈, 놀라운, 끔찍한) 이야기 하나 해줄까?"). 예고는 다음에 올 것의 이해를 위한 일종의 사용 설명서로서 작용을 한다. 다시 말해서 앞으로 할 이야기의 중요성이나 핵심적 내용이 언급된다. 예고는 이야기의 포인트로서 짧은 형태로 정점을 미리 선취하기도 한다 ('최근에 속임수를 당한 일이 있는데 …'). 짧은 형식의 예고의 표현으로는 "그리고 갑자기…", "그리고 나자 그때… " 등이 있다.

(2) 방향설정(Orientation)

방향설정에서는 청자에게 이야기의 시간과 장소 그리고 환경과 참여 인물 등에 대한 정보를 제공하고 장면을 준비하며 등장인물들을 소개한다. 방향설정은 요약 뒤에 전체로 처리되거나, 방향설정을 위한 안내와 묘사적인 모습으로 행위의 진행과정에 섞여있을 수도 있고, 나중에 추가로 제공될 수도 있다. 방향설정의 예로는 "오늘 오전 학교에 오는데 사거리에서 ……", "작년에 시내 서점에 갔을 때 고등학교 동창이 그곳에서 ……" 등이 있다.

(3) 갈등(Complication)

갈등 단계에서 원래의 행위 또는 사건이 일어난 순서대로 재구성된다. 이 부분에서 사건의 발생 시작부터 긴장 상태를 최고치로 이끄는 사건의 정점까지 재현된다. 갈등은 흔히 기승전결(사건이 발생되고(起) 진행되는 과정(承)에서 반전(절정)(轉)이 일어나고 결말이 맺어지는(結) 진행과정)의 형태로 이루어진다. 이 부분에서 화자는 장면적 현재 시제로 이야기를 진행하는 경우도 있다. 장면적 현재 시제란 등장인물이 사건이 진행되는 과정에서 현재형으로 수행한 발화의 형식을 원래의 형태대로 현재형으로 표현하는 것을 의미한다. 이야기는 원래 과거 시제로 표현된다. 하지만 화자가 이야기의 특정 부분을 장면적 현재 시제로 표현하게 되면 사건을 흥미진지하고 생생하게 재현할 수 있고, 등장인물의 발화 형태와 관련된 화자의 관점이나 감정 그리고 평가 등을 명시적으로 보여주게 된다.

(4) 평가(Evaluation)

평가는 화자가 이야기의 핵심, 즉 이야기를 한 이유를 드러내기 위해서 사용하는 이야기의 한 구간이다. 다시 말해서 평가에서 화자가 왜 이야기를 했고 이야기를 하면서 추구하는 목적이 무엇인가가 드러난다. 그렇기 때문에 평가 부분에서 이야기 중 무엇이 흥미로운지 또는 일탈적이고 기대하지 않은 바인지가 드러난다. 또한 평가는 청자가 경청을 해야 하는 이유이기도 하고 청자가 말을 계속할 수 있는 권한의 토대이기도 하다. 만일에 이야기에 화자의 평가가 없거나 명시적으로 드러나지 않는다면 "그래서 뭐 어떻다는 거야?"라는 청자의 직접적 또는 암묵적 반응을 화자가 접하게 될 것이다. 평가를 제외한 이야기의 구성요소는 통상적으로 순차적(요약안내-방향설정-갈등-(평가)-결과-종결부)으로 나타난다. 하지만 평가는 많은 경우 결과 앞에 수행되지만, 이야기가 진행되는 모든 구간에서 나타날 수 있고 여러 차례 수행될 수도 있다.

(5) 결과(Resolution)

결과에서는 이야기의 결말이 기술된다. 결과의 예를 들면 "그래서 OOO가 OOO하게 되거지", "결과적으로 두 사람이 서로 갈라서게 되거야" 등과 같은 표현이 있을 수 있다 이 과정에서 사건 정점에서 촉발된 긴장이 완화되고 사건이 어떻게 종결되었는지를 알게 된다.

(6) 종결부(Coda)

종결부는 이야기가 끝났다는 표현이자("여기까시야", "이게 다야" 등) 이제 할 말을 다했으니 이야기를 듣고 있는 청자가 말을 하라는 명시적 또는 암묵적 표현이기도 하다.

4.2.2. 반 데이크의 모델

반 데이크(van Dijk 1981, 140 이하; Heinemann/Viehweger 2001, 316 이하)의 모델은 이야기의 구성 요소들을 단순히 확인하는 데 그치지 않고, 이들 사이의 위계 구조를 밝히는 것이 특징이다. 반 데이크는 사건을 일상적 이야기의 가장 핵심적인 자질로 규정한다. 이 사건은 그냥 단순한 일상적인 사건이 아니라, 이야기를 하는 사람에게 어떤 형태로든지 중요하고 듣는 사람에게는 흥미로워야 한다. 이를 위해서 일련의 행위들이 복잡한 갈등의 양상을 보여야 하고 나중에는 갈등이 해결되어야 한다. 거꾸로 말하자면 행위의 복잡한 갈등과 그 갈등의 해결이 사건을 구성한다. 사건은 다시 그 사건이 일어나게 된 배경(setting)과 더불어 일화(episode)를 형성한다. 연속적으로 발생한 일련의 일화는 이야기의 줄거리(plot)를 형성한다. 이야기 과정에서 단순히 줄거리만 다루어지는 것이 아니고 화자의 생각이나 태도 그리고 가치판단도 함께 말해지는데, 반 데이크는 이것을 평가(evaluation)로 범주화 한다. 평가는 줄거리에 대한 화자의 반응이라고 볼 수 있다. 줄거리와 평가는 '이야기'를 구성한다. 이야기에는 화자나 청자의 미래 행위와 관련된 교훈이나 가르침 또는 메시지 등이 표현되는 경우가 많다. 이를 교훈(moral)이라고 하는데, 이야기와 교훈은 이야기 텍스트 유형 서사(narr)를 구성한다. 이와 같은 이야기의 구성요소 사이의 위계 관계를 나무그림으로 나타내면 아래와 같다.

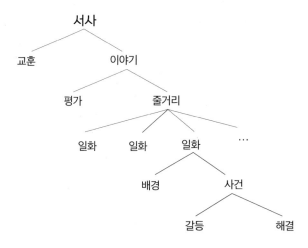

[그림 3] 반 데이크의 이야기 구성 모델

4.2.3. 하우젠도르프/크바스토프의 모델

앞에서 소개된 두 이야기 모델이 이야기(텍스트)의 구성 요소를 중심으로 한 것이라면 하우젠도르프/크바스토프의 모델은 이야기의 대화적 진행과정을 바탕으로 한다. 이들에 따르면 이야기는 단순한 텍스트 구조나 인지적 구조가 아닌 최소한 두 명 이상의 의사소통 참가자가 화자와 청자의 역할을 교체하면서 협력적으로 수행하는 언어 활동의 형식으로 규정된다(Hausendorf/Quasthoff 2005). 그렇기 때문에 이들은 이야기를 구성단위 또는 구성요소의 차원이 아닌 개별 단계에서 처리되어야 하는 의사소통적 과제의 관점으로 규정한다. 이들의 모델에 따르면 이야기는 내용 중요성에 대한 표현, 주제화, 확장/극화, 전환, 그리고 종료 등의 의사소통적 과정으로 수행된다.

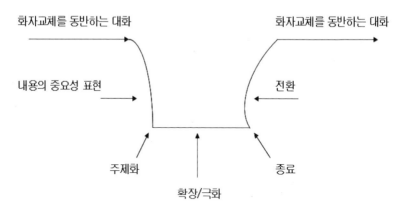

[그림 4] 하우젠도르프/크바스토프의 이야기 진행과정 모델

일종의 '사발' 모양을 한 하우젠도르프/크바스토프의 모델은 화자와 청자의 역할 교체가 빈번하게 일어나는 대화와 한 사람에게 화자의 역할이 일정 기간 보장되는 이야기의 차이를 나타낸다. 내용의 중요성 표현 과제(예: "깜작 놀랄만한/끔찍한/중요한/재미있는/무시무시한 일이 있었는데")를 통해서 화자와 청차가 대화를 나누는 지금 현재의 대화 상황에서 과거에 발생한 사건에 관한 이야기의 세계로 전환된다.

내용의 중요성 표현 과제와 대척점에 있는 전환의 과제(예: "어때 이야기가 재미있었니/무서웠니/놀랄만했지?")를 통해서 화자는 청자에게 발화권을 넘기는 발화를 함으로써 상호작용을 다시 이야기의 세계에서 대화의 세계로 전환시킨다.

주제화와 종료의 과제는 이야기 내용의 시작과 종료를 나타내는 것으로, 일종의 이야기의 틀을 짓는 울타리 역할을 한다. 주제화를 통해서 표현되는 사건의 내용이 구체적으로 도입되고 종료를 통해서는 이야기되는 사건의 갈등이 정점을 지나서 해소되는 것을 나타낸다.

확장과 극화는 이야기 과제의 핵심이다. 확장이란 상황에 적합하고 청자를 지향하는 사건의 재구성에 대한 필요성과 관련이 있고, 극화는 이야기의 핵심과 정점을 이른바 '장면적 현재형'으로 재표현하는 것을 말한다.

4.3. 이야기의 텍스트 유형학적 특성

이야기를 보다 자세하게 살펴보면 화자가 자기 인생사의 사건이나 경험을 시간의 흐름에 따라서 순차적으로 재현하는 것이라는 좁은 의미의 정의에 따라서 이야기하는 것은 결코 아니다. 다시 말해서 이야기의 여러 부분에서 아무런 시간적 변화가 발생하지 않는다. 이야기를 하는 동안 화자는 사태를 묘사하거나 삶의 환경 또는 느낌을 기술하고, 사물과 사람 그리고 상황과 행동을 평가하거나 결정 사항을 설명하기도 한다. 또한 자신의 행동 방식을 변호하거나 사과하고, 세상과 자기 자신에 대한 이론을 전개시키기도 하며, 때로는 개인적인 체험의 재현이 아닌 방식으로 사건의 진행과정을 보고하는 경우도 있다. 그렇기 때문에 이야기 속에서 처리해야 하는 의사소통적 과제에 따라서 앞에서 정의한 이야기적 특성에서 벗어난 다양한 텍스트 유형이 이야기 속에 나타날 수 있다. 예를 들면 시간의 변화가 동반된 사건 진행의 특성이 없는 묘사나 기술(description)이 상황설명을 위해서 나타날 수도 있고, 화자의 태도나 관점의 정당성을 확보하기 위한 논증이 나타날 수도 있으며, 이야기 특성 중의 하나인 감정이나 주관성이 배제된 의사소통의 형식인 보고도 나타날 수도 있다.

종합적으로 말하자면 좁은 의미의 이야기는 3.1에서 논의한 이야기의 개념 정의와 특성에 부합하는 의사소통의 형식만을 이야기를 지칭한다. 이러한 이야기는 대개의 경우 하나의 일화로 이루어진 짧은 이야기이다.

반면에 넓은 의미의 이야기는 좁은 의미로 정의되는 이야기의 개념적 특성을 지니지 않은 다양한 의사소통의 형식(기술, 묘사, 설명, 논증, 보고 등)을 포괄하는 이야기를 지칭한다. 예를 들면 특정한 화자의 전 생애를 다룬 이야기나 연구 목적으로 인터뷰를 통해서 장시간 이루어진 이야기는 수많은 일화와 다수의 다양한 플롯으로 구성된다. 협의적 이야기의 정의 및 특성과 부합하지 않는 기술, 묘사, 설명, 논증, 보고 등과 같은 의사소통의 유형은 그 자체로는 이야기로 규정될 수 없다. 하지만 그러한 의사소통의 유형은 이야기가 효과적으로, 즉 명료하게 이해되고 납득적으로 수용되기 위한 보조 장치로서 이야기의 구성요소는 될 수 있다.

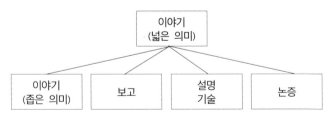

[그림 5] 의사소통 유형 이야기의 구성요소

4.3.1. 좁은 의미의 이야기

좁은 의미에서 '이야기'는 매우 특정한 언어적 행위를 지칭하는 것으로서 3.1.에서 논의한 이야기의 개념 정의와 특성을 가지고 있다. 이를 다시 한 번 짧게 요약하자면 좁은 의미의 이야기는 기대하지 않았던 것이나 흥미진진한 것 등과 같이 예기치 않은 전환점을 가지고 있는 과거에 주관적으로 체험한 사건을 시작점부터 종료까지 시간 변화의 순서에 따라서 순차적으로 재구성하는 것을 의미한다. 이야기의 진행과정과 구조는 요약안내-방향설정-갈등 (사건의 시작부터 절정까지)-평가-결과-종결부로 이루어진다.

이야기는 화자와 청자의 관계형성 및 친밀감 유지의 필요성이나, 예상하지 못했던 과거 사건에 대한 경험으로 인해서 발생한 감정을 화자가 정리할 필요가 있을 때 수행된다. 그러므로 화자는 이야기를 통해서 발생한 재미, 당혹감, 놀라움, 긴장, 슬픔, 기쁨 등과 같은 감정을 청자와 공유하고, 이를 통해서 청자와의 친밀한 관계를 형성하고 유지하며, 사건 체험을 통해서 발생한 자신의 감정을 정리하고 정서적 부담을 경감하고자 하는 목적을 추구한다. 루치우스-회네와 데퍼만은 이러한 좁은 의미의 이야기를 장면적-에피소드적 이야기로 명명한다(Lucius-Hoene/Deppermann 2011, 211).

루치우스-회네와 데퍼만은 좁은 의미의 또 다른 형식으로 연대기적 표현을 꼽고 있다. 연대기(chronicle)는 비교적 큰 자전적 시기나 사건들이 서로 관련 없이 순서대로 열거되지만, 사건에 대한 역동적인 진행 과정이나 정점을 표현하지 않는다. 연대기적 형식을 통해서 직업 활동, 장소 변경, 여러 제도에서의 활동 등과 같은 임의적인 사건이 순차적으로 표현된다. 연대기적 표현의 핵심 기능은 화자의 관점이나 감정 또는 평가 등이 배제된 과거 사건에 대한 순수한 정보 전달이다. 연대기적 표현이 일상적 의미에서 '이야기'로 감지되기는 하지만 그 표현 속에는 개별 사건 사이의 인과 관계가 없기 때문에 장면적 에피소드적 표현과는 차이가 있다(Lucius-Hoene/Deppermann 2011, 223-224). 연대기적 표현에는 사건의 정점을 향한 역동적인 진행과정이나 일탈성 그리고 이야기의 본질적 자질이라고 할 수 있는 화자의 감정이나 평가 등이 결여되어 있기 때문에 연대기는 좁은 의미의 이야기라고 할 수 없다.

4.3.2. 보고

보고(report)는 과거에 발생하였고 시간의 변화를 보이며 완료된 사건과 진행과정에 대한 정보를 재구성하여 청자에게 전달한다는 점에서 좁은 의미의 이야기와 매우 흡사한 의사소통 유형이다. 그렇기 때문에 하이네만과 피이베거는 보고를 '서사 I식(보고식 구조)'으로, 이 책에서 좁은 의미로 정의된 이야기를 '서사 II식(이야기식 구조)'으로 표현하였다(Heinemann/Viehweger 2001, 318-324). 보고는 의사소통의 대상, 즉 완료된 사건의 진행과정을 재구성적으로 표현한다는 점에서는 좁은 의미의 이야기와 동일하지만, 의사소통의 전제조건과 상황 그리고 목적과 진행 방식은 좁은 의미의 이야기와 차이가 있다.

보고가 이루어지는 의사소통의 전제조건 및 상황과 관련하여 가장 큰 특징은 이야기가 일상적 상황이나 제도적 상황에서 모두 수행될 수 있지만, 보고는 제도적 상황을 전제로 한다는 점이다. 제도는 특수한 사회적 기능과 그 기능을 발현하는 데 필요한 활동 및 그에 상응하는 역할 분담으로 구성된다(박용익 2013). 예를 들면 의료기관은 환자의 질병 치료라는 특수한 사회적 기능을 가지고 있고 그러한 특수 기능은 다양한 진단과 치료적 행위로 수행되며 매우 다양한 각각의 역할로 이루어진다. 특수 기능을 발현하는 행위와 역할분담은 강제적 특성을 지닌다. 다시 말해서 제도 구성원에게 분담된 역할을 수행하기 위한 강제적 의무가 있고 그 의무를 이행하지 않을 때에는 제재를 받거나 역할을 박탈당할 수 있다. 이러한 제도적 특성 안에서 이루어지는 보고는 제도의 특정한 요구에 부응하는 행위이고, 보고의 역할을 가진 사람은 이 활동의 수행에 대한 의무를 지닌다. 이야기의 경우 청자가 반드시 알아야할 필수적인 정보가 아닌데 비해서, 통상적으로 보고는 제도의 구성원으로서 청자가 필수적으로 알아야 할 정보를 가지고 있다. 그러므로 이야기가 상

대적으로 화자 중심적 의사소통이라면 보고는 상대적으로 청자 중심적 의사
소통이라고 할 수 있다. 보고를 통해서 과거에 발생한 사태에 대한 이해와
판단을 하고 이를 토대로 새로운 계획과 결정을 위한 중요한 자료로 활용하
고자 하는 것이 보고의 의사소통적 목적이다.

　보고의 두 번째 특징은 과거에 발생한 사건에 대한 화자의 태도와 관련이
있다. 이야기는 과거의 사건에 대해서 감정적으로 영향을 받고 사건에 직·간
접적으로 관여하는 특성을 갖는다. 반면에 보고는 과거의 사건에 대해서 일
정한 거리를 취하며 이성적이고 객관적인 태도를 취한다. 이야기 의사소통의
핵심은 전달된 정보의 참과 거짓 여부가 아니라 화자의 주관적인 평가와 감
정이다. 그러므로 성공적인 이야기 의사소통의 결과는 청자와 화자 사이의
평가와 감정의 공유, 즉 상호 공감이고 관계 형성 및 유지이다. 반면에 보고
의사소통은 과거 사건에 대한 정확한 이해와 판단 및 이를 통한 향후 계획과
결정에 중요한 정확한 정보의 공유가 목적이므로 전달된 정보의 사실성과
객관성 및 논리성과 합리성이 핵심이다. 이러한 이유로 보고가 종료되면 특
정 정보의 사실성에 대한 확인 질문과 보고에는 담겨 있지 않은 추가 정보에
대한 요청이나 질문이 이루어질 수 있다.

　보고의 세 번째 특징은 보고가 이루어지는 수행 방법과 관련이 있다. 이야기
는 과거에 발생한 사건의 시작 시점으로부터 종료되는 진행과정을 비교적 상세
하고 생생하게 전달하며 특히 사건의 정점을 표현할 때는 마치 사건이 방금 눈
앞에서 일어난 듯 장면을 역동적인 방식으로 과거의 사건을 재구성한다. 이와는
반대는 보고는 보고가 이루어지는 시점에서 과거에 발생한 사건의 결과를 중심
으로 회고적으로 이루어진다. 보고의 내용은 개념이나 범주로 요약적으로 이루
어지고 개인적인 감정의 표출 없이 합리적이고 객관적인 방식으로 표현된다.

　좁은 의미의 이야기는 넓은 의미의 이야기에서 오로지 몇 군데에서만 등

장하는 데 비해서, 넓은 이야기의 많은 부분 또는 심지어 전체는 대개 '보고'
라고 불리는 요약적-회고적 표현 형식에 의해서 표현된다.

4.3.3. 기술(記述)

기술은 대상의 자질과 특성 그리고 특징 등에 대해서 사실적으로 표현하
는 의사소통을 일컫는다(Heinemann 2000, 359). 앞선 좁은 의미의 이야기와 보
고가 시간적 변화를 동반하면서 진행된 과거의 사건과 사태를 재구성하는
것이 특징이라면, 기술은 시간의 변화가 없는 어느 특정한 시점의 상태, 상황,
특성, 자질 등을 묘사하는 것이다. 다시 말해서 기술의 본질적 대상은 사건이
아니라 특정한 시간적 공간 속에 존재하는 상태(내적 특성: 기분, 감정, 관련성, 기
능 등)와 현상(오감(시각, 청각, 후각, 미각, 촉감)을 통해서 인지한 사물의 외적 상
태)이다. 화자는 그러한 상태나 현상을 개인의 감정적 개입 또는 평가나 판단
없이 객관적으로 청자에게 전달하여 청자가 그러한 상태나 현상을 이해하게
하는 것이다(Heinemann 2001, 360). 이런 점에서 기술의 원초적인 의사소통적
목적은 설명이다(Heinemann/Viehweger 2001, 325). 그러므로 상태 또는 현상에
대한 기술은 설명을 목적으로 하고, 설명은 최종적으로 청자의 이해를 목적
으로 한다.

이러한 기술이 독자적으로 수행되는 경우는 거의 없다. 기술은 다른 의사
소통 행위의 성공적인 목표 달성을 위해서 수행되는 의존적인 의사소통이다.
예를 들면 지시를 할 때 과제 수행의 목표와 방법 등을 기술한다면, 이는 그
러한 목표와 방법의 이해 자체에 그 목적이 있는 것이 아니라 지시를 효과적
으로 이행하기 위한 목적으로 수행된다. 또 하나의 예를 들자면 좁은 의미의
이야기의 구성 요소 가운데 하나인 방향설정은 인물이나 장소 그리고 시간

등에 대한 기술이 이루어지는데, 이 경우의 기술의 목적은 사건의 진행과정을 보다 구체적으로 그리고 명확하게 이해하기 위한 목적으로 이루어진다. 이야기에서 기술은 사건의 발생 시공간을 형성하고, 화자가 흥미롭게 생각하는 사건의 상황을 구축하며 그 특징을 규정한다. 이야기 속에서 기술의 대상은 삶의 환경, 주변 환경, 장소, 시나리오, 인물, 관계, 경험, 느낌 또는 행동 방식 등이 될 수 있다(Lucius-Hoene/Deppermann 2011, 230).

이렇게 볼 때 기술이 목적으로 하는 설명과 청자의 이해는 다른 의사소통 행위와의 관련성을 창출한다. 그럼으로써 기술이 삽입되어 수행되는 의사소통의 취지와 목적을 청자가 보다 더 잘 이해하고 수용할 수 있게 하는 보조적인 기능이 기술의 궁극적인 목적이라고 할 수 있다. 다른 의사소통과 관련하여 기술이 창출할 수 있는 관련성의 예를 들면 다음과 같다(Lang 1976, 149).

- 이미 수행되었거나 미래에 수행할 행위의 타당성 확보
- 주장에 대한 근거 또는 반박 자료
- 소망이나 명령 수행에 대한 동기 부여
- 사건이나 상태 또는 상황의 발생 또는 불발을 다른 사건이나 상태 또는 상황 발생의 결과로 연결하기
- 특정한 현상에 상호 의존적 관련성을 명료히 나타내기

4.3.4. 논증

논증은 화자가 의사소통 과정에서 자신의 입장과 태도에 대해서 상대방이 반대 또는 적대적인 입장이나 태도를 명시적으로 표현하거나, 그러한 입장이나 태도를 가지고 있다고 예상할 때, 자신의 입장이나 태도가 정당함을 입증

하기 위한 이유나 근거를 제시하는 의사소통 행위를 일컫는다. 논증은 또한 의사소통 과정에서 상대방의 입장과 태도가 정당하지 않음을 입증하기 위한 근거를 제시하는 의사소통의 유형을 말하기도 한다.

논증의 의사소통이 나타날 수 있는 조건은 의사소통 참가자가 서로 상반되거나 적대적인 입장과 태도를 명시적으로 보이거나 그럴 것이라고 예상할 때이다. 이러한 경쟁적 또는 적대적 의사소통 상황에서 화자가 자신의 입장과 태도가 옳고 정당하다거나 또는 우월하다는 것(또한/또는 상대의 입장이 그르고 정당하지 못하며 열등하다는 것)을 입증하고 설득적으로 관철하고자 하는 것이 논증의 의사소통 목적이다. 다시 말해서 논증의 목적은 반대 또는 적대적인 입장과 태도를 가지고 있는 의사소통 상대자를 설득하고 변화시키는 데 있다 (Bak/Kang/Wassner 1992, 74-77). 이를 통해서 화자는 결과적으로 자신의 의사소통 목적을 청자가 납득할 수 있게 함으로써 자신의 의사소통 목적을 원활이 달성한다.

이야기나 보고 또는 기술과 다르게 논증은 사건이나 행동 또는 상태, 즉 사태와 사물의 외적 현상을 대상으로 하지 않는다. 논증은 언제나 인지적인 것을 대상으로 한다는 점에서 앞선 세 유형의 텍스트와 다르다. 논증은 이론적이고 추상적이며 평가적이다(Lucius-Hoene/Deppermann 2011, 208). 논증이 시간의 변화를 대상으로 하지 않는다는 점에서는 이야기와 보고와는 차이가 있고 기술과는 동일하다. 논증이 성공적으로 수행되기 위해서는 자신의 입장과 태도의 타당성과 정당성을 설득적으로 입증하기 위해서 제시된 이유와 논거 그리고 근거 등이 논리적이고 합리적이어야 한다. 논증의 목적은 화자가 취하는 입장과 태도의 타당성과 정당성에 대한 합리적인 이유와 논거를 청자에게 제시하는 것이다. 이를 통해서 화자는 청자를 설득하고 청자가 화자의 입장과 태도를 존중하고 수용하게 하는 것이 논증의 최종적인 목적이다.

이야기와 보고가 독립적으로 수행될 수 있는 반면에 논증은 기술과 마찬가지로 언제나 여타의 다른 의사소통이 수행될 때 보조적으로 수행된다. 다시 말해서 논증은 독립적으로 수행되는 의사소통이 아니라 다른 모든 의사소통 유형의 진행과정에서 입장과 태도의 정당성과 타당성이 문제가 될 때 이 문제를 해결하기 위한 목적으로 수행된다.

지금까지 논의한 좁은 의미의 이야기와 보고와 기술 및 논증 텍스트의 특징을 핵심적인 분류기준으로 정리하면 다음과 같다.

[표 1] 넓은 의미의 이야기를 구성하는 텍스트 유형의 특성

텍스트 유형 분류 기준	이야기	보고	기술	논증
시간의 변화	+	+	-	-
관찰 가능한 현상	+	+	+	-
제도적 조건	-	+	-	-
독립적 수행	+	+	-	-
감정의 관여	+	-	-	-
주관성	+	-	-	-

4.4. 이야기의 목적과 기능

지금까지 이야기의 의사소통 목적이 과거에 있었던 사건 또는 사태를 시간의 순서에 따라서 현재의 관점으로 재현하는 것으로 규정되었다. 그러나 화자는 단순히 이러한 의사소통의 목적을 실현하기 위해서 이야기를 하는 것은 아니다. 이야기를 함으로써 화자는 다양한 의사소통 목적을 추구한다.[3]

루치우스-회네와 데퍼만은 이야기의 의사소통 목적을 청자 중심적인 것과 화자 중심적인 것으로 구분한다. 그들은 청자 중심적인 이야기의 의사소통 목적으로 청자에게 즐거움과 정보를 제공하기, 청자에게 인정을 받고 싶어 하거나 청자를 놀라게 하기, 청자와의 유대감 형성, 명확한 이해를 위한 근거 제시 등을 꼽는다. 반면에 화자 중심적인 이야기의 의사소통적 목적으로는 체험 설명과 재정리에 대한 욕구 해소, 부담덜기, 자기과시, 자신의 가치 제고 등이 꼽힌다(Lucius- Hoene/Deppermann 2011, 69).

마르티네스의 이야기와 관련된 간학문적 편람에서 이야기의 기능을 모두 15개의 논문으로 제시하고 있다. 이 책에 제시된 이야기의 기능은 변명, 증명, 교화, 과거 극복, 감정 표현, 설명, 관계 형성, 윤리 교육, 정체성 형성, 충고, 종교적 정체성 형성, 전승, 설득, 명료화, 예언 등이 있다(Martinez 2017, 220-306).

박용익(2006, 146)은 이야기의 의사소통 목적을 먼저 특정한 업무의 해결을 위한 과제 중심적인 목적과 청자와의 관계 형성과 유지를 위한 관계 중심적인 목적으로 구분할 것을 제안한다. 관계 중심적인 이야기의 의사소통 목적으로는 유흥과 오락 또는 같은 편 만들기나 관계 형성과 유지 등을 들 수 있다. 과제 중심적 이야기는 다른 텍스트의 존재 여부와 관계없이 독립적으로, 다시 말해서 이야기가 중심이 되어서 수행되는 경우도 있고, 반대로 선행하는 다른 텍스트에 의존해서 수행되는 경우도 있다. 다른 텍스트에 의존하여 수행되는 이야기의 예를 들면 비난이나 비판적 질문 또는 주장이나 반론 그리고 비난 등에 대한 반응으로서 근거 제시나 정당화 또는 논증과 설명

---

3   이야기를 통해서 추구하는 의사소통 목적은 이곳에서 논의하는 것처럼 화자가 의식적으로 지향하는 것이 있을 수도 있다. 반대로 지향하지만 의식하지 못하는 것도 있으며(예: 인간에게 근본적인 인정욕구의 해소) 또한 지향하거나 의식하지도 않지만 이야기를 통해서 '스스로' 발현되는 효과가 있을 수도 있다(예: 정체성 형성, 이야기 치료 등). 이에 대해서는 다음의 '인간과 이야기'에서 자세하게 논의할 것이다.

등의 의사소통 목적으로 수행되는 이야기이다.

　한편 텍스트 독립적 이야기는 이야기가 이루어지는 영역에 따라서 일상적 이야기와 제도적 이야기로 나눌 수 있다. 사적 이야기는 자기이해, 정체성 확립, 체험극복, 전통계승, 자기 자랑, 공감받기, 위로받기 등의 의사소통을 목적으로 하고, 제도적 이야기는 특정 시대에 발생하였던 사건에 대한 증언이나 고발 등을 의사소통 목적으로 한다. 박용익(2006, 147)이 제안한 이야기를 통해서 발현될 수 있는 의사소통 목적의 유형을 그림으로 제시하면 아래와 같다.

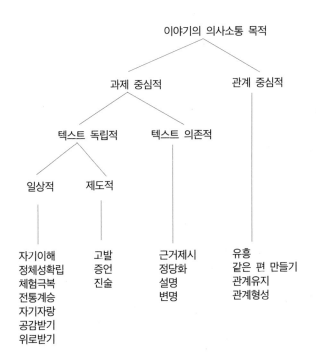

[그림 6] 이야기의 의사소통 목적

5. 인간과 이야기 그리고 의학

5. 인간과 이야기 그리고 의학

5.1. 인간과 이야기

5.1.1. 인간의 원초적이고 보편적 자질로서의 이야기

이야기는 인간의 가장 원초적이고 보편적이며 또한 가장 널리 수행되는 의사소통의 유형 가운데 하나라는 데는 이야기를 연구하는 학자들 사이에 이견이 없다. 이는 지역과 인종 그리고 계층과 문화와 상관없이 모든 사람들이 예나 지금이나 항상 이야기를 하고 듣고 있다는 사실을 통해서 입증된다.[1] 일상생활에서 우리 모두는 아침에 일어나면서부터 밤에 잠들 때까지 끊임없이 다양한 형식으로 이루어진(입말, 글말, 사진, 동영상, 뉴스 등) 이야기를 다양한 매체(스마트폰, 컴퓨터, 텔레비전, 영화)를 통해서 접하게 되고 직접 생산하고 수행하게 된다. 이야기는 언어만큼이나 일상생활의 보편적이고 기초적인 삶의 형

---

[1]   이 장의 내용은 2019년에 텍스트언어학 47집에 게재된 '인간의 원초적 의사소통으로서 이야기의 진화과정과 보편성'을 토대로 한다.

식으로서 인간과 밀접한 관계가 있다. 바르트와 뒤시는 이야기의 시공간을 초월하는 보편성에 대해서 다음과 같이 설명하고 있다.

"이야기는 모든 시대, 모든 장소 그리고 모든 사회에서 존재하였고 존재하고 있다. 어떤 곳이라도 이야기가 없는 곳도 없었고 지금도 그렇다. 이야기를 사용하지 않는 어떤 종족이나 부족 또는 민족도 존재하지 않는다. 모든 계급과 집단도 각자의 이야기를 가지고 있다. 이야기는 좋은 문학 또는 나쁜 문학의 구별과는 별로 상관이 없다. 마치 인생이 그러한 것처럼. 이야기는 국제적, 초역사적, 초문화적으로 항상 존재한다"(Barthes/Duisit 1975, 237).

이야기의 편재성 외에도 이야기의 보편성과 원초성에 대한 근거는 인간의 이야기 능력 습득 차원에서도 찾을 수 있다. 통상적인 성장 과정을 거치는 모든 인간은 이야기를 이해하고 생산할 수 있는 이야기 능력을 습득한다. 서구 어린이에 대한 연구 결과 어린이들은 만 두 살 반에서 세 살 사이에 즉흥적으로 이야기를 할 수 있는 능력을 보이는 것으로 밝혀졌다. 또한 30개월 된 어린아이는 이야기와 이야기가 아닌 것을 구분할 수 있다고 한다. 어린아이들이 그러한 이야기 능력은 아무런 인위적인 교육적 개입 없이 자연적으로 형성된다. 또한 그러한 이야기 능력의 발현은 외부 세계와 교류가 없는 고립된 지역에서도 발생하는 것으로 알려져 있다(Sugiyama 2001, 234).

시대와 장소 그리고 인종과 문화 및 계층을 초월하여 이야기가 존재한다는 사실, 어린 아이의 발달과정에서 이른 시기에 별다른 인위적인 교육 없이 습득된다는 사실 등으로 미루어볼 때 이야기는 매우 보편적이고 원초적인 인간의 자질이라고 할 수 있다.

5.1.2. 인류의 발달과 이야기의 진화

인간이 인간으로서 진화하고 발달하는 과정에서 이야기는 매우 중요한 역할을 하였다(Sugiyama 2010; Smith/Schlaepfer/Major et al. 2017; Coe/Aiken/Palmer 2006; Bruner 2010). 부르너(Bruner 2010, 137)는 이야기가 생성하게 된 요인과 과정을 인간의 모방 능력과 인간 두뇌의 확장 그리고 언어의 특징 등 세 가지로 설명하고 있다. 그에 따르면 인류 초기에 파종, 수확 및 저장 등과 관련하여 좋은 성과가 있을 경우 이를 어떤 방식으로 모방하고 재현하였다고 한다. 과거나 현재에 있었던 일을 재연하고 모방하는 인간의 모방 능력은 백만 년 전 인류 원인의 두뇌가 엄청나게 커지면서 확대되었다고 한다. 과거의 일을 비언어적으로 모방하고 재현하는 것으로부터 언어 의사소통의 한 형식인 이야기가 발전되었는데, 이러한 발전은 언어 사용을 통해서 과거 사건의 모방과 재현이 편리하고 용이해진 것과 관련이 있다.

이야기를 통한 과거 사건의 모방과 재현의 장점은 언어의 원격성과 자의성 그리고 문법장치 등과 관련이 있다. 언어의 원격성을 통해서 말하는 순간의 시간과 장소에 있지 않은 대상을 지칭할 수 있다. 언어의 자의성이란 언어와 언어가 지시하는 대상 사이에 특정한 이유나 관련성이 없다는 사실을 의미한다. 문법장치를 통해서는 행동주체, 행위, 행위의 수령인, 행위의 도구, 배경, 그리고 행위의 방향과 진전을 명료하고 자유롭게 표현할 수 있다. 이러한 세 가지 언어의 특징(원격성, 자의성, 문법장치)의 도움으로 현재에 있지 않은 사물에 대해 크기나 형태를 있는 그대로 모방하여 재연하지 않고서도 인간 행위의 흐름을 말할 수 있게 되었다. 이를 통해서 예를 들면 모방적 행위가 아닌 말로써 새로운 파종이 잘 되도록 기원할 수 있고, 부족들 간의 충돌을 이야기할 수 있으며, 아버지는 아들에게 자신의 뛰어난 조상에 대한 지식을 전수할 수 있었다는 것이다(Bruner 2010, 138).

문자의 형식으로 가장 오래된 이야기는 5000년 전에 기록된 길가메쉬 서사(epic of Gilgamesh)이다. 그러나 문자로 기록된 이야기는 아주 오래전부터 구전되어오던 이야기를 토대로 한다는 것이 일반적인 사실로 알려져 있다. 원시 시대의 사건이 표현된 동굴벽화나 뼈 또는 뿔은 대략적으로 3만 년 전의 것으로 평가되고 있다. 이러한 표현 수단 이전에 인간의 언어 능력이 있었을 것이므로 입말로 이루어진 이야기는 인류의 채집 및 수렵 기간이었던 3만년에서 10만년 사이에 생성된 것으로 추측할 수 있다(Sugiyama 2001, 234). 인류의 진화과정에서 이야기가 끼친 큰 영향은 이야기가 인간의 생존에 필수적이고 사회생활에 필요한 다양한 정보의 유통과 공유 및 저장 등의 기능을 하였다는 사실과 관련이 있다. 4차 산업혁명과 인공지능으로 표현되는 현재에도 개인의 생존과 사회의 존속을 위해 정보는 필수적이다. 하지만 생존에 필수적인 음식 찾기와 생명을 위협하는 동물이나 지형 등과 같은 다양한 정보가 검증된 지식으로 발전되고 제도화되지 않은 초기 인류에게 진정한 의미의 원초적 생존, 즉 생명 유지에 직접적으로 영향을 끼쳤던 정보의 중요성은 현재보다 비교할 수 없을 만큼 컸을 것이다.

지식 습득의 가장 기초적인 방법은 직접 경험한 것으로부터 도출하는 것일 것이다. 그러나 이러한 직접적인 방식의 지식 습득은 투입되어야 할 시간과 에너지 차원의 비용이 크고 효과적이지 못하며, 생존에 필요한 지식 정보가 축적되어 있지 않았던 원시시대에는 심지어 생명을 위협할 만큼 위험하기까지 하였다. 또한 한 개인이 생존하기 위해 필요한 모든 정보를 혼자서 그리고 직접 체험의 방식으로 습득한다는 것도 불가능하다. 그러한 직접적 방식의 지식습득이 가진 단점을 극복하기 위한 방법이 바로 여러 다른 사람의 경험 전수를 통한 간접적 방식의 지식 습득이다. 다른 사람이 경험한 이야기를 통해서 정보를 교환하게 되면 직접 경험하거나 다른 사람들의 경험을 관찰하는 것보다 훨씬 더 많은 지식 정보를 획득할 수 있다. 직접 경험을 통하는 것과 비교할 수 없을 만큼 적은 비용으로 지식을 습득하고 공유할 수 있는 이야기의 장점이 이야기 생성과 발달의 핵심적인 이유라고 추정된다(Sugiyama 2001, 237). 이야기가 직접적인 경험을 통한 지식 습득과 공유의 한계를 극복할 수 있는 효과적인 장치라는 사실은 다음과 같은 이야기를 통한 간접적인 지식 습득과 공유의 장점에서 기인한다(Sugiyama 2010, 237-238).

- 이야기는 신체적 노력을 크게 필요로 하지 않고 최소한의 에너지만을 소비한다.
- 이야기는 시간을 압축해서 이루어지므로 이야기를 듣는 청자는 사건 발생에 투입되는 시간과 에너지에 비해서 훨씬 더 많은 정보를 얻을 수 있다.
- 이야기는 경험의 재현이므로 이야기를 하거나 들을 때 신체적 또는 사회적 위험을 감수할 필요가 없다.
- 이야기는 특정 생활공간에서 필요한 정보의 특수한 요구에 알맞게 가공하기 용이하다.
- 이야기는 예를 들면 웅변이나 시각 예술 또는 조형 예술이나 춤이나 음악 등과 같은 다른 오래된 문화 형식 보다 인간의 생활공간을 더 이해하기 쉽게 재현할 수 있게 고안되어 있다.

이야기는 정보를 습득하고 공유하는 것뿐만 아니라 정보를 보관하는 중요하고 유용한 수단이라는 사실도 이야기가 생성되고 인간의 보편적인 자질로 진화하게 된 또 다른 중요한 이유 중의 하나이다. 한 인간이 습득한 정보는 기억력의 한계로 인해서 온전히 보존되기 어렵다. 하지만 다른 사람과 정보를 공유하게 되면, 다시 말해서 동일한 정보가 여러 사람들에게 공동으로 저장되어 있으면 한 개인이 피할 수 없는 기억력의 한계로 인해서 또는 그의 사망으로 인해 중요한 지식 정보가 훼손되거나 상실될 수 있는 위험을 극복할 수 있다. 이야기를 통해서 다른 여러 사람과 정보를 공유함으로써 정보를 보존하고 전수할 수 있었던 것이 이야기 이외에 별다른 정보 전달과 저장 수단이 없었던 원시 시대에 이야기가 가질 수 있었던 큰 장점이었다.

또한 중요한 정보가 이야기를 통해서 후손에게 전수됨으로써 생존과 생명의 위험을 피하기 위해 필수적인 정보가 유한 생명체인 정보 소유자가 사라지더라도 시대를 초월하여 보존될 수 있었다. 한 마디로 말해서 별다른 소통의 매체와 기록 장치가 없었던 시대에 이야기는 정보의 핵심적인 공유와 저장 장치였고 지식 습득과 전수의 수단이었던 것이다(Sugiyama 2001, 240).

이야기가 인간에게 끼친 또 다른 영향은 인간의 집단행동을 조직하기 위한 사회적이고 협력적인 규범에 관한 정보를 확산시킨 수단으로서 인간 협력의 진화과정에서 본질적인 역할을 한 데 있었다(Coe/Aiken/Palmer 2006). 예를 들면 이야기는 결혼과 관련된 사회적 행동, 인척과의 상호작용, 음식 배분, 사냥의 규칙과 금기 사항 등과 같은 사회적이고 협력적인 정보와 규범을 공유하고 전수하는 수단이었다. 다시 말해서 이야기는 규범과 규칙 그리고 기대사항 등에 대한 사회적 정보를 공유함으로써 집단행동을 조정하고 협력을 촉진하였다(Smith/Schlaepfer/Major et al. 2017, 2). 이와 같은 방식으로 이야기는 인간의 행동에 영향을 끼치는 매우 강력한 수단으로 작용하였다(Coe/Aiken/Palmer 2006, 36). 이야기의 형식으로 경험을 조직하고 전달할 수 있는 능력이 없었다면 인간은 집단생활을 할 수 없었을 수도 있었다(Bruner 2010, 39).

생존과 사회생활에서 필요한 정보의 공유와 저장의 기능 외에도 이야기가 인간의 원초적이고 보편적인 행동 자질로 진화하게 된 이유는 이야기 능력이 뛰어난 사람이 그렇지 못한 사람보다 생산을 위한 더 많은 자원을 가지고 있었고, 또한 더 많은 자원 생산력을 가지고 있었기 때문이다. 그렇기 때문에 이야기 능력을 가진 사람은 다른 사람들이 선호하는 협력의 대상자이기도 하였다(Smith/Schlaepfer/Major et al. 2017,4). 다시 말해서 이야기의 능력은 생존과 사회생활에서 보다 더 많은 이익과 장점을 가진 인간의 자질이었고, 타인으로부터의 신망과 존중을 받을 수 있는 능력이기도 하였다. 그렇기 때문에 이야기 능력은 후속 세대에게 장려되고 촉진되었을 것이고, 이것이 지금과 같이 이야기가 인간에게 원초적이고 보편적인 특성으로 진화하게 된 이유로 작용하였을 것이다.

지금까지의 논의를 요약하자면 인간의 생존과 사회생활에 필요한 정보를 습득하고 공유하는 데 직접 체험방식보다 이야기를 활용하는 것이 훨씬 더 효율적이기 때문에 이야기가 만들어지고 활용되었다. 또한 이야기는 습득되고 공유된 정보를 전수하고 시간을 초월하여 저장할 수 있는 매체라는 사실도 이야기가 생성된 동인으로 작용하였다. 이야기를 통해서 사회생활을 가능하게 하는 다양한 정보를 공유함으로써 초기 인류는 공동체 생활을 할 수 있게 되었다. 또한 이야기 능력을 가진 사람이 더 많은 이익을 가지게 되고 선호되었다는 사실도 이야기가 촉진되고 확산되는 데 중요한 동인으로 작용하기도 하였다. 초기 인류의 생존과 발달 과정에서 인간은 생존에 필요한 수단의 하나로서 이야기를 만들었다. 그리고 이야기는 인간의 생존에 필요한 많은 편의와 이익을 제공함으로써 초기 인류의 생존과 인류의 발달과정에서 큰 영향을 끼쳤다. 한편 이야기 능력을 가졌다는 것은 많은 정보를 가지고 있었다는 것을 함의한다. 그렇기 때문에 이야기 능력을 가진 사람은 생존에 더 유리한 사람이기도 하였고, 동시에 다른 사람들이 필요한 정보를 가지고 있는 사람이기도 하였다. 그런 이유로 이야기 능력을 가진 사람은 사회적으로 선호되고 존중되는 사람이기도 하였다. 이는 이야기가 더 많이 사용되고 권장되며 촉진되는 동인으로 작용하였고 결과적으로 이야기가 인간의 원초적이고 보편적인 자질로 발달되고 자리매김 되는 데 중요한 요인으로 작용하였다. 결론적으로 말하자면 인간은 이야기를 태동하고 진화시키고 보편화할 수 있도록 하였고, 이야기는 인류의 생존과 발달과정에서 지대한 영향을 끼친 것이다. 다시 말해서 인간과 이야기는 서로 쌍방향적인 영향을 끼치면서 진화하고 발달한 것이었다.

5.1.3. 이야기가 인간의 보편적 자질이 된 이유

이야기는 인종과 문화 그리고 시대와 장소를 초월하며 일상생활에서 사용 빈도가 매우 높은 인간의 매우 보편적인 의사소통 유형이라는 사실을 이미 앞에서도 논의한 바 있다. 이토록 이야기가 인간의 보편적인 의사소통적 자질이 된 이유는 무엇보다도 이야기의 언어 의사소통적 특성과 화자를 위한 이야기의 효능에서 찾을 수 있을 것이다.

5.1.3.1. 이야기의 언어 의사소통적 특성

앞에서 이야기가 수렵 채집의 원시 시대에 태동하게 된 이유와 계기 그리고 이야기가 초기 인류의 생존과 공동체 생활에 끼친 영향 및 인간의 기초적이고 보편적인 자질로 발달하게 된 요인과 과정에 대해 살펴보았다. 그러나 현대문명 이전에 가졌던 인간에 대한 이야기의 중요성과 영향력은 이제 더 이상 그때만큼 절대적으로 크지 않다. 현대인은 정보 공유와 저장을 위한 다양한 매체를 가지고 있기 때문에 그러한 이유라면 굳이 이야기를 할 필요가

없게 되었다. 그럼에도 불구하고 첨단의 기계 문명을 구가하고 있는 현대인
도 아침에 눈을 뜨고 다시 잠들기 전까지 이야기를 접하고 직접 생산하는
활발한 이야기 생활을 이어가고 있다. 그리고 여전히 시간과 장소, 언어와
문화의 차이에도 불구하고 이야기는 항상 그리고 보편적으로 편재하고 있다.
현대인의 삶 속에서도 여전히 이야기가 인간의 기초적이고 보편적인 자질인
데 대한 이유가 있어야 한다. 그러한 이유 가운데 하나는 이야기가 가지고
있는 언어 의사소통적 특성에서 찾을 수 있다.

　이야기는 매우 다양한 언어 및 의사소통적 특성을 가지고 있다(Lucius-Hoene/
Deppermann 2011, 22-66; 박용익 2006, 147-150). 이야기의 특성 가운데 이야기가
인간의 원초적이고 보편적인 자질로 진화하고 자리매김하게 되는 데 결정적
인 영향을 끼친 것은 이야기의 편의성과 관련이 있다. 다시 말해서 이야기는
누구나 할 수 있는 어렵지 않은 의사소통 행위라는 사실이다. 그런 이유로
부르너(Bruner 2010, 130)는 이야기를 인간과 세상에 대한 상식적이고 일반적인
보통의 신념을 취급하는 심오한 민중의 일상 예술이라고 정의한 바 있다.

　이야기가 누구나 쉽게 수행할 수 있는 첫 번째 이유는 이야기가 주로 직접
체험한 과거에 일어난 사건을 대상으로 한다는 사실과 관련이 있다. 이는 다
시 말하면 이야기의 대상이 실재했던 구체적인 사건이고 화자가 그것을 직접
체험하였기 때문에 잘 알고 있는 것을 대상으로 한다는 것을 의미한다. 반대
로 말하자면 이야기는 직간접적으로 체험하지 않았거나, 체험하였더라도 그
사건을 이해하지 못했거나, 이해했더라도 그에 대해서 이야기를 해야 하는
시점에서 알고 있지 못한다면 화자는 이야기를 할 수 없다. 이러한 사실은
이야기를 의미하는 'narrative'의 어원이 라틴어 동사 'gnare'로서 이는 '알다'
를 의미한다는 사실과도 관계가 있다. 또한 한국어에서도 '너 할 이야기 있
지?'라고 묻는다면 이는 곧 '너 뭔가를 알고 있지'와 동일한 의미를 지닌다는

사실과도 관계가 있다.

이는 화자가 대부분의 경우 직접 체험하지 않은 사실을 추상적인 개념과 추론에 의존해야 이해할 수 있는 것을 바탕으로 하는 학술적 논문 쓰기가 통상적으로 쉽지 않은 것과 대별되는 점이다. 이야기를 하는 화자는 자신이 체험한 구체적인 사건을 본 그대로 사건의 진행과정에 따라서 순차적으로 재현하는 것이므로 메타언어 또는 개념으로 요약하거나 특정 이론의 형식으로 정보를 조직하거나 전달할 필요가 없는 것이다.

힘들고 어렵지 않게 누구나 할 수 있는 이야기의 특성이 이야기가 시간과 공간을 초월하고 모든 계층의 사람들이 모두 그리고 자주 이야기를 사용할 수 있게 만든 요인 가운데 하나이다. 이는 다시 어린아이가 성장 과정에서 이야기를 이른 시간에 그리고 더 자주 접하게 되고, 그럼으로써 다른 형식의 의사소통 보다 더 빠르게 습득하게 되는 이유로 작용하기도 하였다.[2]

이야기 활용의 용이성에 대한 두 번째 요인은 이야기의 주관성과 구성성이다. 이야기를 하는 화자는 체험한 사건을 일어난 그 자체로 인식하는 것이 아니라 자신의 관점과 기대 그리고 평가 등을 바탕으로 주관적으로 인식하고 편집적으로 기억한다. 또한 과거의 사건을 재현하는 이야기 과정 속에서 화자는 청자와 의사소통의 목적에 알맞게 이야기의 내용을 편집하고 상이한 표현 방식을 사용하기도 한다(Bruner 1988, 575). 다시 말해서 동일한 사건이 의사소통의 상황과 조건 및 목적에 따라 그 내용과 표현 양식 및 기능이 각각 다르게 이야기될 수 있다. 그러므로 실제의 사건과 화자의 이야기를 통해서 재현된

---

2   이러한 현상은 유표항(markedness)과 무표항(unmarkedness)의 개념쌍으로 설명한 로만 야콥슨의 언어 보편성의 이론과 동일하다(Jakobson 1968). 그에 따르면 유표항의 음운과 비교하면 무표항의 음운은 형식적으로 덜 복잡하기 때문에 사용하기에 편리하고 쉽고 자주 사용된다. 그렇기 때문에 무표항의 음운은 유표항의 음운보다 더 많은 언어권에서 나타나는 보편성을 가지며 어린아이들이 더 일찍 습득하게 된다.

사건은 동일하지 않다. 달리 말하자면 이야기는 청자가 과거의 사건을 있었던 사실 그대로 묘사한 것이 아니라 이야기로 재구성한 모형으로 보도록 하는 초대인 것이다(Bruner 2010, 51). 화자는 이해되고 수용될 수 있도록 의미 있고 합리적인 방식으로 과거에 발생한 사건을 재구성하고 표현해야 하는 의무를 가지기는 하지만, 과거 사건에 대한 이야기적 재구성의 진실성과 객관성에 대한 의무를 가지지는 않는다(Lucius-Hoene/Deppermann 2011, 49).

앞장에서 살펴본 바와 같이 이야기와 비슷하게 과거의 사건을 재현하지만 이야기와는 다소 다른 의사소통이 보고이다. 보고는 과거 사태와 사건에 대한 정확한 이해와 판단 및 이를 통한 향후 계획과 결정에 중요한 정확한 정보의 공유가 목적이므로 보고에서 전달된 정보의 사실성과 객관성 및 논리성과 합리성이 매우 중요하다. 이러한 이유로 보고가 종료되면 특정 정보의 사실성에 대한 확인 질문과 보고에는 담겨 있지 않은 추가 정보에 대한 요청이나 질문이 이루어질 수 있다. 보고를 하는 화자는 과거 사건의 사실성과 객관성에 대한 의무를 지게 되고 그러한 의무가 충족되지 않을 경우 일정한 제도적 책임을 지게 된다(4.3.2 참조).

5.1.3.2. 화자를 위한 이야기의 효능

이야기는 누구와 어떤 상황 또는 문맥에서 어떤 목적으로 수행되느냐에 따라서 매우 다양한 의사소통적 기능을 발현한다(박용익 2006, 146-147; 4.4 참조). 화자의 입장인가 또는 청자의 입장인가에 따라서 이야기의 기능이 또한 다르다. 이야기는 화자가 자신이 체험한 과거 사건에 대한 정보를 그에 대해서 알고 있지 못한 청자에게 제공하는 것이기 때문에 외형적으로만 보자면 주로 청자에게 유리하고 화자에게는 별다른 이익과 장점이 없는 것으로 보인다.

하지만 이야기가 화자에게 별다른 이익과 장점이 없고 화자만을 위한 이타적이고 희생적인 행위라면 화자는 이야기에 대한 욕구와 의지가 많지 않았을 가능성이 크다. 또한 이야기가 시공간을 초월하여 보편적으로 편재하고 인간의 기초적인 자질로 진화되지도 않았을 것이다. 이야기가 지금과 같은 보편성을 가지기 위해서 자주 실행되어야 하고, 이를 위해서는 무엇보다도 이야기 실행에 대한 화자의 의지와 욕구가 있어야 한다. 그러한 의지와 욕구의 중요한 전제 중의 하나가 실행자에 대한 이익과 장점이다. 겉으로 보이는 것과는 달리 이야기는 화자에게 매우 많은 이익이 되는 의사소통 행위이다.

이야기가 화자에게 이익이 되는 첫 번째 이유는 이야기가 기대하지 않은 것, 비일상적인 것, 계획의 중단, 스캔들, 불안정적 요소를 대상으로 한다는 사실과 관련이 있다. 화자는 그러한 사건들에 의해서 놀람이나 좌절감 또는 기쁨이나 환희와 같은 감정의 증폭을 겪게 된다. 이러한 감정의 증폭은 감정의 불균형과 일상성 그리고 삶의 일탈과 상실을 의미한다. 인간의 본능적 욕구 가운데 하나는 평형상태를 유지하려는 욕구이다. 인간은 감정의 균형 상태가 깨지면 이를 복원하려는 욕구를 가지고 있다(이용승 2010, 171). 이때 사용되는 핵심적인 수단 가운데 하나가 이야기이다.

우리가 불공정한 사건으로 인해서 억울한 감정이 들거나 불행한 사건으로 인해서 슬픔과 좌절감 또는 억울한 감정이 들 때 우리는 그러한 감정을 분출하고 해소하고 싶은 욕구를 가지게 된다. 감정의 불균형 상태를 해소하고 감정의 평형 또는 일상성을 회복하고 싶어 하는 본능적 욕구를 지닌 화자는 이야기를 통해서 그러한 본능적 욕구를 해소할 수 있는 기회를 가지게 된다. 화자는 이야기를 통해서 자신의 증폭된 감정을 발산할 수 있고, 이야기 과정에서 청자의 경청을 통해서 자신의 욕구가 존중되고 수용되는 느낌을 가지게 될 수 있다. 또한 청자의 위로와 공감을 통해서 상실 또는 훼손된 심리적 평형을 회복하려는 본능적 욕구를 해소할 수 있기도 하다. 이와 같이 이야기를 통한 심리적 평형상태의 복원과 일상성의 회복에 대한 욕구와 그 가능성이 현대 인간의 삶 속에서도 여전히 이야기가 선호되고 활용되는 이유로 작용한다.

이야기가 화자에게 이익이 되는 두 번째 이유는 이야기의 치료적 효능과 관련이 있다. 과거에 체험한 무수한 사건들이 우리의 기억 속에서 하나의 완성된 이야기 형식으로 존재하는 경우는 드물다. 대개의 경우 과거의 사건들은 파편화되어 많은 다른 사건들의 요소들과 혼재해 있다. 하지만 이야기를 해야 하는 상황에서 화자는 과거 사건을 이해 가능한 내용적 구조로 재현해야 하는 의무를 지닌다(Lucius-Hoene/Deppermann 2011, 57f.). 과거에 일어난 사건을 상대방에게 이해시키고자 하는 과정 속에서 화자는 그 사건의 진행과정과 그것의 의미를 정리해야 한다. 이 과정에서 화자는 자신이 겪은 사건을 이야기함으로써 자신에게 혼란스러움을 초래했던 과거의 사건을 정리할 수 있고 명료하게 이해할 수 있게 된다. 그는 이야기 과정에서 자신을 괴롭혀왔던 과거 사건의 불필요한 요소들을 명료하게 이해함으로써 제거할 수 있는 기회를 가질 수도 있고, 동일한 고통을 겪는 다른 사람들도 많다는 사실을 알게 됨으로써 자신의 고통을 경감할 수도 있다. 이러한 모든 것을 이야기 치료라고 한다(Lucius-Hoene 2007). 이와 같이 화자는 이야기를 통해서 자신이 겪었던 과거의 체험을 정리하고 명료하게 이해할 수 있으며, 이를 통해서 혼란스러움과 불명확함에서 벗어날 수 있고, 또한 심리적 부담과 고통에서 벗어날 수 있는 것이 화자가 이야기를 하고자 하는 욕구와 의지를 갖게 되는 두 번째 이유이다.

화자에 대한 세 번째 이야기의 기능은 화자가 이야기를 통해서 자기를 이해할 수 있고 자신에게 의미를 부여하며 자신의 정체성을 형성할 수 있다는 사실과 관련이 있다. 화자는 과거의 경험을 정리하고 조직한 정보를 청자에게 전달하는 이야기 과정에서 자신이 과거를 어떻게 바라보고 평가하며, 동시에 이야기 속에 등장하는 인물과 이야기를 듣고 있는 청자에 대한 정체성을 규정한다. 이를 통해서 화자는 자기 자신에 대한 의미를 부여하고 자아 정체성을 규정하고 창출하기도 한다.

한 사람이 생각하거나 규정하는 자아는 그 사람 자체를 실체적이고 전체적이며 항구적 또는 고정적으로 그 사람의 정체성을 나타내는 것은 아니다. 한 사람에 대한 분명하고 본질적인 자아는 실제로 존재하지 않는다(Bruner 2010, 99). 우리는 각자가 처한 상황의 필요성에 알맞게 자아를 지속적으로 창출한다. 이것이 함의하는 바는 정체성은 한 사람의 부분만을 드러내는 것이고, 다원적이며 복합적이고 고정적이거나 항구적인 것이 아니라 끊임없이 변화하는 과정이라는 사실이다. 이러한 정체성 작업은 협상되고 인증되는 과정을 통해서 이루어진다. 다시 말해서 정체성은 사회적으로 형성되며 의사소통, 특히 해석되고 재해석된 이야기의 산물이기도 하다(Lucius-Hoene/Deppermann 2011, 74-76). 그러므로 '실제'의 정체성은 이야기된 정체성과 분리되지 않는다(Bruner 1988, 582).

내가 누가라고 자아 정체성을 규정하는 것은 자기 자신에게 의미를 부여하는 행위이고, 자기 자신에 대한 이해를 표현하는 행위이기도 하며, 자신이 규정한 자아 정체성을 타인이 수용하고 인증하라는 요구 행위이기도 하다. 사회적으로 타당하다고 인증된 긍정적인 자아 정체성은 안정적이고 행복하고 좋은 삶을 살기 위한 필수 조건이다. 그 이유는 좋음에 대한 의미(sense of good)와 자아에 대한 의미(sense of self)는 서로 매우 밀접하게 얽혀 있어서 분리될 수 없기 때문이다(Taylor 1989, 43). 그러므로 한 사람이 자아 정체성을 표방하는 것은 곧 나의 의미와 가치를 표방하는 것인 동시에 상대방에게 수용과 인증을 요구하는 것이기도 하다. 이러한 요구가 상대방으로부터 인증되고 수용되면 자아로서의 존재의 일체감 혹은 충만감을 가질 수 있게 되고, 거꾸로 거부되고 인증되지 않으면 자신이 정당하지 않고 가치가 없다는 절망 감에 빠지게 된다(홍성우 2002, 176).

이렇듯 한 개인의 정체성 형성과 규정이 중요한 이유는 정체성 형성이 타인이 그에게 기대한 바를 내면화하고 반영한 사회화 과정의 결과이고, 또한 그렇기 때문에 자아 정체성의 규정은 그것을 타인에게 요구하고 그로부터 인증받는 협상의 결과이기 때문이다(Mead 2011, 223).

과거의 사건을 재구성하는 동시에 끊임없이 자아 정체성에 대한 규정이 이루어지는 이야기를 통해서 화자는 자신의 의미와 가치를 청자로부터 인증 받기 위한 노력을 한다. 그렇기 때문에 이야기는 화자의 의미와 가치 있는 삶의 토대를 구축하는 행위라고 할 수도 있다. 이것이 이야기가 인간의 기초 적이고 보편적인 자질로서 존재할 수 있는 또 다른 중요한 이유이다.

인간의 진화과정과 삶 속에서 이야기가 끼친 영향과 반대로 이야기가 인간의 원초적이고 보편적인 자질로 진화하는 데 인간이 끼친 영향, 즉 인간과 이야기의 상호작용에 대한 지금까지의 논의를 정리하면 다음과 같다.

인간의 수렵 채집기간에 태동된 것으로 추정되는 이야기는 인간의 생존과 공동체 생활에 필수적인 정보를 공유하고 저장하며 후세에 전달하기 위한 매우 유용하고 효과적인 도구로써 활용되었다. 지식정보의 습득이 개인의 직접적인 경험의 축적을 통해서 이루어지는 것과는 달리, 여러 다른 사람의 이야기를 통한 지식정보의 습득은 위험의 예방, 시간과 비용의 절약, 다양하고 용이한 지식 습득 등과 같은 큰 장점이 있었다. 이를 통해서 이야기는 인간의 발달 과정에서 큰 영향력을 끼쳤다. 이야기 능력을 가진 사람들이 보다 많은 이익을 창출하고 공동체에서 선호됨으로써 이야기 능력은 권장되고 촉진되었을 것이다. 이를 통해서 인류는 이야기가 인간의 원초적이고 보편적인 자질로 진화하는 데 영향을 끼쳤을 것이다.

결론적으로 말하자면 이야기가 많은 이익과 장점을 통해서 인간의 발달과정에 영향을 끼쳤고, 반대로 초기 인류가 이야기를 적극적으로 그리고 자주 사용함으로써 이야기의 진화 과정에 영향을 끼쳤다. 다시 말해서 이야기와 인간은 상호 밀접한 영향을 끼치면서 발전해왔다고 할 수 있다.

초기 인류시대에 가졌던 이야기의 유용성과 효율성은 첨단의 정보 매체를 가지고 있는 현대인에게는 더 이상 유효하지 않다. 그럼에도 불구하고 지금의 사람들에게도 이야기가 원초적이고 보편적인 첫 번째 이유는 이야기가 다른 의사소통의 유형보다는 사용하기가 쉽다는 데서 찾을 수 있다. 이야기가 사용하기 쉬운 것은 화자가 주로 직접 체험한 것이어서 이야기의 내용이 구체적이고 잘 알고 있기 때문이기도 하고, 이야기의 내용과 형식을 화자가 주관적으로 구성할 수 있기 때문이다.

두 번째 이유는 이야기가 형태적으로 보이는 것과는 달리 화자에게 매우 중요하고 다양한 혜택을 제공하는 것과 관련이 있다. 화자는 과거에 일어난 사건으로 인해서 훼손된 감정의 불균형을 이야기를 통해서 회복할 수 있다. 또한 이야기를 함으로써 과거 사건을 정리하고 스스로 명료하게 이해함으로써 혼란에서 벗어날 수 있기도 하다. 화자는 이야기를 통해서 자아 정체성을 구성한다. 화자가 구성하고 표방하는 정체성은 자신이 의미와 가치가 있음을 의미하는 것이고 동시에 청자에게 이를 인증하고 수용해주기를 요구하는 것이기도 하다. 타인의 인정을 통해서만 인증되고 유효한 긍정적인 자아상은 인간의 안정적이고 행복한 삶을 사는 데 핵심적인 조건이다. 인정욕구와 인증이 가장 자주 그리고 효과적으로 발현되는 의사소통이 바로 이야기이다. 이야기는 자신에 대한 이해와 인정을 요구하는 수단이자 인간의 안정적이고 행복한 삶의 필수 조건이기도 하다. 이와 관련하여 린데는 "사회적으로 적절하고 안정되어 있으며 좋은 사람으로 존재한다는 편안한 생각을 가지고 살아가기 위해서 개인은 일관되고 수용 가능하며 지속적으로 수정된 삶의 이야기를 가지고 있어야 한다"고 하였다(Linde 1993, 3). 맹자는 늙어서 처가 없는 사람, 늙어서 남편이 없는 사람, 늙어서 자식이 없는 사람, 어려서 부모가 없는 사람이 이 세상에서 가장 불쌍한데 그 이유는 그들이 더불어 이야기 할 사람이 없기 때문(鰥寡獨孤, 此四者 天下之窮民而無告者)이라고 말한 바 있다. 그러한 사람들이 불쌍한 이유가 먹을 것, 입을 것 그리고 살 곳이나 돈이 없어서가 아닌, 자신의 힘들고 어려운 처지에 대해서 이야기할 수 있는 상대자가 없기 때문이라는 맹자의 말은 이야기가 왜 현대인에게도 원초적이고 필수적인지를 명료하게 대변해주고 있다.

5.2. 이야기와 의학

서사의학과 같이 의학에서 이야기를 활용하려는 이유는 앞 절에서 논의한 이야기의 다양한 특징과 인간에 대한 이익과 관련이 있다. 서사의학은 이야기의 특징과 다양한 이익을 의료에서 활용하게 되면 환자의 질병 발견과 치료 그리고 의료인의 직업만족도와 삶의 질 향상에 큰 도움이 될 것이라는 인식에서 출발한다.

5.2.1. 의료에서 활용 가능한 이야기의 특성

(1) 이야기의 편재성과 보편성

앞서 상세하게 살펴본 바 있듯이 이야기는 시대와 장소 인종과 문화 그리고 계층을 초월하여 어느 곳에서나 편재하고 있다. 또한 이야기는 누구라도 할 수 있는 인간의 원초적이고 보편적인 의사소통 능력이기도 하다. 이야기의 편재성과 보편성은 의료 현장에서도 그대로 적용된다. 의료 현장에서 이야기는 과거와 현재에도 항상 존재해 왔고 존재하고 있다. 샤론은 이야기가 인간의 상호작용적 생활 속에 항상 존재하기 때문에 의료에서도 이야기가 없는 것은 상상하기 어렵다고 하였다(Charon 2001). 그렇기 때문에 질병의 치료와 발견 그리고 인간 중심적인 환자 돌봄에서 이야기를 활용하지 않을 수 없다. 현대의학에서 이야기가 사라진 이유는 생의학적 정보가 지나치게 강조되다 보니 의료에서 이야기의 가치가 지나치게 경시되거나 무시되었기 때문이었다(Greenhalgh/Hurwitz 1998). 그러므로 서사의학은 현대의학 이전에 의료에서 오랫동안 활용되어 왔던 이야기 활용의 전통을 복원하는 것을 의미한다고 할 수 있다.

(2) 인간의 존재와 생존의 원천

이야기적 상호작용 과정에서 인간은 끊임없이 자아 정체성을 구성한다. 자기 삶의 정상성과 정당함 그리고 좋음을 의미하는 자아 정체성은 상대방의 인정과 추인 없이는 정립이 불가능하다. 다시 말해서 이야기는 자아 정체성의 수단인 것이고 이야기 없이는 자기도 없는 것을 의미한다. 한국인 자살시도자 10명의 인터뷰에서 자살 시도의 이유를 분석해 볼 결과 자살 시도

직전에 그들은 인간관계가 단절되어 있고 그렇기 때문에 이야기를 할 상대자
가 없는 환경에 처한 것으로 나타났다. 다시 말해서 자살 시도자들은 자신의
이야기를 아무 곳에서도 할 수 없는 상태에 있는 것이다(박용익 2015, 569-570).
자살 시도자들 중에서는 이야기의 단절이 자살시도의 원인이며 해결책이라
는 의견을 직접적으로 밝힌 경우도 있다.

　　이재득: 제가 내성적이고 그래 갖고 아 제 기분을 잘 안 밝히고 그런 스타일
　　　　　인데 이거는 안 그런 그거를 안 그러면은 굉장히 더 힘들어요. 그러
　　　　　니까 누구한테라든지 뭔가를 얘기를 해서 그걸 그 어떤 얘기한 상대
　　　　　방이 그걸 알아주고 이해해주고 뭐 그러면은 이제 그게 조금 완화
　　　　　되는데 그렇지 않을 경우에는 이제 더 심해지죠. 우울감이(박용익
　　　　　2015, 338).

　　김명관: 친절하게 터놓고 얘기할 그 좀 친구들이 없었어요. (……) 이 대화라는
　　　　　게 상당히 중요한 거 같아. 실질적으로 자살 문제도 그거 아무 것도 아
　　　　　니잖아요. 그래서 얘기하고 좀 이렇게 하면 되는 데. (……) 대화 없이
　　　　　는 그 죽음이 사망에 이르더라고. 내 생각에는 난 이런 전문가는 아니
　　　　　지만은 내가 느껴본 바로는 대화 많이 얘길 해야 돼(박용익 2015, 482).

　　민형주: 이 고통에서 벗어나려면 죽을 수밖에 없겠구나. 그런 생각이 들어서
　　　　　사무실 문을 열고 나가는 순간 저도 모르게 그냥 막 본청 건물로 가
　　　　　서 자살시도를 했고(50-57). (……) 그거를 누구한테도 얘기할 수 없
　　　　　으니까 그 점이 힘들고(박용익 2015, 482).[3]

위의 예에서도 볼 수 있듯이 이야기는 인간의 실존과 일상적 삶의 토대로서 작용한다. 인간의 삶에서 원초적으로 중요한 기능을 발현하는 이야기가 인간의 삶과 죽음 그리고 생명 그 자체를 다루는 의료에서 도외시될 수는 없다. 오히려 의료에서 이야기를 적극적으로 활용해야 할 필요성이 있다.

(3) 이야기의 치료적 효능

이야기는 또한 통상적으로 이야기의 전체 내용과 결말에 대해서 청자는 모르고 있고 화자는 이미 알고 있지만 그 결말을 모르는 듯이 진행해 가는 의사소통의 한 유형이다. 이야기를 할 때 화자는 청자가 이야기의 대상인 사건의 내용과 결말에 대해서 모르기 때문에 청자가 이야기를 이해할 수 있도록 전달해야 하는 의무를 지닌다(Lucius-Hoene/Deppermann 2011, 57).

청자가 이야기를 이해하기 위한 전제 조건 중의 하나는 이야기가 특정한 의미가 있어야 한다. 이야기가 하나의 의미를 가지게 되는 것은 화자가 체험한 사건에 의미를 부여하고 창출한 결과이다. 이야기가 청자에게 경청의 가치가 있을 만큼 흥미로운 이유는 이야기의 대상이 되는 과거의 사건이 충격적이거나 비정상적인 것이기 때문이다. 특히 비정상적인 과거의 사건이 화자와 직접적인 관련이 있다면 화자는 충격과 혼란스러움에 빠지게 된다. 이것이 의미하는 바는 청자에게 이야기를 하기 전에 화자 자신도 자신에게 일어난 사건의 진행과정과 이유 그리고 그 결과 등에 대해서 체계적으로 정리하지 못하고 있고 명료하게 이해하고 있지 않다는 사실이다.

하지만 화자가 이야기를 할 때 지켜야 하는 상호이해의 의무로 인해서 자

---

3   자살시도자의 성명은 모두 가명임을 밝힌다.

신에게 일어난 과거의 사건을 청자가 이해할 수 있도록 일목요연하게 정리하고 명료하게 전달해야 한다. 이를 통해서 정리되지 않아서 혼란스러웠던 화자의 기억이 체계화되고 질서를 갖추게 된다. 이 과정에서 화자는 스스로 과거의 경험을 명료하게 이해할 수 있게 됨으로써 혼란스러움의 고통에서 벗어날 수 있다. 화자는 청자를 이해시키기 위해서 전달하고자 하는 사건에 대한 의미를 부여하고 창출한다. 이 과정에서 화자는 자신도 잘 모르고 있었던 과거의 사건이 자신에게 어떤 의미를 가지고 있는지를 구체적이고 명료하게 이해할 수 있다. 다시 말해서 화자 자신도 모르는 사건의 의미를 이야기하는 과정에서야 비로소 이해할 수 있게 되는 것이다. 과거의 사건이 무엇이었는지 그리고 그 사건이 화자 자신에게 또는 보편적으로 어떤 의미가 있었는지를 이야기 과정에서 구체적이고 명료하게 이해함으로써, 화자가 과거의 정리되지 않은 사건으로 인해서 야기된 혼란스러움의 불편감과 고통에서 벗어나게 되는 것이 이야기 치료의 한 효능이며 이야기 치료의 기제이다.

(4) 환자의 전문성과 이야기 수행의 편의성

임상 의료 현장에서 의사와 환자 사이의 관계는 생의학적 관점에서 보면 이 둘 사이에는 의료적 지식과 술기 능력의 불균형성이 존재한다. 다시 말해서 의사는 질환의 발견과 치료의 전문가이고 환자는 비전문가이다. 그렇기 때문에 생의학적 의료에서 의사가 과도한 주도권을 가지고 있고 권위적이고 일방적인 모습을 보이고, 환자는 수동적인 반응자 또는 순응자의 역할을 하는 경우가 많다(박용익 2014, 48).

이에 대한 환자의 불만이 높아지고 의료계가 그에 대해 자성함으로써 최근의 의료에 환자 중심적 의료가 도입되었다. 환자중심적 의료의 핵심 가운데 하나는 질환이 발생하게 된 환자의 사회 심리적 요인을 파악하는 것이다. 환자가 처한 사회 심리적 환경에 대한 요인에 대한 전문가는 의사가 아닌 환자이다. 또한 환자는 자신이 처한 사회 심리적 요인을 가장 잘 알고 있기 때문에 그가 그것에 대해서 이야기하는 것은 크게 어려운 일이 아니다. 이는 이야기 의사소통의 특징 가운데 하나인 이야기의 용의성과 관련이 있다.

전인적이고 환자 중심적인 의료에서 중요한 환자의 주체성과 주도성 그리고 질병과 관련된 환자의 사회 심리적 요인에 대한 전문성을 존중하고 활용하는 데 이야기는 매우 중요한 수단이다. 전인적이고 환자 중심적 의료에서 그렇게 중요한 기능을 발현하는 이야기를 환자와 의사 모두가 어렵지 않게 수행할 수 있는 이야기를 의료에서 활용하지 않을 이유가 없다.

(5) 이야기는 환자의 내면세계 이해를 위한 핵심적이고 유일한 통로

이야기를 통해서 화자는 과거에 발생한 사건에 대한 정보를 제공할 뿐만 아니라 그 사건과 사건 속에 등장하는 인물 및 자기 자신과 관련된 화자의 관점과 평가 그리고 감정과 동기 및 요구와 정체성 등과 같은 화자의 다양한 내면세계에 대한 정보도 함께 전달한다.(Lucius-Hoene/Deppermann 2011, 41). 그렇기 때문에 이야기는 화자의 내면세계를 파악할 수 있는 핵심적이 통로로 활용될 수 있다. 의료에서도 이야기는 질병과 관련된 환자의 사회 심리적 요인을 파악할 수 있는 유일하고 유용한 수단이다. 생의학적 의료지식과 술기능력이 아무리 뛰어난 의사나 첨단의 의료기기도 환자의 내면 상태를 파악하기는 어렵다. 이야기를 통해서 환자는 질병의 발생과 관련된 사회 심리적 요인과 질병과 관련된 자신의 고통과 두려움 그리고 좌절감과 희망 사항도 함께 전달한다. 의사는 이야기를 통해서 전달된 환자의 내면세계를 파악할 수 있다.

의사는 이를 토대로 환자를 전인적으로 치료할 수 있고 환자의 고통과 두려움 그리고 좌절감과 희망 등에 적절하게 대처할 수 있다. 이렇게 본다면 이야기는 진단과 치료를 위한 매우 중요한 수단으로 활용될 수 있음을 알 수 있다.

(6) 이야기의 대화적 특성

이야기는 언뜻 보기에 화자가 발화권을 독점하면서 일방적으로 말을 하는 독화(monolog)로 보인다. 하지만 청자의 수용적이고 촉진적인 경청과 공감적 반응, 다시 말해서 적극적이고 능동적인 청자의 참여 없이는 화자가 성공적으로 이야기를 진행해나가기가 매우 어렵다. 성공적인 이야기 수행을 위해서 청자의 적극적인 경청과 공감적 반응이 필요한 이유는 첫째로 이야기의 대상이 되는 과거 사건이 화자에게 비일상적이고 놀라운 것이어서 화자는 그로 인해서 촉발된 감정의 불균형을 해소하고 싶어 하는 욕구를 가지고 있는 것과 관련이 있다. 심리적 욕구를 해소하기 위해서 필수적으로 요구되는 것은 그러한 욕구에 대한 존중과 수용 그리고 위로와 격려 등과 같은 청자의 반응이다.

둘째로 화자는 과거 사건의 진행과정에 대한 정보를 제공할 뿐만 아니라 그 사건과 관련된 자신의 주관적인 관점과 가치평가 그리고 감정에 대한 정보도 함께 전달한다. 화자가 자신의 주관적인 관점과 평가 그리고 감정 등에 대한 정당성 또는 '객관성'을 확신하기 위해서 청자의 인증과 추인을 필요로 한다. 이야기를 하는 화자는 자신의 심리적 욕구 해소와 관점과 가치 평가 그리고 감정에 대한 정당성 확보에 필수적인 청자의 긍정적 반응과 인증을 이끌어내기 위해서 노력한다. 이를 위해서 화자는 청자의 성향과 관점 그리고 기분 등을 고려하면서 낱말을 선택하기도 하고 문장을 배열하며 또한 감정과 가치 평가의 수위 조절 등과 같은 행위를 한다. 이를 통상적으로 수용자 설계

(recipient design)라고 부른다(Deppermann 2015, 66). 화자는 이야기를 하는 과정에서 청자와 내면적 상호작용을 하고 있고 청자에게 말걸기를 하는 것이다. 또한 이야기가 진행되는 동안 청자가 화자에게 보여주는 반응적 의사소통 행위, 즉 경청의 행위를 지속적으로 수행하는 것도 이야기가 대화임을 나타내주는 요소이다. 그러므로 수행된 이야기는 화자와 청자의 공동 작품이라고 할 수 있고(Lucius-Hoene/Deppermann 2011), 독화가 아닌 대화(dialog)인 것이다.

이야기가 대화라는 사실이 의료에서 중요한 이유는 환자가 자신의 이야기를 충분히 하지 못하고 이야기를 하더라도 의사가 적극적으로 경청하거나 공감하지 않는다는 의료인에 대한 비판과 관계가 있다. 의료에서 환자의 대화적 이야기를 적극적으로 활용하게 되면 환자가 이야기를 충분히 할 수 없다는 불만과 비판을 해소할 수 있다. 또한 의사의 적극적인 경청과 공감적 의사소통이 계발되고 촉진될 수 있을 것이다.

5.2.2. 의료에 대한 이야기의 이익과 장점

의료에서 이야기를 활용하는 서사의학은 다양한 순기능이 있다. 이러한 순기능은 환자의 사회 심리적 요인에 대한 의사의 이해와 공감 능력의 향상, 질병 진단의 정확성 증대, 전인적 환자 돌봄과 치료에의 기여, 환자와 의사의 동등하고 신뢰적 관계 형성의 유용성 등이 있다.[4]

---

4   5.5.2와 5.5.3의 기술은 Charon 2001; Charon 2007; Greenhalgh/Hurwitz 1999; Herman/Jahn/Ryan (ed.), 2010 등을 종합하고 요약한 결과이다.

(1) 환자 사회 심리적 요인에 대한 전인적 이해

임상 의료 현장에서 환자가 이야기를 하고 의사가 이를 존중하고 경청하게 되면 의사는 질병의 고통을 당하고 있는 환자가 일상생활에서 어떤 영향을 받고 있고, 그가 자신이 처한 상황을 어떻게 바라보는지를 그들의 관점에서 이해할 수 있다. 특히 질병과 관련된 환자의 내면세계(절망감, 희망, 슬픔, 도덕적 고통)를 구체적으로 이해할 수 있게 된다. 그럼으로써 이야기를 활용하게 되면 질병으로 인해서 발생한 환자의 문제를 전인적으로 이해할 수 있게 된다.

(2) 진단의 정확성 향상

의사는 환자의 이야기를 통해서 전달된 다양한 사회 심리적 정보를 통해서 진단 시 유용한 분석적 단서와 범주를 제공받을 수도 있다. 이는 의사가 환자에 대한 신체 검진 및 실험실 검사 결과에 대한 정확한 해석을 하는 데 도움이 된다.

(3) 전인적 환자 돌봄과 치료에의 기여

임상 의료에서 이야기의 활용을 통해서 의사가 환자의 질병에 대한 전반적인 사회 심리적 요인에 대해서 이해할 수 있게 됨으로써 환자에 대한 적절한 공감적 대응을 할 수 있게 된다. 또한 의사가 개별 환자의 사회 심리적 요인과 환경을 이해하고 공유함으로써 표준화된 환자가 아닌 개인별 맞춤형 의료를 할 수 있게 되기도 한다. 의사가 질병으로 인해서 발생한 일에 대해서 환자를 정서적으로 도와줄 수 있고, 그렇게 함으로써 환자에게 의미 있는 중요한 지지 기능을 수행할 수 있게 되며, 환자가 질병으로 인해서 겪게 되는 심리적 문제를 극복하는 데 도움을 줄 수 있다.

(4) 의사-환자 사이의 평등하고 존중적 관계 형성의 유용성

환자의 이야기를 존중하고 수용하는 것은 곧 환자의 전문성과 주체성 및 주도성을 존중하고 수용하는 행위이기도 하다. 그렇기 때문에 의료에서 이야기를 활용하게 되면 기존의 의료에서 의료인에게 치우쳐 있는 의료 행위의 일방성과 주도성을 완화할 수 있다. 이를 통해서 의사 환자의 관계가 평등해질 수 있고 치료적 동맹관계를 형성할 수 있다.

5.2.3. 의료인에 대한 이야기의 이익과 장점

의료에서 이야기의 활용은 질병 진단과 치료뿐만 아니라 의료인을 위해서도 다음과 같은 이익과 장점이 있다.

(1) 존중과 배려 그리고 경청과 공감 능력의 향상

진료 시간에 환자에게 이야기를 하게 하는 것이 함의하는 바는 다양하다. 첫째는 환자의 자율성과 주체성 그리고 그의 전문성과 주도성을 존중하고 수용하는 것이다. 둘째는 환자에 대한 존중은 의사로서 원초적으로 가지고 있을 수밖에 없는 전문성과 주도성의 일부를 제한하는 겸손한 행위이기도 하다. 셋째는 환자를 생의학적 관점에서만 바라보는 것이 아니라 질병과 관련된 환자의 사회 심리적 요인과 고통을 동시에 바라보고자 하는 전인적 의료의 관점이기도 하다. 넷째는 환자가 이야기를 지속하기 위해서는 의사가 끊임없이 환자의 이야기를 집중적으로 경청해야 하고 환자에게 공감을 해주어야 한다. 의사가 진료 과정에서 이야기를 적극적으로 활용함으로써 타인에 대한 경청과 공감 능력을 향상시킬 수 있다.

(2) 돌봄과 치료 능력의 증진

임상 의료에서 이야기를 활용하면 의사는 환자를 전인적으로 이해할 수 있게 됨으로써 환자에게 적합한 대처를 할 수 있게 된다. 특히 고통 받고 있는 환자가 요청하는 사안을 들어주고 응대해 줄 수 있는 의사의 능력이 향상된다. 서사의학을 통해서 의료인은 돌봄과 치료 능력을 증진시킬 수 있다.

(3) 인간과 세상에 대한 지식의 확장 및 자기 이해와 자기 수용

의사는 진료 시간에 매우 다양한 사람들을 환자로서 맞이할 수 있는 특권을 가지고 있다. 환자의 다양한 이야기를 통해서 의사는 인간과 세상에 대한 다양한 경험을 간접적으로 체험할 수 있게 되고 이를 통해서 인간과 세상에 대한 이해의 폭을 넓힐 수 있다. 그러한 다양한 경험과 지식을 통해서 결과적으로 의사는 한 사람으로서 그리고 의사로서 자기 자신을 보다 더 정확하게 이해할 수 있고 자신의 한계를 인정하고 수용할 수 있게 된다.

(4) 자아 존중감과 직업 만족도의 향상

이야기의 활용을 통해서 환자를 존중하고 경청하며 공감하게 됨으로써 의사는 화자로부터 인격적으로는 좋은 의사로 그리고 환자에 대한 전인적 돌봄과 치료 능력이 뛰어난 존경스러운 의사로 인정되고 존중받을 수 있게 된다.

타자로부터의 인정과 존중은 인간의 가장 기본적인 욕구 가운데 하나인 인정 욕구가 충족됨을 의미한다. "타자를 사랑하는 사람은 그들로부터 항상 사랑 받는다(愛人者 人恒愛之)", "너로부터 나온 것은 항상 너에게로 돌아온다(出乎爾 者, 反乎爾者也)" 맹자(孟子)의 말처럼 인정과 존중 그리고 사랑하고 사랑받는 것은 언제나 상호적인 것이다. 그러므로 의사가 환자로부터 인정받고 존중과 사랑을 받는다면 의사는 환자를 인정하고 존중하며 사랑했을 가능성이 크다. "인간의 행복과 불행 중에서 자기로부터 기인하지 않은 것은 없다(禍福無不自 己)"(맹자). 환자 그리고 타인으로부터의 인정과 존중 그리고 사랑을 통해서 의사는 더 행복한 사람과 의사가 될 수 있고, 이는 의사가 타인을 더 인정하고 존중하며 사랑할 수 있게 되는 토대가 된다. 이러한 인정과 존중 그리고 사랑의 선순환(善循環) 속에서 의사는 한 인간으로서 그리고 행복과 자족감을 느낄 수 있게 되고 의사로서의 직업 만족도를 제고할 수 있게 된다.

5.2.4. 환자에 대한 이야기의 이익과 장점: 이야기 치료

환자가 질병에 걸리면 신체적 불편감인 고통뿐만 아니라 그로 인해서 동반되는 불안과 걱정 등과 같은 부정적인 감정을 갖게 된다. 만일에 질병에 의해서 신체적 또는 정신적 활동의 제한을 받게 되거나 심지어 죽음이 예상된다면 그러한 부정적 감정은 더욱 더 커진다. 또한 환자는 심각한 질병을 통해서 자신의 정체성이 훼손되거나 상실되기도 한다. 만성 질환을 앓는 환자가 정체성의 상실을 겪는 이유로 카마즈(Charmaz 1983)는 일상생활의 제한, 사회적 고립, 자아에 대한 부정적 판단, 타인에 짐이 되는 삶 등을 꼽고 있다. 환자가 평상시에 해왔던 그리고 건강한 타인들이 하고 있는 일상생활이 제한되거나 불가능해지면, 환자는 독립적인 일상생활이 불가능해지고 타인에게 의존적인 삶을 살 수 밖에 없게 된다. 환자가 타인에게 의존적인 삶을 살게 됨으로써 그는 타인에게 부담을 준다는 부정적인 자아상을 가지게 된다. 또한 동시에 일상적인 사회생활이 제한되거나 불가능해짐으로써 환자는 점차 관계가 제한되거나 단절되는 사회적 고립을 겪게 될 수도 있다. 이러한 모든 요인들은 환자가 자신에 대한 건강하고 긍정적인 자아상을 가지지 못하게 되는 요인으로 복합적으로 작용한다.

정리하자면 환자는 신체적 불편감과 고통, 불안과 두려움 그리고 좌절감 같은 부정적인 정서, 훼손 또는 상실된 자아 정체성을 동시에 가지고 있다. 이로 인해서 환자가 놀라움, 당혹스러움, 좌절감 같은 심리적 불균형 상태를 겪는 것과 심리적 균형에 대한 욕구를 가진 상태임을 의미한다. 다시 말해서 그러한 정서적 상태에 있는 환자는 의사를 만날 때 이야기를 하고 싶어 하는 충만한 욕구를 가지고 있는 것이다. 의사가 환자의 이야기 욕구를 수용하고 존중하여 그가 이야기를 하게 되면 환자는 이야기 치료적 효과를 가지게 된다. 환자가 이야기의 치료적 효능을 경험하게 되는 요인들로는 (1) 이야기 욕구의 해소, (2) 사건과 기억의 정리와 이해, (3) 의미의 발견과 대안적 의미의 창출, (4) 경청과 공감을 통한 위로와 지지, (5) 타자와의 연결을 통한 고립과 외로움의 해소, (6) 경험과 고통의 사회화를 통한 부담의 경감 및 해소, (7) 자아 대면과 정체성의 재구성 등이 있다.

(1) 이야기 욕구의 해소

질병의 발견 그리고 질병으로 인해서 발생한 일상생활의 제한이나 상실 그리고 신체적 불편감과 고통으로 인해서 환자는 당혹감과 불안 및 슬픔과 걱정과 같은 정서적 불균형 상태에 처하게 되고 일상생활 능력을 상실하게 된다. 그러한 정서적 불균형으로 인해서 환자는 자신의 상태와 처지에 대한 이야기를 하고 싶은 강한 욕망에 휩싸이게 된다. 의사는 환자에게 이야기를 하게 함으로써 환자의 내면을 가득 채우고 있는 이야기의 욕구를 분출할 수 있는 통로를 제공할 수 있다. 환자는 자신의 이야기를 하고 나서 시원하다고 느낄 가능성이 크다. 이는 환자를 괴롭혔던 폭발 직전의 이야기 욕구가 해소되었기 때문일 것이다.

(2) 사건과 기억에 대한 정리와 이해

어떤 사람이든 뜻하지 않은 사건에 휘말리게 되면 충격에 빠지게 되고 일정 기간 동안 그러한 사건이 무엇인지를 명료하게 이해하지 못하는 혼란스러운 상황을 겪게 된다. 특히 환자가 뜻하지 않게 질병을 앓게 되고 일상생활의 여러 제약과 상실을 겪게 되면, 환자는 그러한 사건이 무엇이고 자신에게 무엇을 의미하는지를 잘 모르게 된다. 이야기를 하는 환자는 상대방을 이해시켜야 하는 의무가 있으므로 자신에게 일어났던 사건을 일목요연하게 정리해서 전달해야 한다. 이를 통해서 파편화되어 산재되어 있고 여러 다양한 사건의 요소들과 혼재해 있던 과거의 사건에 대한 기억이 형태적이고 시간적인 질서를 부여받을 수 있다(Lucius-Hoene/Deppermann 2011, 113). 그럼으로써 환자는 질병으로 인해서 촉발된 여러 사건과 그에 대한 기억을 체계적으로 정리할 수 있고 명료하게 이해할 수 있게 된다.

(3) 의미의 발견과·대안적 의미의 창출

과거에 발생한 사건과 그에 관한 기억을 정리하여 이야기하면서 화자는 다양한 의미를 발견할 수 있다(Lucius-Hoene/Deppermann 2011, 113f.).

- 화자는 과거 사건의 진행과정과 그것의 의미를 정확하게 이해할 수 있다.
- 이야기를 하는 과정에서 그동안 잊고 있었던 사건의 파편이 갑자기 기억 날 수도 있고 잠재의식 속에 있었던 사건과 관련된 자신의 감정이 떠오를 수도 있다. 이를 통해서 과거의 사건이 과거와 현재의 자신에게 어떤 의미와 영향을 갖는지에 대해서 명료하게 이해할 수 있다.
- 화자가 과거의 사건에 대해서 명확하게 이해하게 되고 또한 청자와의 상호행위 과정에서 과거의 사건에 대한 기존의 의미와 다른 대안적 의미를 발견할 수도 있다. 예를 들면 화자가 부정적으로 평가했던 과거 사건의 다른 측면을 발견하고 긍정적인 의미를 갖게 되면서 과거의 사건을 수용할 수 있다.
- 과거의 사건 또는 그것의 구성 요소 가운데 유효한 것으로 남겨두어도 좋을 요소와 그렇지 않은 요소들을 판별하고 선별함으로써 그동안 자신에게 고통을 주고 짐이 되었던 문제 요인을 배제하고 '제거'할 수 있다.
- 화자가 부정적으로 평가하고 자신에게 부담이 되었던 과거의 부정적 체험을 자신만이 아닌 다른 사람들도 체험했다는 사실을 청자와의 상호행위 과정에서 알게 되면 그러한 부정적 체험으로 인해서 발생한 화자의 고통과 부담이 상대화되고 경감될 수 있다.

(4) 청자의 경청과 공감을 통한 수용과 존중 및 위로와 지지를 받는 느낌

화자가 이야기를 하기 위해서 필수적으로 필요한 것은 청자의 경청과 공감적 행위이다. 경청은 청자가 화자의 이야기 욕구를 인정하고 수용하는 행위이며 화자에게 집중하고 관심을 보이는 존중적 행위이다. 화자는 이야기를 할 때 자신의 주관적인 관점과 평가 그리고 감정 등도 동시에 청자에게 전달한다. 이야기의 특성 가운데 하나인 주관성은 이야기를 하는 화자가 아직 객관성을 확보하지 못했다는 의미이기도 하다. 다시 말하자면 자신의 관점과 평가 그리고 감정 등이 보편성을 가지지 못했다는 의미이기도 하다. 그렇기 때문에 화자는 이야기를 하는 동안 자신의 정당성에 대한 확신을 가지지 못할 수 있다. 하지만 청자가 화자에게 공감을 표현하게 되면 화자는 자신의 관점과 평가 그리고 감정 등에 대해서 객관성 또는 정당성을 확보할 수 있고 안정감을 느낄 수 있다. 결론적으로 청자의 경청과 공감적 행위를 통해서 화자는 수용과 존중 그리고 지지와 위로의 느낌을 가질 수 있고 이야기를 하기 전의 불안정성에서 벗어날 수 있다.

(5) 타자와의 연대감을 통한 고립과 외로움의 해소

청자의 경청과 공감을 통해서 화자는 자신의 관점과 평가 및 감정을 공유하는 사람이 있다는 사실을 확인할 수 있다. 이는 곧 화자가 타인과 연결되어 있다는 것을 의미하고 이를 통해서 화자는 고립과 외로움에서 벗어날 수 있다. 특히 환자가 질병으로 겪게 되는 큰 어려움 가운데 하나는 질병으로 인한 일상생활의 제약과 고통 등으로 인해서 발생하는 사회적 고립과 그로 인한 외로움과 소외감이다. 의사가 환자의 이야기를 들어주고 그의 요청에 응답함으로써 의사는 질병으로 인한 고립으로부터 환자를 벗어나게 할 수 있고 환자와의 연대감을 구축할 수 있게 된다.

(6) 자아 대면과 정체성의 회복

화자가 과거의 사건에 대해서 이야기를 하는 이유는 그 사건이 과거와 현재의 화자에게 어떤 형태로든 의미가 있고 영향을 끼치기 때문이다. 화자는 모든 유형의 의사소통에서 자신의 정체성을 창출하고 표현한다. 특히 자신의 직접적인 체험을 대상으로 하는 이야기는 화자가 자신의 정체성을 창출하고 표현할 수 있는 매우 유용한 수단이다. 그렇기 때문에 화자는 이야기를 하는 과정에서 자기 자신을 대면하고 이해할 수 있게 된다. 환자의 경우 질병으로 인해서 발생한 신체적 정서적 변화와 관련하여 자기 자신에 대해서 이질감이나 자기를 구성하는 한 부분이 상실되었다고 생각할 수도 있다. 또한 질병으로 인한 일상생활의 제약이나 불능으로 인해서 자기의 가치를 폄훼하거나 인정하지 않을 수도 있다. 환자는 이야기를 통해서 발견한 새로운 의미와 청자의 지지와 격려 그리고 존중과 공감 등을 통해서 손상된 자아 정체성을 회복할 수 있다.

6. 서사의학 교육의 핵심 목표로서의 경청과 공감

6. 서사의학 교육의 핵심 목표로서의 경청과 공감

　의료인문학 교육의 최상위 목표가 좋은 의사의 양성이라는 데에는 관련 연구자 가운데 큰 이견이 없다(권상옥2005, 219; 백상호 2010; 이영미/안덕선 2007; 임정란/한규석 2011; Fletcher 2013; Fletcher 2013; Hurwitz 2002). 의료인문학 교육이 지향하는 본질적 목표인 '좋은 의사'도 또한 다양한 기준과 요소로 정의될 수 있다. 좋은 의사에 대한 다양한 정의를 살펴보면 다음과 같다.

- 환자의 개별성을 존중하고 환자를 잘 이해할 수 있으며 윤리적 문제 해결 능력이 있는 의사 (권상옥2005, 219)
- 경청과 해석 그리고 의사소통의 능력이 있고 의료의 윤리적 차원을 섬세하게 다룰 수 있는 의사(Arnott/Bolton/Evans et al. 2001, 105)
- 자신보다는 환자에게 더 이롭게 하고자 하는 타자성을 바탕으로 환자에 대해 따뜻한 마음을 가지고 있고 경청의 태도를 지닌 의사(백상호 2010, 252)
- 환자의 입장에서 아픔을 공감하고 권위적이지 않고 친절한 의사(이영미/안덕선 2007, 322)
- 환자에 대한 겸양과 비권위, 공감과 따뜻함, 수용과 존중 그리고 관심, 소통과 협력, 이타성과 인간애 등을 가진 의사(임정란/한규석 2011, 411).

이와 같이 대부분의 연구자는 좋은 의사가 갖추어야 할 가장 중요한 역량으로 경청과 공감 능력을 꼽고 있다. 다시 말해서 경청과 공감 능력은 좋은 의사의 필수 자질인 것이다. 제 3장에서 상세하게 논의한 바 있듯이 서사의학이 지향하는 목표도 역시 매우 다양하게 정의될 수 있지만 서사의학은 아래와 같은 자질과 능력을 갖춘 의사의 양성 또는 임상 의사가 그러한 품성과 자질로써 의료를 수행하는 것을 목표로 한다는 것을 밝히고 있다(Charon 2001; 2007; 2010).

- 환자의 이야기를 인식, 흡수, 분해, 해석하고 환자의 이야기에 의해서 감동받을 수 있는 능력, 즉 환자의 이야기를 인식하고 수용하며 해석할 수 있는 인지적 능력과 환자에 대한 공감 능력
- 환자 이야기를 경청하고 이야기 속에서 의미를 발견하며 존중하고 환자를 위한 행동을 수행할 수 있는 능력, 즉 환자 이야기에 대한 경청과 이해 및 존중과 수용 그리고 환자에 대한 공감적이고 실천적인 행동
- 환자의 이야기에 몰입하고 그 이야기를 해석하며 환자 이야기에 대해 반응할 수 있는 능력, 즉 환자의 이야기에 주의를 기울이고 집중할 수 있는 능력과 이해 능력 및 환자에 대해 공감적으로 행동할 수 있는 능력
- 공감, 성찰, 직업전문성 그리고 신뢰감을 토대로 환자 중심적 의료를 수행할 수 있는 능력

서사의학의 목표를 요약하자면 환자에 대해서 경청하고 환자의 입장에서 환자를 이해하고 수용하며 따뜻하게 공감할 수 있는 능력이다. 그러므로 의료인문학의 목표와 서사의학이 지향하는 공통적인 목표는 '좋은 의사'이고, 좋은 의사가 갖추어야 할 핵심적인 자질과 역량은 경청과 공감이다. 다시 말

해서 의료인문학과 서사의학을 기반으로 하는 의학교육의 핵심 목표가 바로 경청과 공감이다.

6.1. 경청

6.1.1. 경청 개념의 다양한 정의

경청은 한 사람의 성장 과정과 전 생애의 삶에서 매우 중요하고 한 사람이 갖추어야 할 중요한 자질로 강조되고 있다. 경청과 관련된 명언과 격언('항상 들으라', '인간은 입이 하나, 귀가 두 개', '최고의 대화술은 듣기', '듣기는 속히 하고 말하기는 더디게 하라')은 국내외를 막론하고 쉽게 찾을 수 있다. 그러한 명언과 격언의 내용은 모두 말하기보다는 듣는 것의 중요성을 강조하고 있다.

'경청'은 사전적 의미로는 '귀를 기울여 듣기'를 의미한다. 한국어에서 경청의 사전적 의미가 함의하는 바는 듣는 사람의 몸동작이 아니라 관심과 집중적인 자세와 태도를 지칭하는 것이라고 할 수 있다. '경청'에 해당되는 영어 'listen'의 의미('듣기 위해서 누군가에게 또는 무엇에게 주의를 기울이는 것'; '듣기 위한 목적으로 큰 관심을 기울이는 것')도 그 의미의 핵심적 요소는 한국어의 사전적 의미와 거의 동일하게 관심과 집중이다.[1] 이렇게 한국어와 영어에서 경청의 사전적 의미의 핵심적인 구성 자질은 청자의 특정한 의사소통적 행동 양식과 태도이다.

경청(傾聽)에 해당되는 한자 聽의 주요 의미는 '耳'와 '目'과 '心'이다. 傾('기울

---

1   to give attention to someone or something in order to hear him, her, or it' (https://dictionary. cambridge.org/dictionary/english/listen); to give close attention with the purpose of hearing' (https://www.webster-dictionary.org/definition/listen)

이다')은 잘 듣기 위해서 그리고 상대방에게 잘 듣고 있음을 알려주기 위해서 상대방 쪽으로 몸을 기울이는 것을 의미한다. 傾聽이 함의하는 바는 소리를 귀로 듣고 상대방의 눈을 보면서 그리고 상대방 쪽으로 몸을 기울이면서(=상대방에게 관심과 집중하는 모습을 보이면서) 마음을 다하는(=진심을 다해 공감하는) 의사소통 행위라고 할 수 있다. 傾聽을 잘하기 위해서 청자는 화자의 언어적 표현을 잘 듣고 그의 비언어적 행위(얼굴표정, 눈빛, 몸짓 등)를 잘 살펴보며 화자의 마음과 의도를 잘 이해하려는 의사소통 행위라고 할 수도 있다.

영어권에서는 다양한 분야의 연구자들이 다양한 관점으로 '경청(listening)'을 정의해 왔다. 그러한 다양한 정의에 대한 일부를 소개하면 다음과 같다 (Bodie, 2012, 116-117; Thomas /Levined 1994, 103).[2]

① 경청은 이해받고 있다는 느낌을 상대방에게 줌으로써 상대방과의 친밀한 상호작용을 촉진하는 정서적 의사소통의 한 유형

② 경청은 긍정적인 인간관계와 상호 신뢰 그리고 직업만족도 향상에 도움이 되는 특정 사안에 대한 팀원들의 섬세함과 개방성

③ 경청은 상호지향성 생성에 필수적으로 필요한 장치 가운데 하나

④ 경청은 청자가 의사소통에 참여하고 있다는 사실을 알려주는 복합적 행동, 또는 주제와 인간관계 그리고 상황에 대한 참여자의 관심 정도를 알려주는 지표

⑤ 경청은 타인이 적극적이고 편안하게 대화에 참여할 수 있게 하기 위한 분위기 형성에 필요한 대화 능력 가운데 하나

⑥ 경청은 메시지를 이해하는 과정

---

2   여기에 소개된 경청에 대한 정의는 경청에 대한 여러 연구자들의 연구결과를 Bodie(2012)와 Thomas/Levined (1994) 정리한 것이다.

⑦ 경청은 상호작용의 과정과 후에 타인을 평가하기 위해서 사용되는 인지
적 범주 가운데 하나

⑧ 경청은 타인의 행동과 대화를 이해하는 것

⑨ 경청은 타인 행동의 의미와 함의를 이해하기 위해서 타인의 의사소통
행위를 해석하는 과정

⑩ 경청은 타인의 신호를 정확하게 감지하고 해석할 수 있는 능력

⑪ 경청은 공동 이해(공동 이해는 정치적 또는 기타 이해관계의 다름을 사
라지게 하는 것을 의미하는 것은 아님)를 위해서 상호작용에 대한 의도
적 선별과 참여 그리고 성찰을 포괄하는 협동적 행위의 한 부분

⑫ 경청은 음향적 신호를 감지하고 해석하며 평가하고 반응하는 것

⑬ 경청은 신호 처리, 언어 처리, 성찰적 처리의 세 단계로 이루어지는 구성체

⑭ 경청은 수신하고 해석하며 의미를 부여하는 일

⑮ 경청은 음향적 신호에 집중하여 듣고 이해하며 기억하는 일

위에 소개된 경청에 대한 다양한 정의를 구성하는 관점은 크게 세 가지로
구분해 볼 수 있다. 첫째, 경청의 개념은 경청의 목적 또는 기능과 관련이
있다. 이에 따르면 경청은 편안한 의사소통 분위기를 만들어내고 의사소통
참여자 사이의 원만한 그리고 양방향적 인간관계를 형성하고 유지하는 데
기여한다(①-⑤). 둘째, 경청은 메시지 전달과 이해의 관점에서 정의되어 있
다. 이는 경청의 사전적 의미에 가장 가까운 것으로서 경청은 상대방이 보내
는 신호와 메시지를 감지하고 이해하며 해석하고 평가하는 것으로 정의된다
(⑥-⑮). 셋째, 경청은 청자가 가져야 하는 태도와 자세와 관련하여 정의된다.
청자가 경청하기 위해서 갖추어야 할 태도와 자세로는 섬세함과 개방성(②),
관심과 집중(①, ④), 배려와 존중(①, ④, ⑤) 등이 있다.

지금까지 논의한 경청(listening)의 개념이 경청이라는 단일한 현상으로 정의되었다면, 최근의 연구에서 경청은 다양한 요소로 이루어져 있고 다양한 기능과 목표를 수행하는 의사소통의 복합체로 정의되고 있다. 이에 따라서 경청의 용어는 경청의 다양한 구성 요소 또는 특성을 반영하는 수식어를 통해서 표기되기도 하고, 경청이 수행하는 의사소통의 기능이나 경청의 수행 양상과 관련하여 정의되기도 한다. 수식어를 동반하는 경청 개념 정의의 예를 들자면 다음과 같은 것들이 있다.

(1) 적극적 경청(active listening)

- 자신의 판단을 중지하고 타인의 관점에서 타인에게 집중적인 주의를 기울이는 것으로서 이를 나타내는 지표로는 지속적으로 집중하고 있다는 신호, 지속적인 관심을 보여주는 반응, 화자가 말하고 있는 것에 집중하고 있다는 신호, 화자가 하는 말의 내용에 집중하고 있다는 사실을 나타내주는 신호 등이 있다(Simon 2018, 47)
- 경청의 상황에 대한 집중적인 참여(Pence/Vickery 2012, 159)
- 의식적으로 듣는 행위(Thomas/Levine 1994, 109)
- 집중적 경청은 비언어적 청자반응을 통해서 화자의 메시지에 대한 관심 표명, 자신의 판단을 중지하고 화자의 메시지를 다른 말로 표현하기, 화자가 자신의 믿음이나 감정을 더 자세히 말할 수 있도록 용기를 주는 질문 등으로 구성(Weger/Bell/Minei/Robinson 2014, 14)
- 조건 없이 상대방을 배려하고 상대방의 경험을 인증함으로써 공감하고 신뢰를 형성하는 것(Stewart 1983, 280)

(2) 집중적 경청(attentive listening)

- 집중, 촉진 역량, 기다림, 언어 및 비언어 신호 이해 능력으로 이루어진 고도로 숙련된 과정(Silverman/Kurtz/Draper 2013, 80)

(3) 공감적 경청(empathic listening)

- 편견 없이 상대방의 세계로 들어가기 위해서 자신의 관점과 가치평가를 내려놓으며 듣는 행위(Stewart 1983, 280)
- 다른 말로 바꾸어서 말하기와 세부사항에 대한 기억 및 적극적인 관여(Bodie 2011, 278)
- 메시지를 다른 말로 바꾸어 표현함으로써 상대방의 경험을 조건 없이 수용하고 편견 없이 반영하는 것(Weger/Bell/Minei/Robinson 2014, 14).
- 공감적 경청의 특징: 외모, 역할, 관습, 책략 등과 같은 사회적 구속을 초월하는 타인의 내적 상태에 대한 직접적이고 개인적인 경험에 대한 강조; 자신과 타인의 내적 경험을 정확하게 반영하고자 하는 마음; 청자의 조건 없는 배려적 태도 속에 나타나고 타인에 대한 인정으로 이해되는(반드시 타인에게 동의할 필요는 없음) 인간 존재의 생래적 선(善)함의 조건; 열린 마음, 위험 감수, 솔직함, 감수성 등을 포괄하는 타인에 대한 적극적인 관여; 권력과 강요 및 조작 등이 없는 참여자 사이의 평등성; 가치 판단을 배제하는 비평가적이고 지지적인 태도(어림짐작, 간섭, 경쟁 또는 반박을 하지 않고 미리 상정한 해석으로 의미를 왜곡하지 않음)(Arnett/Nakagawa 1983, 370)

(4) 정서적 경청(affective listening)

- 타인에게 집중하고자 하는 마음(Worthington/Bodie 2018, 5)
- 듣고 있는 것 중의 정서적 요소에 집중하는 것(Worthington/Fitch-Hauser 2018, 8)
- 타인의 메시지에 집중하고자 하는 마음(Pence/Vickery 2012, 159)

(5) 적극적-공감적 경청(active-empathic listening)

- 적극적-공감적 경청은 청자가 의식하고 있는 것이지만 또한 화자도 감지하는 청자의 적극적이고 공감적 관여를 의미한다. 이 개념은 기존의 문헌에서는 각각 다르게 정의되고 있는 두 유형의 경청(적극적 경청과 공감적 경청)과 관련된 타자 중심적 관여의 개념을 하나로 통합한 것이다(Bodie 2011, 278). 적극적-공감적 경청의 개념에는 듣기라는 행위 외에도 듣는 동안 공감을 경험하고 표현할 수 있는 능력이 포함되어 있다(Bodie 2011, 281).
- 경청의 상황에 대한 집중적 참여를 의미하는 적극적인 경청과 타인 감정의 이해를 의미하는 공감적 경청을 포괄하는 개념(Pence/Vickery 2012, 159)

(6) 인지적 경청(cognitive listening)

- 입말에 대한 집중, 이해, 해석, 평가, 의미구성 등을 가능하게 하는 내적 과정(Worthington/Bodie 2018, 277)
- 신호의 감지와 처리 및 반응 등이 이루어지는 단계(Bodie 2011, 279)
- 메시지에 대한 집중과 이해 및 수용과 해석(Pence/Vickery 2012, 159)

(7) 행동적 경청(behavioral listening)

- 눈맞춤이나 타인에 대한 관심을 나타내는 질문으로서 경청이 실제로 일어나고 있다는 사실을 알게 해주는 신호(Worthington/Bodie 2018, 3)
- 머리 끄떡이기, 집중적 눈맞춤, 자세 바꾸기, 미세한 머리 움직임, 얼굴 찡그리기, 눈썹 찡그리기, 옅은 미소 등과 같은 비언어적 표현(Thomas/Levine 1994, 111)과 '아', '정말?', '음', '그래서?' 등과 같은 언어적 표현(청자 발화)(Thomas/Levine 1994, 110)으로 이루어지는 경청의 행위

(8) 해석적 경청(interpretive listening)

- 해석적 경청은 의사소통 과정에서 역동적이고 탄력적으로 변화 가능한 의미를 화자와 청자가 상호 주관적으로 구성하는 과정을 지칭하는 개념이다. 해석적 경청은 개방성(openess: 의미는 고정된 어떤 것이 아니라 만들어지는 것이며 만들어진 것도 변화할 수 있음), 언어성(linguisticality: 의미는 언어와 의사소통의 과정으로 만들어진 것), 놀이(play: 화자와 청자의 역동적인 의미 구축의 상호 행위), 융합(fusion of horizon: 의미는 화자와 청자의 관점이 융합된 상호 주관성을 반영) 등과 같은 특징이 있다(Stewart 1983, 382-388).

(9) 대화적 경청

- 경청이 인지적으로 이루어지기도 하지만 행동을 통해서 감지되기도 하는 복합적 과정이란 관점에서 출발하는 대화적 경청은 청자가 메시지를 인지적으로 수용하지만, 동시에 이러한 사실을 의사소통적 행위로 표현하는 화자로서의 역할 수행을 반영하는 개념이다(Janusik 2007, 139-140)

(9) 촉진적 경청(facilitative listening)

- 상대가 말하는 있는 것에 관심이 있고 계속 말하기를 원한다는 사실을 알려주면서 말하기 지속을 촉진하는 것으로서 격려, 침묵, 반복(반향), 바꾸어 말하기, 생각 나누기 등의 행위를 통해서 수행된다(Silverman/Kurtz /Draper 2013, 81)

위에 소개한 다양한 경청의 개념은 크게 세 가지 유형으로 나누어 볼 수 있다. 첫 번째 유형은 좋은 경청 또는 효과적인 경청이 되기 위해서 필요한 화자의 듣기를 위한 태도 자세와 관련이 있다(1-5). 좋은 경청 또는 효과적인 경청이 되기 위해서 청자는 자신의 가치 평가와 관점 그리고 판단을 중지하고 타자와 그의 관점을 무조건적이고 편견 없이 인정하고 수용해야 한다. 또한 청자는 타자 그리고 타자의 발화와 메시지에 깊은 관심을 보이고 집중하며 적극성을 보여야 한다. 좋은 경청이 되기 위해서 필요한 것은 그러한 청자의 태도와 자세가 언어 및 비언어적으로 표현될 될 수 있는 의사소통 능력이다. 이를 통해서 화자는 이해되고 있다는 느낌을 가지게 되고 계속 말을 이어 갈 수 있는 용기를 가지게 된다.

두 번째 유형은 경청이 수행되는 양상과 관련이 있다(6-9). 경청의 수행 양상은 전달된 메시지를 해석하고 평가하며 이해하는 과정인 인지적 경청(6)과, 경청하고 있고 이해하였다는 사실을 상대방이 명료하게 이해할 수 있도록 청자가 의사표시를 하는 행동적 경청(7)이 있다. 경청의 개념이 대부분 청자의 단독적 행위와 듣기의 결과에 초점을 맞춘 것과는 달리 해석적 경청(8)과 대화적 경청(9)은 참여자의 양방향적인 의사소통을 통해서 역동적으로 이루어지는 경청의 상호행위적 과정을 강조하는 개념이다.

세 번째 유형의 개념은 경청이 수행하는 의사소통적 기능과 관련이 있는 것으로서 여기에 속하는 촉진적 경청(9)은 화자가 자신의 말이 존중되고 수용되고 있으며 말을 지속해도 된다는 느낌을 가질 수 있도록 하는 경청의 의사소통적 기능이 강조되어 있다.

6.1.2. 경청의 구성요소와 진행과정

이미 앞선 다양한 경청의 개념 정의에서도 언급된 바 있듯이 경청은 다양한 요소와 여러 단계로 이루어지는 의사소통 행위이다. 경청의 다양한 구성요소와 경청이 이루어지는 단계와 진행과정에 대한 여러 연구 결과를 자세히 살펴보면 아래와 같다.

- 집중단계(타인과의 상호작용에 대한 관심과 주의 집중) - 지각단계(의미와 상호작용의 중요성에 대한 인식) - 반응단계(타인의 발화에 대한 적절한 반응 능력)(Bodie 2011, 279)
- 인지적 단계(집중, 이해, 수용, 해석) - 정서적 단계(타자 메시지에 대해서 집중하고자 하는 마음) - 행동적 단계(언어 및 비언적 피드백을 통한 반응)(Pence/Vickery 2012, 159)
- 수용 단계 – 의미구성 단계 – 반응 단계(The International Listening Association 2012)
- 청자발화(back channel behavior)의 형태로 이루어지는 비언어 표현을 통해서 화자 메시에 대한 관심을 표명하는 단계- 청자가 화자의 말에 대해서 판단하거나 평가하지 않고 화자의 말을 다른 말로 바꾸어 말하는 단계 - 청자가 자신의 믿음이나 느낌을 더 말할 수 있도록 용기를 북돋는 질문단

계(Weger/Bell/Minei/Robinson 2014, 14)

- 경청에 대한 청자의 생각과 태도 그리고 즐거움을 나타내는 정서적 단계 (화자에게 집중하고자 하는 마음) - 청자에게 집중과 관심을 표현하는 행동적 단계(언어 및 비언어적 피드백) - 내용의 이해와 의미구성이 이루어지는 내적 과정으로서의 인지적 단계(내용에 대한 집중, 이해, 수용, 해석)(Worthington/ Bodie 2018, 3)

- 감지 단계(외적 자극에 대한 반응을 넘어서 의도된 메시지 그리고 함께 전달된 비언 어적 단서에 대한 물리적 수용과 그 속에 화자가 명시적으로 언급하지 않은 화자의 태 도와 믿음 그리고 관점에 대한 이해) - 처리 단계(이해와 기억을 위한 메시지의 평가 와 조직) - 반응 단계(화자가 말을 계속해도 되겠다는 생각을 할 수 있게 하고 청자가 집중적인 주의를 기울이고 있다는 사실을 알려주는 신호 보내기(언어적 단서: 청자 반응, 비언어적 단서(고개 끄떡이기))로서 환자와 청자의 연계적 환경을 창 출)(Pence/Vickery 2012, 160-161)

- 감지 단계(이용 가능한 모든 정보를 받아들인다는 표시를 하면서 다른 사람이 말하 는 데 대한 적극적인 관여 – 언어적 표현에 대한 감지, 메시지 내용의 수용 및 타자의 정서적 요구에 대한 민감성 등을 포괄하는 과정) - 처리 단계(화자의 말에 대한 기 억, 적절한 기회가 주어지는 경우 핵심 사항에 대한 설명 요구, 부분적으로 다른 화자 말의 내용을 전체로 통합) - 반응 단계(질문하기, 다른 말로 바꾸기, 집중하고 있음 을 표시하는 머리 끄떡이기와 청자 발화 등과 같은 비언어적 표현 등으로서 적극적이 고 공감적인 경청의 핵심)(Bodie 2011, 279)

- 감지, 해석, 평가, 음향적 자극에 대한 반응 단계 - 신호 처리, 언어적 처리, 성찰적 처리의 세 단계 - 수용, 집중, 의미부여 단계 - 선별적 집중, 듣기, 이해, 기억 단계(Thomas/Levine 1994, 103)

- MATERRS 경청 모델(Worthington/Fitch-Hauser 2018, 12-16)

  1) Mental stimulus(정신적 자극): 물리적 소리 또는 자극에 대한 집중, 입력

되는 것에 대한 의식적 집중

2) Awareness(인식): 소리 또는 메시지에 대한 의도적 경청에 대한 완전한 인식

3) Translation(해석): 메시지의 기초 요소에 대한 인식으로서 언어 및 비언어적 표현이 해석되고 스키마가 작동되는 과정, 정보 처리의 세 가지 유형(정서적 처리 과정(정서적 요소에 집중) - 이성적 처리 과정(정보 자체 및 정보의 논리적 측면에 대한 집중) - 이원적 처리 과정: 정서적 처리과정과 이성적 처리과정의 통합)

4) Evaluation(평가): 정보에 대한 인지적 이해 및 가치 평가가 이루어지는 과정

5) Recall(기억): 무엇을 기억할 것인가를 결정하고 메시지에 대한 반응의 필요성 여부에 대한 판단

6) Responding(반응): 상대방에 대한 반응 여부를 결정하는 단계, 내적 반응은 해석과 평가 단계에서 이루어짐

7) Staying Connected (and Motivated) - 전체 경청의 과정에서 가장 중요한 것으로서 타자, 내용, 타자의 비언어, 문맥 등을 알고 있는 상태

(Worthington/Fitch-Hauser 2018, 12-16)

기존의 연구에서 경청의 구성요소 및 진행과정과 관련한 서로 다른 매우 다양한 요소와 명칭이 존재하지만 그 내용을 구체적으로 살펴보면 경청은 인지적 요소와 행동적 요소의 두 유형으로 정리될 수 있다.

인지적 요소는 화자의 언어 및 비언어적 신호를 감지하고 수용하여 그 속에 들어 있는 정보와 다양한 메시지(화자의 태도, 믿음, 정서, 관점, 요구 등)를 해석하고 평가하여 의미를 구성하는 정보처리와 이해가 이루어지는 단계이다. 인지적 과

정은 외적으로 관찰을 할 수 없고 그 결과는 정보와 메시지의 이해이다. 기존의 연구에서 거론되는 지각(perception, receive), 인식(awareness), 인지적 과정(cognitive phase), 해석(interpretation), 평가(evaluation), 정보처리(processing), 의미구성(meaning construction) 등이 모두 인지적 요소에 해당된다.

행동적 요소는 청자가 화자에 대한 관심을 가지며 의식적이고 의도적으로 집중하고 주의를 기울이는 것을 의미한다. 주의집중은 청자의 내면적 자세 및 태도와 관련이 있지만, 청자에 대한 눈맞춤이나 몸의 자세 등과 같은 행동적 표현수단이나 청자 반응과 같은 비언어 수단 및 언어 표현(예: 질문)을 통해서 명시적으로 인식할 수 있다. 이러한 청자의 행동적 요소를 통해서 화자는 존중되고 수용되고 있으며 자신의 발화를 지속해도 된다는 동기를 부여받을 수 있다. 기존의 연구에서 다룬 집중(attentiveness, focus), 정서적 요소(affectiveness), 관여(involvement)와 반응적 요소 또는 언어 및 비언어적 표현, 청자반응(back channel behavior), 피드백(feed back) 등이 행동적 요소에 포함된다고 할 수 있다.

의사소통 연구 및 교육과 관련하여 집중적이고 공감적인 경청의 핵심이 바로 행동적 요소이다(Bodie 2011, 279). 그 이유는 행동적 요소가 청자가 실제로 경청하고 있음을 화자에게 표현해줄 수 있는 유일한 신호이기 때문이다. 다시 말해서 청자의 반응 행동을 통해서 화자는 청자에게 존중되고 수용되며 이해된다는 사실을 알 수 있다.

청자의 반응적 행동은 통상적으로 청자 발화(back channel)라는 개념으로 불린다. 청자 발화의 개념을 처음으로 사용한 연구자는 잉브이다. "발화권을 가지고 있는 화자와 그의 상대자인 청자는 동시에 말을 하고 경청을 한다. 이러한 현상은 내가 청자 발화라고 명명한 것 때문에 가능하다. 발화권(turn taking)을 가지고 있는 화자는 자신의 말하기를 중지하지 않은 상태에서 청자의 '네'와 '아아' 등과 같은 청자 발화를 통해서 짧은 메시지를 수신할 수 있다"(Yngve 1970, 568).

'back channel'은 'front channel'에 대한 상대적인 개념이다. 즉 의사소통의 주 통로(front channel)는 발화권을 가진 화자가 메시지를 보내는 과정이다. 발화권이란 다른 사람이 말하지 않는 동안 한 사람이 발화를 수행할 수 있는 '공식적인' 권리를 말한다(박용익 2014, 154). 그러므로 발화권을 가진 화자가 말하는 과정이 의사소통 과정에서 우선적이고 주 통로가 되는 것이다.

반면에 청자 발화는 상대방의 발화권의 지속을 인정하는 상태에서, 다시 말해서 발화권을 빼앗아오거나 방해하지 않는 범위 내에서 화자의 말에 짧은 형태로 반응하는 것을 의미한다. 청자 발화는 주 통로가 아닌 배경 또는 보조 통로(back channel)인 것이다(Arnold 2013, 105; White 1989, 59).

청자 발화는 그것을 발현하는 의사소통 수단과 기능에 따라서 다양한 유형으로 구분한 여러 연구가 있다. 몇 가지 연구를 예로 들면 아래와 같다.

- 흠-흠(hm-hm): '음', '예', '알겠어요', '그럼요' 등과 같은 일단의 쉽게 확인할 수 있고 음성화된 표현
- 문장 종료(sentence completions): 화자가 시작한 발화의 끝부분을 청자가 수행하는 것으로서 화자는 방해받지 않고 자신의 발화를 지속할 수 있음
- 명료화 요구(request for clarification): 이해 확인을 위해서 몇 개의 단어 또는 구로 짧게 수행되는 표현
- 짧은 반복(brief restatement): 화자가 한 발화의 일부를 청자가 반복하는 것
- 머리 끄덕이기와 가로젓기(head nods and shakes): 음성화된 청자 발화와 동시에 또는 단독으로 발현될 수 있고, 일회 또는 상당히 길게 그리고 지속적으로 수행될 수 있음(Duncun 1974)

- 청자 발화(back channels): 촉진, 관심표명, 이해 확인의 기능을 가진 비어 휘적 표현
- 반응 표현(reactive expressions): 발화권을 가지지 않은 상태에서 청자가 낱 말이나 구로 표현하는 평가적 표현
- 협력적 발화 종료(collaborative finishes) 청자가 화자대신에 발언의 끝부분 을 말하는 것
- 반복(repetitions): 청자가 화자가 한 말의 일부를 반복해서 말하는 것
- 재시작(resumptive openers): 새로운 말차례의 시작 부분에서 나타나는 것 으로서 화자의 말에 대한 확인과 새로운 말차례의 시작을 알린다 (Clancy/Thompson/Suzuki/Tao 1996).

- 비어휘적 청자 발화(non-lexical backchannels): '음' 등과 같이 대상을 지시 하는 의미가 거의 없거나 없는 음성적 표현
- 구로 이루어진 청자 발화(phrasal backchannels): '정말?' 등과 같은 인정과 평가를 표현하는 전형적인 수단
- 실사(實辭)적[3] 청자 발화(substantive backchannels): 반복 또는 명료화 질문 과 같이 구체적인 대상을 지시하는 의미를 가진 발화(Iwasaki 1997)

- 촉진(continuers): 말하고 있는 화자에게 발언을 지속하게 하는 표현(네~, 네 네, 예~, 그래서요?)
- 확인(acknowledgements): 화자의 말에 대한 동의 또는 이해 표현(그렇구나, 알겠습니다, 네(예)~)

---

3   구체적인 대상이나 동작, 상태 등과 관련된 의미를 지닌 언어 표현

- 깨달음(newsmarkers): 화자의 말에 의미와 가치가 있음에 대한 표시(정말이야?, 구렇구나!, 아아~)
- 전환(change-of-activity tokens): 새로운 활동이나 주제로의 전환을 표시(좋아, 알겠어)
- 평가(assessments): 화자의 말에 대한 평가(좋은데, 잘하셨네요)
- 명료화 또는 수정을 위한 짧은 질문(brief question): 오해나 이해가 되지 않은 것을 해명하고자 하는 의도의 표시(누구라고요?, 어떤 책을 말하는 거지요?)
- 협력적 문장 종료(collaborative completions): 청자가 화자가 해야 할 말의 끝맺음을 대신해 줌(화자: 제가 3년 전부터…, 청자: 여기 계셨죠.)
- 비언어적 소리(non-verbal vocalisation)와 비언어적 행동(kinesic actions)(한숨, 웃음, 머리끄덕이기, 머리 흔들기, 얼굴표정 등)(Gardner 2001)

기존의 연구에서 제시된 청자 발화의 유형은 표현의 수단과 의사소통적 기능 등이 명확히 구분되어 있지 않다. 청자 발화는 표현수단과 청자 발화가 발현하는 의사소통 기능의 수단의 두 기준으로 유형화될 수 있다. 표현 수단의 유형은 두 개의 기준으로 구분할 수 있다. 청자 발화는 첫째, 음성 표현(vocal expression) 및 언어적(verbal) 청자 발화와 비언어적(nonverbal) 청자 발화, 그리고 둘째, 발화권의 교체 없이 수행되는 청자발화와 발화권의 교체를 수반하는 청자 발화로 유형화할 수 있다.

(1) 음성 및 언어적 vs 비언어

음성적 언어 표현 및 언어적 청자 발화: 음성 표현으로는 '(으)음', '아(아)', '오우' 등과 같이 특정한 어휘적 의미가 없는 표현을 의미하고, 언어적 청자 발화는 '예', '그렇구나', '정말?', '빨간 양말?', '놀라셨겠어요' 등과 같이 낱말이나 구 또는 문장의 형식으로 이루어진 청자의 반응을 의미한다.

　비언어적 청자 발화: 비언어적 청자 발화로는 눈맞춤, 고개 끄덕이기, 고개 젓기, 얼굴 표정, 미소, 웃음 등이 있다.

(2) 발화권 교체 없는 청자 발화 vs 발화권 교체를 수반하는 청자 발화

- 발화권 교체 없는 청자 발화: 이 청자 발화는 발화권의 교체 없이, 즉 청자가 화자의 발화권을 방해하거나 빼앗아오지 않은 상태에서 화자가 말을 하고 있는 과정에서 동시적으로 짧게 수행하는 청자의 반응적 표현을 의미한다. 청자 발화와 관련한 초기 연구에서는 오로지 발화 교체 없는 청자 발화만이 청자 발화로 규정되었다.
- 발화권 교체를 수반하는 청자 발화: 초기의 발화권 교체 없는 청자 발화의 개념을 확장한 것으로서 화자가 발언을 중단한 후에 청자가 발화권을 가지면서 화자의 발언에 반응하며 말하는 것을 의미한다. 그렇기 때문에 발화권 교체를 수반하는 청자 발화에서는 화자와 청자의 역할이 바뀌게 된다. 이와 같은 청자 발화의 대표적인 예로는 화자가 한 말에 대한 요약이나 명료화 질문, 화자 발언의 일부 반복 등이 있다.

　청자 발화는 화자 또는 화자의 발화에 대해서 청자가 관심을 가지고 있고 집중하고 있으며 화자의 발화를 이해하고 존중하며 동의 또는 수용한다는 사실을 나타내는 기능을 가지고 있다. 그렇기 때문에 경청의 한 유형인 청자 발화는 곧 공감 표현이라고 할 수 있다(6.2 공감의 개념 참조). 이러한 청자 발화의 기능을 유형화하자면 다음과 같다.

- 촉진적 기능(facilitative): 청자 발화의 원래 개념으로서 화자가 말하는 동안 그의 발화권을 방해하지 않으면서 계속해서 발언할 수 있도록 용기를 북돋우는 청자의 반응을 의미한다. 촉진적 청자 발화를 통해서 화자는 자신의 말이 청자에 의해서 주의 깊고 진지하게 경청되고 있으며 이를 통해서 자신이 존중되고 수용된다는 사실을 알 수 있게 된다. 그럼으로써 화자는 말을 계속해서 할 수 있는 용기와 의욕을 가질 수 있게 된다. "네~", "예~", "그렇구나", "그러시군요", "잘 알겠습니다" 등과 같은 표현, 또는 화자가 한 말을 평가하거나 화자 말의 일부를 반복 또는 확인하는 언어 행위 등을 통해서 수행된다. 촉진적 청자 발화는 형태적으로 대부분 아래에 소개될 수용적 청자 발화와 동일하지만 발화권 교체 없이 이루어지는 특징을 가지고 있다.

- 수용적 기능(receptive): 화자가 말을 끝내고 청자의 반응을 기다릴 때 청자가 화자의 말을 잘 이해하였고 존중하고 수용하였거나 동의하고 있음을 나타내는 행위로서 "네~", "예~", "그렇구나", "그러시군요", "잘 알겠습니다" 등과 같은 표현, 화자가 한 말에 대한 평가나 요약, 화자가 한 말의 일부를 반복 또는 확인하는 언어 행위 등을 통해서 수행된다. 수용적 청자 발화 후에는 화자가 말을 이어갈 수도 있고 청자가 말차례를 넘겨받아서 말을 할 수도 있다. 수용적 경청은 발화권 교체를 수반하면서 수행되는 특징을 가지고 있다.

- 확장적 기능(elaborative): 확장적 청자 발화는 화자의 발화 내용을 확장한다는 것을 의미한다. 확장적 청자 발화는 화자가 말을 끝내고 청자가 화자의 말에 대해서 사실 여부를 확인하거나 세부사항, 구체적 사항, 또는

추가 사항에 대한 질문의 형식으로 이루어진다. 확장적 경청을 통해서 화자 발화의 내용이 명료화되기도 하고 상세화 또는 구체화 된다. 확장적 경청은 화자가 말을 끝내고 청자가 말차례를 넘겨받아서 하는 것이 특징이다. 확장적 경청을 통해서 화자는 자신이 하는 말에 대해서 청자가 관심을 가지고 있다는 사실과 자신의 말이 존중되고 이해되고 수용된다는 느낌을 가질 수 있게 된다.

6.1.3. 경청에 대한 대안적 개념 정의

지금까지 경청의 개념 정의와 구성요소 및 진행과정에 대한 기존의 다양한 연구를 살펴보았다. 기존의 연구에서 경청의 개념이 한편으로는 명칭이 다를 뿐 서로 비슷하게 보이기도 하지만, 다른 한편으로는 서로 다른 요소와 관점으로 이루어진 것을 볼 수 있다. 이것이 함의하는 바는 경청이라는 현상이 매우 다양하고 복합적인 요소와 과정으로 이루어진다는 사실이고, 이러한 복합적인 현상을 한두 문장으로 총체적으로 정의하고 규정한다는 것이 불가능하다는 사실이다. 그렇기 때문에 여기에서는 경청에 대한 기존의 연구를 토대로 경청이 가지고 있는 다양한 요소와 관점을 개별적으로 기술함으로써 경청에 대한 전반적인 이해를 돕고자 한다. 경청을 전반적이고 총체적으로 이해하기 위해서 필요한 요소로는 경청이 이루어지기 위한 조건, 경청의 수행 양상, 진행과정, 정보처리 및 이해의 대상, 수단 및 행위 유형, 의사소통 기능 등이 있다.

(1) 조건: 청자의 태도와 자세

청자가 경청의 의사소통을 수행하기 위해서 먼저 화자에 대해서 그리고 화자가 하는 말의 내용에 대해서 관심과 집중하는 진정성 있는 태도와 자세를 지녀야 하고, 그러한 자세와 태도는 언어 및 비언어적으로 표현되어서 청자가 경청하고 있다는 사실을 화자가 인식할 수 있어야 한다. 경청을 위해서 청자가 지녀야 할 또 다른 태도와 자세는 자기중심의 가치 판단을 중지하고 조건 없이 상대방을 이해하려는 열린 마음이다. 이러한 열린 마음을 위해서 청자는 자신의 평가와 판단의 기준을 일정 부분 제한해야 하는 자기 비움을 실천해야 한다. 바람직한 경청을 위한 청자의 태도와 자세는 타자성과 개방성 그리고 진정성의 개념으로 요약될 수 있다.

(2) 수행 양상: 인지적 요소 – 행동적 요소

경청은 크게 인지적 요소와 행동적 요소로 이루어진다. 경청의 인지적 요소는 화자의 언어 및 비언어적 신호를 감지하고 신호 속에 들어 있는 정보 내용의 이해와 다양한 메시지(화자의 태도, 믿음, 정서, 관점, 요구 등)를 해석하고 평가하여 의미를 구성하는 것과 관련이 있다. 경청의 행동적 요소는 청자가 언어 및 비언어적 반응 행위를 함으로써 자신이 화자가 하는 말에 대해서 집중하고 경청하고 있다는 사실을 알게 해주는 것과 관련이 있다. 경청의 행동적 요소를 통해서 경청이 청자의 개별적 또는 독화(monolog)적 행위가 아니라 언제나 양방향적으로 이루어지는 의사소통의 한 부분 또는 대화적 행위라는 사실을 알 수 있다. 이러한 이유로 특히 의사소통 능력 계발 교육의 측면에서 경청의 행동적 요소는 매우 중요하다.

(3) 진행과정

경청은 주의집중 단계 – 언어 및 비언어 신호수신 단계 – 정보(내용, 정서, 의도)처리 단계 – 의미구성(해석, 평가, 의미 부여) 단계 – 반응(비언어, 피드백, 청자발화, 확인, 요약, 질문) 단계 등으로 진행된다.

(4) 정보처리 및 이해의 대상

경청을 통한 정보처리와 이해 및 의미구성의 대상은 정보 내용과 메시지(화자의 믿음, 신념, 견해, 관점, 정체성, 요구, 인정욕구) 등이다.

(5) 의사소통 수단 유형: 음성적 반응, 언어(요약, 질문(확인, 구체화, 확장)) 및 비언어(반응적 신체 행위)

경청의 의사소통적 수단으로는 음성('음', '아', '오오' 등) 및 언어적 표현(네, 그렇군요, 좋으시네요, 요약과 질문 등)과 비언적 표현(시선 접촉, 머리 끄덕이기, 머리 가로젓기, 얼굴 표정, 미소 웃음)이 있다.

(6) 의사소통 기능 유형: 화자에 대한 기능

경청은 화자와 그의 발화에 대해서 집중하고 주의 깊게 듣고 있다는 표현을 함으로써 화자에 대한 존중과 수용 및 공감을 표현하는 의사소통의 한 유형이다. 경청은 화자가 발화를 지속할 수 있도록 하는 촉진 기능, 화자의 말에 대한 이해 또는 동의 표현, 환자에 대한 존중의 표현, 그리고 화자가 자신의 말을 구체화하고 보완적으로 말할 수 있는 확장적 기능 등과 같은 다양한 기능을 발현한다.

6.2. 공감

6.2.1. 인류와 의료 그리고 공감

공감의 진화는 엄마와 유아 사이의 밀착 관계로부터 출발한 것으로 알려져 있다. 엄마와 유아의 밀착 관계가 공감의 시원이라면 공감은 인류만큼이나 오랜 역사를 가지고 있는 것이다.[4] 공감은 또한 현생 인류가 진화하는 데 결정적인 영향을 끼친 것으로도 잘 알려져 있다. 왜냐하면 고등 인지 능력과 더불어 인류 발달의 본질적인 추동력으로 작용했던 협력의 본질적 요소가 타자의 생각과 감정 그리고 의도와 바람을 서로 이해하고 그에 알맞게 반응할 수 있는 사회인지 능력, 즉 공감 능력이기 때문이다(Allot 1992, 359f.; Hrdy 2009, 28; Hussain 2013, 108).

현재에도 공감은 인간이 건강하고 행복한 삶을 영위하는 데 필수적인 요소로 간주되고 있다. 그 이유는 모든 인간은 자신이 긍정적으로 생각하고 있는 자아를 타자가 이해하고 인정하며 존중하고 수용하기를 바라는 인정욕구를 가지고 있기 때문이다(문성훈 2014, 83). 인정욕구는 곧 공감 욕구이다. 정신과 전문의 정혜신(2018, 57; 115)은 한 사람이 제대로 살기 위해 반드시 있어야할 인간 존재의 조건이자 원초적 토대로 공감을 꼽고 있다. 그렇기 때문에 공감은 한 사람의 실존과 생존에 필수적이고 목숨을 살리는 결정적인 힘을 가진 심리치유의 알파와 오메가라고 보고 있기도 하다. 미국의 전 대통령 오바마는 미국뿐만 아니라 전 세계적으로 큰 영향을 끼치는 문제가 많지만 그중에서 가장 큰 문제는 공감의 부재이며 공감 능력이 있어야 세상도 변하고

4　6.2의 내용은 2020년 의철학 연구 30집에 게재된 논문 '공감' 개념의 발달과 공감 능력의 진화'와 인문과학 120집에 게재된 논문 '공감이 의학에 끼치는 영향과 의미'를 토대로 한다.

정치도 개선될 수 있다고 보고 있다.[5] 에어리히와 온스타인은 기후 변화, 생물 다양성의 감소, 환경오염, 세계적인 유행병, 경제적 불평등 심화 및 핵 위협 등 광범위한 위기 상황과 재앙에 직면해 있는 현재 인류가 그러한 위기와 재앙을 예방하고 사회를 지속적으로 존속시키기 위해서 전 지구적인 연대와 결속이 필요한 데 이를 위해서는 공감 능력이 필수적으로 요구된다고 하였다 (Ehrlich/Ornstein 2012, 8-9).

공감의 특징, 즉 인간의 시원과 더불어 시작된 오래된 역사를 지니고 있고, 인류 진화의 핵심적인 요소이며, 인간 생존의 필수적인 요소 등으로 미루어 볼 때, 공감은 인간의 삶에서 분리할 수 없는 인간 존재의 본질적인 조건이다. 이와 같은 사실을 근거로 인간은 공감적 존재(homo empathicus)로 규정되기도 한다(Rifkin 2009, 5; Hussain 2013, 17-23). 다수의 사람들이 사회생활에서 그리고 타자와의 관계 속에서 어려움을 겪는 이유 중 하나는 타자로부터 공감을 받지 못하거나, 타자에게 어떻게 공감을 표현해야 하는지 그 방법을 모르기 때문일 것이다. 이와 같은 연유로 사람들은 공감 능력에 대한 지대한 관심을 가지고 있고 그 능력을 향상시키기 위해 많은 노력을 기울이고 있다. 또한 조직 차원에서도 조직의 효율적인 운영과 조직의 성과를 극대화하기 위해 조직 구성원간의 원만한 인간관계 형성이 필수적인 요소 중 하나인데, 이것은 조직 구성원 간의 공감적 상호 작용 속에서 발현될 수 있을 것이다. 이런 이유로 공감은 현재 정치, 경제, 의료, 교육, 문화 등 사회의 다양한 분야에서 인간관계를 형성하고 유지하는 데 그리고 효율적인 조직 운영의 핵심적인 자질로 간주되고 있다.

의료 분야에서도 공감의 중요성을 인식하고 의료인의 공감 능력 계발을

위한 교육에 적극적이고 구체적인 조치를 도입하고 있다. 의사와 환자의 공감적 관계가 의사의 처방에 대한 순응도와 준수, 의료진과 의료기관에 대한 만족도, 의료정보의 이해와 기억, 질병에 대한 대처 능력, 삶의 질 등과 같은 요소와 관련하여 환자에게 긍정적 영향을 끼친다는 사실은 다수의 선행 연구를 통해서도 잘 알려져 있다(Hojat 2016, 131).

이에 대한 인식을 토대로 미국의과대학협회(The American Association of Medical Colleges)와 미국내과학위원회(The American Board of Internal Medicine)는 공감을 의학교육의 핵심적인 목표의 하나로 규정하고 의학 교육의 필수 과정으로 권고하고 있다(Hojat et al. 2009, 1182). 영국의사협회(The General Medical Council)도 고등교육과정에서 공감의 중요성을 역설하고 있다. 영국의 의학교육에서 널리 사용되고 있는 의료면담을 위한 캠브리지-캘거리 가이드라인(The Cambridge-Calgary guide)도 역시 공감 능력을 중요한 의학교육 목표의 하나로 다루고 있다. 의학교육과 의료윤리학의 수많은 논문에서도 공감의 가치는 보편적으로 매우 높게 평가되고 있다(Betzler 2018, 1). 또한 제 2장과 제 3장에서 논의한 바 있듯이 공감 능력은 의료인문학 교육과 서사의학 교육의 핵심적 목표이기도 하다. 이러한 국제적인 의학계의 흐름에 발맞추어 한국의 의학 교육에서도 의사-환자 관계 형성 능력과 의료인 공감 능력 계발을 위한 교육을 의학교육에 도입하고 적극적으로 실시하고 있다.

6.2.2. 공감(empathy) 개념의 발달사

현대 영어에서 '공감'을 의미하는 대표적인 낱말인 empathy'는 em(in, 속으로)과 pathos('감정', '느낌')로 이루어진 합성어로 '타인의 감정 속으로 들어가다'를 의미한다.[6] 이 낱말은 독일어 Einfühlung의 낱말 합성의 요소(ein(in(속으로)) → em + Fühlung(느낌, 감정) → pathy)를 차용 번역한 낱말이다. 공감의 어원인 독일어 'Einfühlung(감정이입)'은 독일의 미학자인 피셔(Vischer)가 1873 년에 발표한 박사학위 논문을 통해서 처음 사용된 것으로 알려져 있다 (Gladstein 1984, 39).[7] 피셔는 감정이입을 무의식 상태에서 자기 육체의 형태와 영혼이 대상의 형태 속으로 이동하는 것을 지칭하기 위한 개념으로써 사용하였다.[8] 미학의 용어로서 각인되고 사용되기 시작한 18세기 말에 감정이입은 영혼이 없는 자연 또는 예술작품의 형태 속에 인간의 감정이나 특성을 전이 또는 투사하는 것을 의미하였다. 그러므로 외적 대상인 자연 또는 예술작품이 감정이입되면 살아서 움직이는 생명체가 되는 것이었다. Einfühlung의 연구로 저명한 립스(Lipps)는 '영혼을 불어넣다'라는 의미의 독일어 'Beseelung'을 'Einfühlung'과 동의어로 사용하였다(Lanzoni 2018, 293). 그러한 이유로 'Einfühlung'은 그에 대한 영어 번역어로서 'empathy'가 확고히 자리 잡기 전에 한때 'animation'으로 번역되기도 하였다(Lanzoni 2018, 24). 관찰자는 자신의 감정과 관념을 관찰 대상에 투사 또는 전이하는 감정이입을 통해 대상과 자

---

6   영어에서 empathy와 비슷한 의미를 지닌 낱말은 sympathy이다. 이 낱말은 현재 타인의 고통에 대해서 거리를 둔 감정(Lanzoni 2018), 타인의 고통에 대한 감정적 반응과 체험 (Yaseen/Foster 2019, 8), 타인의 감정적 상태나 상황에 대한 이해를 바탕으로 타인을 위한 슬픔이나 관심을 나타내는 감정적 반응(Cuff et al. 2014, 150) 등의 의미를 가지고 있다. 한국 어로는 보편적으로 '연민' 또는 '동정심'으로 번역될 수 있다(더 자세한 사항은 6.2.6 참조).

7   'empathy'는 한국의 임상상담학이나 의학교육 등과 같은 전문 영역에서 '공감' 또는 '감정이입'으로 번역된다. 최근의 전문 영역에서 '공감'과 '감정이입'은 거의 같은 의미로 사용된다. 여기서도 '공감'과 '감정이입'은 전반적으로 동일한 의미로 사용할 것이다. 하지만 '공감' 개념 발달에 관한 논의 과정에서는 '감정이입'을 'Einfühlung'이 생겨난 초기의 의미를 부각하는 의미로 사용하고, 현재 사용되는 인간과 인간 사이의 정서적 교감과 연대라는 의미에서는 '공감(empathy)'을 사용하기로 한다.

8   "Es ist also ein unbewusstes Versetzen der eigenen Leibform und hiermit auch der Seele in die Objektsform. Hieraus ergab sich mir der Begriff, den ich Einfühlung nenne (이는 무의식 상태에서 자신의 신체형태 그리고 그럼으로써 영혼도 또한 대상의 형태 속으로 들어가는 것이다.)" (Vischer 1873, VII).

신을 동일시하는 것이고 그럼으로써 관찰자와 대상 사이의 경계가 사라지고 둘이 하나로 동화되는 것이다(Lipps 1903).[9] 감정이입의 결과 관찰자의 관점과 감정이 투사된 대상 또는 타자가 관찰자의 복사물이 되는 것이고, 관찰자는 감정 이입된 대상 또는 타자 속에서 자기 자신의 내면을 구체적으로 대면하고 이해할 수 있게 되는 것이기도 하다(이은영 2008, 108f.).

요약해서 말하자면 다양한 예술의 형태와 그에 대한 반응의 경험을 지칭하는 감정이입의 개념은 예술작품에 대한 우리의 감정적 반응이 실제로는 대상, 작품, 사건 또는 심지어 사람에 대한 감정이입적 투사라는 관념을 토대로 한다(Tudor 2011, 39). 미학에서 감정이입의 초기 의미는 관찰자가 자신의 자아를 예술적으로 확장하는 것 또는 관찰의 대상을 자신의 이미지로 만들기 위해서 형태나 대상 그리고 디자인 속으로 자신의 자아를 투사하는 것이었다 (Lanzoni, 2018, 28).

대상에 대한 감정 투사와 대상과의 일체감이란 미학적 의미의 감정이입(Einfühlung) 개념을 심리학적 용어로 사용하는데 중요한 기여를 한 연구자는 독일의 철학자 립스이다(Tudor 2011, 39; Hojat 2016, 4).[10] '감정이입'의 핵심요소가 미학에서는 주로 대상에 대한 체험이었다면 립스를 통해서 감정이입은 살아 있는 것이나 생명이 없는 대상 또는 현상의 내면을 이해하는 의미로 사용되기 시작하였다. 다시 말해서 립스를 통해서 감정이입은 자신을 타자에

---

9   Lipps 1903, 2: "Die Einfühlung ist die hier bezeichnete Tatsache, dass der Gegenstand Ich ist, und eben damit das Ich Gegenstand. Sie ist die Tatsache, dass der Gegensatz zwischen mir und dem Gegenstand verschwindet, oder, richtiger gesagt, noch nicht besteht(감정이입은 대상이 나이고 동시에 내가 대상이라는 사실을 의미한다. 감정이입은 나와 대상 사이의 대립이 사라지고, 더 정확히 말하자면, 대립 자체가 존재하지 않는 사실을 함의한다)".

10   Lipps는 원래 뮌헨 대학교의 철학과 교수였으나 그가 주로 관심을 가지고 연구한 것은 현대적 의미의 심리학적 연구였다. 그러한 이유에서 철학 전공자였던 Lipps는 철학자이자 심리학자로 소개되기도 한다(Curtis 2001, 12).

게 투사함으로써 타자의 감정과 느낌을 이해하고 공유할 수 있는 능력을 의미하는 개념으로 사용되었다. 립스는 원래 예술작품에 대한 가치 평가의 수단으로 국한되어 정의되었던 감정이입의 개념을 인간관계와 관련된 사항을 지칭하는 개념으로도 사용하기 시작하였다. 하지만 그는 인간관계와 관련하여 그 당시에 통상적으로 사용되던 Sympathie란 용어를 동시에 사용하기도 하였다(Jahoda 2005, 161). 립스는 심리적 감정이입에 대한 이해를 돕기 위해 높은 곳에서 줄타기하는 곡예사를 보는 관찰자의 내면을 예로 들고 있다. 줄타기하는 곡예사를 보는 관찰자는 내면적으로 곡예사와 동일화되어 곡예사의 내면에서 그리고 곡예사의 위치에서 곡예사가 느끼는 것을 관찰자도 내면적으로 동일하게 느끼게 된다는 것이다(이은영 2008, 111). 립스가 Einfühlung이란 개념을 처음 사용한 연구자는 아니었다. 하지만 그는 심도 있고 왕성한 연구를 통해 이 개념이 잘 알려지게 되고 영어 번역어 empathy가 탄생하게 된 결정적인 계기를 제공하였다. 그런 이유로 피셔가 아닌 립스가 Einfühlung 용어의 창시자로 잘못 알려진 경우도 드물지 않다(Gladstein 1984, 39).

Einfühlung이 영어권으로 알려지게 된 것은 19세기 말 독일이 심리학 연구에 큰 발전을 이루었고 연구의 중심지였다는 사실과 관련이 있다. 독일이 심리학 연구의 중심지로서 자리매김 되고 심리학이 현대적 의미의 과학적인 학문으로서 발전하고 정립하게 된 계기는 독일의 철학자이며 심리학자였던 빌헬름 분트(Wilhelm Wundt)가 실험 심리학을 창설한 것과 관련이 있다. 분트는 1879년에 독일의 라이프찌히 대학에 최초로 실험 심리학 연구실을 창설하였는데, 이것이 통상적으로 실험 심리학의 시작이자 현대적 의미의 심리학 및 독립적인 학문 분야로서의 심리학과가 탄생한 시점으로 간주되고 있다(Danziger 1990, 17; Debes 2015, 289). 라이프찌히 대학의 심리학 연구실이 국제적으로 유명해지면서 유럽의 여러 나라와 미국에서 많은 연구자들이 이곳으로 모여들어 박사 과정을 이수하였다.

그 중 한 명이 티치너(Titchener)이었다. 영국 태생인 그는 옥스퍼드 대학에서 고전학을 전공한 후에 독일 라이프찌히 대학의 실험 심리학 연구실에서 박사학위를 받았다. 그는 학위를 마치고 미국의 코넬 대학에서 독일에서 연구한 결과를 철학과와 실험 심리학과에서 강의를 하게 되면서 1909년에 독일어 Einfühlung을 영어로 번역하게 되었다. 그는 그리스어 'empatheia(em=in(속으로) + pathos=feeling(느낌))'와 이미 17세기부터 존재하고 있었던 개념인 'sympathy'를 차용하여 'empathy'란 용어를 만들어냈다(Körner 1998, 3). 현재 감정이입을 대표하는 영어 개념으로 정립된 'empathy'의 번역자 티치너는 감정이입을 대상이나 행위 또는 인간의 정서적인 표현을 관찰할 때 체험하는 관찰자의 정신적 경험으로 정의하였다(Debes 2015, 291). 또한 감정이입은 대상의 인간화 과정이고 대상 속에서 자기 자신을 읽어내고 느끼는 과정으로 정의되기도 하였다(Titchener 1910, 417).

6.2.3. 현대적 공감 개념의 의미

empathy 개념 정립 과정에 대한 기술에서 볼 수 있듯이 이 개념이 심리학에 도입되고 연구되었지만 처음부터 이 개념의 의미가 오늘날과 같이 감정 및 인간관계와 관련된 사항을 지칭한 것은 아니었다. 그 당시 일부 심리학자들이 환자 치료에 감정을 연계하고자 한 시도가 정통 심리학에서는 오히려 백안시되고 배척되었다. 공감과 인간관계를 환자의 치료 방법으로 활용한 원초적인 연구 분야는 흔히 예측할 수 있는 것과는 달리 심리학이 아니었다. 이러한 시도를 수용하고 인간관계를 치료의 수단으로 발전시킨 연구 분야는 사회복지학이었다. 현재는 거의 잊혀진 사회복지학자들의 새로운 시도가 공감적 심리 치료 기법을 창시한 칼 로저스에게 큰 영향을 끼쳤다(Lanzoni 2018, 26). 로저스는 자신이 공감 개념을 정립하는 과정에서 사회심리학자들로부터 받은 영향에 대해서 다음과 같이 말하고 있다.

> "사회복지사의 도움으로 나는 내담자가 사용하는 단어들에서 그 패턴이 드러나게 되는 감정들, 느낌들을 듣는 것이 가장 효과적인 것이라는 것을 배웠다. 이러한 감정들을 내담자에게 반영(reflect)해주는 것이 가장 좋은 반응이라고 제안했던 사람도 그녀였다[11]. '반영'이라는 단어는 후에 나에게 어려움을 가져다주었지만, 당시에는 나의 상담치료에 진보를 가져왔기 때문에 그에 대해 감사하고 있다"(Rogers 2007, 152).

로저스는 1948년, 한 연설에서 '내담자의 눈으로 인지하기'라는 의미로 공감 개념을 처음 사용하였고 그것을 나타내는 낱말은 empathic이었다. 그는 이 낱말을 동료 롤로 메이(Rollo May)와 신경정신과 전문의였던 로버트 나이트(Robert Knight)의 논문에서 처음 알게 된 것으로 알려져 있다(Lanzoni 2018, 160). 로저스가 1951년에 출간한 "내담자 중심의 치료(client centered counselling)"에서 본격적으로 empathy를 사용함으로써 심리학 분야뿐만 아니라 다른 다양한 영역에서도 널리 알려지고 수용되었다(김정선 2018, 511). 공감은 현재 매우 다양한 의미로 정의되고 있지만,[12] 그러한 다양한 공감 개념의 의미는 많은 경우 로저스가 정의한 공감 개념을 토대로 한다. 로저스는 empathy

---

11   여기서 말하는 그녀는 펜실베이나 대학의 사회복지학과장이었던 제시 태프트(Jessie Taft, 1882-1960)를 지칭한다. 그녀는 원래 프로이드의 제자이자 가까운 협력자였지만 심리분석에서 감정의 중요성과 환자의 관점을 강조하기 시작하면서 프로이드와 멀어지게 되었던 오스트리아의 오토 랑크(Otto Rank)의 영향을 받아서 감정과 인관관계를 중심으로 하는 심리치료 방법을 창안하였다(Lanzoni 2018, 26).

12   Nowak(2011)과 Cuff et al.(2014)에 공감 개념에 대한 다양한 정의가 소개되어 있다.

를 두 단계의 발전 과정을 거쳐서 정의하였는데 첫 번째 단계의 정의는 다음과 같다.

> "공감의 상태 또는 공감적인 것은 마치 타자가 된 것처럼, 그러나 '마치 ~처럼'의 가정적 상태를 절대로 잊지 않은 상태에서 타자의 내적 준거 틀과[13] 그에 속하는 정서적 요소와 의미를 정확하게 이해하는 것을 의미한다. 공감은 타자가 느낀 대로 상처와 즐거움을 인지하고 타자가 그에 대한 원인을 인지한 대로 인지하는 것이다. 그러나 이때 마치 자신이 상처를 받거나 즐거워하는 것같이 가정하고 있다는 인식을 절대로 잊어서는 안 된다. '마치 ~처럼'의 특징이 사라진 상태는 동화된 상태이다"(Rogers 1959, 210f.).

이 정의에 따르면 공감은 타자가 외부 세계를 이해하는 관점과 그와 관련된 정서를 정확하게 이해한 상태이지, 타자와 정서적으로 동화된 상태가 아닌 것이다. 이러한 상태적 차원의 정의를 로저스는 1975년에 발표한 논문에서 초기 정의로 규정하였고 상태가 아닌 과정의 관점에서 공감을 새롭게 정의하였다. 로저스는 과정으로서 복합적이고 부담이 크며 강인하면서도 섬세하고 부드러운 존재 방식을 의미하는 공감은 다음과 같은 특징을 가지고 있다고 기술하였다(Rogers 1975, 4).

(1) 타자가 개인적으로 지각하고 있는 세계로 들어가서 그 세계를 완전히 자신의 것처럼 여기는 것
(2) 타자가 느끼는 다양한 의미의 변화, 두려움, 분노, 다정함, 혼란스러움 또

---

13 내적 준거 틀(internal frame of reference): 한 개인에게 세상이 드러나는, 세상에 의미를 부여하는 방식이자 개인이 독특하게 경험하고 느끼는 방식으로서의 틀 혹은 원리(상담학 사전 (https://terms.naver.com))

　는 타자가 체험하는 모든 것을 매순간 정확하게 인식하는 것

(3) 일시적으로 타자의 인생을 살아보는 것: 판단하지 않고 그가 살아온 삶의 여정을 섬세하게 탐구해 보는 것

(4) 타자가 거의 인지하지 못하고 있는 의미를 인지하는 것: 타자에게 매우 위협적일 수 있으므로 그가 전혀 인식하지 못하고 있는 감정을 전적으로 드러내려고 하지 않는 것

(5) 신선하고 두려움 없는 시선으로 관찰하고 느낀 타자의 세계에 대해서 알려주고, 타자의 반응을 통해서 한편으로는 이해의 정확성을 지속적으로 검증받고 다른 한편으로는 타자에게 주도성을 부여하는 것

(6) 타자의 내면세계 속에서 그의 신뢰할 수 있는 동반자가 되는 것: 타자가 경험한 것 속에서 예상되는 의미를 짚어줌으로써 타자가 유용한 의미에 집중할 수 있고 다양한 의미에 대해서 보다 완전하게 경험할 수 있으며 경험 속에서 앞으로 나아갈 수 있도록 도움을 주는 것

(7) 편견 없이 타자의 세계 속으로 들어가는 것: 이를 위해 일시적으로 자신의 관점과 가치 평가를 내려놓는 것, 즉 자기 자신을 내려놓는 것

(8) 이상하거나 기이한 것으로 판명될 수도 있는 타자의 세계 속에서 길을 잃지 않고 원할 때는 언제든지 자신의 세계로 안전하게 돌아오는 것

　　로저스가 제시한 공감의 구성적 요소를 요약해서 정리해보면 공감은 어떠한 편견이나 판단 또는 가치 평가 없이 전적으로 타자의 관점에서 타자의 내면세계를 정확하게 이해하는 것이다. 이를 위해 공감자는 자신의 가치관이나 관점 그리고 궁극적으로는 자신을 내려놓을 수 있어야 한다. 공감은 또한 공감자가 타자의 내면에 대해서 이해한 바를 그에게 알려주고 그로부터 인증받는 의사소통의 한 과정이다. 이러한 의사소통의 과정은 공감이 타자의 주체

성과 주도성의 토대 위에서 이루어지는 것을 의미하며, 타자가 공감자의 이해 속에서 자기 자신과 자신의 문제를 이해하고 발견할 수 있도록 도와주는 이타적 행위임을 의미한다. 공감자는 타자의 경험 속으로 침잠할 수 있고 그에게 도움을 주고 신뢰할 수 있는 동반자가 될 수 있는 등의 타자성이 있어야 하지만 타자의 감정에 매몰되지 않도록 객관성과 일정한 거리감을 유지하는 것이 요구된다.

로저스의 공감 개념을 토대로 하고 현재 보편적으로 수용되고 있는 공감은 타자에 대한 정확한 이해를 우선하기 위해서 자기 자신을 억제하고 환자와 같은 약자나 소수자 등과 같이 힘이 없는 사람에 대한 존중과 연대 그리고 평등을 상징하는 표어로 이해되고 있다(Lanzoni 2018, 29).[14] 공감하는 순간만큼은 사회적 장애로 작용하는 재산이나 교육 그리고 직위 등의 차이가 소멸되기 때문에 공감은 인간의 평등을 창출하는 유일한 표현으로 간주되기도 한다(Nowak 2011, 53).

공감(empathy)의 개념이 처음에는 철학이나 심리학에서 전문 용어로서 사용되었고 영어 사전(웹스터 사전과 옥스퍼드 사전)에 처음으로 등재된 해는 1948년이었지만 이때만 하더라도 공감은 독일어 Einfühlung의 번역어로서 부록에서 소개되었을 뿐이었다. 공감이 대중적으로 확산된 결정적인 계기는 2차 세계 대전 이후 많은 사람들이 심리적 트라우마 치료를 위해서 심리학이 대중화되었고 이 과정에서 공감 개념이 또한 널리 알려지게 되었다. 공감은 그 이후로 모든 유형의 인간관계를 향상시킬 수 있는 상호 연계와 이해 그리고 일체감의 의미로 이해되었다(Lanzoni 2018, 27).

한편 공감 개념 발달의 출발점이었던 독일어 Einfühlung은 독일의 심리학

---

14   이 책에서도 공감은 이러한 로저스의 개념으로 이해하고자 한다.

계에서 점차 사라졌고 그 대신 1950년대에 영어 empathy의 번역어로서 Empathie가 독일어에 유입되었다. 독일의 심리학 연구자들도 이 새로운 낱말을 사용하기 시작하면서 현재 이 용어는 공감을 표현하는 대표적인 개념으로 자리매김되었다. '공감하다'라는 의미의 영어 동사 empathize가 독일어 동사 einfühlen의 번역어이지만 독일의 심리학 연구자들은 원래의 낱말 einfühlen이 '공감하다'라는 의미를 충분히 나타내지 못한다고 여겨 "empathisch(empathic) einfühlen (공감적으로 공감하다)"로 표현하는 경향이 있기도 하다(Körner 1998, 3). 일상적 독일어 사용에서 공감을 뜻하는 낱말로는 Einfühlungsvermögen, Empathie, Mitgefühl, Sympathie 등이 다양하게 사용되고 있다.

6.2.4. 공감 개념의 구성요소

공감 개념과 관련한 다수의 논의 가운데 하나는 공감의 구성 요소와 관련된 것으로 공감은 오로지 인지적 요소, 즉 타인의 경험과 정서를 이해하는 것일 뿐이라고 규정하는 것에 관한 것이다(Yaseen/Foster 2019, 7). 이에 따르면 공감은 한 사람이 타인의 경험 세계를 이해하기만 하면 되는 것이다. 또한 인지적인 것은 한 사람의 사고 과정에서 이루어지는 것이므로, 타자의 입장에서는 상대방이 자신의 경험과 정서를 공감했는지 여부에 대해서는 알 수가 없게 된다. 공감에 대한 이와 같은 유아론(唯我論)적 개념 정의는 관계론적이며 대화론적인 정의로 확장될 필요가 있다. 공감의 핵심적인 요소는 타인이 느끼고 경험한 것을 있는 그대로 느끼는 것이다. 그러므로 상대방의 경험과 정서를 정확하게 이해하는 것이 공감에서 필수적인 요소이지만, 공감자가 상대방의 경험과 정서를 인지적으로 이해하는 것만으로는 공감이라고 할 수 없다. 인지적인 공감이 공감의 모든 것이 될 수 없다. 왜냐하면 공감은 언제나 사람과 사람과의 관계 안에서 발생하고, 상대방이 자신의 내면세계를 정확히 이해하고 보다 좋아질 수 있도록 도와주는 원초적으로 이타적인 행위이기 때문이다. 공감의 원천적인 의미와 기능은 상대방이 타인으로부터 공감받고 있다는 사실을 인지하고 그것을 통해서 치유가 발생하는 것이다. 이를 위해서 공감자는 자신이 상대방에게 집중하고 있고 경청하고 있으며 이해하고 있다는 사실, 즉 공감의 인지적 요소를 상대방이 인지할 수 있도록 구체적으로 표현해주어야 한다.

상대방이 공감받고 있다는 느낌을 받기 위해 필요한 또 다른 요소는 공감자가 상대방의 경험 세계와 정서를 이해하는 것을 넘어서 그러한 것을 수용하고 공유하고 있다는 사실, 즉 정서적으로 반응하고 있다는 사실을 상대방이 공감자의 언어와 비언어적 표현을 통해 인지할 수 있어야 한다. 이를 위해 공감자는 자신의 정서적 반응이 일어나는 순간에 상대방이 명확하게 그 정서적 반응을 인지할 수 있도록 구체적이고 명료하게 표현해야 한다. 이것이 바로 공감의 정서적 요소이다. 인지적 요소와 정서적 요소 모두가 구체적으로 표현될 때 비로소 상대방이 공감되고 있음을 인지할 수 있게 되므로 언어와 비언어적 표현, 즉 의사소통적 요소 또한 공감을 구성하는 필수적인 구성 요소라고 할 수 있다.

앞서 기술한 공감의 구성 요소를 요약하면, 공감은 먼저 상대방의 경험세계와 정서를 정확하게 이해해야 하고 이를 위해 상대방에 대한 집중과 경청이 필요하다. 또한 공감은 정확하게 이해한 상대방의 경험과 정서를 일시적으로 자신의 것처럼 수용하는 정서적 반응이 있어야 한다. 이러한 모든 요소와 과정은 상대방이 인식할 수 있도록 구체적이고 명료하게 표현되어야 한다. 공감은 전체적으로 인지적 요소와 정서적 요소로 이루어진 내용적 요소와 그에 대한 표현적 측면인 의사소통적 요소로 이루어진다. 공감의 내용적 요소인 집중과 경청, 정확한 이해 그리고 정서적 반응이 순차적인 진행과정으로 이루어진다면, 내용적 측면과 표현적 측면은 언제나 동시적으로 이루어진다. 이러한 공감의 구성요소와 진행과정에 대한 논의를 요약해서 정리하면 아래의 표와 같다.[15]

[표 2] 공감의 구성 요소

공감 개념의 구성 요소			
내용적 측면	↔	표현적 측면	
인지적 요소	집중과 경청 ↓ 정확한 이해	적극적이고 명료한 표현	의사소통적 요소
정서적 요소	↓ 정서적 반응		

6.2.5. 한국어에서 공감을 지칭하는 용어

현재 많은 관심을 받고 있고 널리 사용되고 있는 '공감'은 영어 'empathy'의 번역어로 주로 사용되고 있다. 표준국어대사전에 따르면 '공감'은 '남의 감정, 의견, 주장 따위에 대하여 자기도 그렇다고 느낌. 또는 그렇게 느끼는 기분'으로 제시되어 있다. 이에 따르면 한국어 일상어에서 '공감'은 많은 경우 '의견일치' 또는 '동의' 등과 같은 의미로 사용된다. 한국어 공감에 대한 영어 대응어로 'empathy', 'sympathy', 'compassion', 'consensus', 'agree' 등이 한영사전에 등재

---

15   도표에서 "↓"는 요소 사이의 시간적 순차성을 나타내고, "↔"는 내용적 요소와 표현적 요소가 동시적으로 수행되는 동시성을 나타낸다.

되어 있는데[16], 이는 한국어에서 '공감'이 '의견일치(consensus)'나 '동의(agree)'
의 의미로 자주 쓰인다는 사실을 뒷받침하는 것이라고 할 수 있다. 영어의 사전
적 의미에서 'empathy'는 '타인의 감정이나 경험 그리고 생각을 이해하는 것'으
로 정의되어 있을 뿐 '의견일치'나 '동의' 등과 같은 의미소를 가지고 있지 않다.[17]
영어에서 'empathy'의 동의어 또는 유사어는 'pity', 'sympathy', 'understanding',
'compassion' 등으로만 제시되어 있다.[18] 한국어 사전에서는 '공감'의 유의어로
'동감'이 제시되어 있는데 이 낱말의 사전적 의미는 "어떤 견해나 의견에 같은
생각을 가짐. 또는 그 생각"(표준국어대사전)으로 규정되어 있다. 그러므로 한국어
에서 '공감'의 의미는 주로 '의견일치' 또는 '동의'로 사용되고 있고 'empathy'의
현대적 의미를 독점적으로 표기하는 낱말이 아님을 알 수 있다.

한국어 사전과는 달리 심리학이나 사회복지학 또는 의료 보건 관련 학계
에서는 '감정이입'이 "상대방의 관점에서 세계를 보고 타인이 느끼고 있는
감정을 파악하는 과정으로, 타인의 관점과 경험을 나눌 수 있는 능력"(상담학
사전)[19]이란 보편적인 의미로 사용되는 'empathy'의 동의어로 사용되기도 한
다. 하지만 표준국어대사전에서 '감정이입'은 "자연의 풍경이나 예술 작품 따
위에 자신의 감정이나 정신을 불어넣거나, 대상으로부터 느낌을 직접 받아들
여 대상과 자기가 서로 통한다고 느끼는 일"로 기술되어 있다.[20] 이러한 사전

---

16   https://dic.daum.net

17   "the ability to understand another person's feelings, experience, etc."(https://www.oxfordlear
      nersdictionaries.com); "the ability to imagine how another person feels" (https://dictionary.ca
      mbridge.org); the action of understanding, being aware of, being sensitive to, and vicariously
      experiencing the feelings, thoughts, and experience of another (https://www.merriam-webste
      r.com)

18   https://www.merriam-webster.com

19   https://terms.naver.com

20   https://stdict.korean.go.kr

적 의미 기술은 영어 'empathy'의 어원적 의미와 관련이 있다. 'empathy'가 만들어졌을 때 초기의 의미는 한국어대사전의 의미 규정과 동일하게 자연과 예술작품에 관찰자의 감정을 투사하는 것이란 의미로 사용되었다. 'empathy'가 다양한 분야에서 오늘날과 같이 타인의 감정을 수용하고 존중하는 것의 의미로 규정되고 널리 사용된 것은 칼 로저스가 1951년에 출간한 "내담자 중심의 상담"에서 이 낱말을 본격적으로 사용한 이후이다(김정선 2018).

한국어에서 사용되고 있는 '감정이입'은 'empathy'의 현대적 의미로 사용되기도 하지만 일상어로 사용되기보다는 사회복지학이나 의료보건 및 심리학 등과 같은 전문 영역에서 전문어로서 사용되는 경향이 강하고 일상어에서는 '공감'에 비해서 상대적으로 자주 사용되지 않는 것으로 보인다. 또한 철학이나 미학 또는 예술분야에서 '감정이입'은 이 낱말의 초기 의미, 즉 자연의 모습이나 예술작품에 관찰자가 자신의 감정을 불어넣은 것을 의미하는 전문 용어로 사용됨을 알 수 있다. 그러므로 '감정이입'은 두 개의 의미, 즉 '타인에 대한 공감'과 '관찰 대상에 대한 감정 투사'의 의미를 가진 다의어라고 할 수 있다.

정확하고 엄밀한 근거가 될 수는 없지만 학술 연구 분야에서 '공감' 개념의 사용과 신문사 기사 데이터베이스에서 '공감'의 사용 사례를 살펴봄으로써 이 낱말의 사용 역사에 대해 개략적으로 추론해 볼 수 있을 것이다.

한국의 한 대학 도서관의 전자 자료 검색을 통해서 '공감' 개념의 사용 사례를 살펴보면 1968년도에 건축학 학회지에 실린 한 논문에서 '공감'이란 개념이 처음 발견되었는데, 이 논문이 1960년대에 유일하게 '공감'을 사용한 논문이다. 1970년대에는 문학, 민속학, 경영학 및 건축학 등의 6개 논문에서 그리고 1980년대에는 다양한 학제의 연구 13개 논문에서 '공감' 개념이 사용된 것으로 확인되었다. '공감' 개념이 등장하는 논문은 1990년대에 103개, 2000

년대에 1,786개 그리고 2010년대에 12,026개가 발견되었다.

역사가 상대적으로 오래된 한국의 신문사 세 곳(조선, 동아, 중앙일보)의 기사 데이터베이스를 검색한 결과 '공감(共感)'은 창간 년도(1920년)부터 제공되고 있는 조선일보의 기사 데이터베이스에서 1921년도에 처음으로 등장한다. 1921년도 기사에서 '공감(共感)이 처음 발견되었다는 사실은 그 낱말이 그 기사에서 처음 사용되었다는 사실을 의미하는 것은 아니다. 이 낱말은 그 기사 이전에도 존재하였을 가능성이 오히려 크다. 이렇게 보면 현대 한국어에서 empathy의 번역어로 사용되는 '공감'의 역사는 그리 짧지 않다. 하지만 '공감'이 empathy 개념을 받아들여서 만들어진 낱말일 가능성은 크지 않을 것으로 추정된다. 1921년의 기사를 기점으로 본다고 하더라도 'empathy'가 영어에서 만들어지고 미학적 용어로 사용된 역사가 불과 10년에 불과하기 때문에 학문적 교류가 적었던 1900년대 초반에 'empathy'가 한국에 소개되어 번역되었을 가능성은 낮다고 할 수 있다. 또한 그 당시 'empathy'가 주로 자연과 예술 작품에 대한 관찰자의 감정 투사 또는 이입을 의미한 반면에, 1921년부터 10년간 발견된 16개의 기사에서 사용된 '공감'의 의미는 주로 사람과 사람 사이의 감정적 일체감 또는 사적 감정이 아닌 공적이고 보편적인 감정을 의미하였다는 사실도 영어 'empathy'의 번역어가 아닐 가능성에 대한 근거이다.[21]

1965년에 창간된 중앙일보의 경우 창간 년도의 기사에서 '공감' 개념이 처음 발견되었다.[22] 중앙일보의 경우 1960년대 중후반부에는 '공감'이 한 해에 최대

---

21 몇 가지 예를 들면 다음과 같다: "공통공감성(共通共感性)"(1921.02.11), "萬人의 다 共認共感하는 바이오 決코 나의 私見이 아니다"(1927.10.27), "동일체적 공감력(同一體的 共感力)"(1928.02.18), "만 인공감(萬人共感)의 기초(基礎)"(1929.12.27), "일반이 항상 공감으로 생각하여 오든 바(1930.12.11).

22 동아일보와 조선일보는 모두 1920년에 창간되었는데, 동아일보의 데이터베이스에서 2009년에 처음으로 공감 개념이 확인되고 있다. 아마도 그 이전의 기사는 데이터베이스화되어 있지 않은 가능성이 크다. 조선일보의 경우 1920년 창간부터 1999년까지의 기사를 검색할 수 있는

37회 검색되었고, 1970년대에는 10년 간 678회가 검색되었다. '공감'이 1980년 대에는 총 1,704회, 1990년대에는 총 5,036회, 2000년대에는 총 7,290회 그리고 2010년대에는 총 16,447회가 사용된 것으로 나타났다. 이러한 공감 용어의 사용빈도 증가의 추세는 동아일보와 조선일보에서도 동일하게 확인할 수 있다.[23]

공감의 개념이 사용된 연구 논문은 1960년대부터이고 신문기사의 경우에는 그보다 더 오래전부터이지만 그 사용례가 많지 않은 것으로 나타났다. 1980년 대까지만 하더라도 '공감'의 사용 사례가 상대적으로 많지 않은 것을 보면 그 당시에도 '공감'이 보편적이고 일상적인 어휘로서 광범위하게 사용되지는 않은 것으로 추측된다. 그러나 2000년대, 특히 2010년대 이후로 '공감'의 사용빈도가 폭발적으로 늘어났다. 이러한 사실에 의거하면 '공감'은 1960년대 전후로 조금씩 사용되기 시작하다가 2000년대 이후에야 비로소 한국어 사용자의 일상적인 어휘로 본격적으로 자리매김된 것으로 판단할 수 있을 것이다.

6.2.6. 영어에서 공감을 지칭하는 용어 'empathy'와 'sympathy'

영어에서 공감을 지칭하는 용어에 대한 논의는 더욱 더 활발하다. 그 중에서 가장 많이 논의가 되는 것은 'empathy'와 'sympathy' 두 용어의 정의와 상호 관련성이다. 이 두 용어가 각각 다른 내용을 의미하는 낱말인지, 그렇다면 이 두 낱말이 지칭하는 구체적인 의미가 무엇인지, 아니면 같은 내용, 즉 '공

데이터베이스와 그 이후의 기사를 검색할 수 있는 데이터베이스로 나뉘어져 있는데 후자의 데이터베이스를 검색하면 공감이 사용된 기사는 1993년도에 발견된다. 두 신문사와는 달리 중앙일보의 경우 공감이 사용된 기사는 1960년대 중반이다. 그러한 이유로 이 책에서는 중앙일보 데이터베이스를 활용하였다.

23 '공감'이 2010년부터 2019년까지 조선일보 기사 데이터베이스에서는 총 69,437회 그리고 동아일보에서는 총 25,870회 검색되었다.

감'을 의미하는 동의어인지에 대해서 연구자마다 서로 다른 다양한 의견을 표명하고 있다. 다시 말해서 두 용어의 각각의 의미와 상호 관련성에 대한 일치된 의견은 존재하지 않는다(Jahoda 2005, 151).

　현재 공감을 지칭하는 용어로 'empathy'가 광범위하고 보편적이며 대표적으로 사용되고 있지만 이 용어가 등장한 것은 20세기 초반이었다. 이에 반해서 'sympathy'는 이미 16세기에 사용된 기록이 있다. 한국어에서 '동정', '공감', '연민', '동조' 등으로 번역되는 이 낱말은 'sym(함께)'와 'pathos(감정)'로 구성되어 있다. 17세기에 이 낱말은 특정 질병과 약품 사이의 친화력과 타인의 감정을 공유하거나 타인의 고통을 느끼는 것 등과 같이 사물과 사물 사이의 친화력 또는 사람과 사람 사이의 동질감과 공감을 표현하는 의미로 광범위하게 사용되었다(Jahoda 2005, 152). 이후 'sympathy'는 영어권에서 '동질감', '호감', '타인의 기쁨과 고통에 대한 공감' 등의 의미로 사용되었고, 1950년대 'empathy'가 본격격적으로 사용되기 전까지 인간의 공감 능력을 표현하는 유일한 낱말로서 사용되었다(Karen 2011, 231-232; Jahoda 2005, 151). 예를 들면 철학자 데이비드 흄과 아담 스미스는 공감을 사회적 행동의 본질적인 결정요인으로 간주했고, 더 나아가 스미스는 공감이 사회를 결속시키는 연결체라는 의견을 제시하기도 하였는데 이때 사용된 용어가 'sympathy'이었다(Jahoda 2005, 152; 158). 1960년대 이후 본격적으로 사용된 'empathy'가 'sympathy' 대신에 공감을 표현하는 대표적인 용어로 자리매김되면서 'sympathy'의 의미는 논란의 여지는 있지만 대체적으로 '연민' 또는 '동정' 등을 의미하는 낱말로 의미가 축소되었고 공감을 표현하는 대표적인 낱말로서의 지위를 상실하게 되었다(Lanzoni 2018, 17). 그러나 'empathy'에 비해서 제한적이기는 하지만 아직까지도 공감을 표현하는 낱말의 하나로 'sympathy'가 사용되는 이유는 이 낱말이 1950년대까지 수백 년 동안 공감을 표현하는 유일한 낱말로서 사용되었기 때문일 것으로 추정된다.

'empathy'와 'sympathy'의 사이에 의미의 차이가 있다는 의견을 전제로 두 낱말 사이의 차이를 살펴보기 위해서 먼저 수많은 'sympathy'의 현대적 의미 규정 가운데 몇 가지를 소개해보자면 아래와 같다.[24]

- 타인이 겪고 있는 위협이나 장애에 대한 반응과 걱정 속에 나타나는 타인과의 일치하는 동질감
- 정확한 이해에 집중하는 것이 아닌 감정에 집중하는 것
- 슬픔 또는 걱정의 감정과 같은 타인의 상태나 상황에 대한 이해를 토대로 타인을 위한 대리적 감정 반응
- 타인을 위한 감정
- 타인의 고통스러운 상태에 대한 걱정 또는 슬픔의 표현
- 타인의 고통에 대한 의식이며 타인의 고통을 덜어주고자 하는 마음
- 타인의 정서적 상태에 대한 관찰을 통해서 나타나는 슬픔이나 걱정의 마음

위의 개념 정의를 요약해서 정리보자면 'sympathy'의 가장 큰 특성은 고통이나 어려움 또는 슬픔 등과 같은 상태나 상황을 겪고 있는 타인의 입장에서 그와 동일한 감정으로 반응하는 것으로서 그가 그러한 상황 또는 상태에서 벗어나거나 그러한 상황이나 상태가 완화되기를 바라는 타인을 위한 마음이다. 'sympathy' 의미의 핵심 요소는 '타인의 부정적 상태 또는 상황', '타인의 부정적 감정과 동일한 감정', '타인을 위하는 선한 감정' 등으로 정리할 수 있다. 한편 영어권의 일상 언어생활에서 통상적으로 사용되는 의미라고 추정

---

24 'sympathy'에 대한 의미 규정은 Nowak(2011, 19-20), Cuff/Brown/Taylor/Howat(2014, 145), Karen (2011, 233), Gardes(2011, 234) 등을 참조하였다.

할 수 있는 'sympathy'의 사전적 의미 규정을 살펴보면 아래와 같다.

- 옥스퍼드 사전: "타인을 위해서 미안해하는 마음; 타인의 문제를 이해하고 그에 대해서 걱정하는 마음"
- 캠브리지 사전: "타인의 고통에 대한 이해와 걱정하는 마음(의 표현)"
- 콜린스 사전: "좋지 않은 상황에 처한 사람에 대해서 미안하게 생각하는 마음을 표현하는 것; 타인의 생각이나 의견에 대해서 동의하는 것"
- 미리암 웹스터 사전: "비슷하게 생각하거나 느끼는 것, 정서적 또는 지적 일치; 타인의 감정이나 관심을 수용하거나 공유할 수 있는 행위 또는 능력"
- 맥밀리안 사전: 매우 불쾌한 일을 겪고 있는 사람에 대해서 자연스럽게 느끼는 친절과 이해[25]

영어권 사전에서 'sympathy'의 의미를 구성하는 요소로 전문 연구 영역에서의 개념 정의와 유사하게 '타인의 부정적 상황이나 상태', '타인의 부정적 감정과 동일한 감정', '타인을 위하는 선한 감정' 등이 확인된다. 또한 일부 '의견일치'와 공감의 의미도 발견되기도 한다. 영어권의 연구 분야와 영어 사전의 의미 규정을 살펴보면 'sympathy'의 대체적인 의미로 '연민'과 '동정'

---

[25] 옥스퍼드 사전: "the feeling of being sorry for somebody; showing that you understand and care about somebody's problems" (https://www.oxfordlearnersdictionaries.com); 캠브리지 사전: "understanding and care for someone else's suffering" (https://dictionary.cambridge.org); 콜린스 사전: "If you have sympathy for someone who is in a bad situation, you are sorry for them, and show this in the way you behave towards them; If you have sympathy with someone's ideas or opinions, you agree with them" (https://www.collinsdictionary.com); 미리암 웹스터 사전: "inclination to think or feel alike : emotional or intellectual accord)"; the act or capacity of entering into or sharing the feelings or interests of another" (https://www.merriam-webster.com); 맥밀리안 사전: a natural feeling of kindness and understanding that you have for someone who is experiencing something very unpleasant (https://www.macmillandictionary.com)

으로 규정해도 문제가 되지 않을 것으로 보인다.

　로저스의 'empathy' 개념 정의를 토대로 'sympathy'의 개념과 비교하자면, 'sympathy'는 상대방에 대한 염려와 걱정 등과 같은 정서적 요소가 강조되는 반면에 'empathy'는 타인의 경험과 생각 및 감정에 대한 이해를 중시하는 인지적 요소가 매우 강조된다. 또한 'sympathy'는 타인과의 일체감과 동질감 및 정서적 통합이 강조되는 반면에 'empathy'는 타인의 정서와 경험을 내 것처럼 받아들이는 것을 포함하기는 하지만 이 과정에서도 공감자와 타자는 정서적으로 분리되어 있어야 하고 개별적이고 독립적으로 존재해야 한다.[26] 또 하나의 차이로 'sympathy'는 흔히 타인을 위한 감정(feeling for)으로 규정되고 'empathy'는 타인이 된 것처럼 느끼는 감정(feeling as)으로 규정된다. 'sympathy'의 대상이 대체적으로 상대방의 부정적 체험이나 정서라고 한다면, 'empathy'의 대상은 상대방의 모든 경험과 정서를 포괄한다는 점도 두 개념 사이의 차이라고 할 수 있다. 두 개념 사이의 차이점을 도표로 정리하면 아래와 같다.

[표 3] 'sympathy'와 'empathy'의 차이점

	'sympathy'	'empathy'
특성	정서 중심	인지 중심
주요 대상	상대방의 부정적 체험	상대방의 모든 체험
상대방과의 관계	통합 및 동질감	분리 및 독립적
공감자의 감정	타인을 위한 감정(feeling for)	타인처럼 느끼는 감정(feeling as)

---

[26]　연구자 중에는 'empathy'의 특성 중 하나인 '마치 ~처럼(as if)'을 'empathy'와 'sympathy'를 구별하는 결정적인 요소로 간주하는 경우도 있다(Hojat 2016, 6).

6.2.7. 공감의 상호 호혜적 특성

공감은 인류의 진화와 생존 그리고 개인의 생명 유지와 행복한 삶 및 조직의 운영과 전지구적 문제 해결에 결정적인 영향을 끼친다는 사실에 대해 이미 기술한 바 있는데, 이러한 공감의 영향은 공감이 가지고 있는 다양한 기능에서 연유한다. 공감의 기능에 대한 연구에서 드러난 공감자에 대한 보편적인 효능은 다음과 같다(Zurek/Scheithauer 2017, 60).

- 공감은 타자성과 복합적인 업무 수행의 증진에 도움이 된다.
- 공감은 타인의 내면 상태를 이해하고 타인과 관련된 판단과 의사결정을 하는 데 도움이 된다.
- 공감은 윤리적 의사결정과 도덕적 판단을 하는 데 큰 영향을 끼친다.
- 공감은 타인과의 관계 속에서 긍정적인 감정과 행복감을 증진시키고 장기적으로는 소속감을 느끼게 하며 인간관계를 향상시킨다.
- 자신에 대한 타인의 생각을 통해서 자신의 이미지를 구축할 수 있다.
- 친사회적이고 이타적인 행동을 촉발하고 증진시킨다.

일반적이고 보편적인 공감의 기능에 대한 논의 외에도 개별 영역에서 발현되는 공감의 효능도 다양하다. 예를 들면 상담치료 분야에서 공감은 사람의 마음을 움직이고 상처 입은 마음을 치유하는 가장 강력하고 실용적인 힘이며 심지어 경각에 달린 목숨을 살리는 결정적인 힘을 가진 것으로 간주된다(정혜신 2018, 115-116). 공감은 타인에게만 이익이 되는 것이 아니라 공감하는 사람에게도 큰 이익이 있다. 공감의 과정에서 공감자의 상처가 드러나서 아프기도 하지만 그것은 동시에 공감자도 공감받고 치유 받을 수 있는 기회가 된다. 공감하는 사람이 상대방으로 부터 받게 되는 보상이다(정혜신 2018, 121).

의료에서 공감은 정확한 진단, 환자의 자율성 보장, 치료 효과와 환자의 만족도 제고 등에 도움이 될 뿐만 아니라 의사의 삶의 질 향상과 스트레스 경감 그리고 직업 만족도의 제고에도 결정적인 영향을 끼치는 것으로 다수 연구를 통해 밝혀졌다(Ekman/Halpern 2015; Halpern 2001; Kelm/Womer/Walter/Feudtner 2014).

간호사의 공감을 통해 환자가 통증에 대한 감내력이 향상되고, 당뇨 환자의 당뇨 수치가 감소되며, 상처 회복이 촉진될 뿐만 아니라, 만성질환 환자의 불안감이 감소하는 등 다방면에서 치료 효과가 나타나는 것으로 밝혀졌다. 뿐만 아니라 공감은 간호사 자신의 개인적 성장과 돌봄을 위해서도 중요한 역할을 하는 것으로 나타났다(김혜영/김정민/이미영 2016, 568).

이와 같이 주목할만한 공감의 기능적 특징은 공감받는 사람과 공감하는 사람 모두에게 이익이 되는 상호 호혜성이다. 공감을 받는 사람은 생존과 행복한 삶의 토대인 인정과 공감의 욕구가 충족되고 치유를 받기도 한다. 또한 공감자는 공감을 하는 과정에서 공감에 대한 타인의 만족감과 존중감 그리고 감사의 표현을 통해서 자신의 가치와 효용성을 가지게 된다. 이것이 공감의 과정에서 공감자가 타인으로부터 받는 보상이다. 그러므로 공감은 자기 자신을 희생하고 타인에게 헌신하는 오로지 이타적인 행위만을 하는 것이 아니다. 공감은 당사자 사이에 동시적이고 양방향적이며 서로에게 이익이 되는 상호 호혜적인 것으로, 양자가 자유로워지고 홀가분해지는 과정인 것이다(정혜신 2018, 187; 264-267).

공감의 상호 호혜성은 인간의 원초적인 인정 및 공감에 대한 욕구와 관련이 있다. 인간은 타인과의 상호행위 과정에서 끊임없이 인정과 공감에 대한 욕구를 표출하고 이를 타인이 인정하고 수용해주기를 기대한다(Lucius-Hoene/ Deppermann 2011, 75-76). 인정과 공감에 대한 욕구가 충족되어야 비로소 인간은 안정적이고 행복한 삶을 살 수 있다. 공감자 자신이 타인으로부터 공감을 받고 있다는 느낌의 부재 상태에서 타인을 공감하기에는 어려움이 있다. 타인에 대한 공감 능력의 전제조건은 공감자의 자기 자신에 대한 공감 능력이다(정혜신 2018, 187, 222-223). 동시에 자기 자신에 대한 공감 능력은 타인으로부터 공감받지 않고서는 불가능하다. 사람들은 통상적으로 자신에게 공감을 해주는 타인에게 먼저 그리고 흔쾌히 공감할 가능성이 크다. 타인을 공감할 수 있는 사람은 이미 타인으로부터 공감을 받고 있고, 스스로도 자기 자신에 대해서 공감할 수 있는 사람으로서 공감의 선순환 과정 속에 있을 가능성이 크다. 반대로 타인에 대한 공감 능력이 부족한 사람이라면 그는 공감받고 있지 않은 사람이며 공감의 악순환 속에 있을 가능성이 크다.

6.2.8. 공감의 탄생과 발달 과정

공감 개념(empathy)이 탄생한 것은 150여 년 전이고, 현대적 의미로 진화하고 사용되기 시작한 것은 불과 70여 년 전이다. 그렇다고 해서 그 이전에는 사람들이 공감을 하지 않았던 것은 결코 아니다. 가장 원초적인 형태의 공감은 엄마와 아기의 정서적 결속이고, 이것은 인간의 본성 가운데 하나로 간주되고 있다(Allot 1992, 359f.; Rifkin 2009, 17). 인간이 현재의 인간으로 진화하고 다른 동물과 차별되며, 그들에 비해 비교할 수 없는 우월적 지위를 확보하고, 현재와 같은 문명을 구축하는데 영향을 주었던 가장 결정적인 것은 공감일 것이다(Hrdy 2009, 28; Hussain 2013, 108; Rifkin 2009, 17). 공감이 탄생하고 지금과 같이 진화하여 인간의 사회생활에서 필수적인 요소로 자리매김 되기까지는 여러 가지 요인이 복합적으로 작용하였다.

인간(호모 사피엔스)이 공감을 하게 된 원초적인 토대는 뇌의 용량이 커진 것이고, 이보다 더 중요한 토대 호모 사피엔스의 두개골이 공 모양으로 진화한 것이다. 이 두 변화는 공감의 발생과 진화에 본질적인 영향을 끼친 여러 다른 요인들이 연쇄적으로 발생하게 된 원초적인 토대로 작용한다. 첫 번째 요인은 뇌의 크기가 커지고 두개골이 공모양으로 변화함으로써 인간에게 고등인지 능력이 나타나게 된 것이다. 특히 두개골이 공 모양으로 변화한 것은 운동과 지각 그리고 언어 등과 같은 고도의 인지기능을 발현하는 두정엽과 전두엽의 발달과 관계가 있다(Hussain 2013, 24). 고등인지 능력이 발달하면서 동시에 언어 및 의사소통 능력, 예측과 계획, 환경에 대한 분석도 발달하게 되었다. 이러한 능력과 더불어 자기 인식의 능력도 발달하게 되었다. 특히 언어는 자의식과 의식적 사고를 가능하게 하는 가장 중요한 수단으로 작용하였다. 인간이 자기에 대한 의식을 하게 됨으로써 동시에 타자에 대한 인식과 타자의 내면으로 들어가서 그의 마음과 감정 그리고 욕구 등을 이해할 수 있게 되었다(Allot 1992, 359). 이로부터 인간의 공감 능력이 발달하게 되었다.

현생 인류의 뇌가 진화함으로써 발생한 두 번째 요소는 태아가 독립적으로 생존 불가능한 미성숙한 상태로 출생하는 것과 관련이 있다. 인간은 직립 보행을 하게 되면서 골반은 작아졌고 이로 인해 산모의 산도도 좁아지게 되었다. 반면에 인간의 뇌 용량은 커졌기 때문에 태아가 산모의 몸으로부터 안전하게 세상 밖으로 나가기 위해서는 뇌가 완전하게 성숙되기 전에 세상 밖으로 나가야 했다. 이러한 이유로 많은 동물들은 태어나서 곧바로 또는 비교적 짧은 시간 안에 독립적으로 생존이 가능한 반면, 영아는 독립적으로 생존이 가능할 때까지 길고 집중적인 보살핌을 받아야 한다. 가족은 영아가 스스로 생존할 수 있을 때까지 매우 집중적이고 긴 시간 동안 육아를 해야 했다. 결국 어린 아기의 의존성이 길어질수록 아기와 돌보는 사람 사이의 심리적이고 정신적인 결속감은 더욱 강해지게 된다. 인간의 공감적 성향은 어머니와 아기의 밀접한 의존관계 그리고 그들의 육체와 정신의 결합에서 파생된 필요

성의 산물이다. 그러므로 기초적인 형태이기는 하지만 공감은 인류 역사만큼
이나 오래된 것이라고 할 수 있다(Hussain 2013, 20).

신체적으로 유리한 조건을 갖추지 못한 현생 인류는 수렵과 채집 시기에
생존을 할 수 있도록 집단을 형성하였다. 하지만 현생 인류의 경우 긴 시간의
육아와 생식 능력을 갖추기까지 오랜 시간이 걸리고, 높은 유아 사망률로 인
해 집단의 유지와 존속이 어려움을 겪게 되자 이러한 문제를 해결하기 위해
가임 여성은 지속적으로 출산을 해야 했다. 그러나 다수의 영유아를 동시에
그리고 집중적으로 육아하는 것은 산모 또는 가족의 노력만으로는 불가능했
기 때문에 이에 대한 대안으로 생겨난 것이 공동 육아 방법이었다. 다수의
연구에 의하면 동물 세계에서 유일하게 인간만이 공동 육아 방식을 발달시켰
다고 한다. 인간의 어머니만이 다른 사람이 자기 자식과 육체적인 접촉을 하
는 것을 허용했다고 한다(Ehrich/Ornstein 2012, 27). 다른 사람의 생각과 소망을
읽거나 최소한 추측할 수 있는 사회 인지 능력은 아마도 공동 육아를 위한
기본 전제였을 것이다. 어린아이가 자신이 원하는 돌봄을 받기 위해서 육아
를 담당하는 사람의 노력이나 요구를 정확하게 이해해야 하는 것과 마찬가지
로, 육아를 담당하는 사람도 힘들지 않게 육아를 수행하려면 어린아이의 욕
구나 감정을 정확하게 이해했어야 했다. 이 공동 육아는 인간 사회성과 협력
의 원초적인 형태라고 규정되고 있다(Hussain 2013, 17-18).

요약하자면 오랜 시간이 걸리는 영유아의 육아 과정에서 영아와 어머니의
밀접한 관계 그리고 공동 육아의 과정에서 영유아와 다수의 타인과의 접촉과
상호 이해를 위한 노력을 통해 사회적 인지 능력과 공감 능력이 발달하게
되었다. 이러한 사실 모두는 인간의 뇌가 커지면서 발생한 부수적인 산물이
라고 할 수 있다. 지금까지 논의한 공감의 진화과정과 진화에 영향을 끼친
요인들은 그림 7과 같이 정리할 수 있다.

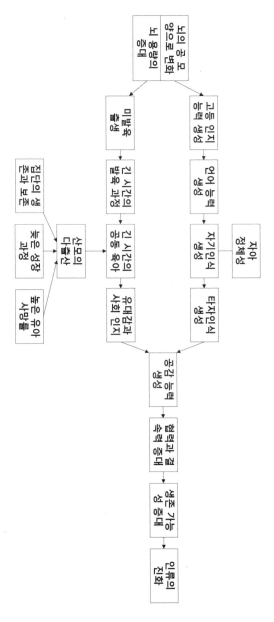

[그림 7] 공감의 진화과정과 진화의 요인

현생 인류의 뇌가 커지고 뇌의 모양이 공 모양으로 진화한 것이 현생 인류로 하여금 고등인지 능력과 공감 능력을 갖추게 하고 현재와 같이 진화한 데 원초적인 원인으로 작용했다는 사실은 현생 인류와 비슷한 시기에 살았지만 멸종된 네안데르탈인을 통해서 간접적으로 입증할 수 있다. 네안데르탈인은 현생 인류보다 더 먼저 등장했고 오랜 기간 동안 빙하기에 적응하면서 생존하였다. 그들은 현생 인류보다 체격도 더 좋았고 심지어 뇌의 용량도 더 컸다. 하지만 네안데르탈인의 두개골 모양은 길쭉하고 정수리 부분이 납작한 것이 특징이다. 한 연구에 따르면 현생 인류와 네안데르탈인의 신생아의 두개강(endocast)의 형태와 크기는 서로 비슷하지만 현생 인류 신생아의 두개강만이 출생 후 1년 이내에 급격하게 공 모양으로 변화하는 것으로 밝혀졌다(Gunz et al. 2010, 921).

또 다른 연구에 따르면 크기가 다소 컸던 네안데르탈인의 뇌는 그들의 큰 몸집을 유지하고 조정하기 위해 그리고 열대 지역보다는 상대적으로 어두운 곳에서 살았던 네안데르탈인이 더 잘 볼 수 있도록 진화하였다고 추정한다. 네안데르탈인은 시각과 신체 조절 기능을 위한 뇌 영역이 발달한 것과는 달리, 현생 인류는 인지기능을 위한 뇌의 영역이 발달하였다고 한다(Pearce/Stringer/Dunbar 2013, 2). 인지기능을 담당하는 뇌의 영역은 신피질(neocortex)이다. 인간의 뇌 중에서 가장 늦게 발달하는 신피질은 인류 진화과정의 최고 성취이자 인간의 고등 인지의 진화와 생물학적 진화의 토대로 간주되고 있다(Rakic 2009, 724). 현생 인류의 출생 후 나타나는 뇌의 발달은 뇌의 모양과 뇌의 구조 그리고 고등 인지 능력 발생의 원인으로 작용하는 것으로 보인다.

네안데르탈인이 현생 인류보다 공감 능력 면에서 열등한 것으로 추정되는 또 다른 요인은 네안데르탈인 유아의 성장 과정과 관련이 있다. 이들은 현생 인류의 유아보다 약 4년 정도 더 빠르게 성장이 이루어진다고 알려져 있다.

현생 인류는 유아의 성장 과정에서 공동육아 방식을 유일하게 적용한 반면에 네안데르탈인은 공동육아를 적용하지 않은 것으로 추정된다. 이는 현생 인류의 유아에 비해 네안데르탈인의 유아는 보호자와의 밀접한 교감을 적게 가졌고 다양한 상호 작용의 기회를 현생 인류만큼 갖지 못했음을 함의한다. 이것이 그들이 공감의 토대가 되는 사회인지 및 행위 능력을 현생 인류만큼 갖지 못하게 된 원인으로 작용했을 것이다.

현생 인류와 비교하여 네안데르탈인의 낮은 사회성은 그들의 집단이 작았고 외부 세계 또는 개별 집단과 고립된 삶을 살았다는 점에서도 찾을 수 있다. 작은 집단 구성과 고립된 삶의 양식은 외부 세계와 다른 집단과의 접촉을 통해 경험할 수 있는 새로운 인식의 발견이나 혁신을 차단하였을 것이다(Pearce/Stringer/Dunbar 2013, 6; Hussain 2013, 71). 사회성과 인지능력이 서로 상관관계를 맺으면서 발달하는 것이라면 그들의 낮은 사회성은 낮은 지능과 그들의 멸망의 원인으로 작용했을 것이다.

인간이 공감적인 존재로 진화한 또 다른 이유는 협력이다. 타인이 현재 가지고 있는 감정과 생각 그리고 경험을 그의 입장에서 평가나 판단 없이 정확하게 이해하고 이를 토대로 타인 친화적이며 이타적으로 반응하는 공감은 특정한 상호작용 과정에서 타인이 어떻게 생각하고 행동할 것인가를 예측하고 그에 알맞은 반응 행동을 선택하는 데 도움이 된다. 또한 공감은 타인에 대한 정확한 이해를 토대로 그의 감정과 그가 원하는 바를 존중하고 수용하고자 하는 선의를 바탕으로 하는 것, 다시 말해서 친화적이고 이타적인 특성을 가지기 때문에 타인에게 긍정적인 감정을 유발하고 그와 원만한 인간관계를 형성하는 데 도움이 된다(Zurek/Scheithauer 2017, 60). 이러한 공감의 기능은 인류 발달에 결정적인 영향을 끼치는 협력(cooperation)의 핵심적 요소이다. 인류 초기 공감은 한 집단 구성원들이 식량을 효율적으로 채집하고 수렵하며 공동의 위협에 신속하고 적절하게 반응할 수 있도록 함으로써 생존을 위한 가치를 지닌 것이었다. 또한 높은 수준의 협력을 보이는 집단의 구성원은 그렇지 않은 집단의 구성원보다 생존할 가능성이 더 큰 것이 보편적이다. 그러므로 공감 진화의 가장 중요하고 결정적인 이유는 집단 활동의 조직과 집단 구성원의 협력 과정에서 공감이 핵심적인 역할을 했기 때문이다.

공감이 진화하게 된 또 하나의 결정적인 요소는 공감이 개인과 개인, 특히 어머니와 자식의 관계를 결속시키는 기능에 있다. 집단 구성원 사이의 공감 능력이 크면 클수록 그들 사이의 결속력이 커지고 협력과 팀 성과가 향상되며 구성원 사이의 갈등의 가능성이 작아진다(Zurek/Scheithauer 2017, 61-63). 이와 같은 집단과 집단 구성원의 결속과 관계 형성 그리고 이를 위한 협력이 공감이 진화하게 된 중요한 요소이다.

공감의 진화에 대한 이유는 공감의 사회적 협력의 기능에만 있는 것은 아니다. 공감이 현재와 같이 진화하고 인간이 원초적으로 공감적 존재가 된 또 다른 요소는 인간의 정체성 형성과 인정욕구에서 찾아볼 수 있다. 인간은 태어날 때 '나'라는 정체성을 가지지 못한 채 세상 밖으로 나온다. 한 개인의 자아는 인간과 인간 사이의 사회적 관계 속에서 비로소 형성된다. '나'는 타인의 관점과 요구가 내면화되는 과정에서 형성되는 것이고 그러한 '나'에 대한 확인과 인증은 타인의 인정을 통해서만 가능하다(Mead 2011, 223). 인간은 가치 있고 선하며 올바르다고 생각하는 자아를 타자와의 상호작용 속에서 끊임없이 표출하고 상대방으로부터 그것이 존중되고 수용되기를 기대하고 요구한다(Taylor 1989, 43; Lucius-Hoene/Deppermann 2011, 75f.). 그러한 기대와 요구가 타인으로부터 충족되어야 인간은 인생의 목적이나 의미를 확인받을 수 있고 생존이 가능해진다(문성훈 2014, 47). 타자의 인정과 존중 및 수용은 곧 공감을 의미하며 인간 삶의 필수적 요소이자 공감의 본질적인 요소이다. 인간은 끊임없이 공감받기를 원하고 타자에게 공감을 해야 하는 의무를 가지고 있다. 이것이 바로 공감이 인간에게 원초적인 자질인 이유이다.

인간의 공감 능력은 인류의 시작과 더불어 시작되었을 정도로 그 역사가 길다. 반면에 공감의 개념이 현대적 의미로 정립된 역사는 불과 70여 년에 지나지 않는다. 또한 공감의 개념이 일상어로 지금처럼 활발하게 사용되고 있고 공감에 대한 관심이 획기적으로 증가한 역사는 더욱 짧다. 이에 대한 이유를 러프킨은 공감과 자의식과의 밀접한 관련성으로 제시하고 있다. 그에 따르면 1900년 초에 심리학이 인간의 의식에 대해서 탐구하기 시작하면서 인간은 다른 사람의 가장 내적인 감정 및 생각과의 관련성 속에서 자신의 가장 내적인 감정과 생각의 본질에 대해서 생각할 수 있을 만큼 인간의 자의식이 발전했다. 이때야 비로소 인간이 공감의 존재를 인식할 수 있었고, 그것을 지칭하고 깊고 복합적인 공감의 의미에 대해서 논의하기 위한 수단으로 공감의 개념이 나타났을 것이라고 러프킨은 보고 있다(Rifkin 2009, 18).

하지만 인류의 역사만큼이나 오래된 공감은 언제나 자의식과 타자 인식의 관계 속에서 이루어지는 것이므로 공감이 존재했던 순간에는 언제나 자의식과 타자 인식이 존재했을 것이다. 또한 그 당시 공감의 개념은 타자와의 관계 속에서 자신을 이해하기 보다는 예술작품이나 자연 또는 타자에게 자신의 감정과 생각을 투사하는 일방적인 의식과 행위를 지칭한 것이었으며, 그 당시의 심리학은 연구의 대상에서 감정을 배제했다는 점에서 러프킨의 그러한 설명은 타당하지 않다.

오래된 역사와 인간 진화 과정에서의 절대적인 중요성에도 불구하고 공감이 최근에야 비로소 집중적으로 논의되고 회자되는 첫 번째 이유는 최근에 공감에 대한 의미와 그 이전의 의미가 달랐기 때문일 것이다. 자세히 말하자면 특히 원시 사회에서의 공감은 가족이나 친척 그리고 소규모의 집단 구성원 사이에서 생존을 위한 협력의 일환으로 그리고 가깝고 잘 아는 사람 사이에서 이루어진 것이다. 그러나 현대적 의미의 공감은 자기와는 관련이 없고 잘 알지 못하는 소수자와 약자 그리고 고통과 어려움에 처한 사람 등과 같은 낯선 타자를 포괄하는 관계 속에서 이루어지는 것을 의미한다. 에어릭과 온스타인은 인류가 운명 공동체라는 인식을 하지 못하고 '우리'라는 매우 제한적인 집단적 개념을 바탕으로 타인을 배려하지 않으려는 태도로 인해서 서로 공감을 하지 못한다는 의견을 제시하고 있다(Ehrlich/Ornstein 2012, 17). 또한 현대적 의미의 공감은 평등과 평화를 의미 구성의 중요한 요소라고 한다면 인류의 긴 역사는 나라와 나라 사이에 약탈과 전쟁이 점철되었고 종족과 신분 차별 그리고 사람과 사람 사이의 위계적 질서 속에서 전개되었다. 이러한 상황에서 현대적 의미의 공감은 지금과 같이 보편적으로 수용되고 실천되기 어려웠을 것이다.

두 번째 이유는 제2차 세계대전 이후 심리학이 대중화되었고 심리학 전문가가 폭발적으로 증가한 것과 관련이 있다. 이 과정에서 인간관계를 중심으로 이루어지는 임상심리학이 대중화되었고 칼 로저스가 인간관계와 공감을 중심으로 하는 내담자 중심의 상담기법과 현대적 의미의 공감 개념을 정립하였다. 이후 로저스의 공감 개념과 내담자 중심성은 심리학을 넘어서 여러 분야에 많은 영향을 끼친 것이 오늘날과 같이 공감이 널리 퍼지게 된 것에 대한 결정적인 이유이다.

세 번째 이유는 1960년대 이후 전개된 개인의 고유한 가치를 존중하고 자유와 평등을 추구하는 새로운 시대적 가치의 변화 속에서 찾을 수 있을 것이다(Boudreau/Cassell/Fuks 2018, 52).

6.3. 공감과 의학

6.3.1. 의학에서 공감 개념의 도입사

의학 분야에서 공감의 중요성에 대해 처음으로 논의하였고 'empathy'를 처음으로 사용한 사람은 미국의 신경정신과 의사 사우다드(Southard)로 알려져 있다. 그는 공감을 대상 속에서 자신을 이해하고 느끼는 과정, 즉 대상의 의인화 과정으로 이해하였고 공감에 대한 영어 개념을 각인한 티치너의 공감 개념을 차용하였다(Southard 1918, 201f.). 현재 의학 분야에서 사용하는 공감 개념은 대상에 대한 자신의 관념과 감정을 투사하는 것이 아닌, 타인의 감정과 관점을 그 사람의 입장에서 이해하고 반응한다는 보편적 의미로 사용되기 때문에 의료인의 공감과 관련한 요즘의 논의에서는 그가 사용한 공감 개념은 큰 의미가 없다.

오늘날 의학에서 도입하고 다양하게 활용되고 있는 다양한 공감의 개념은 이미 앞에서 논의한 로저스의 내담자 중심의 상담 기법에서 출발한다. 공감을 토대로 하는 로저스의 내담자 중심의 상담 기법은 현대의학의 한계를 극복하기 위한 시도로 의학에 도입되었다. 칼 로저스의 내담자 중심 개념을 의학에 도입한 사람은 헝가리 출신의 의사이자 심리분석가이면서 의사와 환자 관계의 증진을 목표로 한 밸린트 그룹(Balint Group)의 창시자인 밸린트이다 (Boudreau/Cassell/Fuks 2018, 54). 밸린트는 의학에 환자 중심 의료라는 개념을 각인하였고 현재 환자 중심적 의료가 의료와 의학교육의 대세로 자리매김하게 된 토대를 마련한 사람이다. 그는 당시에 의학의 주류였던 질병 중심의 의학(illness centered medicine)과 반대되는 개념으로 처음에는 전인적 의학 (whole-person centered medicine)이란 용어를 도입하였으나 이를 향후에는 환자 중심적 의료("patient-orientated" 또는 "patient-centered medicine")라는 용어로 사용
하였다.

그가 생각하는 환자 중심 의료의 특징은 의료의 초점을 질병 또는 병리학
적으로 변화된 신체의 일부가 아닌 전인적 인격체인 환자에게 두는 것이고,
진단과 치료를 위한 정보의 취득과정에서 환자의 인격적 문제와 갈등 그리고
인간관계 및 신체적 질환을 통합적으로 다루는 것이다.[27] 진단과 치료에 필요
한 정보는 의사 또는 의료 기기에만 의존하는 것이 아니라 의사와 환자의
직접적인 만남과 의사소통을 통해서 환자로부터 취득하는 것이다. 양질의 정
보를 취득하기 위해 의사와 환자 간의 공감적 관계를 중시하는 것 또한 환자
중심적 의료의 특징이다(Balint/Ball/Hare 1969, 249f.). 초기 밸린트의 환자 중심
성 개념은 질병 중심의 반대적 의미로만 사용하였으나, 점차적으로 의사 중
심(doctor centered)과 대별되는 개념으로 발전하여 환자의 주체성과 주도성이
강조되는 개념으로까지 확장되었다(Bardes 2012, 782).

환자 중심적 의료를 처음으로 소개한 책(Ballint 1957)과 논문(Balint/Ball/Hare
1969; Balint 1969) 등에는 로저스의 공감(empathy) 개념이 구체적으로 사용되지
는 않았다. 하지만 밸린트가 제안한 환자 중심의 의료를 구현하기 위해서는
환자에 대한 경청과 공감이 필수적이기 때문에 내용적으로 로저스의 공감 개
념이 광범위하게 반영되어 있다고 볼 수 있다. 결론적으로 말하자면 로저스의
공감 개념이 밸린트의 환자 중심 의료에 도입되었고, 이것이 향후 현대의학의
보완적 수단으로 자리매김되는 데 초석이 된 것이라고 할 수 있다. 이러한 사

---

[27]　이러한 관점을 표방하는 의학의 대표적인 패러다임은 정신신체 의학(psychosomatic)이다. 정
　　신신체 의학은 지난 수십 년간 현대의학에서 잠시 잊혀진 현상이었을 뿐 역사가 2000년이
　　넘는 의학의 오래된 전통을 가지고 있다. 이 의학의 패러다임은 최근의 의학에서 재활성화
　　되었으며 현대의학의 큰 흐름으로 자리매김하고 있는데 이 과정에서 밸린트가 큰 기여를
　　하였다(Rees 1983, 157).

실은 최근의 환자 중심적 의료와 관련된 논의에서 환자 중심성이 로저스가 제시한 내담자 중심의 상담과 밸린트의 인간 중심 의료를 원천으로 하고 있다고 명시적으로 밝힌 데에서도 그 근거를 찾을 수 있다(Stewart/Brown/Weston et al. 2014, 30). 슈트어트 등은 환자 중심 의료의 특징으로 환자의 건강과 질병 그리고 질병체험에 대한 탐구, 환자의 전인적 인간에 대한 이해, 의사와 환자의 합의점 발견, 의사와 환자 사이의 관계 증진 등을 꼽고 있는데, 특히 의사-환자 관계의 증진을 위해서 공감이 필수적이라고 인식하고 있다(Stewart/Brown/Weston et al. 2014, 28).

6.3.2. 의학에서 공감에 대한 연구와 교육의 현황

환자 중심적 의료의 개념이 본격적으로 도입된 1980년도만 하더라도 이 새로운 의학의 모델은 의학의 변방으로 그리고 가벼운 학문(soft science)로 간주되고 폄훼되었지만 현재 이 개념은 여러 나라 의학교육 과정의 토대로 작용하고 있다(Stewart/Brown/Weston et al. 2014, 23f.). 이에 따라서 의료계에서 공감에 대한 연구도 매우 활발하게 진행되고 있다. 한 연구에 따르면 2008년 5월부터 8월까지 영어, 독일어, 스페인어, 스웨덴, 덴마크 및 노르웨이어 등으로 기록된 의학 관련 학회지에서 의료인의 공감에 관한 논문을 검색해본 결과 2,000편 이상의 논문이 발견되었다(Pedersen 2009, 307). 한국에서 발간되는 의학 분야(의학, 치의학, 약학, 간호학, 한의학) 저널의 서지, 초록 및 원문 데이터베이스 서비스를 제공하는 한국 의학논문 데이터베이스에서 2020년 7월 17일에 '공감'을 검색해본 결과 모두 498건의 논문이 검색되었다.[28] 그 추세를 살펴

---

28   https://kmbase.medric.or.kr/.

보면 공감과 관련한 논문이 1975년에 발표된 이후 1980년도에는 8건, 1990년
도에는 46건, 2000년도에는 101건, 그리고 2010년도에는 342건의 논문이 출
판되었다. 이를 보면 양적으로 외국의 연구에는 못 미치지만 국내의 의료보
건 관련 분야에서도 공감에 대한 연구가 해가 갈수록 급증하고 있음을 알
수 있다.

 의학교육에서 의사의 공감 능력을 계발하기 위한 다양한 시도가 이루어지
고 있다. 그 중에서 가장 활발하게 사용되고 있는 대표적인 교육 모델을 꼽자
면 의료커뮤니케이션 교육과 서사의학이다. 환자 중심성과 공감 능력의 향상
을 목표로 하는 대표적인 모델이 의료커뮤니케이션 교육이다. 현재까지도 의
학교육에 큰 영향을 끼치고 있는 의료커뮤니케이션 교육을 위한 대표적인 저
서가 1990년대에 출판되었다(Cohen/Cole 1991; Kurtz/Silverman/Draper 2016[29];
Roter/Hall 1992). 이러한 저서에서 공감은 환자 중심적 의료 면담과 의사-환
자 관계형성에서 핵심적 요소로 간주되고 있다. 공감이 의료에서 결정적이고
본질적인 중요성을 갖는 이유는 의사가 공감을 통해서 의사-환자 관계를 원활
하게 형성할 수 있고, 이를 통해서 질병 진단에 필요한 다양하고 구체적인
정보를 습득할 수 있으며, 이는 결과적으로 환자의 건강 회복에 도움이 되기
때문이다(Kurtz/Silverman/Draper 2016, 137). 의료커뮤니케이션 교육에서 공감
능력의 향상이 핵심적인 요소로 간주되고 있는 사실은 다양한 사례에서 확인
할 수 있다. 예를 들면 의료커뮤니케이션을 위한 캘거리-캠브리지 가이드(The
Calgary-Cambridge Guide)에서 의료면담은 시작-정보수집-신체검사-설명과 계
획세우기-종료 등 다섯 단계로 이루어진다(Kurtz/Silverman/Draper 2016, 14-29).
이 모든 단계에서 의사는 환자가 진료과정에 주체적으로 참여하게 하고 적절

---

29 이 책의 초판은 1998년에 출판되었다.

한 언어 및 비언어 의사소통을 사용하면서 환자와의 관계를 형성해야 한다. 특히 정보수집 단계에서 의사는 열린 질문을 통해서 환자가 주도적으로 이야 기를 할 수 있도록 유도하고 적극적이고 공감적인 경청을 해야 한다. 더 나아 가서 의사는 환자의 관점이나 느낌 그리고 요망사항을 무비판적으로 수용하 고 관심과 지지의 의사를 표현해야 한다. 치료를 위한 계획세우기 단계에서 도 환자의 요구사항을 적극적으로 반영하고 협의하는 공동의사결정(shared decision making)이 권장된다. 이러한 의료면담의 핵심적인 요소는 칼 로저스 의 내담자 중심의 상담 기법과 공감의 개념을 토대로 하고 있음을 저자는 명시적으로 밝히고 있다(Kurtz/Silverman/Draper 2016, 83; 142).

의학에서 칼 로저스의 공감과 환자 중심성의 개념을 구현하는 또 하나의 구체적인 방법을 제시하는 의학 교육 방법론은 서사의학(narrative medicine)이 다. 서사의학의 목적은 환자의 질병체험 이야기를 활용함으로써 환자의 개별 성에 대한 가치를 존중하고 질병의 원인과 환자가 겪고 있는 고통을 정확하 게 파악하여 환자에게 적절한 치료를 제공하는 데 있다. 이를 위해서 의사는 환자와 협력관계를 형성할 줄 알고 환자가 질병과 관련된 자신의 이야기를 자유롭게 할 수 있도록 권장해야 한다. 환자가 이야기를 하는 동안 의사는 자신의 발언을 최대한 억제하고 환자가 이야기를 지속할 수 있도록 그의 이 야기에 집중하면서 경청과 공감을 해야 한다. 환자의 이야기 속에서 의사는 발병에 영향을 끼친 환자의 사회 심리적 요소들을 발견할 수 있고 환자가 겪는 고통과 감정적인 문제를 파악할 수 있다. 환자의 질병 이야기를 통해서 환자를 정확히 이해하게 되면 의사는 의료적 그리고 정서적 및 전인적 차원 에서 환자의 요구에 대해서 적절하게 대처할 수 있다. 서사의학은 궁극적으 로 환자의 이야기 활용을 통해서 의사의 경청과 공감 및 성찰 능력과 직업전 문성을 신장시키는 것을 목적으로 한다. 이는 의료진이 환자의 신뢰와 존경을 회복하는 토대이기도 하다(Charon 2001, 1897; 2007, 1265).

한국의 의학교육 분야에서도 의과대학생의 공감 능력을 계발하기 위한 활발한 노력이 이루어지고 있다. 의과대학에서 이루어지는 공감 능력 계발 교육은 주로 의사소통 교육 교과목으로 이루어지고 있다. 2007년도에 한국의학교육평가원이 실시한 의과대학의 의료커뮤니케이션 교육에 대한 현황 조사에 따르면 88%의 의과대학에서 의료커뮤니케이션 교과목을 개설하고 있는 것으로 밝혀졌다(노용균 2009). 또한 2010년부터 의사자격 국가시험에 실기시험인 임상수행능력평가(clinical performance examination, CPX)가 도입되었다. 임상수행능력평가의 세 가지 항목 가운데 하나인 의사환자관계(physician-patient-interaction, PPI)는 12가지 기준으로 평가되는데 이것의 핵심은 예비 의사의 공감 능력 계발과 관련이 있다. 평가 항목 가운데 공감과 관련이 있는 내용은 다음과 같다(한국보건의료인국가시험원 2020).

- 내 이야기를 효율적으로 물어보고 잘 들어주었다.
- 개방형/폐쇄형 질문, 호응, 확인, 경청 자세, 면담주제 협상
- 나의 생각과 배경을 효과적으로 알아냈다.
- 생각/걱정 질문, 기분/정서 표현 격려, 나의 기대 파악, 일상생활 영향 파악, 나의 입장/배경/처지 등에 관심
- 나와 좋은 유대관계를 형성하려고 했다.
- 편하게 시작, 공감과 지지, 무비판적 수용, 진정성/솔직함, 편안한 분위기, 신뢰, 자신감, 존중

이 외에도 전문 직업성, 공동의사결정(shared decision- making), 의료윤리, 의료인문학 등과 같은 수많은 새로운 개념들이 의료의 질을 개선하고 좋은 의

사를 양성하기 위해 의학교육에서 사용되고 있지만 이러한 개념이 추구하는 가치의 밑바탕인 동시에 최종적인 목표 가운데 하나가 바로 공감이다 (Yaseen/Foster 2019, 4).

6.3.3. 공감과 의학의 패러다임

의료에 공감이 도입되면서 의료인의 공감 능력을 향상시키고자 하는 모든 노력은 단순히 기존에 의료인이 갖추고 있는 자질에 새로운 자질 하나를 추가하는 것이 아니라, 의료인과 환자의 정체성과 상호 관계 그리고 의료와 질병 등에 대한 관점과 의료의 패러다임 전체를 변화시키는 데 영향을 끼쳤다. 공감과 의료의 상호 관련성의 유형에 따라서 19세기 이후 의학의 패러다임은 근대(modern) 의료, 현대(contemporary) 의료, 포스트모던(post-modern) 의료로 분류할 수 있다.[30]

대략적으로 19세기부터 2차 세계대전 종전 이전까지의 근대 의학에서 병리학과 질환의 세균병원설 그리고 미생물학의 발달과 청진기와 현미경이 개발되고 도입되면서 질병에 대한 과학적인 진단과 질병의 진행 과정에 대한 예측이 가능해졌다. 의학은 혀나 소변 그리고 맥박 등에 나타나는 증상을 통해 진단을 하던 전통 의료의 한계를 극복하고 과학을 토대로 하는 근대 의학으로 발전하였다. 근대 의학은 인간에게 큰 영향을 끼쳤던 여러 질병을 인류 역사상 처음으로 성공적으로 진단할 수 있었다는 점에서 큰 의미가 있다 (Shorter 1993, 788f.). 의사는 근대의학 이전에서는 낮은 신분이었다. 그러나 19세기 말 이후 의학이 과학적 토대를 갖추고 질병을 정확하게 진단할 수 있게

---

30   근대의학 이전의 의학은 흔히 전통의학(traditional medicine)으로 불린다.

되면서 의사는 반신(demi-God)과 같은 이미지와 환자에 대한 제한 없는 권위와 신망을 누리게 되었다(Shorter 1993, 790).

그러나 의사가 특권적으로 누리던 권위는 질병에 대한 이해와 진단 능력에서 비롯된 것일 뿐 환자의 질병 치료 능력이 개선된 데서 주어진 것은 아니었다. 그 당시만 하더라도 질병은 치료할 수 있는 수단이 매우 제한적이었기 때문에 의사는 환자를 치료하기 위해서 자신의 인격과 환자에 대한 깊은 관심 및 걱정에서 나오는 치유력, 즉 의사와 환자 관계의 심리적 요인을 활용할 수밖에 없었다. 의사는 질병의 진단과 치료를 위해 환자의 개인적인 경험과 그가 처한 사회적 환경 및 가족 관계 등을 파악하고 환자가 스스로 치유할 수 있도록 격려하는 등 환자를 전인적 인격체로 다루었다(Shorter 1993, 791). 또한 이 시기의 의사는 대부분 일반의였고, 의료 행위는 병원이 아닌 환자의 가정에서 이루어지는 왕진의 경우가 더 많았다. 그렇기 때문에 의사는 환자뿐만 아니라 그의 가족과 가족의 내력에 대해서도 잘 알고 있었으며 대대로 가족 전체의 치료를 담당하는 가정의였다. 가족을 방문하는 의사는 환자의 가족들로부터 환대를 받았고 그들과 매우 친밀한 관계를 유지했다. 또한 의사는 그들이 속한 공동체와 밀접하게 연결되어 있었고 공동체 구성원들로부터 높은 평판을 받았다. 그 당시 의사와 환자 그리고 공동체 사이에는 거리감이 거의 없었다. 그 당시 의사는 이웃이고 연인이었으며 친구였다(Rothman 2003, 112-121).

근대 의학을 넘어서 현대의학이 발달하게 된 결정적인 시기와 계기는 1930년대 설파제 발견과 1940년대 페니실린이 발견된 제2차 세계대전 이후이다(Roter/Hall 2006, 4). 이러한 새로운 물질의 도움으로 의사는 그 이전에는 치료할 수 없었던 다양한 질병을 인류 역사상 처음으로 치료하거나 완화할 수 있었고, 세균성 질환으로 인한 사망률을 대폭 줄일 수 있었다(Shorter 1993, 792).

치료제의 혁명을 통해서 이전과는 달리 획기적으로 환자를 치료할 수 있게 된 의학은 생화학, 미생물학, 약리학, 면역학, 유전학 등을 위주로 하는 자연과학의 학문으로 발전하였고, 질병은 신체 조직 일부의 훼손 또는 기능적 문제로 간주되기 시작하였다. 그렇기 때문에 의학은 사람이 아니라 손상된 신체 조직이나 기관을 치료하는 것이라는 관점을 가지게 되었고 치료제에 크게 의존하게 되었다. 새로운 치료제의 발명을 통해서 제2차 세계대전 이후의 현대의학은 생의학(biomedicine) 모델로 발전하였다(Shorter 1993, 792; Roter/Hall 2006, 4).

생의학이 신체 조직과 기관 및 치료제에 초점을 맞추게 되면서 환자는 의학의 주 관심사에서 벗어나게 되었고, 환자의 질병체험에 대한 관심 또한 줄어들게 되었다. 환자는 생의학적 모델이 주류를 이루는 의학에서 소외되었고 전인적 인격체로서 존중받지 못하게 되었다. 또한 환자의 심리나 정서 그리고 그가 처한 사회적 환경 등과 그런 모든 것을 포괄하는 환자의 질병체험에 대한 관심도 현격히 줄어들게 되었다. 그렇게 됨으로써 전통 의학과 근대 의학에서 큰 부분을 차지했던 환자는 전인적 인격체라는 관념과 진단과 치료의 중요한 수단이었던 의사와 환자 사이의 관계 및 의사소통도 도외시하게 되었다(Shorter 1993, 793). 이 과정에서 의사는 전문 의료지식을 바탕으로 하는 권위자로서 치료를 결정하고 환자에 대한 절대적인 주도권을 행사하게 된 반면에, 환자는 수동적이고 순응적인 존재로 자리매김하게 되었다. 이러한 의사와 환자의 관계를 가부장적(paternal) 의료 모델이라고 하는데, 생의학적 의료의 특성으로 인해서 생겨난 결과라고 할 수 있다. 현대의학의 패러다임을 통해서 의사는 환자와 관계를 형성하는 능력을 점차 상실하게 되었고 환자와의 의사소통에 대한 관심도 갖지 않게 되었다. 이러한 현상은 일반의가 주류였던 의학이 제2차 세계대전 이후 개별적인 진료 분과로 세분화되면서 더욱더 심화되었다(Rothman 2003, 128; Betzler 2018, 5).

생의학적 의료를 실행하는 의사에 대해서 환자는 사무적이고 냉랭하며 무
관심한 태도를 느끼게 되었다. 또한 자신이 하고 싶은 말을 하지도 못하고,
하더라도 경청되거나 공감되지도 않으며 또한 듣고 싶은 이야기도 충분히
듣지 못한다는 느낌을 가지게 되었다. 환자는 의사에 대해서 분노와 거리두
기 및 불신으로 반응하게 되었고, 의사에 대한 환자의 순응도가 낮아졌으며,
환자가 과학적 근거가 부족한 대체의학을 찾는 경우도 적지 않게 되었다. 이
는 근대 의학에서 의사가 '반신'으로 여겨질 만큼 받았던 환자의 신뢰와 권위
그리고 존중과 사랑이 축소되었고, 의사와 환자 사이의 경계가 명확히 구분
되었으며, 둘 사이의 관계가 소원해지고 멀어지게 된 원인으로 작용하였다.
이전에는 치료하지 못했던 수많은 질병을 치료하게 된 의학 승리의 순간에
의사가 환자로부터 찬양 대신 분노와 불만의 소리를 들어야 하는 것은 현대
의학의 역설이기도 하다(Shorter 1993, 792-795; Rothman 2003, 127). 환자의 불편감
과 불만 그리고 분노와 불신 및 원만하지 않은 의사와 환자 관계로 인해서
의사도 또한 상처를 받고 있고 직업만족도 또한 낮아지게 되었다.

1989년에 발표된 미국의 한 연구에 따르면 열 명 중에 네 명의 의사가 다시
태어난다면 의사가 되고 싶지 않고, 그 네 명 중의 한 명은 곧바로 의사직을
포기할 것이라는 의사를 밝힌 것으로 알려졌다(Shorter 1993, 795). 또 다른 연구
에 따르면 의사의 자살률은 일반인보다 두 배가 높고, 젊은 의사 사망 원인의
26%가 자살인 것으로 나타났다. 자살한 의료인에 대한 심리부검 결과 그들은
비교집단에 비해서 친구와 지인이 적었고 정서적 지원을 덜 주고받은 것으로
나타났다. 또한 의료인의 이혼율도 일반인보다 10-20% 더 높고, 지속하고 있
는 결혼 생활도 더 불만족스러운 것으로 밝혀졌다(Miller/Mcgowen 2000, 967f.).

멀어진 의사와 환자 사이의 관계와 상호 불신과 불만에 대한 반작용 그리
고 낮아진 의사의 직업 만족도에 대한 자성으로 의학에서 질병과 관련된 사

회 심리적 요인에 대한 관심과 존중 그리고 의사와 환자 사이의 관계 재설정 및 공감의 중요성에 대한 목소리가 나오기 시작하였다(Betzler 2018, 5). 이는 현대의학에서 소외되었던 인간이 전인적 인격체로서 그리고 절대성을 지닌 개별자로서 존중되고 배려되어야 하는 것을 의미한다. 또한 보다 나은 진단과 치료를 위해 환자의 사회 심리적 요인, 특히 환자의 감정이 의료에 반영되어야 하고, 환자와 의사의 만족도 제고를 위해 둘 사이의 관계가 권력적이고 일방적인 것에서 평등하고 상호 협력적이며 호혜적 관계로 전환되어야 한다는 것을 의미한다. 특히 주관적인 질병체험에 대한 환자의 전문성을 인정하고 의료에 반영함으로써 의사의 과학적이고 객관적인 의료 전문지식을 토대로 하는 의사의 과도한 주도성의 한계를 넘어서고자 하는 것도 새로운 의료가 구현하고자 하는 가치였다.

이러한 의학의 새로운 움직임은 지금까지 논의한 의료 내재적인 요소에 의해서만 나타난 것이 아니라 개인의 자유와 평등을 추구하는 새로운 정치 사회적 흐름에 의해서도 영향을 받았다(Boudreau/Cassell/Fuks 2018, 52). 현대의학의 한계를 극복하고 보다 비권위적이며 평등하고 상호 호혜적이며 전인적인 의료를 구현하고자 하는 새로운 의료의 패러다임을 이 책에서는 1960년대 이후 사회 문화의 전반에 큰 영향을 끼쳤던 포스트모더니즘(postmodernism)의 개념을 빌려서 포스트모던 의학이라고 부르고자 한다. 그 이유는 현대의학의 한계를 극복하고자 하는 시도와 원칙이 많은 부분 삶과 의식 그리고 문화에 대한 새로운 패러다임이었던 포스트모더니즘에 의해서도 큰 영향을 받았고 이 두 개념이 지향하는 내용과 가치가 대부분 일치하기 때문이다.

포스트모더니즘의 개념은 매우 광범위하게 이해되고 있어서 하나의 정의로 규정될 수 없지만 대략 세 개의 핵심 개념으로 설명할 수 있다. 포스트모더니즘의 첫 번째이자 핵심적 특성은 다원주의(pluralism)라고 할 수 있다

(Welsch 2008, XVII). 다원주의는 진리와 정의, 가치, 권력의 획일성과 절대성, 독점성 등을 부정하고 그것의 다양성과 차이 및 각각의 고유성과 이질성을 존중하는 관점을 의미한다. 포스트모더니즘에서 개별성과 차이에 대한 존중은 기존에 중시되었던 객관성보다는 개별자의 주관성이 존중되는 것과 연결된다. 다원주의는 필연적으로 포스트모더니즘의 두 번째 특성인 해체주의로 이어진다. 해체주의는 기존의 절대적인 것으로 간주되었던 가치와 정의 그리고 진리와 권력을 부정하는 것을 의미한다. 진리와 정의 그리고 가치와 정의는 단수로서 그리고 전체로서 존재하는 것이 아니고 오직 복수로서 그리고 부분으로서 존재하는 것이다. 포스트모더니즘의 세 번째 특성은 합리주의(이성주의)에서 인간과 자연에 대한 객관적 진리를 추구하고 이를 오로지 이성에 의해서만 찾으려고 하였던(장성민 2006, 370) 관념에서 벗어나 인간의 감성과 감각을 중시하는 반이성주의이다(권의섭 2017, 67).

결론적으로 말하자면 포스트모던적 의학은 포스트모더니즘의 다원주의와 해체주의의 원리에 따라서 질병 발견과 치료에 의사의 의학적 지식과 환자의 사회 심리적 지식을 활용하고 의사에게 과도하게 주어진 권력과 주도성을 지양하며, 평등하고 상호 존중적인 의사-환자 관계로 전환하고자 노력한다. 또한 탈이성주의 원리에 따라서 포스트모던적 의학은 환자의 감정을 중시하고 존중하며, 상호 호혜적이고 공감적인 의사-환자 관계를 지향한다.

6.3.4. 공감이 의료인에게 끼치는 긍정적 영향

공감은 인류의 시원과 더불어 시작되었고 현재의 인류로 발달하는 데 지대한 영향을 끼쳤다. 또한 공감은 사회적 존재인 인간의 일상적 삶과 존재 자체를 가능하게 하는 매우 중요한 요소이기도 하다. 왜냐하면 사회적 존재인 인간은 타인과의 상호작용 과정에서 끊임없이 자신이 지향하고 믿고 있는 자아 정체성을 표방하고 타자로부터 이해되고 존중되며 수용되기를 바라는 공감 욕구를 가지고 있기 때문이다. 이러한 공감 욕구가 충족되어야 인간은 행복한 삶을 살 수 있고 존재 자체가 가능하다. 이렇게 볼 때 공감은 일상적 삶 속에서 분리할 수 없는 본질적이고 존재론적인 인간의 속성이다. 의사와 환자도 의료라는 제도적 역할 수행자 이전에 인간이므로 그러한 인간의 본질적 속성에서 벗어날 수 없다. 이는 의사나 환자 모두 인정과 공감이 필요한 원초적 이유이며, 동시에 공감의 의료적 이익에 대한 논의에 앞서서 보편적으로 인식되어야 할 사실이기도 하다.

그러나 의료계에서는 감정의 배제와 환자와의 거리두기가 오랜 관행이었고 의료 수행의 규범이자 표준으로 자리매김 되었다. 그에 대한 대표적인 이유는 첫 번째, 질병을 신체의 조직이나 기관의 이상 현상으로 바라보는 현대의학의 생의학적 패러다임으로 인해서 환자의 감정에 대해 반드시 알아야할 필요도 없고 환자와의 관계 설정도 필요 없다는 인식 때문이었다. 두 번째, 의사가 환자를 정서적으로 대하게 되면 감정에 치우치게 되고 환자와 정서적으로 동화되어서 의료적 객관성을 상실할 것이라는 두려움 때문이었다. 세 번째, 모든 환자에게 공감하게 되면 정서적으로 압도되고 정서적 소진이 올 것이라는 염려 때문이었다(Ekman/Krasner 2016, 1; Betzler 2018, 5).

공감에 대한 의료계의 그러한 우려와 경계에 대해 각각 다음과 같이 반박할 수 있다. 첫째, 환자는 의료기관에 질병뿐만 아니라 그와 관련된 다양한 정신적, 정서적 고통도 함께 가지고 오기 때문에 의료에서 환자의 감정을 살피고 적절하게 대처해야 하는 것은 필수적이다. 또한 질환의 발병과 치료는 환자의 사회 심리적 요인과 직접적인 관련이 있기 때문에 정확하고 객관적인 진단과 치료를 위해서 환자에 대한 사회 심리적 정보가 매우 중요하다.

둘째, 이 책의 토대가 되는 로저스의 공감 개념에 따르면 공감은 환자의 감정을 환자의 관점에서 정확하게 이해하고 그의 감정을 수용하는 것이다. 하지만 이 과정에서 '상대방이 되어서'가 아니라 '마치 상대방이 된 것처럼'이란 인식을 가져야 하는 것이다. 다시 말해서 공감은 공감자와 상대방이 동화되는 것이 아니라 둘 사이의 명확한 경계가 있는 상태에서 일어나는 것이다. 그러므로 공감으로 인해서 의학적이고 과학적인 객관성을 잃을 염려는 없다.

셋째, 공감이 감정적 소진을 초래할 것이라는 우려는 공감은 언제나 상호 호혜적으로 발생한다는 사실을 간과한 데서 발생한 염려로 보인다. 공감의 상호 호혜성이란 상대방을 공감하게 되면 그로부터 보상과 대가로 공감을 받게 되는 것을 의미한다. 그러므로 공감의 결과는 소진이 아니라 공감을 받는 긍정적인 경험이고 이는 더 많은 공감을 할 수 있는 힘으로 작용할 가능성이 크다.

의료인은 많은 특권과 사회적 신망을 받기도 하지만 반대로 인간의 건강과 생명을 다루는 데 대한 중대한 책임감을 동반하고 일상생활에도 일정한 제약이 있는 힘든 업무를 수행하는 직업군이다. 이로 인해서 의사는 많은 스트레스와 소진을 겪고 있고 이는 자살이나 이혼 등과 같은 의사들의 여러 문제의 원인으로 작용하기도 한다. 많은 스트레스와 소진을 겪는 의사는 많은 경우 환자나 가족 또는 친구 및 친지 등과 공감적 인간관계를 가지지 못하는 것으로 밝혀졌다. 그러므로 환자 및 타인과의 원만한 인간관계와 이를 위한 공감은 의료인의 스트레스, 소진, 사회생활의 어려움, 자살 등과 같은 사회 심리적인 문제를 막아주는 완충 장치로써 그리고 치유의 수단으로 작용할 수 있다(Hojat 2016, 131). 그 이유는 모든 다른 인간과 마찬가지로 의사도 행복한 삶과 생존의 원천이며 필수 조건인 공감 욕구를 충족시켜줄 수 있는 타인과의 원만한 인간관계가 필요한 존재이기 때문이다. 의사는 상호주의와 상호 호혜성의 원리에 따라서 환자와 타자를 공감함으로써 자신의 공감 욕구를 충족할 수 있다(Miller/Mcgowen 2000, 972). 그러므로 타인에 대한 인정과 욕구는 자신을 희생하거나 헌신하는 것이 아니라 결과적으로 자신에게 이익이 되는 자리적(自利的) 행동이다. 의사는 우리 사회에서 없어서는 안 되는 매우 소중한 인적 자원이고 공동체의 구성원으로서 높은 직업 만족도와 질 높은 삶이 보상으로 주어져야 마땅하다. 이를 위해서 필요한 중요한 조건 중에 하나는 환자와 타인으로부터의 존중과 공감이다. 이것이 역설적으로 의사가 공감 능력을 가져야 하는 이유이다.

7. 경청과 공감 교육 방법론 1: 서사 인터뷰의 활용

7. 경청과 공감 교육 방법론 1: 서사 인터뷰의 활용

7.1. 공감 교육의 조건과 원칙

이미 앞에서 기술한 대로 공감이 인류의 진화와 존속 그리고 개인의 행복한 삶과 생존을 위한 필수적인 조건이므로 인간은 언제 어디서나 공감이 필요하다.[1] 또한 조직의 성공적이고 효율적인 운영을 위해 조직 구성원 간 그리고 조직 구성원과 클라이언트 간에 공감적 상호작용이 필수적 자원이라는데 대해서는 이견이 없다. 이러한 인식을 토대로 국어교육, 의료보건, 경영, 심리상담 등과 같은 한국 사회의 여러 분야에서 공감 능력 계발에 대한 높은 관심을 가지고 구체적인 교육을 실시하고 있기도 하다.

초등학생을 대상으로 공감 교육을 실시한 결과 학생들의 친사회적 행동 증가, 자아 존중감 향상, 대인관계 능력 향상, 문제행동 감소, 심리적 안녕감, 학교생활 적응 등과 같은 효과가 있는 것으로 나타났다(김윤희/김진숙 2015,

---

[1]   이 장의 내용은 2021년 독어학 43집에 게재된 논문 '공감 교육 도구로서 내러티브 인터뷰'를 토대로 하였다.

2-3). 또한 간호사를 대상으로 한 공감 교육의 효과는 간호사의 공감적 행위가 환자의 통증에 대한 감내력 향상, 당뇨 수치 감소, 상해 환자의 회복 촉진, 만성질환 환자의 불안 경감 등과 같은 치료 효과에 영향을 미치는 것으로 밝혀졌다(김혜영/김정민/이미영 2016, 568).

그러나 공감의 중요성과 능력 계발에 대한 높은 관심과는 달리 현재 실시되고 있는 공감 교육 프로그램은 구체적이고 실효성 있는 교육 내용 구성과 교수 방법론을 제시하지 못하고 있는 것으로 평가되고 있다(박성희/이동렬 2003, 511).[2] 현재 수행 중인 공감 교육의 첫 번째 한계점은 공감의 구성요소에 대한 인식과 관련이 있다. 공감은 인지적 요소와 정서적 요소 그리고 의사소통적 요소를 모두 갖추어져야 이상적인데, 현재의 공감 교육은 대부분 공감의 구성요소 가운데 하나에 초점을 둘 뿐, 세 가지 요소를 통합하는 부분이 미비한 실정이다. 즉, 공감 교육의 대부분은 공감의 표현 방법에 초점을 두고 공감을 위한 의사소통 기술 또는 기법 중심으로 이루어지고 있다(박성희/이동렬 2003, 501; 정진옥/김수 2019, 345; 김혜영/김정민/이미영 2016, 569).

공감 교육의 두 번째 한계점은 공감 교육 방법론 및 도구와 관련이 있다. 지금까지 공감 교육에서 활용한 도구는 그림, 사진, 문학작품(시, 소설 등), 동영상, 감정카드, 음악, 영화, 비디오 등이다. 그리고 공감 교육을 위한 교육 방법은 강의, 글쓰기, 집단토론, 역할놀이, 가상연습, 교육 토론(academy debate), 비폭력대화, 발표 등으로 다양하게 활용되고 있다(박성희/이동렬 2003; 이민주/정연진/강지연/나현주 2019; 박재현 2018). 그러나 여러 분야에서 수행되는 공감 교육은 대다수가 강의 위주의 일방적 교육 방식을 적용하는 것으로 보고되고 있다(김해진/이명선 2015, 237). 또한 지금까지 활용되고 있는 공감교육의 도구와

---

2   국내외에서 지금까지 이루어지고 있는 다양한 공감 교육 프로그램에 대한 사항은 박성희/이동렬(2003); 김혜영(2016, 19-22); 김윤희/김진숙(2015)에서 논의되고 있다.

방법론은 공감이 발현되는 실제의 의사소통 상황을 반영하지 못하기 때문에, 실제의 공감을 직접적으로 체험해보고 공감의 상호 호혜적 특성을 양방향적으로 느껴볼 수 있는 실제성이 미흡한 실정이다.

공감 교육의 세 번째 한계점은 공감 교육의 효과에 대한 평가와 관련이 있다. 공감 교육 훈련 결과 교육생의 공감 능력이 얼마나 개선되었고 어떤 부분이 더 개선되어야 하는지 등이 구체적으로 파악이 되어야, 교육에 대한 성과 확인과 추가 및 보완 교육이 가능하다. 하지만 연구에 의하면 공감 교육의 결과에 따른 공감 능력 측정방법으로 자기 보고 방식을 사용하였다. 그러나 교육 후 자기 보고 방식은 공감 능력이 실제로 그리고 얼마나 향상되었는지, 공감 능력의 구성 요소 중에서 어떤 것이 수행되었거나 수행되지 않았는지를 구체적으로 확인하는 부분에서 한계가 있는 것으로 밝혀졌다(김윤희/김진숙 2015, 15). 그러한 이유로 교육생은 공감 수행 능력에 대한 자신의 문제점과 개선 사항에 대해 구체적인 피드백을 받는 것이 불가능하고 이는 교육생의 추가적인 공감 능력 계발의 한계로 작용한다.

공감에서 가장 중요한 요소 가운데 하나는 상대방의 경험과 감정을 정확하게 이해할 수 있는 능력인데, 이러한 인지적 능력을 교육하기 위한 구체적인 교육 방법론이 현재 명확하게 제시되지 않은 것이 현재 이루어지고 있는 공감 교육의 네 번째 한계점이다(박재현 2018, 18).

지금까지 간략하게 논의한 공감 교육의 내용과 방법론의 한계를 극복하기 위한 공감 교육의 원리와 방법론에 대해서 논의하자면 다음과 같다.

(1) 공감의 특성과 상호 호혜성을 반영한 교육

현대 사회에서 공감 능력이 매우 중요하고, 공감 능력 계발에 대한 관심이 전반적으로 널리 확산되어 있기는 하지만, 경우에 따라서는 그 필요성을 크게 느끼지 못하거나 심지어 거부감을 느끼는 사람들도 적지 않다. 예를 들면 생의학을 기반으로 하는 기존의 의학에서 공감이 불필요하고 심지어는 위험한 것으로 생각하는 의료인들도 적지 않다. 왜냐하면 의료인이 환자에 대해 공감을 하게 되면 의료인이 환자의 감정에 휩싸일 수 있고 그로 인해서 과학적이고 객관적인 진단과 효율적인 치료가 불가능해질 수 있다는 두려움 때문이다(Halpern 2001, 11).

이미 앞에서도 논의하였듯이 이는 공감에 대한 정확한 이해가 부족해서 나타나는 결과이다. 공감은 상대방과 감정적 일치를 이루면서 상대방과 하나로 통합되는 것은 아니다. 공감자와 상대자 사이에는 명확한 경계가 있어야 하고 이 둘은 서로 분리된 독립적인 관계로 존재해야 한다. 공감을 위해서 공감자가 상대방의 감정을 완전히 자신의 것으로 받아들여야 하는 것도 아니다. 공감은 타인의 감정과 똑같이 느끼는 상태가 아니라 상대가 가지는 감정이나 느낌이 그럴 수도 있겠다고 생각하고, 상대방의 느낌을 자신의 관점으로 판단하지 않고 상대방의 관점에서 그대로 존중하고 이해하는 것이다(정혜신 2018, 268). 환자의 질병을 정확하게 진단하고 치료하기 위해서 질병에 영향을 끼칠 수 있는 환자의 사회 심리적 요인을 정확하게 이해하는 것은 필수적이다. 공감의 핵심적인 요소 가운데 하나는 타인에 대한 정확한 이해이므로 공감은 오히려 환자에 대한 정확하고 객관적인 진단을 하는 데 도움이 된다(Halpern 2001, 94).

의료인의 공감에 대한 반감 또는 거부의 또 다른 이유는 공감으로 인한 정서적 소진이다. 의료인은 제한된 시간 내에 고통 중에 있는 다수의 환자들을 대면하기 때문에 그들에게 공감을 지속적으로 하게 되면 정서적 소진을 겪을 것이라고 우려한다. 그래서 한때 의료계에서는 정서적 소진을 예방하기 위해 환자에 대한 정서적 거리두기가 의료의 이상이고 표준이었던 때도 있었다(Halpern 2001, 15; Betzler 2018, 5). 그러나 공감으로 인해 정서적 소진을 겪을 것이라는 우려 또한 공감을 올바르게 이해하지 못해 나타난 현상이다. 이미 앞에서 언급한 대로 공감은 타인의 감정을 완전히 자신의 것으로 받아들이는 것도 아니고 타인과 감정적으로 통합되는 것도 아니다. 로저스는 타인에게 공감함으로 인해 정서적 혼란과 고통을 겪는다면 곧바로 그 감정에서 빠져나와 자신의 감정으로 되돌아오는 것이 공감의 중요한 요소 중 하나라고 기술하고 있다(Rogers 1975, 4). 그러므로 정서적 소진은 공감의 결과가 아닌 공감자가 자신의 감정에 빠진 것이거나 과도하게 타인의 감정에 휩싸이고 함몰된 결과인 것이다. 또는 상대방에 대한 진정한 공감의 마음 없이 공감의 표현 수단만을 기계적으로 수행한 감정 노동의 결과일 수도 있다.

연구에 따르면 정서적 거리두기가 정서적 소진을 예방하지 못하는 것으로 나타났다. 오히려 공감적인 의사가 의사로서의 삶의 질을 높이고 스트레스를 경감시키며 직업 만족도와 효능감을 촉진하는 것으로 나타났다. 또한 예상과는 달리 임종 환자와 큰 고통을 겪는 환자를 돌보는 의사가 다른 의사들에 비해 정서적 소진을 덜 겪는 것으로 나타났다(Betzler 2018, 11; Ekman/Halpern 2015, 635). 또 다른 연구에 의하면 의료인은 일반인에 비해서 자살률이 두 배나 더 높고, 젊은 의사 사망 원인의 26%가 자살인데 이들에 대한 심리부검 결과 이들은 타인과의 공감적 관계가 부족했던 것으로 나타났다(Shorter 1993, 795).

진정한 의미의 공감은 타인의 이익을 위해 자기 자신을 희생하거나 헌신하는 것이 아니라 자기 자신에게도 이익이 되는 공감의 상호 호혜적 특성이 공감 교육에서 기본적인 전제조건으로 논의되어야 할 것이다. 공감자 자신이 공감받는 느낌을 가질 수 있고, 타인에 대한 공감 능력을 계발하기 위해 우선적으로 해야 할 것은 먼저 그리고 주도적으로 타인을 공감해야 한다는 사실이 공감 교육에 대한 결정적인 동기부여로 작용해야 할 것이다.

(2) 공감의 구성요소(인지적 요소, 정서적 요소, 의사소통적 요소)를 통합적으로 반영한 교육

공감은 인지적 요소와 정서적 요소 그리고 의사소통적 요소로 구성되어 있고 이러한 세 요소 가운데 하나라도 결여되어 있다면 공감이라고 할 수 없다. 왜냐하면 공감의 세 구성 요소가 상호 의존적이고 전제 조건적인 관계를 형성하기 때문이다. 상대방에 대한 정확한 이해 없이는 적절한 정서적 반응을 할 수가 없고, 거꾸로 정서적 반응 없이는 정확한 이해가 의미가 없다. 또한 정확한 이해와 정서적 반응은 구체적인 표현으로 이루어지는 상호 작용이 없다면 그러한 공감의 상태를 인지할 수 없는 타인에게는 의미가 있을 수 없다. 반대로 실제로 이루어지는 정확한 이해와 정서적 반응 없이 그와 관련된 표현 방법을 중심으로 이루어지는 공감 교육은 타자 중심적이고 상호 호혜적인 공감의 진정성을 반영하지 못한 것이며 '공감자'에게 이익이 되는 이기적인 처세술과 관련된 공감 기술 교육으로 머물 것이다.

현대적 의미의 공감 개념을 정립하였고 이후 관련 논의에서 큰 영향을 끼쳤던 칼 로저스는 공감의 개념에서 태도와 자세를 중요시하였음에도 불구하고 이후 심리치료에서 공감의 개념이 기법 또는 기술의 차원으로 변질되고 축소된 것에 대해서 충격을 받았다고 밝힌 바 있다. 그는 공감적 태도와 자세의 핵심은 타인에 대한 긍정적인 존중과 진정성이라고 강조하고 있다(Rogers 1980, 139). 그러므로 공감적 태도와 자세를 반영하는 인지적 요소와 정서적 요소 그리고 의사소통적 요소 모두를 통합적으로 구성한 공감 교육 프로그램이 제공되어 한다(정진옥/김수 2019, 345).

(3) 공감을 수행해 보고 느껴볼 수 있는 실제의 의사소통 상황에서의 실습

현재 이루어지고 있는 대부분의 공감 교육은 다양한 도구와 교육 방법론을 활용하고 있다. 인지적 공감 교육이나 정서적 공감 교육에는 각각 서로 다른 도구와 교육 방법론이 활용되고 있기도 하고 공감의 구성요소를 통합적으로 반영하는 교육 프로그램에서도 내용과 단계별로 각각 다른 교육 도구와 교육 방법론이 활용되고 있다. 그러나 기존의 공감 교육에서 활용되고 있는 교육 도구와 교육 방법론은 공감이 수행되는 의사소통의 실제성과 현장성을 충분히 반영하지 못하고 있다. 그러한 교육도 일정 부분 의미를 가질 수 있으나 교육생이 타인과의 의사소통적 상호 작용 과정에서 공감을 수행해 보고 그에 대한 반응으로 공감을 받을 수 있는 실제성과 현장성이 충분히 발현되는 실습이 필요하다. 공감 교육에서 교육생이 공감과 관련된 지식을 실천해보고 공감의 효능을 직접 체험해 보는 것이 중요하다. 특히 자신이 수행한 공감의 보상으로 공감을 받는 체험을 통해 교육생들은 공감 능력 계발에 대한 동기부여를 받을 수 있다.

(4) 공감 수행에 대한 구체적인 평가와 피드백 제공

공감 교육 과정은 공감에 대한 지식정보의 제공과 실습 그리고 그 실습에 대해서 개인별로 평가와 구체적인 피드백이 주어져야 이상적일 것이다. 각자가 실제로 수행한 공감 행위에 대한 구체적인 평가와 피드백이 개인별로 주어져야 공감 교육에 대한 자기 자신의 성취와 문제점 그리고 추후 어떤 방식으로 문제점을 극복하고 개선할 수 있는지를 구체적으로 알 수 있을 것이다. 이를 위해 공감적 태도와 행위를 구체적으로 평가하기 위한 평가도구가 전제되어야 한다. 인간의 공감 능력은 일반적으로 1회의 교육을 통해서 완성되는 것이 아니라 지속적이고 반복적인 교육을 통해 점차적으로 개선된다. 이러한 점에서 평가도구는 시간적 재정적 문제로 지속적이며 반복적인 공감 교육을 받을 수 없는 교육생이 자신의 공감적 태도와 행위를 스스로 평가하고 개선할 수 있는 학습 도구로 활용하는데 매우 유용할 것이다.

7.2. 서사 인터뷰의 특성과 진행과정

7.2.1 서사 인터뷰의 특성

이 책에서는 지금까지 논의한 공감 교육의 원리와 방법론을 구현할 수 있는 가장 적절하고 효율적인 도구와 방법론으로서 서사 인터뷰의 활용을 제안한다. 그 이유는 공감의 특성과 공감 교육의 조건과 원칙에 서사 인터뷰의 구조 및 진행과정의 특성이 상당 부분 부합하기 때문이다.

서사 인터뷰는 원래 질적 사회학의 연구에서 잘 알려진 자료 수집 방법의 하나이다. 실제 의사소통 상황에서 존재하지 않는 서사 인터뷰는 질적 연구 자료의 수집을 위한 학술적 목적으로 1970년대 독일의 사회학자인 프릿쯔 쉿째가 창안한 의사소통의 한 유형이다(Schütze 1983). 질적 사회학 연구에서 서사 인터뷰의 활용은 사회적 실제성이 사회구성원의 행위 밖에 존재하는 것이 아니라, 개별적인 의사소통 과정에서 매번 새롭게 생성되는 진행형의 특성을 갖는다는 인식을 토대로 한다. 이러한 사회적 실제성을 있는 그대로 탐구하기 위한 방법으로 사회적 실제성이 창발적으로 형성되는 의사소통 상호작용의 한 유형인 이야기를 활용하는 서사 인터뷰가 고안되었다(Küsters, 2009, 18).

질적 연구를 위한 자료수집 과정의 방법론적 본질은 현상학적 탐구의 핵심인 판단중지 및 환원의 방법을 토대로 하는 것이다. 자료수집 과정에서의 판단중지 및 환원의 방법은 연구자의 관념이나 이론 또는 가치관에 의해서 변질되지 않은, 있는 그대로의 생생한 자료를 수집하기 위해서 연구자의 선입견 또는 선지식을 배제하는 것을 의미한다(이남인 2005, 94-95.). 이러한 이유로 서사 인터뷰는 연구자의 선입견에 의해서 변질되지 않은 피연구자의 관점과 발화 양식을 채득하기 위해서 최소한 인터뷰의 전반부에서 특정한 관점이나 발화양식을 유도하지 않고 피연구자가 자유롭고 즉흥적으로 이야기할 수 있도록 열린 질문을 사용한다(Küsters 2009, 18-21.).

현상학적 이론과 방법론을 토대로 하는 서사 인터뷰의 특징은 첫째, 인터뷰의 전반부에서 열린 질문을 통해 피연구자가 즉흥적으로 자신의 경험을 자신의 관점으로 자유롭고 주체적으로 이야기를 전개하고, 청자인 인터뷰어는 화자의 이야기에 대해서 수용적인 기능만을 수행한다. 인터뷰어는 피연구자가 이야기를 하는 동안 경청과 이해 및 공감의 표시를 비언어적으로 표현할 뿐, 화자의 이야기를 중단시키거나 특정한 내용으로 이야기를 이끌어갈 목적으로 질문하거나 자신의 의견을 표명하지 않는다. 일상적인 의사소통과는 달리 이 부분에서 인터뷰어는 발화권이 없고 오로지 피연구자만이 발화권을 갖는다. 이 과정에서 인터뷰어는 경청과 공감을 통해서 피연구자가 이야기를 자유롭고 편안하게 할 수 있도록 보조적인 역할만을 수행한다. 이 과정에서 인터뷰어는 피연구자가 한 이야기를 충분히 이해하지 못했거나 보다 더 구체적이고 상세한 이야기를 듣고 싶은 사항이 있다고 하더라도, 피연구자의 이야기를 중단시키지 않기 위해서 그에 대해서 곧바로 질문을 하지 말아야 한다. 이러한 사항에 대해서는 인터뷰어가 메모를 해 두었다가 인터뷰의 후반부에서 심층질문을 하거나, 화자가 제공하지 않았지만 중요한 사항에 대해서 보완질문을 할 수 있다(Küsters 2009, 18; Lucius-Hoene/Deppermann 2011), 117-119.).

두 번째 서사 인터뷰의 특징은 인터뷰어가 화자가 이야기한 내용과 화자에 대해 어떠한 평가나 의견 표명 또는 가치판단이나 반박 등을 하지 말아야한다(Lucius-Hoene/Deppermann 2011, 382-383). 이는 화자가 이야기를 하는 동안청자인 인터뷰어가 이야기 내용의 진위에 대한 의심을 하거나 반박하지 않을것이라는 믿음, 그리고 이야기의 내용과 관련된 자신의 태도와 관점에 대해서 부정적인 평가를 하지 않고 오로지 수용적이고 호의적이며 공감적으로반응을 할 것이라는 신뢰를 할 수 있어야, 화자가 불안해하지 않고 자신의이야기를 자신의 관점에서 자유롭고 안정적으로 전개할 수 있기 때문이다(Lucius-Hoene/Deppermann 2011, 125).

세 번째 서사 인터뷰의 특징은 인터뷰 수행의 간편성 또는 용이성과 관련이있다. 서사 인터뷰는 원래 사회학에서 생애사에 대한 질적 연구를 위한 방법으로 고안되었지만 현재는 연구 분야와 연구 주제에 제한이 없는 질적 연구 자료수집을 위한 대표적인 방법으로 자리매김 되었다. 이렇게 다양한 연구 분야에서 연구 주제와 관련 없이 서사 인터뷰가 가장 선호되는 질적 자료 수집 도구로 활용되는 이유는, 이야기가 화자 자신이 직간접적으로 체험했고, 그래서 잘알고 있는 것을 대상으로 하며, 그것을 자신의 관점과 형식으로 자의적이고주관적으로 표현할 수 있기 때문이다. 그렇기 때문에 자신의 경험을 이야기하는 것은 누구라도 어렵지 않게 할 수 있다. 이러한 이유로 이야기는 다른 의사소통의 유형에 비해 상대적으로 용이하게 인터뷰어가 원하는 정보를 제공할수 있는 수단으로 활용된다(Lucius-Hoene/Deppermann 2011, 21; 정연옥/박용익 2019, 142-145). 물론 낯선 사람을 대상으로 하는 서사 인터뷰에서 인터뷰 요청을 받는 인터뷰이는 경우에 따라서 낯선 이에게 자신의 경험을 토로하는 것을 부담스럽게 생각할 수도 있고, 또한 질문의 범위에 들어가는 수많은 경험 가운데무엇을 어떻게 시작해야 할지에 대해 처음에는 어려움을 겪을 수도 있다. 하지만 일단 이야기를 시작하면 대부분의 사람들은 자신의 경험을 이야기로 풀어 내는 데 큰 어려움을 겪지 않는다(Lucius-Hoene/Deppermann 2011, 119).

네 번째 서사 인터뷰의 특징은 이야기를 하는 화자에게 이익과 도움이 되는 의사소통이라는 사실과 관련이 있다. 자신의 경험을 이야기해달라는 요청을 받은 화자는 자신의 경험에 대해 집중적으로 성찰해보고 이야기로 풀어낼 수 있는 기회를 부여받는다. 이야기를 하는 과정 속에서 화자는 자신의 경험을 일목요연하게 정리해보고 명료하게 이해할 수 있게 되며 경험이 자신에 대해 어떤 의미를 가지는지 깨달을 수 있게 된다. 또한 이야기를 통해서 자신에게 부정적인 영향을 끼쳤던 요소를 떨쳐버리거나 그것의 긍정적인 측면을 발견할 수도 있다. 이야기를 하는 동안 청자인 인터뷰어는 화자가 편안하고 자유롭게 이야기를 할 수 있도록 집중적인 관심을 보여야 하고 적극적인 경청과 공감적 반응을 해야 한다. 화자는 청자인 인터뷰어의 그러한 반응을 통해 사회적이고 정서적인 지지를 받는다. 또한 화자는 인터뷰어가 필요로 하는 정보를 제공할 수 있다는 자신의 가치감을 느낄 수 있다. 이야기를 마친 화자는 대부분의 경우 자신의 경험과 자기 자신을 보다 잘 이해할 수 있게 되고 자기 자신에 대한 의미와 가치를 발견할 수 있으며 치유의 경험을 하기도 한다. 인터뷰가 종료된 후에 인터뷰어의 경청적이고 공감적이며 지지적인 행위에 대해 화자가 큰 만족감을 표현하는 경우가 대부분이다(Lucius-Hoene/Deppermann 2011, 121). 화자에 대한 이야기의 이러한 기능을 이야기 치료라고 한다(Lucius-Hoene/Deppermann 2011, 131-134). 이러한 이유로 서사 인터뷰는 현재 연구 자료 수집을 위한 도구로서 뿐만 아니라 상담과 치료의 목적으로 활용되기도 한다(Rosenthal/Loch 2002, 221).

질적 연구를 위해 본 저자가 수행한 서사 인터뷰 종료 직전에 화자에게 인터뷰 후 소감에 대해 질문을 하면, 화자는 대부분 '명료해지고 정리가 되는 느낌', '시원함', '후련함', '인터뷰어의 경청과 공감에 대한 감사함' 등의 느낌을 표명하였다. 그 가운데 두 사례를 예로 들면 다음과 같다.

1. 인터뷰어: 말씀하시고 나니까 좀 기분이 어떠십니까?
2. 인터뷰이: 기분은 뭐 이런 얘기 한 적이 없으니까.
3. 인터뷰어: 아, 그러세요?
4. 인터뷰이: 예. 아주 시원하고 좋죠.

5. 인터뷰어: 혹시 오늘 인터뷰를 이렇게 인제 한 시간 가까이. 뭐 인터뷰만 한다면, 하셨
6.   는데 소감이 어떠신가요?
7. 인터뷰이: 저도 많이 까먹었었는데 다시 떠올리고 하니까 이런 게 잘못됐었고 또 앞
8.   으로의 이제 발전 방향? 앞으로 우리가 어떻게 나가야 될 것인가를 다시 재
9.   점검할 수 있어서 기분이 좋았구요.[3]

7.2.2. 서사 인터뷰의 구조와 진행과정

쉿쩨는 인터뷰어가 원하는 정보에 대한 열린 질문으로 시작되는 서사 인
터뷰의 핵심구조와 진행과정을 3단계로 설명하였다(Schütze 1983, 285). 이후 여
러 연구자들에 의해 쉿쩨의 서사 인터뷰의 구조와 진행과정에 대한 다양한
논의가 이루어졌다.

서사 인터뷰의 제1 단계는 화자가 청자인 인터뷰어의 개입에 의한 중단
없이 자신의 이야기를 자유롭게 전개하는 과정이다. 이 단계에서 인터뷰어는
적극적인 경청과 공감의 표시로 화자가 자신의 이야기를 전개할 수 있는 보
조적인 역할을 수행한다. 제 1단계의 종료 부분에서 화자가 이야기를 마쳤다

---

3   여기에 제시된 예문은 2012-2015년에 진행되었던 "의료기관 구성원의 조직 커뮤니케이션 능
     력 향상을 위한 대화분석 연구"에서 수행한 두 개 사례의 서사 인터뷰에서 인용한 것이다.

는 표현을 하게 되면, 제 2단계에서는 화자가 첫 번째 단계에서 자유롭게 이야기한 정보 가운데 인터뷰어가 정확하게 이해하지 못한 정보에 대해 확인질문과 화자의 정보가 불충분할 경우 정보를 심화 및 확장할 수 있는 질문이 이루어진다. 제3 단계는 제1 단계에서 화자가 이야기하지는 않았지만 연구과제와 관련하여 인터뷰어가 알고 싶은 사항에 대해 미리 준비한 질문 목록을 토대로 보완적으로 질문을 수행하는 과정이다.[4]

하지만 서사 인터뷰는 인터뷰어가 원하는 정보를 묻고 화자가 그에 대한 대답으로서 이야기를 하는 것으로만 이루어지는 것은 아니다. 쉿째가 설명한 세 단계로 이루어지는 본격적인 의사소통이 이루어지기 전에 시작 및 예비 의사소통 단계가 필요하다. 이 과정에서 화자와 인터뷰어의 관계 형성을 위한 의사소통이 이루어지기도 하고, 처음으로 서사 인터뷰를 수행하는 화자에게 서사 인터뷰의 진행방식과 유의사항에 대한 다양한 정보를 제공하기도 한다. 서사 인터뷰가 종료되기 직전에 화자의 정보제공에 대한 의미와 감사에 대한 의사소통이 이루어진 이후에야 비로소 서사 인터뷰가 종료된다.

정연옥과 박용익은 서사 인터뷰의 다양한 구성요소와 예비 조건 및 유의사항(Lucius-Hoene/Deppermann 2011; Küsters 2009, 54-66) 등을 토대로, 서사 인터뷰의 구조 및 진행단계와 개별 진행단계에서 수행해야 할 의사소통적 과제를 기술하고 서사 인터뷰의 원형을 재구성하였다(정연옥/박용익 2012, 66-69). 이 연구에 따르면 서사 인터뷰의 원형은 시작단계-예비단계-경험표현단계-심화보완단계-마무리단계-종료단계 등의 여섯 단계로 이루어진다.

---

4   두 번째와 세 번째 단계의 인터뷰어 질문은 '접속적 질문'과 '정보 완결을 위한 질문(Lucius-Hoene /Deppermann 2011, 420-423), '이야기 내적 질문'과 '이야기 외적 질문'(Rosenthal/Loch 2002, 226-231), 내재적 되묻기 질문과 외재적 되묻기 질문(Küsters 2009, 61-64), 또는 확인 및 심화 질문과 보완질문 등으로 불리기도 한다(정연옥/박용익 2012).

시작단계에서는 인터뷰어가 인터뷰이와의 원만한 관계설정을 위한 의사소통 행위가 수행된다. 인터뷰이가 인터뷰어에 대해서 친근감과 신뢰감을 느껴야 자신의 이야기를 어려움 없이 꺼낼 수 있기 때문에 관계형성은 매우 중요하다. 인터뷰어와 인터뷰이 사이의 원만한 관계형성을 위한 의사소통적 과제로는 다음과 같은 것들이 있다.5

- 인사
- 인터뷰어의 이름과 역할 소개
- 인터뷰이의 성명 확인과 인터뷰이가 원하는 호칭 탐구와 합의
- 면담내용을 녹음하겠다는 것에 대한 인터뷰이로부터의 동의 받기
- 인터뷰이가 인터뷰에 임하는 데 대한 존중감 표현(경우에 따라서는 사례제공)
- 편안한 분위기 조성을 위한 스몰토크

예비단계에서는 인터뷰어가 인터뷰이에게 앞으로 어떤 절차와 방식으로 서사 인터뷰가 진행될지를 설명해주는 것이 핵심적인 목적이다. 이를 통해서 인터뷰이는 앞으로 벌어질 서사 인터뷰의 진행 과정을 올바로 이해하고 적절하게 대처할 수 있다. 이 단계에서 수행되어야 할 구체적인 의사소통 행위는 아래와 같다.

- 서사 인터뷰의 목적과 취지의 설명

---

5   본래 질적 연구 자료를 확보하기 위한 방법으로 사용되는 서사 인터뷰의 방법을 있는 그대로 소개한다. 서사 인터뷰를 경청과 공감 교육의 목적에 따라서 향후에 경미하게 수정할 필요가 있다. 서사 인터뷰의 진행과정과 매우 유사한 것이 의료대화 중의 하나인 병력대화이다. 이에 대해서는 박용익(2011, 155-212)을 참조.

- 서사 인터뷰의 진행 방식안내
- 인터뷰이의 권리 보장(원하지 않을 경우 인터뷰를 중단할 수 있는 권리, 인터뷰 녹취와 사용의 동의를 향후에 취소할 수 있는 권리 등)
- 인터뷰어가 향후에 질문하기 위한 인터뷰이의 이야기를 메모하는 것에 대한 양해 구하기
- 서사 인터뷰와 관련하여 인터뷰이가 질문이나 요청 사항이 있는지를 묻기
- 인터뷰 수행과 녹취 및 향후 동의서 받기
- 인터뷰이가 하는 모든 이야기는 가치가 있고 인터뷰이는 서사 인터뷰에서 실수할 가능성이 전혀 없음에 대한 확신 주기

경험표현단계는 심화보완단계와 더불어서 서사 인터뷰의 본질적인 의사소통 목적, 즉 인터뷰이의 체험에 관한 정보를 수집하는 행위가 이루어지는 단계이다. 경험표현단계에서 인터뷰이는 자신이 체험한 과거 사건과 그에 대한 의미를 자유롭게 주도적으로 이야기한다. 이 단계에서 인터뷰어는 인터뷰이의 이야기에 개입하지 않고 그가 이야기를 중단 없이 전개할 수 있도록 수용적이고 촉진적인 역할, 즉 경청과 공감의 행위만을 수행한다. 화자의 이야기와 관련하여 궁금한 사항이 있으면 메모를 해두었다가 다음 단계인 심화보완단계에서 질문을 한다.

이 단계에서 특히 중요한 것은 첫 번째의 의사소통 과제인 열린 질문을 수행하는 것이다 (예: '준비되셨나요? 000 선생님/000님의 000에 관한 경험을 들려주시겠어요?', '000에 관해서 체험하신 후부터 지금까지의 생활을 이야기해 주시겠어요?'). 인터뷰이가 인터뷰를 시작할 때 무슨 말을 어떻게 시작해야 할지에 대해서 자신이 없음을 보이고, 구체적인 질문을 요청하는 경우가 자주 있지만, 그러한 경우라도 인터뷰어는 최대한 열린 질문을 고수해

야 한다. 그 이유는 처음에 이야기의 시작을 어렵게 생각하는 인터뷰이도 나중에는 별다른 문제를 보이지 않고 자신의 이야기를 오랜 시간 동안 풀어가는 경우가 대부분이기 때문이다. 이 단계에서 이루어져야 하는 구체적인 의사소통 과제로는 다음과 같은 것들이 있다.

- 인터뷰어의 열린 질문
- 인터뷰이의 이야기(내러티브)
- 인터뷰어의 청자 반응
- 인터뷰어의 인터뷰이 이야기에 대한 중간 요약6
- 인터뷰이가 계속해서 이야기를 해달라는 인터뷰어의 요청
- 인터뷰어가 인터뷰이의 전체 이야기 요약

심화보완단계는 말 그대로 인터뷰이가 제공한 정보의 진위를 확인하고 추가적이고 심화적인 정보를 구하는 것을 목적으로 한다. 이를 위해서 인터뷰어가 인터뷰이의 이야기의 내용과 관련된 연계 질문(확인질문, 심화질문)이나 인터뷰이가 말하지 않았지만 인터뷰어가 알고자 하는 질문(보완질문)을 수행한다. 보완질문을 하기 위해서 인터뷰어는 미리 질문 목록을 준비한다. 보완질문을 미리 준비했다고 하더라도 특정 보완질문에 관한 내용을 인터뷰이가 이미 말했다면 그에 대한 질문을 할 필요는 없다. 앞선 경험표현단계가 인터뷰이의 주도적인 의사소통이 이루어지는 것과 다르게, 이 단계에서는 인터뷰어가 주도적인 역할을 한다. 이 단계에서 수행해야 하는 의사소통적 과제는 다음과 같다.

---

6 열린 질문에서 추가 이야기 요청의 과정이 최소한 2-3번 반복되는 것이 이상적이다.

- 심화보완단계에 대한 예고 및 진행방식 안내
- 확인질문
- 심화질문
- 보완질문
- 인터뷰어가 알고자 하는 내용을 인터뷰이가 모두 말했는지를 확인하기

마무리단계는 서사 인터뷰를 종료하기 직전의 단계이다. 이 단계에서는 인터뷰이가 인터뷰 동안 수행한 모든 것에 대해서 감사를 표시하고, 그가 제공한 정보가 유용하고 가치 있음을 확인해주는 행위가 이루어진다. 그리고 인터뷰어는 인터뷰이가 추가적으로 더 할 말이 있는지를 묻고, 그럴 경우 인터뷰어가 추가로 발언할 기회를 제공한다. 그렇지 않을 경우 인터뷰어는 인터뷰이가 서사 인터뷰를 수행한 데 대한 느낌이나 의미를 말하도록 권유한다. 그리고 마지막으로 사회나 타인에게 하고 싶은 메시지를 전달하도록 유도한다. 마무리 단계에서 이루어져야 하는 구체적인 의사소통 과제로는 다음과 같은 것들이 있다.

- 마무리 예고
- 감사 및 존중표시
- 추가 발언 욕구 확인 질문
- 소감 및 의미 말하기 권유
- 다른 사람 또는 사회에게 전할 메시지 확인

종료단계는 서사 인터뷰를 종결하는 단계로서, 이곳에서는 인터뷰와 관련하여 인터뷰이가 질문이나 마지막으로 하고 싶은 이야기가 있는지를 확인하고, 서사 인터뷰가 추가적으로 필요할 경우 다음 일정을 협의할 수 있다. 그

리고 마지막으로 작별인사를 한다. 이 단계에서 수행되어야 하는 의사소통 행위를 요약하면 아래와 같다.

- 질문 또는 요청 사항 확인
- (다음 일정 협의)
- 작별인사

지금까지 기술한 서사 인터뷰의 원형을 도표로 제시하면 다음 쪽의 그림 8과 같다.

서사 인터뷰 원형은 이 인터뷰의 수행 방법론과 유의사항 등을 구체적으로 교육하는 데 유용하게 활용할 수 있고 서사 인터뷰에 익숙하지 않은 사람은 이 인터뷰를 수행할 때 일종의 매뉴얼처럼 활용할 수 있다. 서사 인터뷰 원형은 또한 서사 인터뷰를 수행한 결과를 평가하고 구체적인 피드백을 제공하는 데 활용될 수도 있다.

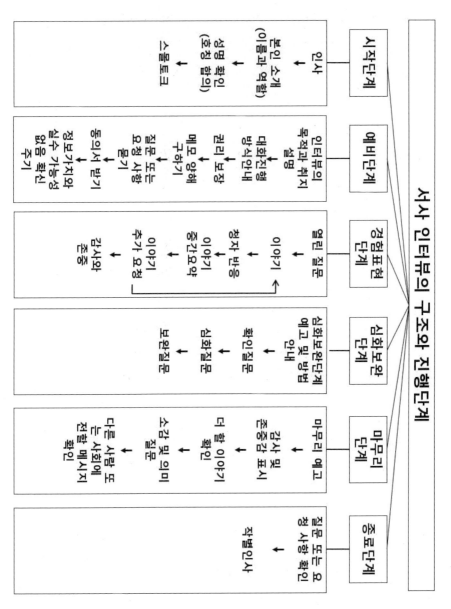

[그림 8] 서사 인터뷰의 원형(정연옥/박용익 2012, 68)

7.3. 공감 교육의 도구로서 서사 인터뷰의 장점

공감의 시대로 불릴 만큼 공감은 개인이나 조직 그리고 전지구적 차원에서 갖추고 있어야 할 중요한 자질이라는 사실에는 이견이 없다. 그렇기 때문에 공감 능력 계발에 대한 많은 관심이 존재하고 이를 위한 다양한 교육이 이루어지고 있다. 하지만 기존에 이루어지고 있는 공감 교육은 한계와 문제점을 가지고 있다. 그러한 기존의 공감 교육에 대한 하나의 대안으로 서사 인터뷰를 활용할 수 있다. 서사 인터뷰는 공감이 핵심인 칼 로저스의 비지시적 상담 기법(Rogers 1942/2009, 153-162)의 특성 및 진행과정과 매우 유사하기 때문에 공감 교육 방법론으로서 적합하고, 기존의 공감 교육의 한계와 문제점을 극복하는 좋은 대안이 될 수 있다. 서사 인터뷰를 활용한 공감 교육의 특성과 장점은 다음과 같다.

(1) 실제 의사소통 상황에서 실습 및 체험 가능성

서사 인터뷰를 통한 공감 교육의 특징과 장점 가운데 하나는 의사소통 상황의 실제성이다. 이론 교육 후 실습은 가상의 시나리오나 사전 조율된 이야기가 아닌 화자의 특정 경험에 대한 즉흥적인 이야기를 대상으로 한다. 실제의 현장 실습이 아닌 조별 실습에서도 조 구성원 사이에 화자가 어떤 이야기를 하고 싶은지를 사전에 조율한 후에 그에 관한 서사 인터뷰를 실행한다. 이 과정에서 서사 인터뷰의 실제 상황을 생생하게 체험해 볼 수 있고 이론 시간에 배운 것들을 실제적으로 적용해 볼 수 있다. 화자는 인터뷰어의 경청과 공감을 통해서 그리고 자신의 체험 이야기를 통해서 화자에 대한 이야기의 효능을 느껴볼 수 있다. 인터뷰어의 경청과 공감을 통해서 화자가 자연스럽게 이야기를 하는 것을 체험해 봄으로써, 인터뷰어는 자신이 화자로부터 신뢰받고 존중받는다는 느낌을 가질 수 있게 된다. 실습을 통한 이러한 모든 긍정적인 체험은 경청과 공감적 행위 능력의 중요성과 계발에 대한 동기부여를 할 수 있다.

(2) 실습을 위한 내러티브 활용의 편이성

이야기는 자신이 경험한 것 그리고 잘 알고 있는 것을 대상으로 하므로 화자가 아무런 준비 없이 즉흥적으로 할 수 있는 용이성 때문에 서사 인터뷰를 위해 별도의 준비 없이 참가하는 데 적합하다.

(3) 화자와 인터뷰어 모두에게 도움이 되는 상호 호혜성

원래 질적 연구 자료 수집을 위해 수행되는 서사 인터뷰는 연구를 위한 자료 수집자인 인터뷰어에게 주로 이익이 되는 것으로 보일 수 있다. 하지만 화자는 이야기를 한 뒤에 치유의 체험을 할 수 있고 다양한 이유로 큰 만족감을 보이는 경우가 많은 만큼 화자에게도 이익이 된다. 공감 능력 계발을 목적으로 서사 인터뷰를 활용할 경우에도 공감을 받는 화자에게 주로 이익이 되는 것처럼 보이지만 인터뷰어도 화자로부터 공감을 체험할 수 있다. 이러한 서사 인터뷰의 상호 호혜성은 공감의 상호 호혜적 특성과 매우 일치한다.

(4) 비판단적 태도와 긍정적인 수용 능력 계발에 대한 적합성

서사 인터뷰를 수행하는 사람은 화자의 이야기에 대해 평가나 가치판단을 하지 말아야 하고 화자의 이야기를 호의적이고 긍정적으로 수용해야 하는 의무를 지닌다. 이는 공감의 특성 가운데 하나인 타자에 대한 비판단적이고 긍정적인 배려 및 수용의 태도와 일치한다. 그러므로 서사 인터뷰는 공감의 핵심적 요소 가운데 하나인 타인에 대한 조건 없는 긍정적인 수용 능력을 계발하는 데 적합하다.

(5) 친밀감과 관계 형성 능력 계발에 적합

서사 인터뷰의 시작과 예비단계에서 인터뷰어는 화자와 담소를 나누기도 하고, 인터뷰에 임하는 화자에 대한 다양한 유형의 존중과 배려 및 지지적인 의사소통을 수행해야 한다. 이러한 의사소통을 실습하는 과정에서 인터뷰어는 타인과 친밀감 및 인간관계를 형성할 수 있는 능력을 배양할 수 있다.

(6) 경청과 공감 행위 수행 능력 계발에 대한 적합성

경험표현단계에서 화자가 이야기를 시작하면 인터뷰어는 화자의 말을 중단시키지 않고, 화자가 자유롭고 편안하게 이야기를 전개할 수 있도록 '예', '음', '그랬군요', '고개 끄떡이기', '집중적인 시선접촉' 등과 같은 명시적인 청자 반응의 행동을 보여야 한다. 인터뷰어는 또한 화자가 자신의 이야기가 흥미롭고 가치가 있다는 확신을 가지면서 이야기를 더 풍요롭게 하기 위해 말하는 동안 얼굴 표정이나 즉흥적 해석(예: '세상에!', '그럴 수가!', '너무했다!', '힘드셨겠네요' 등)을 통해 지속적으로 공감의 표현을 명시적으로 해야 한다(박용익 2014, 145-146). 이러한 청자반응의 의사소통적 과제 실습을 통해 인터뷰어는 경청과 공감 능력을 계발할 수 있다.

(7) 이해 능력 계발에 대한 적합성

공감의 핵심적인 구성요소 가운데 하나는 타인의 경험과 정서에 대한 정확한 이해이지만, 기존의 경청과 공감 교육은 타인의 감정을 인식하는 방법을 교육 내용으로 제대로 제시하지 못하고 있다(박재현 2018, 18). 타인의 경험과 감정을 가장 구체적이고 확실하게 이해할 수 있는 방법은 타인이 한 말을 확인해보거나 질문하는 것이다. 서사 인터뷰의 경험표현단계에서 청자인 인터뷰어는 여러 번에 걸쳐서 중간요약을 수행하여야 한다. 중간요약을 통해 인터뷰어는 화자의 이야기를 정확하게 이해했는지 여부 점검 및 확인을 할 수 있고, 잘못 이해한 것은 화자와의 논의를 통해 바로잡을 수 있다.

또한 심화보완단계에서 인터뷰어는 화자가 이야기한 내용 중에서 이해가 되지 않은 것에 대해 확인할 수 있고, 더 알고 싶은 내용에 대한 심화적인 질문을 할 수 있으며, 이야기된 사건에 대한 화자의 입장과 감정 등에 대해 질문할 수 있다. 인터뷰어는 서사 인터뷰에서 수행해야 하는 중간요약과 확인질문 그리고 심화질문 등을 통해서 상대의 경험과 정서를 정확하게 이해할 수 있다. 그렇기 때문에 서사 인터뷰는 인터뷰어의 정확한 이해 여부를 확인하고 이해 능력을 개선할 수 있는 적합한 수단이라고 할 수 있다.

(8) 공감의 구성요소에 대한 통합적인 교육 방법론으로서의 적합성

이미 앞에서 경청과 공감 능력 계발을 위한 서사 인터뷰의 특징과 장점에서 논의한 것들을 요약하면 서사 인터뷰는 공감의 구성 요소인 인지적 요소(집중적인 관심과 정확한 이해)와 정서적 요소(정서적 반응) 및 의사소통적 요소(인지적 요소와 정서적 요소에 대한 구체적이고 명료한 표현) 등을 포괄적으로 교육할 수 있는 방법이자 도구로서 적합하다.

공감이 인간의 생존과 행복한 삶의 영위, 효율적인 조직 운영과 관리, 그리고 전지구적인 문제 해결에 매우 중요한 역할을 한다는 데 대해 모두가 공감하는 시대이다. 이러한 인식을 토대로 현재 공감 능력 계발을 위한 교육이 다양하게 실시되고 있다. 하지만 기존 교육은 부분적으로 한계와 문제점이 지적되고 있다. 기존 교육의 한계와 문제점을 개선하고 보다 효율적으로 공감 교육의 목표를 달성하기 위해 필요한 조건과 원칙은 첫째, 교육생에 대한 공감 능력 계발에 대한 동기 부여가 잘 이루어져야 한다. 이를 위해 공감 개념과 공감의 상호 호혜적 특성에 대한 정확한 이해가 선행되어야 한다. 둘째, 공감을 구성하는 인지적 요소와 정서적 요소 그리고 의사소통적 요소 중에 하나라도 결여되면 공감이라고 할 수 없으므로 이러한 세 가지 요소 모두를 반영한 통합적 교육이 이루어져야 한다. 셋째, 가상이 아닌 실제의 의사소통 상황에서 공감을 수행해보고 느껴볼 수 있는 실습을 수행하는 것이 중요하다. 이를 통해 교육생은 공감 수행에 대한 실제적이고 생생한 체험을 할 수 있고 공감의 다양한 효능을 생생하게 느껴볼 수 있다. 이 과정에서 공감자는 공감이 결과적으로 공감자에게도 유익하다는 사실을 체득할 수 있기 때문에 공감 능력 계발에 대한 동기를 부여받을 수 있다. 넷째, 공감 교육은 교육에 그치는 것이 아니라 교육생의 공감 수행 능력에 대한 구체적인 평가와 피드백 제공을 토대로 이루어져야 한다. 이를 통해 교육생은 자신의 공감 수행 능력에 대한 정확한 판단이 가능하고 향후 공감 능력을 개선하는 구체적인 근거를 가질 수 있다.

서사 인터뷰는 이러한 공감의 특성과 공감 교육을 위한 전제조건에 전반적으로 부합하는 특성을 가지고 있다. 서사 인터뷰를 공감 교육에 활용할 경우 실제 의사소통 상황에서 실습 및 체험 가능성, 실습을 위한 내러티브 활용의 편이성, 화자와 인터뷰어 모두에게 도움이 되는 상호 호혜성, 비판단적 태도와 긍정적인 수용 능력 계발에 대한 적합성, 친밀감과 관계 형성 능력 계발에 대한 적합성, 경청과 공감 행위 수행 능력 계발에 대한 적합성, 이해 능력 계발에 대한 적합성, 공감의 구성요소에 대한 통합적인 교육 방법론으로서의 적합성 등과 같은 장점과 적합성을 기대할 수 있다.

7.4. 서사 인터뷰를 활용한 경청과 공감 교육 방법론

서사 인터뷰를 활용한 경청과 공감 교육을 위한 교육 프로그램은 이론, 실습, 평가 및 피드백의 세 부분으로 이루어진다.

7.4.1. 이론 교육

의과대학에서 학생들은 예과 과정에서 의료와 관련된 자연과학적 기초 지식과 다양한 인문·사회의학적 지식을 접할 수 있기는 하다. 하지만 서사의학이 의학교육 과정에 본격적으로 도입되지 않은 만큼 학생들이 의학에서 이야기의 활용에 대한 이해와 동기부여가 충분하지 않을 가능성이 크다. 그렇기 때문에 서사 인터뷰를 활용한 경청과 공감 교육의 첫 번째 내용으로 이야기를 의료 및 의학교육에서 활용하는 배경, 이유, 목적 철학적 토대, 역사, 국내외 의학교육학 영역에서의 현황, 이익과 장점, 그리고 한계와 가능성 등에 대한 내용, 즉 서사의학에 대한 전반적인 내용을 체계적으로 다루어야 할 필요가 있다. 이에 대한 내용은 이 책의 3장을 참조할 수 있다.

이론 교육의 두 번째 부분으로 서사 인터뷰를 활용한 교육의 궁극적인 목표인 경청과 공감에 대해서 전반적으로 다루어줄 필요가 있다. 이를 위해서 의료인의 경청과 공감에 대한 현황, 의료인이 경청과 공감이 필요한 이유, 경청과 공감에 대한 정확한 개념 정의, 의료와 환자 그리고 의료인에 대한 경청과 공감의 이익과 의미에 대한 설명이 필요하다. 이에 대한 내용은 이 책의 6장을 참조할 수 있다.

　이론 교육의 세 번째 부분에서는 서사 인터뷰의 핵심적인 도구인 이야기에 대한 다양한 내용에 대해서 다루어야 할 필요가 있다. 이 부분에서 다루어야 할 기초적인 사항으로는 이야기의 정의와 의사소통적 특성, 인간과 환자 그리고 의료인에 대한 이야기의 의미와 영향 등이 있다. 이에 대한 내용은 이 책의 4장과 5장을 참조할 수 있다.

　이론 교육의 마지막 부분에서는 서사 인터뷰에 대한 내용이 다루어져야 한다. 이 부분에서는 서사 인터뷰의 개념과 특성, 서사 인터뷰의 구조와 진행과정, 서사 인터뷰 수행과정에 유의사항 및 경청과 공감 교육에서 서사 인터뷰의 이익과 장점 등이 핵심적인 내용이다. 이에 대한 내용은 이 책의 7장을 참조할 수 있다. 서사 인터뷰가 일상적인 의사소통 생활에서 직접 수행하거나 접할 수없는 의사소통의 유형이기 때문에, 교육생이 서사 인터뷰 수행 방법에 대한 이론 수업을 받은 후에도 서사 인터뷰 수행 방법을 정확하게 이해하지 못할 가능성이 크다. 그런 이유로 15-30분 정도로 수행된 서사 인터뷰 모범 동영상 사례를 교육생들에게 보여주게 되면 서사 인터뷰 수행 방법을 보다 명료하게 이해할 가능성이 크다.

7.4.2. 실습 교육

　실습교육에서는 학생들이 이론 수업에서 배운 서사 인터뷰 수행 방법론을 활용하여 실제로 서사 인터뷰를 수행해 보는 것을 목적으로 한다. 실습은 이 교육의 핵심적인 부분으로서 서사 인터뷰 과정에서 경청과 공감을 실행해보고, 타자와 교감할 수 있는 체험을 할 수 있으며, 타자와 실습자 모두 만족감을 느껴볼 수 있는 기회이다. 실습 교육은 개별 현장 실습과 그 이전에 실습에 대한 실습이라고 할 수 있는 조별 실습의 두 과정으로 나눌 수 있다.

(1) 조별 실습

조별 실습은 다음과 같은 절차와 진행과정으로 이루어진다.

① 조 구성
② 서사 인터뷰 주제 정하기
③ 개방형 첫 질문 만들기
④ 후속 질문 만들기
⑤ 서사 인터뷰 실행 실습
⑥ 동료 평가 및 피드백
⑦ 교수 평가 및 피드백

① 조 구성

실제의 서사 인터뷰 수행 과제 이전에 조별 실습을 실행하는 가장 큰 이유는 이미 앞에서도 언급한 바와 같이 연구 목적으로 인위적으로 만들어진 서사 인터뷰가 교육생에게 익숙하지 않기 때문에, 이론 수업 후에 교육생이 곧바로 개별 현장 실습을 하게 되면, 내러티브 인터뷰를 활용한 경청과 공감 능력의 계발이라는 수업의 목적이 달성되기 어렵기 때문이다. 그런 이유로

3인으로 구성된 조를 구성하여 교육생이 약식으로 서사 인터뷰를 수행해 보는 것이 수업 목표의 달성을 위해서 매우 효과적이다. 세 명으로 조를 구성하게 되면 인터뷰이, 인터뷰어, 평가자의 역할을 돌아가면서 실습해볼 수 있는 장점이 있다. 세 명으로 구성된 조별 실습을 할 경우 평가자는 아래의 그림과 같이 인터뷰이 옆에 앉는다. 그 이유는 평가자가 인터뷰어 옆에 앉게 되면 인터뷰이가 인터뷰어 뿐만 아니라 평가자와도 이야기를 하고 상호작용을 할 수 있기 때문이다. 첫번째 실습이 끝나면 인터뷰어는 인터뷰이 역할을 하고, 평가자는 인터뷰어 역할을 한다. 그리고 두번째 실습이 끝나면 첫번째 실습시의 평가자가 인터뷰이가 되고 인터뷰어는 평가자가 되며 인터뷰이는 인터뷰어 역할을 하게 된다. 이렇게 되면 3인 모두 3개의 역할을 한 번씩 수행해 볼 수 있다.

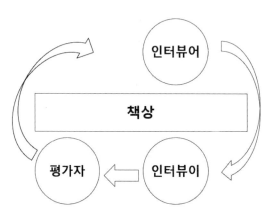

[그림 9] 서사 인터뷰 실습 과정에서의
자리 배치와 역할교대 순서

② 서사 인터뷰 주제 정하기

세 명의 조원은 각자가 인터뷰이가 되었을 때 어떤 주제의 이야기를 할 것인가를 협의하고 결정해야 한다. 원래 서사 인터뷰는 개인적인 이야기를 즉흥적으로 하는 것이기 때문에, 개인의 사적인 정보를 인터뷰이와 인터뷰어 외에는 다른 사람이 공유할 수 없다. 그러나 이러한 조별 실습에는 실습 조원 모두와 교수자가 인터뷰이의 개인적인 이야기를 함께 접하게 된다. 인터뷰이는 학습 목표를 위해서 반 강제적으로 조별 실습에 참여하고 인터뷰에 응할 수밖에 없다. 그러므로 주제를 정할 때 인터뷰이는 그의 개인적이고 사적인 정보가 외부로 드러나서 나중에 그에 대해서 불편감을 가질 수도 있다. 이러한 문제가 발생하지 않기 위해서 서사 인터뷰 실습 후에 인터뷰이가 불편감이 들거나 후회를 하지 않을 범위에서 인터뷰 주제를 결정하는 것이 매우 중요하다. 이를 위해서 인터뷰이가 주제를 결정할 수 있도록 하는 것이 적절하다.

③ 개방형 첫 질문 만들기

서사 인터뷰의 본질적인 취지는 인터뷰 주제와 관련하여 인터뷰이의 생각과 관점에서 정보를 취득하는 것이다. 그런 이유로 첫 질문에서 특정한 내용이나 방향으로 이야기를 이끌어내지 않기 위해서 6하 원칙의 질문 또는 예/아니오를 결정하는 질문 등의 닫힌 질문을 사용해서는 절대로 안 된다. 서사 인터뷰의 개방형 첫 질문은 형태적으로 질문이라기보다는 이야기를 해달라는 부탁이나 요청에 가깝다. 예를 들면 '나의 투병생활'이란 주제로 인터뷰를 한다면 닫힌 질문은 "투병생활을 한 것이 언제인가요?" 또는 "어떤 질병을 앓으셨나요?" 등과 같은 질문이 닫힌 질문이다. 이에 대한 개방형 질문의 형태는 "겪으셨던 투병생활에 대해서 자유롭게 편안하게 해주십시요"이다. 인터뷰의 첫 질문이 닫힌 질문으로 시작되면 인터뷰이는 그 질문에 대한 대답만 하고 또 다른 질문을 기대할 가능성이 크다. 그러므로 닫힌 질문으로 시작된 인터뷰는 결과적으로 서사 인터뷰가 아닌 인터뷰어가 질문하고 그에 대해서 인터뷰이가 대답하는 통상적인 인터뷰가 될 수밖에 없다. 다시 말해서 첫 질문이 닫힌 질문이면 서사 인터뷰는 성공적으로 진행하기 어렵다. 그런 점에서 첫 질문을 개방형으로 만드는 것이 매우 중요하다.

④ 후속 질문 만들기

한 명의 인터뷰어 역할 수행을 위한 조별 실습은 약 20분 동안 진행되기 때문에 실질적으로 후속 질문을 하기에는 너무 시간이 짧다. 그럼에도 불구하고 후속 질문 만들기 연습을 하는 이유는, 실제의 서사 인터뷰에서 인터뷰이가 자신의 관점으로 이야기를 마치고 더 이상 할 이야기가 없다고 생각할 때, 인터뷰어가 심화보완단계에서 정보를 더 이끌어내기 위한 심화 또는 보완 질문을 만들어보는 연습을 하기 위해서 필요하다.

서사 인터뷰 조별 실습을 위한 1) 조 구성, 2) 서사 인터뷰 주제 정하기, 3) 개방형 첫 질문 만들기, 4) 후속 질문 만들기 등에 대한 교육과 실습은 5) 서사 인터뷰 실행 실습을 준비하기 위한 사전 활동이다. 그렇기 때문에 1) - 4)의 교육과 실습은 서사 인터뷰 실행 실습이 이루어지기 대략 1주 전에 이루어지는 것이 적합하다.

⑤ 서사 인터뷰 실행 실습

한 명의 인터뷰어 역할 수행을 위한 실습은 형편에 맞게 시간을 정할 수 있지만 대략 20분 정도로 진행하는 것이 적절하다. 실습 시간 20분 가운데 10분은 서사 인터뷰를 수행하게 하고, 나머지 10분은 수행된 서사 인터뷰에 대한 동료와 교수의 평가 및 코멘트를 할 수 있도록 설계하도록 한다. 10분의 시간 가운데 인터뷰어가 약 7분 동안 경험표현단계를 수행하는 것이 적절하다. 그 이유는 서사 인터뷰를 수행하는 가장 큰 목적이 인터뷰이가 자신의 이야기를 편안하고 자유롭게 이야기할 수 있도록 하는 것이고, 이를 위해서 인터뷰어가 적극적이고 명료한 경청과 공감 표현을 익숙하게 할 수 있도록 하는 데 있기 때문이다. 이 과정에서 인터뷰어는 서사 인터뷰 원형 도표를 출력해서 전체 진행과정을 참조할 수 있도록 한다. 인터뷰어가 인터뷰에 몰입해 있기 때문에 시간의 흐름을 파악할 수 없다. 이 문제를 해결하기 위해서 평가자는 경험표현단계의 진행이 7분에 이르면 미리 준비한 7분 경과 표지를 보여주고, 10분이 지나면 인터뷰 시간이 종료되었음을 알려줄 필요가 있다.

조별 실습에서 모든 학생이 각각의 역할을 돌아가면서 하게 되면 매우 많은 시간이 요구되므로(1개 조의 실습만 1시간이 필요함), 교수의 평가와 피드백은 한 명의 인터뷰어 역할 수행에 대한 것을 대상으로 하는 것이 현실적이다. 이 경우 평가는 실습 조원 모두에게 동일하게 적용되는 공동평가를 해야 한다. 이러한 방식의 조별 실습은 실습 과정에서 인터뷰어 역할을 하는 교육생만 나중의 현장 실습에서 유리한 문제와 단점이 있다. 이 문제를 해결하기 위한 방법은 교수의 평가와 피드백이 이루어지는 조별 실습 전에 모든 조원이 역할을 교대하면서 인터뷰를 하는 조별 과제로 제시하고, 그 중에서 각 조에서 가장 좋은 인터뷰를 조별 실습 시간에 수행하도록 하는 것이다.

⑥ 동료 평가 및 피드백

서사 인터뷰가 끝나면 약 5분 동안 평가자가 인터뷰어의 인터뷰 수행에 대한 평가와 코멘트를 할 수 있도록 한다. 평가자는 아래의 서사 인터뷰 수행 평가표를 활용하여 평가하고 그 결과를 토대로 인터뷰어에게 잘한 점과 아쉬운 점 또는 수행 및 미수행에 대한 코멘트를 할 수 있다. 동료의 평가 및 피드백이 중요한 이유는 인터뷰어의 서사 인터뷰 수행의 과정과 결과를 동료의 관점에서 평가받고 피드백을 받을 수 있기 때문이다. 그리고 보다 더 중요한 것은 본인이 다른 사람의 서사 인터뷰 또는 경청과 공감의 의사소통 행위를 평가하고 코멘트를 함으로써, 향후 자신이 수행한 서사 인터뷰 수행과 경청과 공감 능력에 대한 평가를 스스로 할 수 있고, 이를 통해서 향후 지속적인 경청과 공감 능력 계발을 위한 자가 교육 능력을 갖출 수 있는 것이다.

[표 5] 서사 인터뷰 수행 평가표(동표 평가용)

서사 인터뷰 수행 평가표(동료 평가용) 성명:		
I. 단계별 기능 단계와 하위 의사소통적 과제		
1. 시작 단계	수행	미수행
1) 인사(인터뷰이에 대한 호칭 합의)		
2) 본인의 이름과 소속 및 역할 소개		
3) 스몰토크		
2. 예비 단계		
1) 인터뷰의 전체 진행 안내(방식, 시간 안내 등)		
2) 인터뷰이의 권리 보장(휴식, 음료, 대화 중단 등)		

3) 메모 양해 구하기		
4) 질문 여부 및 요구 사항에 대한 질문		
3. 경험 표현 단계		
1) 열린 질문으로 이야기 유도		
2) 이야기의 촉진과 수용 행위를 적극적으로 함(수용, 촉진, 즉흥 해석)		
3) 질문과 의견으로 이야기의 흐름을 끊지 않음		
4) 한 주제의 이야기가 종료되었을 때 중간 요약		
5) 다수의 열린 질문으로 화자가 자신의 이야기를 충분히 할 수 있도록 함		
4. 심화보완단계		
1) 연계적이고 심화적인 질문을 하였음		
2) 이야기 내용을 구체화하기 위한 질문이나 일화 소개 요청을 함		
3) 적극적인 경청과 공감 표시를 함		
5. 마무리단계		
1) 이야기에 대한 감사 및 존중감 표현		
2) 더 하고 싶은 말이 있는지에 대한 질문		
3) 소감 및 의미에 대한 질문		
4) 다른 사람이나 사회에 전달할 조언이나 충고 유도		
6. 종료단계		
1) 질문 또는 요구 사항 확인		
II. 전체 대화에 대한 평가		
1.인터뷰를 단계의 순서대로 원활하게 진행되도록 하였음		
2. 대상자를 전문가로 존중하고 배우고자 하는 겸손한 태도 유지		
3. 대상자의 말에 끼어들거나 가로채지 않음		
4. 편안한 어투와 태도 및 얼굴표정을 통한 평온하고 따뜻한 분위기 조성		

5. 대상자에 대한 적극적인 감정 이입		
6. 평가적 반응이나 놀람 등의 부정적 반응을 보이지 않음		
7. 전체적으로 풍부한 이야기가 생산됨		

⑦ 교수 평가 및 피드백

한 명의 인터뷰어 역할 수행을 위한 실습 시간 20분 가운데 나머지 5분은 서사 인터뷰 수행과 평가에 보다 익숙한 교육자가 인터뷰어의 인터뷰 수행과 평가자의 평가에 대해서 코멘트를 하는 데 사용할 수 있다. 교수자의 평가는 인터뷰어와 평가자에 대한 평가로 이루어진다. 비교적 짧은 시간에 이루어지는 인터뷰이고 또한 평가와 피드백 시간도 짧기 때문에 아래와 같은 간략한 평가표를 사용하는 것이 적절하다. 조별 실습을 성적에 반영할 경우 한 예로 아래의 평가표와 같이 점수 배정을 할 수 있다. 조별 평가는 한 번의 실습으로 모든 조원들에게 동일한 점수를 부여하는 것이기 때문에 좋은 점수를 받기 위해서는 조원과 협력과 사전 연습이 중요한 점을 교육생에게 강조하는 것이 적절하다.

[표 6] 서사 인터뷰 조별 수행 평가표(교수 평가용)

서사 인터뷰 조별 수행 평가표(교수 평가용)				
_____ 조: _____ 점				
I. 인터뷰에 대한 평가기준 (60)	잘함	보통	미수행	점수
1. 경험표현 단계가 올바로 이루어졌는가?	20	10	0	

2. 이야기를 요약하고 추가 이야기를 요청했다	15	10	0	
3. 화자가 이야기를 하는 동안 적극적이고 명시적인 경청을 하였다	15	10	0	
4. 단계별 의사소통을 수행하였다(미수행 항목당 -2)	10			
II. 평가자에 대한 평가 기준 (30)	잘함	보통	미수행	점수
1. 평가 항목에 따라서 평가를 했는가?	20	10	0	
2. 상대방을 존중하면서 피드백을 했는가?	10	5	0	
III. 질문지에 대한 평가 기준 (10)	수행		미수행	점수
1. 첫 질문이 개방형으로 되어 있는가?	5		0	
2. 보완질문이 최대한 개방형으로 작성되어 있는가?	5		0	
총점				

(2) 현장 실습

① 인터뷰이 섭외 및 인터뷰 주제 선정

서사 인터뷰의 현장 실습을 위한 가장 중요한 과제 가운데 하나는 인터뷰에 응해줄 자원자를 섭외하는 일이다. 가족 또는 친구 등과 같이 잘 아는 사람을 인터뷰이로 정하게 되면, 인터뷰어가 인터뷰이가 해줄 이야기의 내용을 알 수도 있기 때문에, 인터뷰이가 자세하게 이야기를 해주지 않을 가능성이 크다. 그렇기 때문에 인터뷰이는 가급적 모르는 사람으로 선정하는 것이 바람직하다. 20대 초중반의 학생들이 잘 알지 못하는 사람을 대상으로 인터뷰이를 선정하는 것이 그렇게 쉽지 않은 과제이기는 하다. 그러나 이 과제는 낯선 타인을 대상으로 부탁과 도움을 요청하는 과정에서 낯선 타인과 교감하고, 인간관계를 형성하는 능력을 계발할 수 있는 좋은 기회이기도 하다. 가족이나 친구 등의 도움으로 인터뷰이를 선정하고, 인터뷰의 취지와 방법 등에 대해서 인터뷰 전에 설명을 하는 것도 이 단계에서 해야 할 중요한 과제이다. 이러한 과제는 전자우편 또는 전화로도 할 수 있으나 가급적이면 교육생이 인터뷰이를 직접 만나서 교감하고 관계설정을 잘 해두면, 인터뷰이와 친근감이 생기고 개별 현장 실습 과정에서 보다 편안하게 서사 인터뷰를 수행할 수 있을 것이다.

인터뷰 주제는 인터뷰어가 미리 정한 주제에 대해서 이야기를 해 줄 사람을 찾을 수도 있고, 아니면 먼저 인터뷰이를 섭외한 후에 인터뷰이와 협의 하에 주제를 선정할 수도 있다. 의과대학생들이 수행하는 과제인만큼 가급적 이면 질병체험에 대한 주제로 인터뷰를 진행하는 것이 바람직하다. 생의학적 인 지식은 학생들이 수업시간에 배우지만 환자들이 겪는 질병체험은 교과과 정에서 배우지 않기 때문에, 그러한 과제를 통해서 환자의 다양한 질병 체험 을 경험할 수 있는 좋은 기회이다. 인터뷰 주제를 선정할 때 또 하나의 중요 한 기준은 인터뷰이가 이야기할 사건이 완료되고 어느 정도 시간이 지나서, 그 사건에 대해서 객관적인 거리두기가 가능한 것을 대상으로 해야 한다. 통 상적으로 진행 중이거나 완료된 지 얼마 되지 않은 사건에 대해서는 이야기 하기가 어렵기 때문이다.

② 개방형 첫 질문 및 후속 질문 목록 만들기

개방형 첫 질문 만드는 것은 조별 실습과 동일하다. 추가적으로 좋은 개방 형 첫 질문 사례와 바람직하지 않은 폐쇄형 첫 질문의 예를 더 들자면 다음과 같다. 예를 들어서 간호사나 의사를 대상으로 임상 현장에서 죽음을 체험한 경험을 주제로 서사 인터뷰를 한다면 개방형 첫 질문의 형식은 다음과 같을 수 있다.

- "의사로서 환자의 죽음에 대한 체험을 자유롭게 말씀해주시면 감사하겠습니다."
- "환자의 죽음에 대한 체험을 선생님의 관점으로 편안하게 말씀해 주십시오."
- "환자의 죽음에 대한 체험을 선생님이 지금 생각나시는 대로 자유롭게 말씀해 주십시오."

반대로 바람직하지 않은 폐쇄형 첫 질문의 형태로는 다음과 같은 것들이 있을 수 있다.

- "환자 사망 시 어떤 느낌이 드셨습니까?"
- "언제 환자의 죽음을 처음 체험하셨습니까?"
- "환자 사망 시 의사로서 힘드셨습니까?"

짧고 약식으로 이루어지는 조별 실습에서는 심화보완단계가 소략하게 수행되거나 아예 생략될 수 있기 때문에 후속질문 목록이 크게 중요하지 않지만, 30분 정도로 이루어지는 현장 실습에서는 심화보완단계가 비교적 상세하게 이루어질 수 있기 때문에, 인터뷰어가 인터뷰 주제와 관련하여 알고 싶은 사항에 대해서 질문 목록을 만들어 둘 필요가 있다. 후속 질문에 대한 내용 가운데 특정 내용들은 경험표현단계에서 인터뷰이의 자유로운 이야기 속에서 언급되어 있을 수 있다. 그러한 내용을 제외하고 시간이 허락하는 범위 내에서 인터뷰어는 심화보완단계에서 후속 질문을 할 수 있다. 이를 위해서 인터뷰어는 주제와 관련하여 인터뷰 전에 다양한 정보를 수집하고 자신이 알고자 하는 내용에 대해서 구체적으로 파악하고 있어야 한다.

후속 질문 목록에 인터뷰이가 질문과 관련된 이야기를 했거나 하지 않은 사실을 점검할 수 있는 항목을 만들어두면, 인터뷰이가 인터뷰어의 후속 질문에 대한 정보를 이미 경험표현단계에서 제공했는지를 점검할 수 있다. 이에 대한 점검은 인터뷰이가 이야기를 하는 과정 또는 이야기 종료 후에 할수 있다. 인터뷰이가 사전에 준비한 질문과 관련된 정보를 경험표현단계에서 제공했다면 심화보완단계에서 인터뷰어는 그 질문을 할 필요가 없다. 후속 질문 목록의 예를 들면 아래와 같다.

[표 7] 후속 질문 목록의 사례

의사의 병원 조직 커뮤니케이션에 경험 관련 질문 목록			
개방형 첫 질문: 의사로 생활하는 동안 다른 의사와 커뮤니케이션하면서 느꼈던 점에 대해서 편안하고 자유롭게 말씀해 주십시오.			
	보완 질문 목록	수행	미수행
전반적 소통	다른 의사와 어떠한 상황(회진, 협진, 수술, 시술, 검사, 컨퍼런스 등)에서 어떤 목적으로 커뮤니케이션하게 되는지요?		
	다른 의사와 커뮤니케이션하는 동안 발생하는 전반적인 문제점에 대해 말씀해 주세요.		
	다른 의사와 커뮤니케이션하는 동안 좋았던 경험에 대해 말씀해 주세요.		
	다른 의사와 커뮤니케이션하는 동안 좋지 않았던 경험에 대해 말씀해 주세요.		
동료와 소통	동료 의사와 어떠한 상황(회진, 협진, 수술, 시술, 검사, 컨퍼런스 등)에서 어떤 목적으로 커뮤니케이션하게 되는지요?		
	동료 의사와 커뮤니케이션하는 동안 발생하는 전반적인 문제점에 대해 말씀해 주세요.		

	동료 의사와 커뮤니케이션하는 동안 좋았던 경험에 대해 말씀해 주세요.		
	동료 의사와 커뮤니케이션하는 동안 좋지 않았던 경험에 대해 말씀해 주세요.		
상급자와 소통	아랫년차로서 윗년차 레지던트나 스탭(교수, 전임의)와 어떠한 상황(회진, 협진, 수술, 시술, 검사, 컨퍼런스 등)에서 어떤 목적으로 커뮤니케이션하게 되는지요?		
	아랫년차로서 윗년차 레지던트나 스탭(교수, 전임의)와 커뮤니케이션하는 동안 발생하는 전반적인 문제점에 대해 말씀해 주세요.		
	아랫년차로서 윗년차 레지던트나 스탭(교수, 전임의)와 커뮤니케이션하는 동안 좋았던 경험에 대해 말씀해 주세요.		
	아랫년차로서 윗년차 레지던트나 스탭(교수, 전임의)와 커뮤니케이션하는 동안 좋지 않았던 경험에 대해 말씀해 주세요.		
하급자와 소통	윗년차로서 아랫년차 레지던트나 인턴과 어떠한 상황(회진, 협진, 수술, 시술, 검사, 컨퍼런스 등)에서 어떤 목적으로 커뮤니케이션하게 되는지요?		
	윗년차로서 아랫년차 레지던트나 인턴과 커뮤니케이션하는 동안 발생하는 전반적인 문제점에 대해 말씀해 주세요.		
	윗년차로서 아랫년차 레지던트나 인턴과 커뮤니케이션하는 동안 좋았던 경험에 대해 말씀해 주세요.		
	윗년차로서 아랫년차 레지던트나 인턴과 커뮤니케이션하는 동안 좋지 않았던 경험에 대해 말씀해 주세요.		

③ 현장 실습 준비 사항 및 준비물 체크 리스트

서사 인터뷰 개별 현장 실습을 위한 준비가 미흡하면 인터뷰를 성공적으로 수행하지 못하게 된다. 그렇기 때문에 서사 인터뷰 개별 현장 실습을 위한 준비 사항 체크리스트를 만들어놓고 현장 실습을 하기 전에 점검하게 되면 그러한 실수를 줄일 수 있다. 서사 인터뷰 실습을 위해서 필요한 준비물로는 먼저 서사 인터뷰 참여설명서와 동의서가 필요하다. 인터뷰이와 사전 만남에서 인터뷰 참여에 대한 설명을 하였고 동의서를 받았을 경우 굳이 현장 실습 시 이 두 서류를 지참할 필요가 없다. 하지만 현장 실습에서 인터뷰 참여에 대한 설명과 동의서를 받아야 하는 경우 반드시 지참해야 한다. 다음으로 필요한 문건은 서사 인터뷰 원형이다. 서사 인터뷰에 익숙하지 않은 인터뷰어가 굳이 암기해서 이 인터뷰를 진행할 필요는 없다. 서사 인터뷰가 진행되는 동안 인터뷰어는 서사 인터뷰 원형 도표를 참조하면 서사 인터뷰의 절차와 진행과정에 알맞게 인터뷰를 진행하는 데 도움이 된다. 개방형 첫 질문 및 후속 질문 목록도 서사 인터뷰를 성공적으로 수행하는 데 반드시 필요한 것이므로 현장 실습 시에 반드시 지참하도록 한다.

다음으로는 서사 인터뷰를 녹취하기 위한 장치가 필요하다. 최근에는 스마트폰으로 녹음을 할 수 있기 때문에 보이스 레코더 등과 같은 별도의 녹취 장치가 필요하지는 않다. 다만 하나의 녹음 장치만을 사용할 경우 이 장치에 문제가 있어서 녹취가 안 될 수도 있거나 저장된 녹음 파일이 삭제될 수도 있기 때문에 최소한 한 개의 추가적인 장치로 보조 녹음을 해두는 것이 바람직하다. 추가 녹음을 위해서 인터뷰어가 인터뷰이에게 자신의 스마트폰으로 녹음해줄 것을 부탁해보는 것도 하나의 방법일 수 있다. 또한 스마트폰을 녹음 장치로 사용할 경우 녹화 중에 전화가 올 수 있으므로 무음으로 전환해두는 것도 필요하다. 인터뷰이에게도 인터뷰가 중단되지 않도록 인터뷰 과정에서 스마트폰을 끄던지 아니면 무음으로 해줄 것을 요청하는 것이 좋다. 서사 인터뷰를 수행하기 전에 녹음장치의 충전 상태를 확인해두는 것도 반드시 필요한 일이다. 경우에 따라서 인터뷰가 진행되는 동안 배터리가 방전되어서 녹음이 안 될 수도 있기 때문이다. 이러한 사태를 미리 예방하기 위해서 현장에서 배터리 충전을 할 수 있도록 충전 케이블을 준비해 가는 것이 좋은 방법일 수 있다.

그 다음으로 필요한 것은 인터뷰이가 인터뷰 진행 과정 중에 눈물을 흘릴 수도 있으므로 휴지나 손수건을 지참하는 것이 좋다. 또한 경험 표현 단계에서 질문할 사항을 메모하기 위한 메모지와 필기도구도 미리 준비해두어야 한다. 인터뷰이가 인터뷰 도중에 마실 물이나 음료수를 준비하는 것도 바람직하며, 인터뷰에 응한 데 대한 사례로 인터뷰이를 위한 작은 선물을 준비하는 것도 좋을 것이다. 이와 같은 내러티브 개별 현장 실습을 위한 준비물을 점검하기 위한 체크 리스트의 예를 들면 아래와 같다.

[표 8] 현장 실습 준비 사항 체크 리스트

현장 실습 준비 사항 체크 리스트			
		목록	확인
서류	1	서사 인터뷰 참여 설명서	
	2	서사 인터뷰 참여 동의서	
	3	서사 인터뷰 원형표	
	4	개방형 첫 질문 및 후속 질문 목록	
기계장비	5	녹음 장치	
	6	녹음 장치 충전 상태/충전기 연결선	
기타	7	휴지나 손수건	
	8	메모지 또는 노트와 필기도구	
	9	마실 물 또는 음료수	
	10	사례비 또는 간단한 선물	

④ 서사 인터뷰 실행

인터뷰를 진행할 때 가장 유의해야 할 사항으로는 먼저 편안하고 배려적이며 존중적인 분위기를 조성하는 것이고, 서사 인터뷰의 절차와 진행과정에 따라서 인터뷰를 진행하는 것이다. 서사 인터뷰가 이루어지는 장소로는 인터뷰이가 편안해하고 인터뷰를 중단시킬 수 있는 방해 요소가 없는 조용한 곳을 선택하는 것이 무엇보다도 중요하다. 또한 이야기 중에는 다른 사람에게 알려지면 곤란할 수 있는 사적이거나 내밀한 내용이 있을 수 있기 때문에 예를 들면 카페와 같이 여러 다른 사람이 있는 공간은 가급적 피해야 한다. 가장 좋은 인터뷰 장소로 인터뷰이의 집이나 스터디카페 같은 곳을 추천할 수 있다.

이미 앞에서 언급한 대로 인터뷰 녹취는 만일의 사고에 대비하기 위해서 두 개의 녹음 장치를 활용하는 것이 좋다. 인터뷰가 시작되기 전에 인터뷰가 제대로 녹음되고 있는지에 대해서 확인해보는 것도 필요하며, 인터뷰 시작 전에 녹음 버튼이 눌러졌는지 그리고 녹음이 작동되는지도 확인해 보는 것이 중요하다.

서사 인터뷰 실습을 하는 가장 중요한 이유가 인터뷰어의 경청과 공감 능력을 계발하는 것이다. 그러므로 실습에서 인터뷰이가 편안하고 자유롭게 이야기를 할 수 있도록 인터뷰어가 일체의 질문이나 코멘트를 하지 않고, 오로지 언어 또는 비언어적으로 경청하고 공감을 표현해야 하는 경험표현단계가 대략 전체 인터뷰의 40-50%의 분량으로 이루어지는 것이 바람직하다. 예를 들어서 서사 인터뷰 실습을 30분 동안 하게 한다면 경험표현단계가 최소한 12분에서 15분 정도 수행되는 것이 적절하다고 할 수 있다. 경험표현단계에서 가장 흔하게 발생하는 실수이자 큰 실수는 서사 인터뷰 실습생이 경험표현단계가 시작된지 2-3분도 지나지 않은 시점에서 새로운 질문을 하는 것이다. 이렇게 되면 인터뷰이의 이야기-인터뷰어의 경청과 공감 행위로 이루어져야 하는 경험표현단계가 인터뷰어의 질문-인터뷰이의 대답으로 이루어지는 통상적인 인터뷰의 형식으로 진행되게 된다.

서사 인터뷰의 개별 현장 실습 시 실습생이 특별히 준수해야 할 유의사항으로는 다음과 같은 것들이 있다.

- 인터뷰어와 인터뷰이는 서로 가능한 한 서로 모르고 있어야 함
- 타인에 의해서 영향을 받지 않는 독립된 공간이 필요함
- 인터뷰이의 이야기에 대한 익명성과 비밀 보장에 대한 확약
- 인터뷰이로부터 듣고 싶은 이야기에 대한 질문 목록 작성
- 인터뷰어는 자신이 학생(또는 비전문가), 인터뷰이는 전문가(그러한 이유로 내러티브인터뷰는 expert interview라고 불리기도 함)라는 태도를 가져야 함
- 인터뷰어는 연구자 또는 전문가로서 인터뷰이에 대한 우월적 또는 주도적 위치에 있지 않음
- 인터뷰가 시작되기 전에 인터뷰이가 어떤 이야기를 하든 그 이야기는 매우 소중한 가치가 있고, 그렇기 때문에 인터뷰이가 잘못할 일은 전혀 없음을 알려줌
- 경험표현단계에서 인터뷰어는 질문과 코멘트 등으로 인터뷰의 내용과 흐름에 최대한 개입하지 말아야 함
- 최대한의 적극적인 맞장구(청자 반응)와 공감 표현을 통해서 인터뷰이가 인터뷰어를 자기편이라고 생각하도록 노력해야 함
- 인터뷰이의 이야기 중에서 비윤리적인 내용에 대한 놀람 또는 부정 반응을 보이지 않음

- 인터뷰이의 이야기에 대한 공감과 동시에 성찰적 거리두기가 필요함
- 정보가 불명확하거나 불충분한 것은 메모해서 나중에 질문함(중간에 끼어 들어 상대의 말을 끊지 않아야 함)
- 사실도 중요하지만 사실에 대한 화자의 감정과 태도 가치관이나 신념 등 을 밝혀낼 수 있는 질문을 함
- 심화보완단계에서 추가 또는 새로운 질문을 할 때 인터뷰이의 말의 흐름 을 끊지 않도록 함
- 심화 보완 질문을 하더라도 최대한 개방형 질문을 함
- 답변 뒤에 연계적인 추가 질문을 함으로써 이야기가 풍성하게 전개되도 록 함

⑤ 과제물(녹음 파일, 전사파일, 서사 인터뷰 수행 보고서)

현장 실습을 통해서 수행한 서사 인터뷰에 대한 과제로 녹음 파일과 녹취된 내용을 있는 그대로 전사한 전사 파일 그리고 서사 인터뷰 수행 보고서를 제출하도로 하게 한다. 녹음 파일을 통해서 현장의 분위기와 인터뷰어의 태도와 자세를 어느 정도 평가할 수 있고, 전사 파일을 통해서는 인터뷰어가 서사 인터뷰의 절차와 진행과정을 원칙대로 했는지를 정밀하게 평가할 수 있다. 서사 인터뷰 수행보고서를 통해서는 인터뷰어가 자신의 인터뷰를 어떻게 평가하는지, 그리고 과제 수행을 통해서 얻게 된 새로운 인식의 발견이나 느낌과 감정 등을 파악할 수 있다. 전사 자료와 서사 인터뷰 수행보고서에 대한 형식은 아래와 같다.

[표 9] 인터뷰 전사 표지와 형식

인터뷰 주제	
대화 참여자	인터뷰어: _____ 인터뷰: _____
인터뷰이 소개	성별: 연령: 직업:
장소-공간	
녹취날짜	
인터뷰 길이	
인터뷰 첫 질문 (열린 질문)	

1. 의사: 【팔을 내밀며】앉으세요. 문을 닫으셔야 되는데

2. 환자: 【문을 닫는다.】

3. 의사: 예, 안녕하세요? 석준…【휴지】【주머니의 물건과 명찰을 정리한다.】예, 【펜을 딸깍
4.　　　거린다.】오늘은 뭘 뭘 도와드릴까요?

5. 환자: 이 이 가래가 그냥 끓는데가 봐선 한 삼월달서부턴 그런데

6. 의사: 아 그러시구나

7. 환자: 내가 뭐 이 그냥 일을 댕기느냐고 여간 이제 이런 병원엘 못 오고 그냥 직산(?) 그런
8.　　　데서 인자 시간지낭게 가 보고 약만 타다 먹고 이랬는데 【들숨】영 안나요.

9. 의사: 예

10. 환자: 그래가지구선 그냥 가래가 하루 죙일 그냥 남 보기에 아주 그냥 민망해갖고 같이 일
11.　　　을 하는 사람들하고

12. 의사: 예

13. 환자: 칵하고 두 번씩 뱉어도 금방 또 생기고 또 생기고

14. 의사: 오

15. 환자: 요 목구녕 【왼손으로 목을 가르키며】 요기 가서 항상 걸쳐 있는거 모양

16. 의사: 아 그러시구나

17. 환자: 예 칵 배트구 한참 가서 있으면 또 생겨요.

18. 의사: 예

19. 환자: 그럼 그냥 갑갑하구 그리구 작년 12월 달에 즈히 식구가 세상을 떴어요.

20. 의사: 아 【작게】 그러시군요

21. 환자: 12월 달에. 그래가지구선 그냥 그 뒤루다가 그냥 생각만 하믄 그냥 가슴이 찢어지는
22.   것 같구구 그냥 속이 답답한 것이 그냥 아주 뭐 말 할 수가 없어요. 그래 요 가까운
23.   병원에서도 가끔 가믄 그런 얘기 하믄 첨엔 그 (생각을 한 번) 내시경을 한번 해 보
24.   라구 그러더라고요

25. 의사: 아 예

26. 환자: 예 이까짓 거 내가 죽으면 그만이지 혼자 살면 모 하느냐구 그러면서 이렇게 살면서
      그냥 아~예 큰 덩어리면 내가 아주 그냥 근데

27. 의사: 그렇죠

서사 인터뷰 수행 보고서는 다음과 같은 내용으로 작성하게 하면 적당하다.

- 인터뷰이와 인터뷰 섭외 과정과 소감
- 서사 인터뷰를 수행하는 과정에서의 경험과 소감
- 서사 인터뷰를 수행한 후의 소감
- 본인이 수행한 서사 인터뷰 수행에 대한 평가(긍정적인 측면과 개서 사항 등)

7.4.3. 평가 및 피드백 교육

7.4.3.1. 평가 방법

학생이 수행한 서사 인터뷰는 과제로 제출한 전사 자료와 음성 파일 자료

를 토대로 평가할 수 있다. 전사자료에서는 서사 인터뷰 과정에서 인터뷰어가 수행해야 할 의사소통 행위를 수행했는지, 그리고 그 표현은 적절했고 효율적이었는지를 현미경을 들여다보듯이 꼼꼼히 평가할 수 있다. 전사 자료에 대한 평가 사례로 아래와 같이 학생이 수행한 항목과 수행하지 않은 항목을 워드 프로그램이나 한글 프로그램의 검토 기능을 활용하여 평가하면 나중에 피드백하는 근거자료로 활용할 수 있다.

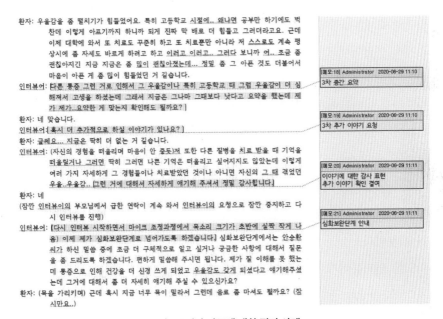

[그림 10] 전사 자료에 대한 평가 사례

반면에 음성 파일에서는 목소리의 톤이나 빠르기 및 어조 등을 통해서 인터뷰어가 편안하고 우호적인 분위기를 조성했는지, 그리고 인터뷰이에 대한 존중과 배려를 충분히 하고 있는지를 평가할 수 있다.

평가 항목은 아래의 평가표에 따라서 평가를 할 수 있다. 시작단계와 예비

단계에서는 수행해야 할 항목을 생략하지 않고 평가했는지에 대해서 단순하게 평가할 수 있다. 서사 인터뷰를 경청과 공감 능력의 계발과 향상을 위해서 활용하는 가장 중요한 취지는 경험표현단계에서 실현된다. 즉 인터뷰어가 첫 질문으로 개방형 질문을 활용했는지, 인터뷰어가 이야기를 하는 동안 끊임없이 경청과 집중의 태도를 보였는지, 인터뷰어가 이야기를 하고 난 뒤에 끝났다는 신호를 보내면 중간요약을 하고 계속해서 이야기를 진행해달라는 요청을 했는지를 점검함으로써, 평가자는 인터뷰어의 경청과 공감의 수행 능력을 평가할 수 있다. 특히 인터뷰어가 인터뷰이로부터 자유로운 이야기를 그의 관점에서 이끌어내도록 이야기를 요약하고 추가적인 이야기 요청을 3회 이상하는 것이 바람직하다. 인터뷰어가 세 번째로 추가적 이야기를 요청했음에도 불구하고 인터뷰이가 더 이상 이야기 할 것이 없다고 말한다면, 평가자는 인터뷰어가 3회의 이야기 요청을 경험표현단계에서 수행했다고 평가해야 한다. 그 이유는 평가의 목표가 인터뷰어의 추가 이야기 요청에 따라서 인터뷰이가 이야기를 수행한 여부를 판단하는 것이 아니라, 인터뷰이가 자신의 관점으로 이야기를 자유롭게 할 수 있도록 인터뷰어가 유도하였는지를 판단하는 것이기 때문이다.

또한 인터뷰이가 주어진 시간 내에 추가적인 이야기 요청 없이 이야기를 지속했다면 3회 중간요약과 이야기 추가 요청을 한 것으로 평가할 수 있다. 화자가 중단 없이 이야기를 지속하는 과정에서 인터뷰어가 평가 기준을 충족하기 위해서, 이야기를 중단시키고 중간요약을 하거나 추가 이야기 요청을 하는 것은 서사 인터뷰 실습의 취지에서 벗어나는 것이다. 거의 나타나지 않는 현상이지만 경험표현단계에서 인터뷰이가 자신의 관점으로 이야기를 하지 못하여서 결과적으로 인터뷰어가 질문을 하고 인터뷰이가 대답을 하는 형식으로 경험표현단계가 진행될 수도 있다. 이러한 경우라도 인터뷰어가 인터뷰이의 자유롭고 주도적인 이야기를 촉진하기 위해서, 구체적인 질문을 하기 전에 자유롭고 편안하게 이야기해달라고 최소한 3번 이상 요청했다면 인터뷰어가 개방형 질문으로 경험표현단계를 시작하였다고 평가하는 것이 타당하다.

경험표현단계에서 인터뷰어의 경청과 공감적 행위가 가장 많이 이루어지므로 이 단계가 경청과 공감 교육을 위한 서사 인터뷰 활용의 핵심이라고 할 수 있다. 그렇기 때문에 이 단계의 활동을 다른 단계의 의사소통 행위 수행보다는 배점을 높게 하는 것이 바람직하다. 아래의 평가표에 제시되어 있는 점수 배점은 하나의 예이고 평가자의 재량에 따라서 점수 배정은 조절할 수 있다.

[표 11] 서사 인터뷰 수행 개별 평가표

서사 인터뷰 수행 개별 평가표					
			이 름:		
기준		점수		배점	총점
시작 단계	인터뷰이와 관계 형성을 잘 하였다(통성명, 본인소개, 호칭통일, 녹음 동의, 감사, 스몰토크) (그렇다 5, 보통이다 3, 아니다 0)	5	3	0	5	
예비 단계	연구의 목적과 취지와 전체적인 진행과정에 대한 개략적 설명	1	0		6	
	대화의 진행 방식과 시간 안내	1	0			
	대상자의 권리보장(휴식, 음료기, 대화 중단, 동의 취소 가능성)	1	0			
	메모에 대한 이유와 양해 구하기	1	0			
	질문 여부 및 요구 사항에 대한 질문	1	0			
	이야기의 정보가치와 실수의 가능성이 없음에 대한 확신 주기	1	0			

경험 표현 단계	첫 질문이 개방형이고 구체적이고 명시적으로 되어 있다	5		0		60	
	인터뷰이의 이야기를 요약하였다(1회 3, 2회 6, 3회 10)	10	6	3	0		
	인터뷰이에게 추가 이야기를 요청했다(1회 3, 2회 6, 3회 10)	10	6	3	0		
	화자가 이야기를 하는 동안 적극적이고 명시적인 경청을 하였다 (그렇다 10, 보통 5, 아니다 0)	10	5	0			
	화자에게 적극적이고 따뜻한 공감 표현을 적절히 하였다(아니다 0, 보통이다 5, 그렇다 10).	10	5	0			
	이 단계에서 질문을 하지 않았다(그렇다 10, 아니다 0)	10		0			
	경험표현 단계의 마지막 부분에서 이야기에 대한 감사 표현과 추가적인 이야기가 있는지 질문하였다.	5		0			
심화 보완 단계	심화보완단계로 명시적으로 예고하고 이행하였다.	3		0		6	
	심화보완질문을 최대한 개방형으로 하되, 명확하고 구체성을 유지하였다.	3		0			
마무리 단계	마무리단계에서 수행해야 할 의사소통 행위를 수행하였다(마무리 예고, 감사와 존중감 표현, 소감이나 의미, 조언이나 충고)	5		0		5	
종료 단계	종료단계에서 수행해야 할 의사소통 행위를 수행하였다(추가 질문이나 요구사항 문의)	5		0		5	
전체 대화 평가	상대에 대한 존중과 배려가 느껴졌다(그렇다 5, 보통이다 3, 아니다 0).	5	3	0		13	
	인터뷰이의 말을 중간에 끼어들지 않고 화자의 감정, 가치관, 관점, 과거의 체험이 잘 드러나도록 질문하고 경청하였다(그렇다 2, 아니다 0).	2		0			
	최소 시간 30분을 넘겼다(그렇다 6, 아니다 0).	6		0			
총 계							

7.4.3.2. 피드백

서사 인터뷰에 대한 평가와 피드백은 경청과 공감 능력 계발에 대한 배움과 실습이 집중적으로 이루어지는 경험표현단계를 중심으로 제시되는 것이 바람직하다. 경험표현단계에서 경청과 공감에 대한 학습과 실습이 집중적으로 이루어지는 이유는 무엇보다도 이 단계에서 인터뷰어가 인터뷰의 중심이 되거나 인터뷰를 주도하는 것이 아니고, 인터뷰이가 중심이 되어 인터뷰를 주도하도록 해야 하기 때문이다. 이를 위해서 인터뷰어는 인터뷰이가 자신의 관점으로 자유롭고 편안하게 이야기할 수 있도록 개방형 질문을 해야 한다. 그리고 인터뷰이가 이야기를 하는 동안 인터뷰어는 이야기의 내용이 가치가 있고 이야기에 집중하고 있으며, 이야기의 내용을 수용하고 존중한다는 의미로 끊임없이 경청과 공감의 표현을 해야 한다. 이 과정에서 인터뷰어는 질문이나 코멘트를 하지 않음으로써 인터뷰이가 이야기의 흐름을 이어나가도록 도와주어야 한다. 인터뷰이가 개방형 첫 질문에 대한 답변으로 이야기를 일정 시간동안 하다가 이야기를 멈추는 것이 통상적이다. 이때 인터뷰어는 질문이나 코멘트로 인터뷰를 주도하지 말아야 한다. 그 대신에 이야기의 내용을 간략하게 요약해주고 추가적으로 더 할 이야기가 없는지 묻거나 추가적으로 이야기해 줄 것을 요청해야 한다. 이를 통해서 인터뷰이는 인터뷰의 주도권을 이어갈 수 있다. 인터뷰어가 개방형 질문, 경청과 공감의 명시적인 표현, 질문이나 코멘트로 화자의 이야기를 중단시키지 않기, 이야기 요약과 추가적인 이야기 요청 등을 수행함으로써, 인터뷰어는 평소의 자기 중심적이고 주도적인 의사소통 방식과 태도에서 벗어나 타자 중심적이고 타자 주도적인 의사소통을 체험하고 학습할 수 있다. 인터뷰어는 이러한 실습을 통해서 경청과 공감의 태도를 학습할 수 있게 되는 것이다.

① 사례 1: 개방형 첫 질문 1

1. 인터뷰어:	아, 저희 특별한 건 없고요. 저희 예상하고 있는 것들이		00:00
2. 환자:	네		
3. 인터뷰어:	혹시 말씀을 하시지 않으시면 저희들이 제가 중간 중간 질		
4.	문 드릴거구요. 그러니까		
5. 환자:	네.		
6. 인터뷰어:	어쨌든 처음에 이렇게 인터뷰 응해주셔서 너무 감사드리		
7.	구요		
8. 환자:	아 예. 예.		
9. 인터뷰어:	처음에 그러니까 제가 그러니까 말씀드릴 거, 질문하고 싶은		첫
10.	거는 그러니까 진단 받으시기 직전에		질문
11. 환자:	네.		
12. 인터뷰어:	그러니까 증상이 특별한 증상이 있으셨는지 궁금해요.		
13. 환자:	아, 예. 아니요, 저 같은 경우에는 처음에 증상이 있어서 이렇		00:34
14.	게 발견된 게 아니고, 교통사고가 났어요. 교통사고가 났		
15.	었는데 거기서 이제 뭐 의사들이 다 피검사 다 해보더니 당		
16.	뇨가 있다고 그러라고요. 그래서 서음 그렇게 해시 알은 기		
17.	지요.		
18. 인터뷰어:	아 그러면 전혀 모르고 계셨다가 교통사고로 인해서 아시게		
19.	되신 거네요.		
20. 환자:	그렇죠.		
21. 인터뷰어:	아, 네에. 그러면 저기 당뇨 진단 받으시고 나서 조금 놀라시		01:01
22.	고 그러셨겠어요. 그런다고 그…		
23. 환자:	아우 아무래도 좀 저 새로운 게 새로운 병이 발견된 거니까		
24.	아무래도 걱정되죠. 그리고 또 저희 형님이 또 그 동안 당뇨		
25.	병 때문에 이렇게 또 쭉 고생하고 그런 것도 봤으니까 아이		
26.	구 나도 또 당뇨구나 하는 그런 걱정이 되죠.		
27. 인터뷰어:	네에. 아 그래서 그러면 이렇게 처음 이렇게 큰 병일 수도 있		
28.	는 당뇨병을 진단을 받으시고		

29. 환자:　　　네. 예.

30. 인터뷰어:　아, 어떻게 해야 되겠다 이런 생각 드 처음에 드신 거 있으실
31.　　　　　거 같은데, 무엇인지 말씀해주실 수 있으세요?

32. 환자:　　　예예예. 그렇죠, 뭐. 그 방법들을 뭐 의사선생님들이 다 가르　01:43
33.　　　　　쳐주시죠. 뭐 어떻게 어떻게 하라 이렇게 하는데, 그래 뭐 저
34.　　　　　도 나름대로 다가 또 뭐 어떤 책 같은 거 뭐 주시고 이런 것
35.　　　　　도 읽어 봤었고. 그때 처음에는 뭐 약 같은 거는 생각도 안
36.　　　　　했고요, 어쨌든 뭐 운동하고 그러면 조금씩 그게 뭐 좀 나타
37.　　　　　나더라고요. 그래갖고 운동으로다가 조절을 많이 했죠.

38. 인터뷰어:　아, 운동 조절을요.

39. 환자:　　　네, 그렇죠. 그래 조절을 하다가 요즘에는 어쨌든 심해지고　02:10
40.　　　　　그러니까 그냥 약도 먹었다가 지금은 인슐린으로 바뀌가지
41.　　　　　고서 조절하는 중이지요.

42. 인터뷰어:　아, 그러면 처음에는 그러니까 약을 복용하지 않아도 될 정
43.　　　　　도로 경미했었는데

44. 환자:　　　그렇죠.

45. 인터뷰어:　그러니까 지금은 좀 심해지셔서 약을 드시다 인슐린으로 바
46.　　　　　꾸셨다는 건데요

47. 환자:　　　예 예.

48. 인터뷰어:　그러면 어떻게 하다가 이렇게 심해진 계기가 있으신가요.

49. 환자:　　　글쎄요, 지금 계기라기보다는 사실 뭐 인제 살다보면 왜 직
50.　　　　　업이 자꾸 바뀌잖아요. 뭐 저 같은 경우는 뭐 어디 공무원도
51.　　　　　아니고 뭐 자영업을 하다보니까 뭐 또 자영업들이 또 바뀌
52.　　　　　어지고 하다 보니까 운동을 처음에는 그래도 운동을 해갖고
53.　　　　　서 고칠 수 있는 뭐 그런 저기가 됐었는데, 요즘에는 운동이
54.　　　　　그렇게 잘 안 되더라구요. 그렇게 되다 보니까 뭐 아무래도
55.　　　　　조금 그렇죠. (웃음) (?) 조절하기가 좀 그렇죠.

56. 인터뷰어:　아 그러니까 선생님 생각에는 운동 같은 조절을 하면　　03:11

57. 환자:　　　예

58. 인터뷰어:　심해지지 않았을 텐데

59. 환자: 예에. 예.

60. 인터뷰어: 하지 않아서 심해졌다고 생각을 하시는 거에요?

61. 환자: 그렇죠. 그런 식이죠.

위의 사례는 첫질문이 개방형 질문으로 이루어지지 않은 문제점이 있다. 인터뷰어의 첫질문(9-12)이 폐쇄형으로 이루어져 있어서 인터뷰이는 인터뷰어의 폐쇄형 질문이 요구하는 내용만으로 이루어진 대답을 하게 된다. 그럼으로써 인터뷰이는 자신이 겪은 체험을 자신의 관점으로 자유롭게 이야기할 수 있는 기회를 가지지 못하게 된다. 인터뷰이가 폐쇄형 질문에 최적화된 짧은 답변을 제시하기 때문에 인터뷰를 이어가기 위해서 인터뷰어는 또 다른 질문을 하게 된다. 인터뷰어가 두 번째 질문(18-19) 기회에서 열린 질문을 했더라면 이 인터뷰는 서사 인터뷰로 전개될 수도 있었지만, 인터뷰어가 두 번째 질문 이후에도 인터뷰가 종료될 때까지 지속적으로 폐쇄형 질문을 이어가기 때문에 인터뷰이는 계속해서 그에 대한 짧은 답변을 하게 된다. 그럼으로써 경험표현단계에서 인터뷰이가 이야기를 주도적으로 전개해야 한다는 서사 인터뷰의 원칙이 지켜지지 않았다. 이런 방식으로 진행되는 인터뷰는 통상적인 인터뷰로써는 적합할 수도 있지만 서사 인터뷰라고는 할 수 없다. 이 사례는 개방형 첫질문과 이어지는 추가 질문의 개방형이 서사 인터뷰의 성공적인 수행을 위해서 얼마나 중요한지를 잘 보여주는 한 사례라고 할 수 있다.

② 사례 2: 개방형 첫 질문 2

1. 인터뷰어: 편하게 말씀해 주시면 되구요. 이게 당뇨라고 해서 물론 당뇨에   00:10

2.   대한 뭐 어떻게 치료를 받으셨고 뭐 즈 증상이 어떻고 이런 걸 얘

3.   기해주셔도 좋지만, 또 당뇨로 인해서 그간에 어떤 삶이 어땠는

4.	지. 예. 그럼 지금까지 어떤 변화? 뭐 이런 거에 대해서 얘기 해주
5.	시면 돼요.
6. 환자:	긍정적인 변화가 없는데. (웃는다)
7. 인터뷰어:	아, 오 그럼 그것도 좋죠. 예. 근데 긍정적이지 않다면, 어떤 게 많
8.	이 힘드셨는지. 그니까 당뇨가 나에게 준 것들. (웃는다)
9. 환자:	(웃는다)
10. 인터뷰어:	예. 그런 것에 대해서 편하게 얘기 하시면 돼요.
11. 환자:	네.
12. 인터뷰어:	예.
13. 환자:	에, 질문은 먼저 하시는 거 아녜요? 00:43
14. 인터뷰어:	아니, 제가 이게 질문이에요. (웃는다)
15. 환자:	(웃으며)그래도 하나씩 (손짓과 함께)콕콕 집어줬으면…
16. 인터뷰어:	아
17. 환자:	제가 참 대답하기가.
18. 인터뷰어:	처음에 진단 일단 받으시면
19. 환자:	아.
20. 인터뷰어:	대개 막막하시고 그러실 거 같아요. 그래서
21. 환자:	막막하.
22. 인터뷰어:	떠올리기 힘드시면 처음 00:56
23. 환자:	처음?
24. 인터뷰어:	처음 이렇게 예.
25. 환자:	처음에…는 굉장히 많이 피곤했어요. 이렇게 결혼하고 얼마 안돼
26.	선 데.
27. 인터뷰어:	음.
28. 환자:	많이 피곤해서 건강검진 센터에 이제 건강검진을 하러 갔어요.
29. 인터뷰어:	음.
30. 환자:	근데 그래서 갑상선 일거라고 생각을 하고 너무 많이 피곤하고
31.	지치고 하니까
32. 인터뷰어:	음.

33. 환자:	갑상선일 거라고 생각하고 이제 건강진단을 했는데	
34. 인터뷰어:	음.	
35. 환자:	거기서 이제 전혀 생각도 안했던 진짜 당뇨라는, 그 때 당뇨라는	01:21
36.	게 뭔지도 몰랐는데 당뇨라는 게 너무 나와서 그 검사지 설명해	
37.	주시는 분두 굉장히 의아해 하다는 식으루 그 때	

사례 2에서도 인터뷰어의 첫 질문(1-5)은 개방형 질문으로 판단될 수 없다. 그 이유는 첫 질문에서 "당뇨에 대한 뭐 어떻게 치료를 받으셨고 뭐 증상이 어떻고", "당뇨로 인해서 그간에 어떤 삶이 어땠는지. 예. 그럼 지금까지 어떤 변화" 등과 같은 언급을 함으로써 인터뷰이에게 치료나 증상 또는 삶의 변화 등과 같은 특정 사안의 대답을 유도할 수 있기 때문이다. 개방형 질문에 대한 답변을 어려워하는 인터뷰이에게 인터뷰어는 두 번째 질문(7-8)에서도 "어떤 게 많이 힘드셨는지. 그니까 당뇨가 나에게 준 것"을 언급함으로써 또한 개방형이 아닌 폐쇄형 질문을 하고 있다. 두 번째 사례와 같이 서사 인터뷰의 개방형 질문에 익숙하지 않은 인터뷰이가 그에 대한 대답을 하기 어려워하고 구체적인 답변을 요구하는 폐쇄형 질문을 요청하는 경우가 드물지 않다(6, 13, 15). 이렇게 인터뷰이가 개방형 질문에 대한 답변을 어려워하고 구체적인 사안에 대한 폐쇄형 질문을 요청하더라도 인터뷰어는 최대한 개방형 질문을 유지하도록 노력해야 한다. 인터뷰이가 개방형 질문에 대한 대답을 어려워 한 데(6) 대해서 인터뷰어는 예를 들면 "당뇨를 앓고 계신 후에 여러가지 많은 체험을 하셨을텐데 아무것이라도 좋으니 먼저 생각나는 것에 대해서 자유롭고 편안하게 말씀해주시면 감사하겠습니다"라고 개방형 질문을 하는 것이 바람직하다. 인터뷰이의 거듭된 폐쇄형 질문 요청(13, 15)에 대해서도 인터뷰어는 개방형 질문을 유지하도록 노력하는 것이 좋다. 거듭된 폐쇄형 질문 요청에 대해서 인터뷰어가 반응할 수 있는 모범 사례로 "오랫동안 앓고 계신 당뇨와 관련

하여 가장 먼저 떠오르는 생각이 무엇인지요? 그에 대해서 말씀하기 시작하면 좋으실 것 같습니다"와 같은 표현을 들 수 있다. 그럼에도 불구하고 인터뷰이가 개방형 질문에 대해서 대답하기를 힘들어하고 지속적으로 폐쇄형 질문을 요구하여 서사 인터뷰가 실행되지 않을 것 같은 느낌이 든다면, 그때는 두 번째 사례의 인터뷰어처럼 구체적인 사안을 언급하는 폐쇄형 질문으로 서사 인터뷰를 시작하는 것도 가능할 것이다. 다만 이러한 경우라도 두 번째 질문은 다시 개방형 질문으로 돌아가도록 노력하는 것이 바람직하다.

③ 사례 3: 개방형 첫 질문과 인터뷰이의 반응 1

1. 인터뷰어: 자, 그래서 제가 인제 그 000님의 당뇨 (웃으며)경험을 들어보　10:05
2. 려고 하는데요.
3. 환자: (고개를 끄덕인다)
4. 인터뷰어: 지금 30년 넘으셨잖아요?
5. 환자: 딱 30년.
6. 인터뷰어: 예. 에 그간에 이렇게 당뇨…를 앓아 오시 오시면서 경험한 것
7. 들을 이해 이야기 해주시면 될 것 같아요.
8. 환자: 주로 어떤 걸로 애길 할까?
9. 인터뷰어: 음 기냥 편하게 말씀하시면 되는데요. 뭐… 어떻게 처음 당뇨를
10. 앓게 됐는지부터 얘기 해주셔도 좋고
11. 환자: 음.
12. 인터뷰어: 그 담에 당뇨 때문에 변화된 생활, 지금까지의 생활에 대해서
13. 얘기해주셔도 되구요.
14. 환자: 예…
15. 인터뷰어: 예.
16. 환자: 에… 저는 농협에… 재직 중에　10:38
17. 인터뷰어: 아유.
18. 환자: 재직 중에 인제 걸려가지고

19. 인터뷰어: 음.

20. 환자: 어… 그 때만 해도 에… 지금 같이 당뇨 이런 거 많이 알지도 못
21.   하고

22. 인터뷰어: 음.

23. 환자: 어… 인제 서울 떠나서 부산 가서 지방에 가서 근무를 하다 보
24.   니까 이게 인제 뭐 제대로 치료도 못하고 지금 같이 이렇게 대
25.   중적으로 당뇨를 관리하는 게 아니고

사례 3에서 인터뷰어는 첫 질문을 개방형 질문(6-7)으로 서사 인터뷰를 시작하고 있다. 인터뷰이가 (8)에서 구체적인 대답을 적시하는 폐쇄형 질문을 요청하자 인터뷰어는 "뭐… 어떻게 처음 당뇨를 앓게 됐는지부터 얘기 해주셔도 좋고"(9-10), "당뇨 때문에 변화된 생활, 지금까지의 생활에 대해서 얘기 해주셔도 되구요"(12-13)와 같이 구체적인 답변을 유도할 수 있는 폐쇄형 질문을 제시한다. 인터뷰어는 인터뷰이의 폐쇄형 질문에 대한 요청에 곧바로 수용하기보다는 최대한 개방형 질문을 유지하도록 노력하는 것이 바람직하다. 예를 들면 첫 번째 개방형 질문을 반복하거나 또는 "어떤 내용이라도 좋으니 생각나는 대로 자유롭고 편안하게 말씀해주십시오", "지금까지 여러 경험을 많이 하셨을텐데 그와 관련하여 지금 막 떠오르는 생각을 말씀해주시면 됩니다" 등과 같은 개방형 질문이 적절하다.

④ 사례 4: 개방형 첫 질문과 인터뷰이의 반응 2

23. 인터뷰어: 좋은점, 개선해야할 점 이런 점들을 좀 밝혀내려고 그런 연구   02:29
24.   를 하는 거거든요, 조금 전에 말씀드렸듯이 10분 정도 하고, 그
25.   진행방식은, 그게 이제, 시간은 말씀들으셨겠지만 1시간에서 2
26.   시간 정도, 길게 넉넉잡아서, 그정도 하고요, 하이간 여기는 뭐
27.   선생님께서 전적으로 주도권을 쥐시고 말씀을 하시는 거니까

28.		저희는 그냥 듣는 입장만, 그래서 과연 이제 선생님한테 저희가
29.		뭘 배울 수 있을까 그런 점들을 주로 이제 하게 돼죠, 인터뷰 하
30.		시다가 힘드시거나 그러면 항상 중단 하셔도 되고요.
31.	강사:	예.
32.	인터뷰어:	그리고 또 목 마르시면 드시라고 물도 좀 준비해왔습니다.(웃음) 02:39
33.	강사:	예, 고맙습니다.
34.		이제 뭐, 주로 어떤 내용을 얘기해야하는지 가늠이 안잡혀서요.
35.	인터뷰어:	뭐, 그건 선생님께서 생각나시는 대로, 저희가 뭐 예를 들어서 실
36.		마리를 드리면 저희가 원하는 걸 말씀하시기 때문에, 저희는 그런
37.		방식으로 진행은 안되고 선생님께서 말씀하시고 싶으신 내용 대
38.		로 떠오르는대로, 여러 강사 생활을 하시면서 여러 가지 경험, 체
39.		험, 느끼신 점들이 많으실텐데 거기서 뭐, 선생님이 생각나시는대
40.		로 말씀해주시면 됩니다. 하이간 그렇게 하고 제가 중간에 또 잠
41.		깐잠깐 메모해서 보충 질문 드릴수도 있고, 그렇게 되가지고서요.
42.	강사:	예.
43.	인터뷰어:	인터뷰 관련해서 궁금하신점, 또 다른 점들 있으세요?
44.	강사:	이게 범위가 넓거든요.
45.	인터뷰어:	네.
46.	강사:	CPR의 어느 부분을 말씀하시는지 제가 모르겠어요.
47.	인터뷰어:	그니까 이제 선생님께서 교육을 담당하시는, 강사로서의 체험
48.		을 저희는 듣고 싶은거죠.
49.	강사:	현재까지의 어떤 부분들.
50.	인터뷰어:	예 뭐, 선생님께서 생각나시는대로 하시다가 이제 중단하시고,
51.		또 생각나시는대로 말씀하시면 되구요, 그거는 정말, 조금 전
52.		에도 말씀드렸듯이 선생님께서 주도권을 쥐시고 하시는 것이
53.		기 때문에, 저희가 뭐 어떻게 이렇게 저렇게 큐를 드리고 이거
54.		말씀해주세요 저거 말씀해주세요 처음부터 그렇게는 안하구
55.		요, 선생님께서 자유롭게 말씀을 다 하시고 난 다음에 저희가
56.		보충적으로 질문을 조금씩 드릴 수 있습니다.
57.	강사:	네.

58. 인터뷰어:	이거, 좀 형식적인 절차이긴 한데, 예, 나중에 이제 좀.
59. 강사:	싸인을.
60. 인터뷰어:	네, 해주십시오.
61.	두부가 있는데, 한부는 선생님께서 해주시고 한부는 저희가.
62.	선생님 한번 눌러 보시고요, 이쪽은 제가 한 부.
63.	제가 한 부.
64.	대개 인터뷰를 하신 내용은 전적으로 연구용으로만, 익명으로
65.	사용되기 때문에, 그러니까 뭐, 어떤 말씀을 하셔도.
66. 강사:	아니 근데, 어떤 말씀이라고 하는게, 이게 지금 종잡을 수가
67.	없어요.
68. 인터뷰어:	네, 그래서 이제.
69. 강사:	실제 회의적인 부분, 교육에 관한 부분, 일반인들 홍보에 관련
70.	된 부분들, 그 뭐 너무 많거든요, 이게.
71. 인터뷰어:	그래서 뭐 생각나시는 대로, 소생술 교육을 하시면서 보고, 느
72.	끼신 여러 가지 다양한 체험을 하셨을텐데 거기에 대해서 편안
73.	하고 자유롭게 떠오르시는 대로 말씀을 해주시면 되겠습니다.
74. 강사:	그러니까, 이야기를 해야하는 부분이 강사로서의 모습이죠?
75. 인터뷰어:	네. 일차적으로 그렇게. 강사로서 활동하시면서.
76. 강사:	그리고 지금 연구하시는 것은 커뮤니케이션에 관련된 부분이구요.
77. 인터뷰어:	그런데 지금같은 경우에는 선생님이 강사로서 활동하시면서
78.	여러 부분에 대해 느끼셨는데, 그 부분을, 떠오르시는 대로 쭉
79.	말씀하시면 되겠습니다.
80. 강사:	글쎄. 내가 뭐 떠오르는 게 있을까요.
81.	떠오르는 게 있을까.
82.	글쎄요 뭐. 저는 뭐, 다른 000 교수님도 이. 굉장히 열심히 하시
83.	는 걸로 제가 알고 있거든요. 그리고 뭐 어떤, 강사로 활동을 하
84.	고 강사로 일을 하고 어쨌든간에 뭐 가르키고 이럴 때 교육이
85.	이렇게 소규모로 나눠져 있잖아요.
86. 인터뷰어:	네.
87. 강사:	글쎄요, 뭐, 옛날에는 이제 칠판에 써가면서 교수님이 여기서부
88.	터 저기까지 한 두 번 썼다 지우면 이제, 교육이 가능하고 얘들

7:05

89.		은 자고, 그런데 최근에 교육은 아시다시피 교육장에 있는 자리
90.		에서 의자 하나 빼버리고 계속 서있게 만들고, 그러면서 이제
91.		집중도를 높이기 위한 수단이죠. 몸이 편해지면 안되겠으니까,
92.		눕고 싶고, 자고 싶고 그러니까. 소규모 교육에서도 그러니까,
93.		강사 한명당 다섯명 내지 여섯명을 넘지 않는 범위 내에서 계
94.		속 소통을 해가면서 그리고 그 친구들이 알고 있는 것들과 다
95.		르게 모르는 것들을 집어넣은 다음에 가르친 대로 배우게 그대
96.		로 행동의 변화를 끌어내게. 그게 이제 뭐 교육이잖아요.
97.	인터뷰어:	네.
98.	강사:	어. 글쎄 뭐, 떠오른다고 한다면, 원래 교육의 효과는 느리다, 이
99.		런 얘기도 있고, 그리고, 뭐 유지하기 힘들다, 이런 것들도 있고
100.		그런데, 최근에 제가 그냥 언뜻 떠오르는 건 교육의 효과는 빠
101.		르다, 교육을 유지하는 건 더 해봐야겠다 이런 생각이 들어요.
102.		최근에 제일병원에서 한 11월 달부터 4월 달까지 5개월간 전 교
103.		직원들 중에 의사 700, 간호사 1000명을 아주 소규모로, 한번에
104.		들어올 때 서른명을 넘지않고, 강사가 8명 정도가 붙여져서 그
105.		러니까 한, 일대, 팔 사 삼십이, 일대 사정도 되죠.

사례 4에서 인터뷰어는 첫 질문을 개방형 질문(27-29, 39-40)으로 서사 인터 뷰를 시작하고 있으나 인터뷰이인 강사가 자신의 체험에 대해서 무엇을 어떻 게 이야기하기 시작해야 할지에 대한 어려움을 호소하고 지속적으로 폐쇄형 질문을 요청하고 있다(34, 46, 66-67, 69-70, 74, 76). 이에 대해서 인터뷰어는 인터 뷰이의 폐쇄형 질문에 응하지 않고 개방형 질문을 굳건히 그리고 지속적으로 유지하고 있다(35-40, 47-48, 50-56, 65, 71-73, 77-79). 그러므로 이 사례의 인터뷰는 서사 인터뷰의 중요한 원칙 가운데 하나인 첫 질문을 개방형으로 제시하여야 한다는 규범을 잘 지킨 모범 사례라고 할 수 있다. 다만 인터뷰이가 개방형 질문에 대한 반응에 어려움을 겪고 있고 지속적으로 폐쇄형 질문을 요청하는 시간이 5분이 넘으므로, 개방형 질문을 포기하지 않으면서도 그에 대처할 수 있는 약간의 조언(예: "강사 생활을 하시면서 다양한 체험을 하셨을 텐데 그런 체험 가운

데 지금 가장 먼저 떠오는 것이 무엇인지요?" 또는 "강사로서 체험한 것 가운데 가장 인상적인
부분부터 이야기 해주시겠습니까?" 등)을 주었더라면 그렇게 긴 시간이 걸리지는
않았을 수도 있다. 위의 사례에서 (87번 이후) 볼 수 있듯이 개방형 질문에 대
해서 어려움을 겪는 인터뷰이도 일단 이야기를 시작하게 되면 어려움이 없이
자신의 이야기를 전개할 수 있다. 그러므로 개방형 질문에 대해서 처음에 어
려움을 표현하고 폐쇄형 질문을 요청하더라도 개방형 질문을 고수하는 것이
바람직하다. 그러나 끝내 개방형 질문에 대한 답변이 불가능한 인터뷰이에게
는 폐쇄형 질문으로 시작하는 것이 인터뷰를 포기하는 것보다 나을 것이다.
이러한 경우라도 후속 질문은 개방형으로 다시 시도해보는 것이 바람직하다.

⑤ 사례 5: 부적절한 청자 반응

24. 인터뷰어: 일단 선생님은 그 당뇨 경험을

25. 환자: 예…

26. 인터뷰어: 먼저 좀 여쭈어 보겠습니다 선생님. 그 때…

27. 환자: 그 뭐… 그러니까 이제 그 당뇨 경험, 특별히 이제 그러니까   0: 50
28. 지금 이제 의사 선생님께서 그

29. 인터뷰어: 네.

30. 환자: 지금 매번 여기 와서 검사를 하고 있는데요. 그 주기적으로 검
31. 사를 하고 있는데 특별히 당뇨…라고, 아이고 하시더라고요.
32. 잠시만요. 죄송합니다. (핸드폰을 받는다). 여보세요? 어 나
33. 지금 뭐 일 하 얘기 중인데 나 쪼금 이따 전화 드리면 안 될까?
34. 나 보냈어. 어. 어 알았어요. 예.

35. 인터뷰어: 예.

36. 환자: 그래서 사실은 당뇨 때문에 병원을 온건 아니었구요.

37. 인터뷰어: 음.

38. 환자: 그 종합검진 때문에 이제 사실은 왔고

39. 인터뷰어: 그 때는 이제 모르시고 그냥 왔었고.

40. 환자: 예. 전혀 이제 몰랐었구요. 그래서 이제 그 종합검진 하고 이   1: 39
41. 제 뭐 그 당뇨 수치가 높다라고 해서 그 부분은 이제 가정의
42. 학과에서 그… 주기적으로 검사하고 약 먹고 뭐 이러는 상황
43. 이었구요. 그래서 예. 뭐… 고 수치자체가 그러니까 뭐 어떤
44. 기준선에서 뭐 왔다 갔다 하고 있다… 뭐 요런 얘기는 제가 교
45. 수님한테 들었구요. 예. 고런 정도의 지금 상황에서 특별히 제
46. 가 당뇨부분에 대해서 뭐 어떤 뭐 증상이 있거나 뭐 이런 뭐
47. 이런 그거는 사실 피부로는 사실 아직 못 느끼고 있구요. 예.

48. 인터뷰어: 음… 그러면 종합 검진을 받으러 오셨을 때 딱 당뇨 수치가 높
49. 다는 걸 아셨는데…

50. 환자: 네. 예. 사실은 간 검사 때문에 오긴 온 건데

51. 인터뷰어 아, 음…

52. 환자: 술을 하도 많이 먹어서

53. 환자: 그래서 이제 그래서 사실 한 삼 년 됐는데 그래서 알게 됐구요.
54. 그래서 계속 그… 예… 뭐 검사는 받고 있습니다. 그래서…

55. 인터뷰어: 음.

56. 환자: 예.

57. 인터뷰어: 그 때 딱 당 수치가 높다고 얘기를 들었을 때

58. 환자: 예.

59. 인터뷰어: 마음이 어떠셨어요 선생님?

60. 환자: 예. 아… 그게 이제 뭐 글쎄, 특별히, 사실은, 이제 뭐 제가 이제   2: 42
61. 담배도 많이 피고 술도 많이 먹고 하는데 그 그냥 그 아니 간만
62. (이렇게?) 간 수치만 사실 좀 걱정이 되고 해서, 그래서 이제 그
63. '종합 검진을 이제 한 번 받아보자.'라서 해서 이제 받았었는데
64. 오히려 그 부분 보다는 당뇨 부분에 수치가 높다는 말씀을
65. 하셔서 계속 뭐 약은 먹고 이제 주기적으로 관리를 해라 뭐 의
66. 사선생님께서 뭐'운동도 하고 술 끊고 담배도 끊고 하라라고
67. 말씀을 하시는데, 사실 그 부분은 잘 안 되고 있구요, 그러니까
68. 뭐 어떻게 약은 꾸준히 먹고는 있습니다. 빼먹지 않고. 예…

69. 인터뷰어: 음… 그럼 선생님 어찌보면 당뇨에 대한 초기 증상을 자각하

70.	고 오신건 아니셨네요? 전혀 모르고 오셨다가…	
71. 환자:	예 그렇습니다 예. 예. 예.	
72. 인터뷰어:	아.	3: 26
73. 환자:	그 부분은 사실 저희 인제 아버님도 사실 그런 당뇨를 가지고	
74.	있으셔 가지고 뭐 늘 조심하라는 얘기는 하셨는데 뭐… 뭐 지	
75.	금 나이도 나이 아직 젊다라고 생각을 하니까 그다지 그 부분	
76.	을 사실 신경을 그 안 썼던 거죠. 예	
77. 인터뷰어:	아버님이 또 당뇨에…	
78. 환자:	예. 아버님 맞습니다. 예.	
79. 인터뷰어:	아. 선생님 평소에 그 당뇨에 대한 어떤 그러면 아버님 때문에	3: 48
80.	평소에 당뇨에 대한 두려움이나 염려가 조금 있으셨을수도	
81.	있으셨겠어요.	

사례 5의 청자반응 1의 경우 인터뷰어가 첫 질문(24-26)을 개방형으로 시작하고 있고, 인터뷰의 시작 부분에서 인터뷰이의 경험 이야기를 잘 경청하고 있으며, 이야기를 계속하라는 청자반응(29, 35, 37)을 수행하고 있다. 하지만 인터뷰가 시작한지 2분 정도 지나서 첫 번째 확인 질문(39, 48)을 하고 있고, 폐쇄형의 심화보완질문(57-59)을 시작하였다. 이후 인터뷰어는 지속적으로 구체적 답변을 요구하는 폐쇄형 질문을 이어갔다(69-70, 77, 79-81). 사례 5를 부적절한 청자 반응의 사례로 평가하는 이유는 경험표현단계에서 인터뷰어가 인터뷰이의 자유롭고 주도적인 이야기의 지속을 촉진할 수 있는 청자 반응 대신에, 인터뷰이의 이야기 과정에서 질문이나 평가를 통해서 개입함으로써 결과적으로 인터뷰어가 경험표현단계를 주도적으로 이끌어가고 있기 때문이다. 또한 인터뷰이의 이야기 전개와 인터뷰어의 청자 반응으로 이루어져야 할 경험표현단계가 인터뷰어의 질문과 인터뷰이의 대답으로 수행되고 있다는 점도 청자 반응의 부적절한 사례로 판단할 수 있는 근거이다. 이러한 이유로 사례 5는 서사 인터뷰가 아닌 인터뷰어가 주도적인 역할을 하는 통상적인

인터뷰라고 할 수 있다.

이 인터뷰는 약 37분간 이루어졌는데, 통상적으로 1시간에서 2시간 정도를 목표로 하는 서사 인터뷰로서는 매우 짧다. 그 이유 중의 하나가 바로 인터뷰어가 인터뷰이가 이야기를 자유롭게 전개하게 하지 않고 자신이 주도하는 인터뷰이기 때문일 가능성이 크다. 또한 전체 인터뷰 시간 37분 가운데 인터뷰이가 자유롭게 자신의 이야기를 펼칠 수 있는 경험표현단계가 3분도 되지 않은 것도 이 서사 인터뷰의 또 다른 문제이다. 통상적으로 경험표현단계가 적어도 40-50% 정도가 되어야 적절한 서사 인터뷰라고 할 수 있다는 점에서 이 인터뷰는 문제가 있는 셈이다.

이러한 경우 교육자는 인터뷰어에게 인터뷰이의 이야기를 듣고 확인하고 싶은 바가 있으면 메모를 했다가 나중 심화보완단계에서 질문할 것을 권고할 수 있다. 또한 경험표현단계에서 인터뷰가 질문을 자제하고 지속적으로 청자 반응을 하고, 인터뷰이가 이야기를 종료하면 중간 요약을 하고 더 하고 싶은 이야기를 할 수 있도록 유도하라는 피드백을 해야 한다.

ⓖ 사례 6: 적절한 청자 반응의 사례(별첨 자료 1 참조)

1. 인터뷰어: 당뇨를 겪으셨잖아요. 그렇죠?   01:25
2. 환자: 네
3. 인터뷰어: 그래서 그 생각나시는 대로
4. 환자: 예
5. 인터뷰어: 어떠한 당뇨와 관련돼서 어떤 체험을 하셨는지
6. 환자: 예
7. 인터뷰어: 그런 그 좀 말씀을 듣고 싶습니다. 그니까 뭐 단초를 드릴수도
8.   있지만,

9. 환자:	네	
10. 인터뷰어:	선생님께서 이 부분이 좀 "이 부분부터 시작하고 싶다." 뭐 그	
11.	런 부분이 있을 수도 있다고 생각하거든요?	
12. 환자:	예, 글쎄요. 오시면서 어떤 질문을 할까 혹시 그런 쪽 생각을	
13.	좀 했었는데, 뭐 막연하게 말씀을 해주시니까, 사실 이제 어떻	
14.	게 당뇨를 알게 된 것부터 얘기해야 하나, 아니면 요즘에 제가	
15.	어떻게 지내는가를 얘기해야 하나 제가 고민을 했는데, 사실	
16.	이제 최근에 인제 지난주에 제가 병원을 정기적으로 갔다가	
17.	약을 받고 왔는데, 그때 혈당 재고 하다보니까 생각보다… 저	
18.	는 작년 연말에 술도 많이 먹고 식사조절도 못하고 막 그래서	
19.	안 좋을 거라 예상했지만 여전히 안 좋고, 또 의사선생님께서	
20.	또 경고도 또 주시고 그래가지고 사실 지난주 주말부터 조금	
21.	"이제 조심해야겠다." 생각을 하고 혈당체크도 자주 좀	
22. 인터뷰어:	네.	02:35
23. 환자:	해야겠다고 생각하고 그렇게 진행을 하고 있었어요. 근데 뭐	
24.	오늘 수요일입니다만 월요일날도 그 늦게까지 고객 때문에	
25. 인터뷰어:	네.	
26. 환자:	어제도 좀 일찍 들어가야 된다고 생각했는데 또 친한 선배가	
27.	찾아와서 저녁 먹으면서 소주 한 잔 마시고.	
28. 인터뷰어:	네.	
29. 환자:	하니까 중간에 혈당체크를 해보니까 전혀 떨어지지가 않더라	
30.	고요.	

⋮

31. 인터뷰어:	아. 예.	04:12
32. 환자:	재검 나오고 재검 나오고 그래가지고 어렵게 입사를 해서 그	
33.	간을 좀 조심하는 그런 쪽을 좀 조심하는 상태였었는데	

⋮

| 34. 인터뷰어: | 아. 예. | 06:15 |
| 35. 환자: | 약 효과가 바로 이렇게 받았던 것 같아요. | |

⋮

36. 인터뷰어:	네.
37. 환자:	그니까 "당뇨 걸리면 뭐라더라. 다리가 썩으면 다리를 자르는
38.	경우도 있고"
39. 인터뷰어:	예예.
40. 환자:	뭐 합병증 얘기하고 뭐 얘기하고 했지만, 당시에는 30대 초중
41.	반 이였기 때문에 왕성하게 활동도 하고 있었고, 그런 것 땜에
42.	몸에 어떤 지장이나 이런 것들을 못 느꼈거든요, 사실.
43. 인터뷰어:	예.

사례 6에서 인터뷰어는 열린 질문으로 서사 인터뷰를 시작하였다(1-10). 이후 인터뷰이는 자신의 관점으로 자유롭게 자신의 경험 이야기를 전개한다. 이 과정에서 인터뷰어는 청자반응을 지속적으로 표현함으로써 인터뷰이가 자신의 이야기를 편안하게 전개할 수 있도록 돕고 있다. 인터뷰이가 첫 번째 주제에 대해서 이야기를 하는 17분 20초 정도까지 인터뷰어는 질문이나 기타 의견표명 등을 하지 않고 청자 반응만을 함으로써 인터뷰이가 이야기를 지속적으로 진행하는 것을 방해하지 않는다(22, 25, 28, 31, 34, 36, 39, 43).

또한 중간 중간에 중간요약이나 추가 이야기 요청 이외에는 인터뷰어가 질문이나 기타의 의견 표명을 하지 않는 시간이 약 24분 30초간 이루어진다(별첨 자료 1 참조). 약 61분 30초간 이루어진 전체 서사 인터뷰에서 경험표현단계가 약 24분 30초간 이루어졌으므로 경험 표현단계가 전체 인터뷰 가운데 최소한 40-50%로 이루어져야 한다는 기본적인 원칙이 지켜졌다고 할 수 있다.

⑦ 사례 7: 중간 요약의 사례

261. 인터뷰이:	그러니까 막 만날 목소리를 높여갈 수도 없고, 쭉 낮춰갈
262.	수도 없으니

263. 인터뷰어: 예.   17:21

264. 인터뷰이: 좀 상황에 따라서 좀 시간이나 늦게까지 빡세게 일하기
265.   도 하고, 그러는 것처럼 선생님도 상황에 따라서 그런 것
266.   들을 병행하면 좋겠다라는 생각들은 좀 합니다.

267. 인터뷰어: 아예. 일방적으로 그니까 부드럽게 얘기하는 것보다도
268.   나름대로 좀 어떨 때는 강요라든가

269. 인터뷰이: 예예예. 그죠.

270. 인터뷰어: 강한 사인을 줘서 각성할 수 있도록 하는 게 선생님께서
271.   는 더 좋으시다, 그런 말씀이시죠?

272. 인터뷰이: 그렇죠. 그러니까 환자의 의지가 필요한 경우는

273. 인터뷰어: 네.

274. 인터뷰이: 그게 필요하다는 생각이 들어요.

275. 인터뷰어: 네. 그럴 것 같아요.

276. 인터뷰이: 그리고 환경을 봐야겠죠?

277. 인터뷰어: 네.

278. 인터뷰이: 뭐 저희도 저희도 project-base로 일을 하는데,   17:55

290. 인터뷰어: 예, 아이고 뭐 이렇게 말을 길게 잘 해주셔서 제가 여쭐
291.   게 하나도 없는데

292. 인터뷰이: 예예.

293. 인터뷰어: 혹시 목 좀 마르시면…

294. 인터뷰이: 예예예예

295. 인터뷰어: 됐습니까?

296. 인터뷰이: 네.

297. 인터뷰어: 제가 추가로 질문드릴 것도 있지만, 혹시 뭐 또 이어서
298.   하실 말씀이 있는지?

299. 인터뷰이: 인제 뭐 인제부터 말씀드리면 횡설수설일 것 같아가지   18:41
           고 (웃음)

위의 사례 7(별첨 차료 1 참조)에는 인터뷰가 진행된 진 17여 분이 지나서 인터뷰어가 인터뷰이의 이야기 부분을 중간 요약하는(270-271) 하나의 사례와 추가 발화 요청(297-298) 앞에서 이루어져야 중간 요약이 결여된 사례가 나타난다. 위의 사례에서 비록 중간 요약이 이루어지는 했지만 인터뷰이가 비교적 길게 수행한 이야기를 전반적으로 중간 요약했다기보다는 이야기의 일부에 대한 중간 요약이라는 점에서는 개선이 필요하다. 다수의 실제 서사 인터뷰를 분석해보면 중간 요약이 생략되는 경우가 많다. 그 이유는 아마도 20-30분 정도 풀어놓은 인터뷰이의 이야기 내용이 상당히 많기 때문에 이야기의 내용을 전반적으로 요약하는 것이 어려울 수 있기 때문으로 추정된다.

⑧ 사례 8: 추가 발화 확인의 사례

286. 인터뷰이:　똑같은 감기를 앓더라도 여성, 남성, 몸무게 뭐 그전의 병
287.　　　　　　력 다 틀릴 거 아닙니까. 거기에 맞출 수, 나름대로 거기에
　　　　　　　　어느 정도 (?) 하면 좋겠다는 생각을 많이 하죠.

288. 인터뷰어:　예, 아이고 뭐 이렇게 말을 길게 잘 해주셔서 제가 여쭐게
289.　　　　　　하나도 없는데

290. 인터뷰이:　예예.

291. 인터뷰어:　제가 추가로 질문드릴 것도 있지만, 혹시 뭐 또 이어서 하
292.　　　　　　실 말씀이 있는지?

293. 인터뷰이:　인제 뭐 인제부터 말씀드리면 횡설수설일 것 같아가지　18:41
　　　　　　　　고 (웃음)

294. 인터뷰어:　아니에요. 지금도 너무너무 지금 소중한 얘기고요, 그 다
295.　　　　　　음에 제가 참고로 말씀드릴 것은, 제가 좀 적극적으로 피
296.　　　　　　드백을 해드려야 하는데

　　　　　　　　　　　:

313. 인터뷰어:　혹시 또 제가 질문을 드릴까요? 아니면 조금 더 말씀을 하

314.		시겠습니까? 혹시 생각나는 쪽으로…	
315.	인터뷰이:	오… 그런 지금 딜레마 중의 하나가	19:08
316.	인터뷰어:	네.	
317.	인터뷰이:	이런 것도 있는 것 같아요. 병은 자랑하라고 얘기하잖아요.	
318.	인터뷰어:	그렇습니다. 예.	
319.	인터뷰이:	제 느낌부터 말씀드리면, 인제 아까 병은 자기 잘못이 아	
320.		니라고 했지만	
321.	인터뷰어:	네.	

⋮

435.	인터뷰어:	예. 혹시 또 뭐 생각나는 부분이 있으신가요? 아니면…	
436.	인터뷰이:	생각나면 중간중간에 제가 말씀드릴게요.	
437.	인터뷰어:	예예 그래요. 그럼 제가 몇 가지 제가… 그럼 아까 이렇게	
438.		당뇨 진단 받으시기 전에 뭐 전조증상들이 전혀 느껴지지	
439.		않으셨다는 말씀이신 거죠?	
440.	인터뷰이:	지금 생각하니까 잘 기억이 안 나는데요.	24:50

　서사 인터뷰의 핵심은 최소한 인터뷰의 전반부에서 인터뷰의 진행의 주도권을 인터뷰이에게 부여하고 인터뷰이가 자신의 경험을 자신의 관점으로 자유롭고 편안하게 전개할 수 있도록 돕는 것이다. 이를 위해서 인터뷰어가 수행해야 할 가장 중요한 의사소통 행위는 열린 질문과 청자반응, 그리고 인터뷰이가 특정 주제에 대한 이야기를 마친 후에 이야기를 다 했다는 표시로 말을 멈추고 인터뷰어에게 발화권을 넘기려는 신호를 보낼 때, 자유롭고 편안하게 인터뷰어가 이야기를 이어갈 수 있도록 추가로 할 이야기가 있는지를 확인하는 것이다. 위의 사례 8에서 인터뷰이가 이야기를 중단하고 발화권을 인터뷰어에게 넘기려고 할 때, 인터뷰어가 인터뷰이에게 추가적인 이야기 요청을 세 번에 걸쳐서 하고 있다. 인터뷰어의 첫 번째와 두 번째의 추가 발화

확인(291-292, 313-314)에 대해서 인터뷰이는 자신의 관점으로 자유롭고 주도적으로 이야기를 이어가지만, 세 번째의 추가 발화 확인(435)에 대해서 인터뷰이는 더 이상 주도적인 이야기가 없다는 의사를 표하자 인터뷰어가 질문을 하기 시작한다. 이후 서사 인터뷰는 경험표현단계에서 심화보완단계로 넘어가게 된다.

⑨ 사례 9: 전체 서사 인터뷰 평가 사례

아래의 사례 9는 의과대학에서 서사 인터뷰를 활용하여 공감과 경청 능력 계발을 위한 한 학기의 강의에서 한 학생이 실습 과제로 약 40여분간 진행한 서사 인터뷰이다. 이 학생의 전체 서사 인터뷰 수행 결과를 분석해 보면 아래와 같다.

1.	인터뷰어:	(웃으면서) 안녕하세요? 저는 오늘 서사 인터뷰를 진행한 00	자기소개
2.		대학교 000이라고 합니다. 성함이 어떻게 되시나요?	이름확인
3.	인터뷰이:	(활짝 웃으면서) 네. 안녕하세요~ 저는 000입니다.	
4.	인터뷰어:	제가 이제부터 000씨라고 불러도 되나요?	호칭협의
5.	인터뷰이:	네.	
6.	인터뷰어:	(감사를 표현하기 위해 목례를 하며) 이번 인터뷰 동안 녹	감사표현
7.		음을 하는 것을 허락해 주셔서 정말 감사합니다. 자신의 아	
8.		픈 경험에 대해서 이야기하기가 정말 쉽지가 않은데 이렇	담소
9.		게 인터뷰에 응해 주셔서 진심으로 감사합니다. 요새 코로	
10.		나가 다시 번지고 있는데 어떻게 지내시나요?	
11.	인터뷰이:	저는 대학생이기 때문에 우선 학교 수업을 듣고 있고요. 어…	
12.		근데 코로나-19 사태로 인해서 대면 강의가 모두 없어지고	
13.		비대면강의만 있어서 집에서 사이버로 학교 수업을 수강하	
14.		고 있습니다. 또 그리고 카페 알바도 하고 있는데 사람들을	
15.		많이 대면하는 게 조금 무섭기도 하지만 마스크도 항상 착용	

16.	하고 (손을 들며) 또 손소독을 계속 하고 니트릴 장갑까지 끼	
17.	고 있거든요. 그래서 최대한 위생을 좀 손님하고 저 둘 모두	
18.	의 위생을 생각하면서 카페 알바도 하고 있습니다.	
19. 인터뷰어:	(대단하다는 듯이) 저는 최대한 조심하면서 집에서 안 나오	대화진행
20.	고 있는데 000씨는 정말 열심히 사시네요. 정말 대단하다고	안내
21.	생각합니다. 또 000씨가 정말 알바를 하면서 불편하게 어떻	권리보장
22.	게 보면 알바를 하고 있는데 얼른 코로나가 나아져서 마스크	
23.	를 안 끼고 장갑도 안 끼어도 되는 그런 생활로 돌아올 수 있	
24.	었으면 좋겠습니다. 오늘 인터뷰는 기존의 인터뷰어가 아니	
25.	라 인터뷰이가 중심이 되는 인터뷰입니다. 000 씨께서 주도	
26.	하고 자신의 경험을 자유롭고 마음 편하게 말하시면 됩니다.	
27.	저는 제가 저는 하는 말씀을 열심히 경청을 하고 진행을 할	
28.	것입니다. 그리고 이 인터뷰는 000씨가 겪은 질병체험에 대	
29.	해 40분간 진행 할 예정이고 인터뷰를 하다가 휴식이 필요하	
30.	시면 말씀해 주시고 인터뷰에서 불편한 질문이거나 녹화가	
31.	안 되게 바라는 부분이 있어도 제게 말씀해 주시면 됩니다.	
32. 인터뷰이:	네 알겠습니다.	
33. 인터뷰어:	사전에 요청된 대로 외부에 공개되지 않고 익명성이 보장되	익명성
34.	니 걱정하지 않으셔도 되고 그리고 제가 이거 녹음하기 전에	보장,
35.	녹음해도 된다는 그럼 허락을 해 주셔서 정말로 감사합니다.	녹음 동의
36. 인터뷰이:	네	
37. 인터뷰어:	인터뷰를 하다가 목이 마를 수도 있어서 음료를 준비했으	권리보장
38.	니 중간중간 음료를 마셔도 되고 말을 하다가 힘드시면 잠	
39.	깐 쉬어도 되고 중단을 요구하셔도 됩니다.	
40. 인터뷰이:	네 알겠습니다.	
41. 인터뷰어:	그리고 혹시 000씨에 대화에 더 집중하고 잘 듣기 위해 메	메모 양해
42.	모를 하면서 인터뷰를 진행해도 괜찮을까요?	
43. 인터뷰이:	(괜찮다는 제스쳐를 하며) 네 그러셔도 됩니다.	
44. 인터뷰어:	인터뷰에 대한 질문이나 다른 요청 사항이 있으신가요?	질문 및
		요청 확인
45. 인터뷰이:	어 아니요. 딱히 없습니다.	

| 46. 인터뷰어: | OOO씨와 인터뷰를 진행하기 전 동의서를 받아도 될까요? | 동의서 받기 |

46. 인터뷰어: OOO씨와 인터뷰를 진행하기 전 동의서를 받아도 될까요?   동의서 받기

47. 인터뷰이: 네

48. 인터뷰어: (웃으면서 최대한 편안하게 느끼도록 노력하며) OOO 씨가   이야기
49.   겪었던 있는 그대로의 경험을 듣고 싶은 것이기 때문에 이   가치부여
50.   야기 해 주시는 것만으로도 정말 소중한 시간이고 저에게   첫 번째
51.   는 정말 큰 보물 같은 인터뷰가 될 것입니다. 허리 통증에   개방형
52.   대한 겪은 경험을 부담 없이 얘기해 주시면 됩니다. 이제 그   질문
53.   OOO씨께서 심한 허리 통증을 가지고 있다고 하셨는데 허리
54.   통증에 대한 많은 경험들과 느낀 점이 많을 거 같은데 기억
55.   나시는 대로 편안하게 말씀하시면 될 것 같습니다.

56. 인터뷰이: (어떤 말을 해야할지 고민하면서) 어… 어디서부터 얘기해
57.   야 될지 잘 모르겠네요.

58. 인터뷰어: 막역한 질문이라서 충분히 이해는 합니다. 그래도 당장 생   이야기
59.   각나는 대로 부담 없이 얘기해 주시면 됩니다.   가치확인

60. 인터뷰이: (예전 기억을 떠올리듯) 어 그러면 제가 처음 허리 통증이 시작
61.   했을 때부터 얘기 해 보도록 할게요. 그 저는 허리통증도 통증
62.   이지만 처음에 초등학교 때 한 쪽 오른쪽 발이 8자로 걷고 있
63.   어요. 그래서 한쪽만 그렇게 걷다 보니깐 좀 미관상으로도 보
64.   기 좋지 않고 그리고 또 뭐 걸을 때나 이럴 때 허리도 아프기도
65.   하고 또 신발이 유난히 한쪽만 닳더라구요. 그래가지고 이게
66.   왜 이럴까 이렇게 생각도 많이 했어요. (다리의 모양을 팔로 설
67.   명하며) 왜냐하면 보통 팔자라고 하면 양발이다 팔자로 걷는
68.   경우가 대부분이잖아요. 근데 그런 게 아니라 저는 한 쪽만 팔
69.   자였고 또 어린 나이였기 때문에 저희 부모님도 좀 걱정을 많
70.   이 하셨어요. 그래서 어…제일 우리나라에서 제일 큰 대학병원
71.   에 정형외과에 찾아 갔습니다. 그래서 찾아가서 뭐 MRI 아…
72.   아니 CT를 찍었었나 (기억을 떠올리며) CT 였던 거 같아요. CT
73.   도 찍고 기본적인 엑스레이 찍고 했는데 그 교수님께서는 그
74.   골반이나 그런 쪽이 문제가 아니라 그 대퇴부 라고하나요.

75. 인터뷰어: 네   청자반응

76. 인터뷰이: 허벅다리 그 허벅다리 뼈가 돌아갔다고 하시더라고요.

77. 인터뷰어: 네~

78. 인터뷰이: 그래서 그 제가 초등학교 4학년 때 처음으로 그 서울…(고
79.   민하면서) 병원명을 말해도 될까요?

80. 인터뷰어: 네 괜찮습니다.

81. 인터뷰이: 00대학교 병원에 갔었는데 그 00대학교 병원 정형외과 교
82.   수님께서 그래서 그 대퇴부 뼈를 아예 잘라서 그 돌려서 다
83.   시 맞추는 그런 수술을 하셔야 해야 된다고 말씀하셨습니
84.   다. 그래 가지고 근데 생각보다 정말 큰 수술이더라고요. 왜
85.   냐하면 그 수술을 하면 거의 두 달 가까이를 누워서 생활해
86.   야 되고 그리고 뭐 계속 뭐 소변이나 대변 같은 것도 저희
87.   가족들이 다 계속 받아 줘야 된다고 하더라고요. 그래서 정
88.   말 큰 수술이라는 생각이 들어서 저희는 조금 보류하기로
89.   했고 그리고서 그냥 그렇게 살고 있다가 어느 날인가 제가
90.   아마 (확실하지 않듯 머리를 긁적이며) 기흉검사가 그런 걸
91.   했던 거 같은데 기흉 검사를 하면 폐 x ray를 찍잖아요.

92. 인터뷰어: 네

93. 인터뷰이: 데 그 폐 x ray를 찍을 때 척추뼈도 같이 나오잖아요.

94. 인터뷰어: 네 그렇죠

95. 인터뷰이: 근데 그 척추뼈 모양이 완전 S 자로 되어 있더라고요. (약간
96.   의 안타까운 표정을 하며) 다른 친구들은 다 일자로 되어 있
97.   는데… 그래 가지고 그 거기서 엑스레이를 봐 주시는 원장
98.   님께서 아무래도 척추측만증인 것 같다고 그때 말씀을 처
99.   음으로 해 주셨어요.

100. 인터뷰어: 아~

101. 인터뷰이: 그게 중학교 1학년 때 정도인 거 같아요. 그래 가지고 그 때
102.   중학교 1학년 때 이제 그 척추측만증이라는 걸 알게 되었고
103.   그래서 이제 그때부터 이젠 그냥 단순히 정형외과보다도
104.   좀 척추측만증을 전문으로 좀 하는 그런 정형외과를 이제
105.   좀 알아보고 다니게 되었습니다. 그래서 처음으로 간 병원
106.   에서는 도수치료랑 물리 치료를 해 주셨다… (잠깐 잘못 생
107.   각했다는 듯이) 아! 아니다! 그 도수치료가 아니라 처음에
108.   는 그 교정기 치료를 시작했어요.

109. 인터뷰어:	(말을 더 편안하게 하도록 호응하며) 아~	청자반응
110. 인터뷰이: 111. 112.	제가 그 이젠 한창 성장이 진행되는 사춘기다 보니까 그 시 기에는 교정기 치료를 통해서 허리가 더 휘는 것을 방지해 야 된다고 하시더라구요.	
113. 인터뷰어:	네	청자반응
114. 인터뷰이: 115. 116. 117. 118.	그래 가지고 이제 거기에서 그 아예 상체 전체를 거의 코르 셋처럼 꽉 조이는 교정기를 그때 맞춰서 하루종일 거의 착 용을 했는데 정말 그게 완전 꽉 조이는 거다 보니까 너무 답 답하고 또 너무 불편하기도 하고 특히 여름 같은 경우에는 너무 더워서 장시간 착용하기가 정말 힘들었거든요.	
119. 인터뷰어:	(비슷한 경험을 가져 공감하는 듯) 아~	청자반응
120. 인터뷰이: 121.	근데 정말 신기하게 교정기를 딱 한 한 달 정도 했는데 그 제가 원래 오른쪽 다리만 팔자라고 말씀드렸잖아요.	
122. 인터뷰어:	네	청자반응
123. 인터뷰이: 124. 125.	(정말 놀랍다는 듯이) 근데 그 오른쪽 다리 팔자였던 게 진 짜 한 달 있다고 거짓말처럼 완전 딱 왼쪽이랑 똑같이 11자 로 이제는 된 거예요.	
126. 인터뷰어:	(놀랍다는 듯) 아~	청자반응
127. 인터뷰이: 128. 129. 130. 131. 132.	(아찔하다는 표정을 하며) 그래서 저희는 저희 가족은 완전 그 때 서울대 병원에서 수술 했으면 큰일났겠다는 생각 을 엄청 했어요. 왜냐하면 정말 그냥 근본적인 문제가 아니 라 그냥 딱 보이는 것만을 올바르게 11자로 만들어 버린다 라는 그 수술이었기 때문에 아 진짜 그때 수술 했으면 정말 아찔했겠다는 생각이 들더라고요.	
133. 인터뷰어:	아 네~	청자반응
134. 인터뷰이: 135. 136. 137. 138. 139.	그래서 되게 좀 뭐랄까 저희 가족도 약간 그거에 대한 상처도 많이 받고 어 그랬는데 그래서 어쨌든 결국 교정기 치료를 통 해서 틀어졌던 골반이 다시 돌아와서 발도 11자로 다시 돌아 오고 좀 확실히 좀 허리 통증이 덜 한 그런 느낌이 있었습니 다. (어깨 높이 다른 모습을 직접 설명하며) 그리고 그 척추측 만증 환자들의 공통점이 어깨높이가 다르게 되는데 그거 그	

140.	런 것도 모두 좀 완화되는 그런 효과가 있었어요. 그래서 성	
141.	장이 거의 멈출 때까지 그 교정기 치료를 통해서 더 휘지 않	
142.	겠금 했었고, 그리고 이젠 고등학교 1학년 겨울까지 아마 그	
143.	교정기 치료를 했던 거 같아요. 그리고 이제 고등학교 2학년	
144.	때 부터는 막 공부할 때 너무 불편하고 그리고 이젠 성장이	
145.	다 끝난 상태이기 때문에 더 이상 착용 하는 거는 별로 의미	
146.	가 없다고 말씀을 해주셔서 교정기 치료는 중단을 했고요.	

147. 인터뷰어: 네   청자반응

148. 인터뷰이: (목이 마른 듯 물을 가리키며) 잠깐 물 좀 마셔도 될까요?

149. 인터뷰어: 물 마셔도 됩니다.

150. 인터뷰이: 그래서 그 교정기치료를 끝내고서 이제는 좀 이제 허리가
151.   완전히 이미 휜 허리가 일자로 되는 건 불가능하잖아요. 사
152.   실 수술이 아닌 이상은

153. 인터뷰어: (안타깝다는 듯) 네.   청자반응

154. 인터뷰이: 그래도 이제 계속 통증이 남아 있다 보니까 그 때 그 때 정
155.   형외과에 가서 도수치료 프로그램을 결제 하였고 또 그래
156.   서 한 30회 정도 도수치료를 진행했습니다.

157. 인터뷰어: 네.   청자반응

158. 인터뷰이: 그래서 좀 확실히 좀 좋아진 거 같긴 한데 도수치료라는게
159.   그 때 그 때 해야 효과가 있는 거 같더라고요. 조금만 쉬어
160.   도 다시 또 허리 통증이 생기는 거 같고 그래서 평소에 좀
161.   정말 자세도 바르게 하고 그런 게 좀 중요하다고 그때 정말
162.   많이 느꼈어요. 그래서 근데 제가 또 문제가 허리가 이렇게
163.   척추측만증 있다 보니까 어깨까지도 너무 아프더라고요.

164. 인터뷰어: 아~ 네.   청자반응

165. 인터뷰이: 그래 가지고 좀 제가 평소에 좀 이제 건강 관리를 좀 하려고
166.   자세도 좀 바르게 하고 또 종종… 자주 스트레칭도 하고 그
167.   런 식으로 좀 건강 관리를 하고 있습니다.

168. 인터뷰어: (필기한 노트의 내용을 보며) 아 처음에 허리 통증이 있다기   1차
169.   보다는 그 다리에 길이가 달랐고 그리고 처음에는 수술을   중간요약
170.   해야 되나 그렇게 생각을 했었지만 수술이 워낙 큰 수술이

171.	기 때문에 하지 않았고, 나중에 기흉검사로 인해 찍어 봤더	
172.	니 척추측만증이었고 그걸 교정하고 나서는 좀 허리통증이	
173.	나 그렇게 들해졌지만 그래도 완벽하게 허리 측만증을 고	
174.	치기는 불가능하기 때문에 계속 치료를 받고 그리고 원래	
175.	자세도 좋게 하기 위해서 그렇게 노력하고 있다는 그런 말	
176.	씀 이었군요. 제가 요약한 내용이 말…(치과 치료해서 입이	
177.	아파서 발음이 안 좋게 나오며) 맞는지…	
178. 인터뷰이:	(기억을 다시 되짚어보다 약간 당황한 표정을 하며) 아! 제	
179.	가 기흉 검사라고 말씀을 드렸는데 결핵검사를 헷갈려 가	
180.	지고 제가 기흉 검사로 말씀을 드렸어요	
181. 인터뷰어:	(괜찮다는 듯) 아~	청자반응
182. 인터뷰이:	네 그래서 그 결핵 검사 그 폐결핵 검사를 하다가 발견을 하	
183.	게 된 케이스고 요약해 주시는 내용 모두 다 맞습니다.	
184. 인터뷰어:	아~ 저도 가끔씩 저도 허리가 아프면 뭐 아무것도 하기 싫	1차
185.	고 그렇긴 해도 가끔 정신 차리고 보면 자세가 안 좋고 그런	추가
186.	데 저도 자세를 계속 평상시에도 잘해야겠다고 생각이 또	이야기
187.	드네요. 혹시 더 그 얘기하실 것이…추가적으로 얘기하실	요청
188.	것이 있으신가요?	
189. 인터뷰이:	어… 아마 현대인의 고질병 일 거 같아요… 요 허리가 아프	
190.	고 어깨가 아프다는 거는… 어…왜냐면 사실 학생 때부터	
191.	뭐 학생 때도 아니죠. 애기 때부터 우리는 계속 앉아서 공부	
192.	도 하고 또 핸드폰도 하고 계속 앉아서 생활을 하잖아요. 그	
193.	리고 또 요새는 스마트폰이 정말 우리 삶에서 뗄레야 뗄 수	
194.	없기 때문에 그로 인해서 뭐 거북목도 많이 생기고	
195. 인터뷰어:	네	청자반응
196. 인터뷰이:	관련된 이런 근골격계질환이 정말 많은 거 같은데 …어 그냥	
197.	이거는 방치하게 아니라 정말 치료를 해야 된다고 저는 느꼈습	
198.	니다. 그리고 또 이게 뭐랄까요 제가 아프다 보니 아프면 되게	
199.	사람이 좀 건강이 정말 중요하다는 생각을 하게 되더라고요.	
200. 인터뷰어:	네.	청자반응
201. 인터뷰이:	내면이 아프다는게 정말 사람이 정신이 피폐해지기 때문에	
202.	좀 약간 정말… 원래는 그냥 젊다는 생각… 어리다는 생각에	

203.	건강관리를 뭐 전혀 하지 않고… 그냥… 아무 상관 없겠지…
204.	뭐 아픈 사람들은 다 남의 나라 이야기야 뭐 이런 딴 세상 이
205.	야기야…이런 생각으로 살고 있었는데 결국 제가 아프다 보
206.	니까 저도 이젠 그런 건강관리 이런데 좀 관심이 많고 관심
207.	많아지게 되었고 특히 저는 이런 근골격계 질환에 대해서 좀
208.	많이 알아보고 또 공부도 많이 한 거 같아요.

| 209. 인터뷰어: | 아~ | 청자반응 |

210.	(독서실 세미나실 빌려서 하는데 갑자기 모르는 사람이 문
211.	을 열고 들어와서 잠깐 중지하고 다시 시작)
212.	음… 제가 요약해보자면 근골격계질환은 현대인과 뗄레야
213.	뗄 수가 없고 특히 스마트폰으로 인해서 거북목이 많이 발
214.	생하기 때문에 정말 생길 수 있고, 그런 것들을 방치할 게
215.	아니라 정말 치료를 해야 한다고 느끼셨고, 또 건강에 대해
216.	서 많이 관심을 갖게 되었다고 얘기해주셨습니다. 음 … 그
217.	럼 좀 더 추가적으로 얘기하실 이야기가 있으신가요?

| 218. 인터뷰이: | 제가 그 받았던 치료들에 대해서 좀 자세히 얘기해 드릴까요? |

| 219. 인터뷰어: | 네! |

| 220. 인터뷰이: | 저는 이젠 허리 척추 측만증 관련해서는 교정기 치료를 받 |
| 221. | 았다고 말씀드렸잖아요? |

| 222. 인터뷰어: | 네~ | 청자반응 |

| 223. 인터뷰이: | 그리고 교정기 치료뿐만 아니라 도수 치료도 받고 또 마사 |
| 224. | 지도 많이 받았어요. |

| 225. 인터뷰이: | 아~ | 청자반응 |

| 226. 인터뷰이: | 왜냐하면 그 결국 그 척추를 따라서 근육들이 긴장되있기 때 |
| 227. | 문에 그 긴장으로 인해서 그 통증도 많이 발생을 하더라고요. |

| 228. 인터뷰어: | 아~ | 청자반응 |

229. 인터뷰이:	그래서 그 근육을 좀 이완해 줄 수 있는 마사지도 받고 또
230.	도수치료라는게 물리치료사선생님들이 직접 손으로 정말
231.	하나 둘 다 근육들을 다 맞춰서 해 주시는 거 잖아요. 뼈 같
232	은 걸 맞춰서…

| 233. 인터뷰어: | 네 그렇죠 | 청자반응 |

234. 인터뷰이:	그래 가지고 이제…근데 그게 되게 힘든 게 정말 2시간 정	
235.	도 되는 시간 동안 물리치료사 선생님이랑 일대일로 계속	
236.	해서 이젠 치료를 하는 건데 그게 뭐 기계가 하는 게 아니라	
237.	제가 정말 이제는 그 코어근육 기른다고 해야 되나 그래서	
238.	거기 운동하는 만큼의 효과가 있을 정도로 되게	
239. 인터뷰어:	(듣다가 자신도 모르게 새로운 사실을 알게 되어 놀라워서)	청자반응
240.	아…	
241. 인터뷰이:	힘든 치료였거든요. 2시간 정도가	
242. 인터뷰어:	아 그렇군요	청자반응
243. 인터뷰이:	그래서 이제 그 도수 치료도 하고 또 그 도수치료를 하면서 이	
244.	제 도수치료와 더불어서 운동치료를 저는 함께 진행을 했어요.	
245. 인터뷰어:	(호응을 하며) 아~	청자반응
246. 인터뷰이:	그래서 뭐 물리치료사 선생님늘께서 우선 손으로 다 일일	
247.	이 다 치료해주신 다음에 이젠 저는 척주주변 근육을 기르	
248.	는… 힘을 기르는 그런 치료를 했었는데 그 운동치료가 성	
249.	말 힘들더라고요. 막… 2시간 동안 계속 막 뭐…아치형으로	
250.	허리를 만들어서 뭐 몇 분 동안 있기… 뭐 계속 이런 식으로	
251.	되게 운동 정말 말 그대로 운동을 통해서 근육을 길러주는	
252.	그런 치료가 진행되기 때문에 (끔찍하다는 듯이)정말 힘들	
253.	었습니다. 그래 그래도 좀 또 효과를 본 거 같아서… 또 잘	
254.	했다고 생각하긴 한데… 정말 그렇게 아프기 전에 관리 잘	
255.	해야 되겠구나라는 생각이 들더라고요.	
256. 인터뷰어:	(환자의 이야기에 집중하며) 아~	청자반응
257. 인터뷰이:	그리고 또 그리고 아 어깨 통증 관련해서는 제가 그 근막통	
258.	증 증후군이라는 진단을 받았어요. (설명을 하기를 조금 어	
259.	려워하며) 예를 들어서 뭐 근육 근육이 뭉쳤다 뭐 이런 이런	
260.	이런 병? 병?병?이라고 해야 될까요?	
261. 인터뷰어:	(환자의 말에 동의하며) 네!	청자반응
262. 인터뷰이:	그냥 그런 그런 건데…이 근육이 너무 심하게 뭉쳐서 그 정	
263.	말 인대가 띠가… 띠 밧줄 모양이라 밧줄모양으로 뭉친	
264.	상태가 근막통증 증후군이라고 하더라고요.	

265. 인터뷰어:	네	청자반응
266. 인터뷰이: 267.	그래서 그거를 일단 너무 통증… 정말 그 팔을 위로 올릴 때 올리기도 힘들 정도로 그 어깨 통증이 심했거든요.	
268. 인터뷰어:	네	청자반응
269. 인터뷰이: 270. 271. 272.	막 그리고 이 어깨 통증이 유발되는 부분에도 누르면 유발 점을 누르면… (머리를 가리키며) 머리가 지끈거릴 정도로 정말 아파서 그 또 정형외과에 가서 치료를 받았는데… 어 깨통증 관련해서는 TPI 주사라고 해서	
273. 인터뷰어:	어디서 들어본 표정을 하며) 아!	청자반응
274. 인터뷰이: 275. 276.	젠 그 리도카인이라고 하나요? 그 마취제랑 뭐 이런 거 저 런 거 섞어서 소염제랑 희석해서 만든 그 근육 통증 유발점 주사를 맞았어요.	
277. 인터뷰어:	네	청자반응
278. 인터뷰이: 279.	그래서 이제 그 아까 말씀드린 것처럼 근육이 밧줄처럼 그 뭉쳐 있는 상태라고 말씀 드렸잖아요.	
280. 인터뷰어:	네	청자반응
281. 인터뷰이: 282. 283.	(자신의 어깨 부위를 가리키며) 그래서 그 묶여있는 아주 딱딱한 통증이 유발되는 그 점들마다 굵은 바늘을 일일이 다 쓰셔서	
284. 인터뷰어:	(들어도 아프겠다는 듯이 표정을 찌푸리며) 아악…	청자반응
285. 인터뷰이: 286.	정말 그거 다 일일이 다 풀어 주는 그런 치료도 받았고요. 그리고 또 그 체외충격파라고 아시나요?	
287. 인터뷰어:	네 들어본 적 있습니다.	청자반응
288. 인터뷰이: 289. 290. 291.	그 체외충격파가 그 원래는 그 요로결석 치료를 하기 위한 초음파? 그 비슷한 기계라는데 그래서 그거를 이젠 근육에 다가 쏘면 그 뭉쳐있던 근육이 풀리는 그런 작용을 한다고 하더라고요. 그래서 체외충격파치료까지 함께 받았습니다.	
292. 인터뷰어: 293. 294. 295.	그 허리를 위한 도수치료 나 마사지 치료 그리고 운동 치료 등을 받았는데 근데 그중에서는 운동치료가 가장 시간도 오래 걸리고 많이 힘들었고 그리고 갖고 있는 허리 통증 외 에도 그 어깨가 아픈 근막통증증후군으로 그 고생을 하셨	2차 중간 요약 2차 추가

296.	기 때문에 그 외에도 그 주사나 그런 체외 충격 그런 다양한	이야기
297.	치료를 받았다고 제가 요약해보겠습니다. 음… 혹시 그 외	요청
298.	에도 더 하시고 싶은 얘기 있으신가요?	

299. 인터뷰이:	음… 치료 관련해서는 딱히 더 없는 거 같습니다.
300.	음… 치료적인 부분에서는 뭐 더 말씀드릴게 없고 혹시 좀
301.	심리적인 부분에 대해서 더 말씀드려도 될까요?

302. 인터뷰어: 네

303. 인터뷰이:	아프면 사람이 정말 우울해 지더라고요 왜냐면 왜 다른 사
304.	람들은 다 괜찮은데 나는 왜 이렇게 아플까라는 생각이 들
305.	면서 정말 좀 우울감이 좀 많이 들고 또 아프면 사람이 막
306.	축 축 쳐지고 그러잖아요.

| 307. 인터뷰어: | (같은 경험을 겪어서 안 다는 듯) 네 | 청자반응 |

308. 인터뷰이:	우울감을 좀 떨치기가 힘들었어요. 특히 고등학교 시절
309.	에… 왜냐면 공부만 하기에도 벅찬데 이렇게 아프기까지 하
310.	니까 되게 진짜 막 배로 더 힘들고 그러더라고요. 근데 이제
311.	대학에 와서 또 치료도 꾸준히 하고 또 치료뿐만 아니라 저
312.	스스로도 계속 평상시에 좀 자세도 바르게 하려고 하고 이
313.	러고 이러고… 그러다 보니까 어… 조금 좀 괜찮아지긴 지
314.	금 지금은 좀 많이 괜찮아졌는데… 정말 좀 그 아픈 것도 더
315.	불어서 마음이 아픈 게 좀 많이 힘들었던 거 같습니다.

316. 인터뷰어:	다른 통증 그런 거로 인해서 그 우울감이나 특히 고등학교	3차
317.	때 그럼 우울감이 더 심해져서 고생을 하셨는데 그래서 지	중간 요약
318.	금은 그나마 그때보다 낫다고 요약을 했는데 제가 제가…	
319.	요약한 게 맞는지 확인해도 될까요?	

320. 인터뷰이: 네 맞습니다.

321. 인터뷰어:	혹시 더 추가적으로 하실 이야기가 있나요?	3차
		추가
		이야기
		요청

322. 인터뷰이: 글쎄요… 지금은 딱히 더 없는 거 같습니다.

| 323. 인터뷰어: | (자신의 경험을 떠올리며 마음이 안 좋듯)저 또한 다른 질병 | 이야기에 |
| 324. | 을 치료 받을 때 기억을 떠올리거나 그러면 딱히 그러면 나 | 대한 |

325.	쁜 기억은 떠올리고 싶어지지도 않았는데 이렇게 여러 가	감사표현
326.	지 자세하게 그 경험들이나 치료받았던 것이나 아니면 자	
327.	신의 그 때 겪었던 우울…우울감… 그런 거에 대해서 자세	
328.	하게 얘기해 주셔서 정말 감사합니다.	

329. 인터뷰이: 네

330. 인터뷰어:	(다시 인터뷰 시작하면서 마이크 조정과정에서 목소리 크기	
331.	가 초반에 살짝 작게 나옴) 이제 제가 심화보완단계로 넘어	
332.	가도록 하겠습니다. 심화보완단계에서는 000씨가 하신 말씀	
333.	중에 조금 더 구체적으로 알고 싶거나 궁금한 사항에 대해	
334.	서 질문을 좀 드리도록 하겠습니다. 편하게 말씀해 주시면	
335.	됩니다. 제가 잘 이해를 못 했는데 통증으로 인해 건강을 더	
336.	신경 쓰게 되었고 우울감도 갖게 되셨다고 얘기해주셨는데	
337.	그거에 대해서 좀 더 자세히 얘기해 주실 수 있으신가요?	

338. 인터뷰이:	(목을 가리키며) 근데 혹시 지금 너무 목이 말라서 그런데
339.	음료 좀 마셔도 될까요? (잠시만요…)
340.	그 제가 아까 말씀드린 게 그 세상을 좀 보는 시각이 달라져
341.	달라진 거 같다고 말씀드렸잖아요?

342. 인터뷰어:	네	청자반응

343. 인터뷰이:	제가 그 특히 우울감이 심하면서 세상을 보는 관점이 달라	
344.	졌는데 결국 건강이 최고더라 고요. 사람이 아프면 아무것	
345.	도 잘 못 하게 되고	

346. 인터뷰어:	네	청자반응

347. 인터뷰이:	삶의 의욕도 없어지더라고요. 우울감을 이겨내기 위해서 치료	
348.	도… 병원치료도 받은 건 받은 거지만 또 저 스스로도 좀 많이	
349.	노력을 했어요. (자신의 가방에 있는 책을 가리키며) 특히 저	
350.	는 그 책이 좋아서 국어교육과에 진학 할 정도로 책을 좋아하	
351.	는데 특히 이 책을 통해서 좀 우울감을 이겨내려고 노력을 했	
352.	습니다. 제가 그 어쨌든 허리가 아프고 어깨가 아픈 거는 아픈	
353.	거지만 그래도 어쨌든 저도 열심히 살아야 되는 거잖아요.	

354. 인터뷰어:	네	청자반응

355. 인터뷰이:	그래서 이 우울감을 이기기 위해서 제가 정말 좋아하는 책들을
356.	많이 읽으면서 그 책을 보면서 많이 웃기도 하고 또 많이 위로

357.	받기도 했습니다. 그리고 또 일단 어쨌든 아픈 이 통증 자체가	
358.	좀 줄어들어야 제가 이 우울감이 사라질 수 있다는 그 근원적	
359.	인 좀 생각을 하면서 치료도 정말 열심히 받으러 다녔고요. 그	
360.	리고 또 저 스스로도 운동을 좀 많이 하려고 노력을 했어요.	

| 361. 인터뷰어: | 아~ | 청자반응 |

362. 인터뷰이:	그래서 그 운동 중에서도 또 제가 코어근육이 약하다 보니	
363.	깐 결국 허리 통증이 계속 이어지는 거여서 그 코어 근육을	
364.	기를 수 있는 그런 운동도 자주 했고요. 특히 저는 이제	
365.	또… 제가 취미가 계단 오르기거든요?	

| 366. 인터뷰어: | (서로 웃으면서) 아~ | 청자반응 |

367. 인터뷰이:	(손으로 계단을 흉내내며) 그래서 그 계단 오르기를 하게	
368.	된 게 그 건강 때문도 있지만 아파트 계단 오르게 되면 계속	
369.	똑같은 장면만이 이어지잖아요. 제 눈에서	

| 370. 인터뷰어: | 네 | 청자반응 |

371. 인터뷰이:	그래서 그거를 그렇게 계단을 오르게 되면 계속 끝없이 계	
372.	속 똑같은 화면 어…장면을 보면서 제 마음도 정리가 되고	
373.	또 건강도 확실히 좋아지는 그런 느낌이 들더라구요. 그래	
374.	서 좀 이런저런 저만의 방법으로 좀… 우울감을 떨쳐내기	
375.	위해서 노력했고, 그래서 제가 좀 저 스스로도 세상을 보는	
376.	관점이 좀 달라지지 않았나? 좀 긍정적으로 우울감을 이겨	
377.	내고 열심히 살고 있지 않나라는 생각을 하게 되었습니다.	

378. 인터뷰어:	아까 얘기해주셨던 치료 단계에서 허리 통증에 대한 치료뿐	
379.	만 아니라 근막통증증후군이라는 어깨 통증에 대한 치료를	
380.	말씀해주셨는데 근막통증증후군에 대해서 좀 더 이야기를	
381.	듣고 싶은데요. 좀 더 자세하게 말씀해 주실 수 있을까요?	

382. 인터뷰이:	제가 근막통증증후군은 어깨에 해당하는 부분이고요. 척추	
383.	측만증과 연관이 분명히 있습니다. (손으로 높이가 다르게	
384.	하며 불균형을 나름 설명하며) 왜냐하면 이제 척추측만증	
385.	환자들은 전체적으로 균형이 불균형 한 상태이기 때문에	
386.	자세도 조금 흐트러지고 또 특히 거북목이 발생할 확률이	
387.	높아요.	

388. 인터뷰어:	네.	청자반응
389. 인터뷰이:	모든 현대인들이 거북목 증상을 많이 가지고 있지만 특히	청자반응
390.	나 저희처럼… 저처럼 이렇게 허리가 가장 기본이 되는…	
391.	근간이 되는 허리가 어쨌든 휘어있는 상태이니까 그런 부	
392.	분이 조금 더 영향이 큽니다. 그래 가지고 뭐 계속 자세가	
393.	좋지 않아서… (자신의 목을 가리키며) 이젠… 목에도 목	
394.	도… 거북목증상 있었고 그러다 보니까 이제 목이 앞으로	
395.	나가면서 어깨에 그만큼 더 많은 하중이 실리는 거거든요?	
396. 인터뷰어:	(새로운 사실을 알았다는 듯) 아~	청자반응
397. 인터뷰이:	이제 그러면 이제 그 어깨 근육이 결국 단단하게 뭉칠 수 밖에	
398.	없고 이제 더 나아가서 정말 밧줄 모양의 띠처럼 정말 단단하	
399.	게 이젠 확 뭉치는 거거든요. 그래서 결국 허리 통증 제가 허	
400.	리 있는 척추측만증하고 어깨 있는 근막통증증후군은 결국	
401.	뗄레야 뗄 수 없는 그런 사이라고 생각하시면 될 거 같아요.	
402. 인터뷰어:	아 그렇군요 어…아까 근막통증증후군과 허리 통증과의	청자반응
403.	연관성에 대해서 잘 설명해 주셨고 그리고 치료과정을 많	
404.	이 얘기해 주셨는데 그 여러 병원을 다니셨을 것 같은데 혹	
405.	시 워낙 다른 사람들도 허리 통증을 갖고 있는 사람들도 많	
406.	고 그럴 텐데 …병원 선택을 하는 거에 대해서 좀 더 말씀	
407.	해 주실 게 있으신가요?	
408. 인터뷰이:	(표정이 갑자기 진지해지며) 정말 하고 싶은 말이 많은데요.	
409.	그 제가 처음에 원래는 제일 초등학교 시절에 제일 먼저 간	
410.	병원이 00대병원이라고 말씀드렸잖아요.	
411. 인터뷰어:	네.	청자반응
412. 인터뷰이:	(좀 화난 표정으로) 근데 만약 정말 그때 제가 그 교수님 말	
413.	만 듣고 수술 했다면 정말 지금 어떻게 될지 상상도 못할 정	
414.	도로 잘못된 치료방법을 권해 주셨거든요.	
415. 인터뷰이:	네.	청자반응
416. 인터뷰이:	결국 그래서 정말 그냥 한 한…병원 아니면 최고라고 생각하	
417.	는 병원에만 가는 게 아니라 정말 다양한 선생님들한테 찾아	
418.	가서 좀 치료 방법에 대한 그런 의견도 나누고 또 다양한…	

419.	다양한 치료 방법이 있다 보니까 그 중에서 나랑 가장 잘 맞	
420.	을 것 같다라는 그 치료방법을 해주는 병원에 가서서 이제	
421.	(강조하며) 꾸준히~ 그 원장님을 믿고 계속 치료를 진행하는	
422.	게 중요하다고 생각합니다. 왜냐하면 허리 통증이 뭐 감기나	
423.	뭐 정말 우리 몸살처럼 뭐… 약 한 번 먹는다고 낫는 게 아니	
424.	거든요. 왜냐면 허리는 정말 펼 수 없는 부분이고…	

| 425. 인터뷰어: | 네 | 청자반응 |

426. 인터뷰이:	그리고 우리는 계속 일상생활에서 자세도 좋지 않게 하고	
427.	또 어쨌든 현대인들은 계속 컴퓨터 앞에서 일을 하고 이러	
428.	다 보니까 우리가 계속해서 관리를 해가야 되는 질병인	
429.	데… 그래서 이제 꾸준히 치료를 받는 게 가장 중요하다고	
430.	생각을 합니다. 그리고 병원에서뿐만 아니라 그 병원에서	
431.	치료 받은 내용을 토대로 이제 집에서도 그 운동은 계속 해	
432.	주는 게 중요해요. 왜냐하면 우리가 병원을 가는 건 많아봐	
433.	야 한 달에 한두번이거든요 근데 그 한 달에 한두 번 이라는	
434.	게 결코 많은 숫자가 많은 횟수가 아니잖아요?	

| 435. 인터뷰어: | (동감하듯)그렇죠. | 청자반응 |

436. 인터뷰이:	(자신의 허리를 가리키며) 왜냐면 우리는 한 달 내내 어쨌든	
437.	허리를 나오기로 혹사시키면서 살고 있기 때문에 평소에	
438.	계속 병원에서 배운 내용을 우리가 이제는 일상생활에서도	
439.	실천하면서 이어가는 게 가장 중요합니다. 그래서 어쨌든	
440.	병원은 최대한 우선 치료 받기 전에 많이 돌아 ~ 돌아 다녀	
441.	보시고 그리고 또 가장 나에게 맞는 진단, 나에게 맞는 치료	
442.	법을 제시한 병원에서 꾸준히 관리하시는 걸 저는 추천해	
443.	드립니다.	

444. 인터뷰어:	(체크리스트를 확인해보며) 지금까지 좋은 말씀 많이 해 주	체크리스트
445.	셨는데 혹시 제가 여쭐 말씀 있는지 확인해 보겠습니다.	확인
446.	이제 이야기를 마무리 해야 할 것 같습니다. 이게 말을 오	이야기에
447.	래하다 보면 목도 아프고 또 지금 알바도 많이 하시느라 그	대한
448.	몸도 힘드시고 그럴 텐데… 오랜 시간 인터뷰에 응해 주셔	감사 표현
449.	서 진심으로 감사합니다. 자신의 허리 통증에 대해서 정말	
450.	뭐 어떻게 허리 통증을 이렇게 발견하게 됐는 지와 아니면	
451.	진짜 치료에 대해서 자세히 얘기해 주시고… 정말 겪었던	

452. 453. 454.		경험을 정말 자세하게 얘기해 주신 거 정말 잘 들었습니다. 지금까지 정말 잘 얘기해 주셨는데 더 하고 싶은 얘기가 있 으시면 해 주겠습니까?	추가 이야기 요청

455. 인터뷰이: 음 아니요. 충분히 자세하게 좀 말한 거 같아서 괜찮을 거
456. 같습니다.

457. 인터뷰어: 네 허리 통증에 대한 많은 자신의 경험들을 이야기 해주셨   소감질문
458. 는데 인터뷰를 해 보시니 어떤가요?

459. 인터뷰이: 우선 제가 좀 아팠던 부분을 직접 이렇게 말로 자세하게 표
460. 현을 하니까 또 기억이 또 생생하게 나고 생각이 우선 정리
461. 되는 게 가장 좋았습니다. 그리고 또 사실 이렇게 제가 아픈
462. 부분을 남에게… 남한테 이렇게 말하는 게 좀 미안하기도
463. 하고 또 좀 부담스럽기도 해서 말하는 걸 꺼렸는데 제가 아
464. 팠던 이런 부분들을 속 시원하게 남한테 털어 놓으니까 마
465. 음도 좀 가벼워지는 거 같고 확실히 좀 심적으로 좀 고생했
466. 던 부분이 말하고 나니까 좀 털어지는? 그런 효과가 있는
467. 거 같아요. (서로를 보며 웃으며) 그래도 워낙 잘 들어주셔
468. 서 제가 편하게 잘 말할 수 있었던 거 같습니다.

469. 인터뷰어: 네 말씀 감사합니다. 그리고 자신과 같은 아픔을 겪는 사람   메시지
470. 들이 워낙 많잖아요? 허리 통증은 거의 만성 쪽으로 거의   확인
471. 가는… 저도 갖고 있기도 하고… 그런데 그런 다른 분들, 사
472. 회에 충고나 조언이나 전하고 싶은 메시지가 있으면 말씀
473. 해주세요.

474. 인터뷰이: 사실 아픈 사람들이 서로 서로 공감을 하면서 아픔을 나누
475. 는 건 굉장히 중요하다고 생각합니다. 왜냐하면 그… 저 같
476. 은 경우에도 저 혼자 끙끙 앓던 시절에는 정말 너무 힘들었
477. 어요. 왜냐면 왜 나한테만 이런 일이 생길까 뭐 이런 생각이
478. 정말 많이 들더라고요. (자신의 핸드폰을 보여주며) 근데 요
479. 새는 인터넷이 정말 많이 발달을 했고, 또 인터넷 카페 같은
480. 것도 그냥 검색만 해 보면 환우회도 정말 쉽게 찾아 볼 수가
481. 있거든요.

482. 인터뷰어: 네

483. 인터뷰이: 그리고 결국 그 환우회 같은 데에서 정보도 양질의 정보를

484.　　　　얻을 수 있어요.

485.　　　　아~ (옆에 물을 가리키며) 잠깐 물 마셔도 될까요?

486. 인터뷰어: (웃으면서 최대한 편안하게 하기 위해 노력하며) 네~ 잠깐
487.　　　　물 마셔도 됩니다.

488. 인터뷰이: 그래서 이제는 그 환우회 같은 경우도 왜냐면 정말 아팠던
489.　　　　환자들이 전국 각지에서 이제 커뮤니티를 형성해서 거기에
490.　　　　서 정보도 교류하고 또 자기 생각도 말하고 자기 아팠던 경
491.　　　　험도 함께 그 공감하는 그런 커뮤니티… 커뮤니티 거거든
492.　　　　요. 그래서 정말 내가 이런 증상을 가지고 있는데 혹시 이런
493.　　　　증상이 있었던 분 계세요? 뭐 이러면 정말 자기 경험들도
494.　　　　다 다양하게 얘기해 주시고 (허리가 아파서 의자를 정리하
495.　　　　면서 의자소리가 나며) 그러다 보니까 이 서로 아픔을 공감
496.　　　　한다는 게 정말 중요해요. 그리고 또 제 때 치료를 받는 게
497.　　　　정말 중요합니다.

498. 인터뷰어: 그렇죠.

499. 인터뷰이: 무엇보다도 그냥 뭐 당연히 누구나 다 있는 거 아니야? 뭐
500.　　　　누구나 다 아픈 거 아니야? 이 정도는 뭐 참을 수 있는데…
501.　　　　뭐… 죽지 않는 이상 괜찮겠지 이런 생각을 저도 처음에는
502.　　　　했어요. 당연히… 근데 지나고 보니까 하루라도 빨리 진짜
503.　　　　한시라도 빨리 병원에 가서 정확한 진단을 통해서 그 나에
504.　　　　게 …나에게 맞는 치료를 받는 게 정말 중요하거든요. 왜냐
505.　　　　면 어쨌든 통증은 자연스럽게 없어지지 않아요. 최대한 정
506.　　　　확한 치료를 받아서 관리를 하는 게 통증을 그나마 빠르게
507.　　　　줄일 수 있는 방법이기 때문에 어… 좀 망설이지 마시고
508.　　　　어… 정말 아프시다면 그냥 그대로 바로 병원에 가시면 좋
509.　　　　겠어요. 그리고 자신의 아픔을 좀 숨기지 말고… 좀 소중한
510.　　　　주위 사람들 하고 좀 나누면 어떨까라는 생각이 듭니다. 저
511.　　　　도 정말 가족들의 도움을 많이 받았거든요 이 어쨌든 가족
512.　　　　들이 저기 아픈 거를 지지해주고 그만큼 옆에서 많이 챙겨
513.　　　　주다 보니까 그 관심과 사랑 덕분에 더 많이 그 병원적인 치
514.　　　　료 말고도 그 부분이 정말 저에게 큰 도움이 됐어요. 그래서
515.　　　　여러분… 저와 같은 아픔을 겪으시는 분들도 좀 아픈 것을
516.　　　　주위에 숨긴다거나 아니면 좀 스스로도 외면하려는 그런

517.   경향이 있거든요.

518. 인터뷰어: 네.

519. 인터뷰이: 그래서 어쨌든 자신의 그런 아픈 점을 숨기지 말고 좀 다양
520.   하게 어…많은 사람들에게 좀 공개를 해서 어… 함께 아픔
521.   을 극복하는 게 정말 중요한 그런 모습이라고 생각이 듭니
522.   다. 특히 그리고 또 어쨌든 병원 선택이 정말 중요하다는 거
523.   앞서서 말씀드렸고… 그래서 다양한 치료 적절하게 적당…
524.   적절하게 받으셔서 좀 많은 사람들이 좀 아픔이 좀 없어졌
525.   으면 좋겠네요. (조금 씁쓸하게) 저도 마찬가지구요. 앞으로
526.   도 그리고 이렇게 제가 지금도 많이 아프다고… 지금도 여
527.   전히 좀 통증이 여전히 있다고 말씀드렸잖아요.

528. 인터뷰어: 네

529. 인터뷰이: 그래서 어쨌든 이거는 계속 평생을 가져가야 되는 거고, 그
530.   렇기 때문에 자기만의 노하우를 습득을 해서 이 통증을 줄
531.   일 수 있는 부분 또 그런 부분까지 좀 잘 챙기시는게 가장
532.   중요할 것 같습니다. (갑자기 진지하고 화난 표정을 하며)
533.   그래서 아 그리고 또 사회에 하고 싶은 말이 있어요.

534. 인터뷰어: (웃으면서 더 얘기를 할 수 있도록 유도하며) 뭐 어떤 거가
535.   있으신가요?

536. 인터뷰이: (표정을 정말 찌푸리며) 아프면 괜히 이상하게 그런 시선들
537.   이 있더라고요. 근데 어쨌든 그게 자기한테도 일어날 수 있
538.   는 거고 하다보니까 어쨌든 아픈 사람이 있다면 좀 옆에서
539.   도와주고… 함께 할 생각을 해 주셔야 태도가 환우분들에
540.   게 가장 도움이 될 거 같습니다.

541. 인터뷰어: 네 그… 혹시 질문 하실 것이 있나요?   질문확인

542. 인터뷰이: 어…그 제가 그 OOO씨도 지금 의대에 재학중이잖아요? 나
543.   중에 제가 듣기로는 재활의학을 전공하고 싶은 걸로 알고
544.   있는데… 사실 저도 이 병원들을 다니면서 정형외과뿐만
545.   아니라 뭐 통증의학과부터 재활의학과까지 정말 많은 병원
546.   에 다녔거든요. 특히 이렇게 제가 가진 척추측만증이나 이
547.   런 어깨통증 같은 경우에는 재활의학과의 분야도 클 것 …
548.   좀 힘이 클 거라고 생각하는데 혹시 저랑 한 인터뷰가 좀 도

549.		움이 됐을까요?
550. 인터뷰어:		(갑작스런 질문에 많이 당황하며) 제가 목표는 재활의학과
551.		에 가는 건데 이렇게 그냥 질병에 대해서 그냥… 단순하게
552.		배우기만 하고 이렇게 자세하게 그 질병을 겪는 그 환우분
553.		과 이렇게 얘기를 듣고 어떻게 치료를 받았는지 그 어떤 느
554.		낌을 받았는지 그리고 또 그리고 병원에 선택하는 게 보통
555.		좋은 병원만 선택하라고 했는데 그런 여러 가지 자신과 맞
556.		는 병원에 택하라는 그런 얘기를 들으니 제가 만약에 의사
557.		가 된다면 그 환자에게 정말 잘 맞는 의사가 되어야겠다는
558.		그런 생각도 들고 그리고 만약 허리 통증을 갖고 있는 사람
559.		들이 있다면 정말이 이 때 지금 들은 인터뷰를 통해서 그런
560.		걸 자양분으로 좋은 의사가 되고 싶다는 생각을 갖게 되었
561.		습니다.
562.		(웃으면서) 지금 다른 누구보다 알바도 열심히 하시고 여러
563.		가지 아까 말씀하신 대로 장갑도 끼고… 뭐 되게 갑갑하실
564.		텐데 그런데도 알바하시면 더 바쁜 나날을 보내고 계신데
565.		(진심으로 감사하다는 듯 허리를 굽히며) 인터뷰에 응해 주
566.		셔서 다시 한 번 감사드립니다. 정말 고생 많으셨습니다. 안 감사표현
567.		녕히 계세요.
568. 인터뷰이		(활짝 웃으면서) 네 감사합니다. 안녕히 계세요.

위의 전체 사례 분석 결과에서 볼 수 있듯이 이 학생은 시작단계와 예비단계에서 수행해야 할 의사소통 행위들을 거의 완벽하게 수행하였다. 이 학생이 수행한 시작단계와 예비단계를 전사자료의 번호에 맞추어 분석하면 다음과 같다.

- 자기소개 및 인터뷰이 이름 확인: 1-2
- 호칭 협의: 4
- 감사표현: 6-9
- 담소: 9-24
- 대화진행 안내: 24-29

- 권리보장: 29-31, 37-39, 36-38
- 익명성 보장: 33-34
- 녹음 동의: 34-35
- 메모 양해 구하기: 41-42
- 질문 또는 요청 사항 확인: 44
- 동의서받기: 46
- 이야기 가치 부여: 48-51

경청과 공감 능력 계발과 관련하여 매우 중요한 경험표현단계도 모범사례라고 할 만큼 완벽하게 수행하였다. 이 학생은 첫 번째 개방형 질문으로 서사 인터뷰를 시작하였고(51-55), 인터뷰이가 이야기 시작에 대한 어려움을 토로하자(56-57) 인터뷰이의 이야기가 가치가 있음을 확인해주면서 이야기 시작을 지지하고 촉진하였다(58-59). 인터뷰이가 이야기를 전개하는 동안 인터뷰어는 지속적으로 적극적이고 공감적인 청자반응을 하였고, 의견 표명이나 질문을 함으로써 화자의 이야기를 끊거나 화자의 이야기 흐름에 개입하지 않았다. 인터뷰어는 모두 세 차례에 걸쳐서 중간 요약과 추가 이야기 요청을 하였다.

- 1차 중간 요약(168-177) 및 추가 이야기 요청(187-188)
- 2차 중간 요약(292-297) 및 추가 이야기 요청(297-298)
- 3차 중간 요약(316-319) 및 추가 이야기 요청(321)

세 차례의 중간 요약과 추가 이야기 요청을 통해서 인터뷰어는 인터뷰이가 자신의 관점으로 자유롭고 편안하게 자신의 이야기를 전개할 수 있었고, 인터뷰어 자신은 경청과 공감의 의사소통적 태도와 행위를 충실하게 수행하였다. 1차 중간 요약에서 인터뷰이는 인터뷰어의 중간 요약을 듣고 자신이 잘못 말한 내용을 알게 되었고 올바른 정보를 인터뷰어에게 제공한다 (178-183). 이를 통해서 인터뷰어와 인터뷰이는 부정확한 내용을 바로잡고 정확한 상호이해를 할 수 있게 된다. 이는 인터뷰어의 중간 요약이 인터뷰이에 대한 적극적인 경청과 인터뷰이의 이야기에 대한 정확한 이해 점검이라는 의사소통적 기능을 잘 보여주는 사례라고 할 수 있다.

경험표현단계의 마지막 부분에서 인터뷰어는 인터뷰이의 풍부한 이야기에 대해서 감사표현을 하였다(325-328). 이어서 심화보완단계의 시작을 명시적으로 예고하였다(331-332). 심화보완단계에서의 질문도 구체적인 사항을 묻기보다는 개방형 질문을 제시하였다. 그 결과 인터뷰이는 자신의 관점으로 자유롭게 이야기를 전개하였고 인터뷰어는 다시 구체적이고 명료하게 청자 반응을 표현하였다. 이를 통해서 이 인터뷰를 수행한 학생이 경청과 공감의 태도와 자세가 잘 되어 있음을 확인할 수 있고, 인터뷰 전체에 걸쳐서 인터뷰이가 주도성을 갖도록 한 것이며, 공감적 태도의 핵심적 요소인 타자 중심성을 잘 실천한 것이라고 평가할 수 있다.

서사 인터뷰의 마무리단계와 종료단계에서 수행해야 할 행위들도 큰 문제 없이 잘 실행되었다.

- 체크리스트 확인: 440-445
- 인터뷰이의 이야기에 대한 감사표현: 446-449
- 추가 이야기 요청: 453-454
- 소감에 대한 질문: 457-458
- 메시지 확인: 470-474
- 질문 확인: 542

- 감사표현: 567-568
- 종료 인사: 569

서사 인터뷰의 각 단계에서 수행해야 할 행위들을 온전하게 수행하였기 때문에 인터뷰 전반에 대한 8개의 항목 모두 긍정적으로 평가할 수 있다. 평가에 대한 구체적인 사항은 아래의 평가표에서 확인할 수 있다.

[표 10] 서사 인터뷰 수행 평가 사례

서사 인터뷰 수행 평가표		
I. 인터뷰의 진행단계에 대한 평가	수행	미수행
1. 시작단계		
통성명(대상자의 호칭합의)	0	
본인의 이름과 소속 및 역할 소개	0	
녹음 시작 요청 및 동의받기	0	
참여 감사 및 존중감 표현	0	
스몰토크	0	
2. 예비단계		
연구의 목적과 취지와 전체적인 진행과정에 대한 개략적 설명	0	
대화의 진행 방식과 시간 안내	0	
대상자의 권리보장(휴식, 음료, 대화 중단, 전체/부분 동의 취소 가능성)	0	
메모 양해 구하기	0	
질문 여부 및 요구 사항에 대한 질문	0	
이야기의 정보가치와 실수의 가능성이 없음에 대한 확신 주기	0	

3. 경험표현단계		
열린 질문으로 이야기 유도	0	
첫 번째 열린 질문이 명시적이고 구체적으로 제시	0	
이야기의 촉진과 수용 행위를 적극적으로 함(수용, 촉진, 즉흥 해석)	0	
질문과 의견으로 이야기의 흐름을 끊거나 특정 주제 유도하지 않음	0	
한 주제의 이야기가 종료되었을 때 중간요약	0	
다수의 열린 질문으로 화자가 자신의 이야기를 충분히 할 수 있도록 함	0	
경험 표현단계 종료 직전 추가적인 이야기가 있는지에 대한 확인 질문	0	
4. 심화보완단계		
심화보완단계의 명시적인 예고 및 진행 방식 안내	0	
열린 질문을 사용함으로써 대상자의 이야기 주도를 유도함	0	
연계적이고 심화적인 질문을 통해서 이야기를 구체화함	0	
전체적으로 질문을 명확하고 구체적으로 제시	0	
화자의 현재 입장 또는 평가가 아닌 과거 사건에 대한 체험 이야기 유도	0	
대상자의 말을 잘못 바꿔쓰기 하거나 요약 또는 해석하지 않음	0	
'왜'라는 질문을 하지 않음	0	
5. 마무리단계		
마무리 예고	0	
이야기에 대한 감사 및 존중감 표현	0	
더 하고 싶은 말이 있는지에 대한 질문	0	
소감 및 의미에 대한 질문 (1 점)	0	
다른 사람 또는 사회에 전달할 조언이나 충고 유도	0	
5. 종료단계		
질문 또는 요구 사항 확인 질문	0	
II. 인터뷰 대화 전체에 대한 평가		

인터뷰를 단계의 순서대로 원활하게 진행되도록 조정함	0
대상자를 전문가로 존중하고 배우고자 하는 겸손한 태도 유지	0
인터뷰 도중 대상자를 적절하게 배려(피로여부, 휴식여부, 음료 등)	0
대상자의 말에 끼어들거나 가로채지 않음	0
편안한 어투와 태도 및 얼굴표정을 통한 평온하고 따뜻한 분위기 조성	0
대상자에 대한 적극적인 공감적 태도	0
평가적 반응이나 놀람 등의 부정적 반응을 보이지 않음	0
전체적으로 풍부한 이야기가 생산됨	0

피드백은 학생과의 일대일 면담을 통해서 하는 것이 가장 바람직하다. 피드백 전에 교수자는 학생의 서사 인터뷰 수행에 대한 정밀한 평가를 해야 한다. 피드백은 정밀한 평가를 토대로 이루어진다. 피드백은 개인당 최소 20분 정도로 수행하는 것이 바람직하다. 피드백을 받으러 오는 학생은 평가 결과에 대한 많은 부담을 가지고 있기 때문에, 학생을 배려하고 존중하는 분위기 속에서 이루어져야 한다. 학생 중심의 피드백은 다음과 같은 진행단계로 이루어진다.

- 시작단계: 학생과 좋은 관계 형성 및 좋은 대화 분위기 형성
- 예비단계: 코멘트 진행 방식에 대한 정보 공유
- 학생 자체 평가단계: 학생의 자체 평가 유도
- 교수 코멘트 단계: 교수자의 평가 결과 제시, 개선 방안 및 권고안 제시
- 확인 및 심화보완단계: 평가결과 및 코멘트에 대한 질의응답
- 마무리단계: 지지와 격려, 소감묻기, 의미 되새김
- 종료단계: 도움 제공 의사 표시, 관계 형성

모두 7개의 단계로 이루어진 학생 중심의 코멘트 대화의 전체 진행과정과 개별 진행단계에서 교수자가 수행해야 할 의사소통 행위를 하나의 도표로 제시하면 아래와 같다.

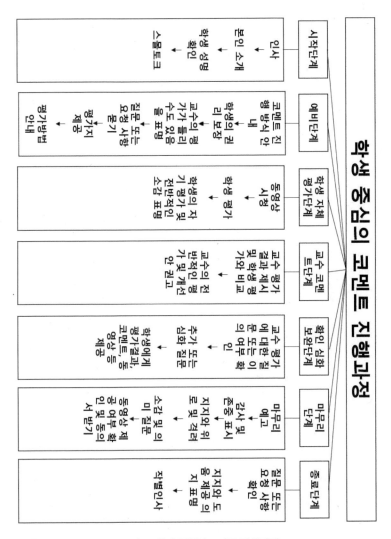

[그림 11] 학생 중심의 코멘트 진행과정

7.4.4. 수업 계획표 예시

아래에 제시된 서사 인터뷰를 활용한 경청과 공감 능력 계발을 위한 수업 운영 계획표는 한 학기 동안 2시간씩 16주로 진행되는 수업을 전제로 한 것이다. 이 수업에서 학생의 최대 인원은 35명 정도로 구성되어야 조별 및 개별 실습 실행과 평가 및 피드백 교육이 가능하다. 아래의 강의 구성은 하나의 예시일 뿐이므로 교수자가 원할 경우 수업의 내용과 방식에 대해서 변경할 수 있고, 여러 주차의 이론 수업의 내용을 압축해서 진행하거나, 1개 주차의 수업을 여러 주차의 수업으로 확장해서 진행할 수도 있다.

[표 11] 경청과 공감 능력 계발을 위한 수업 운영 계획표 예시

주차	수업 형식	수업 주제	활동 및 과제	이 책의 참조 부분[7]
1	이론 강의	내러티브와 의료(서사의학 개론)	수업 내용과 관련된 간단한 에세이 쓰기 과제	3. 서사의학의 이해
2		이야기의 이해		4. 이야기의 이해 5. 인간과 이야기 그리고 의학
3		경청과 공감의 이해		6.1. 경청 6.2. 공감
4		의료에서 경청과 공감이 필요한 이유		5.2. 이야기와 의학 6.3. 공감과 의학
5		서사 인터뷰 수행 방법론	이론 수업 후 지원자 선정 후 5-10분 정도 서서 인터뷰 시연 과제: 인터뷰이 및 인터뷰 선정하여 과제로 제출하기	7.1. 공감 교육의 조건과 원칙 7.2. 서사 인터뷰의 특성과 진행과정 7.3. 공감 교육의 도구로서 서사 인터뷰의 장점
6		서사 인터뷰 모범 사례 동영상 시청	동영상 시청 후 소감 및 평가 연습과 평가 발표	별첨 자료 [18]
		조별 실습 및 개별	조별 실습을 위한 조구성,	7.4. 서사 인터뷰를 활용한 경

7		실습 안내	조별로 인터뷰어, 인터뷰이, 평가자 역할로 20분씩 예행 연습해오기 조별 실습에 대한 체험 보고서 제출하기 개별 실습 준비 안내 개별 실습을 위한 주제 선정 및 예비 질문 10개 만들기	청과 공감 교육 방법론
9	조별 실습	조별 실습 1	조별로 1회 20분간 내러티브 실습 및 평가 조별 실습에 대한 5분 내외의 교수 피드백 5분 내외로 개별 실습 준비 과제에 대한 피드백	7.4.3. 평가 및 피드백 교육
10		조별 실습 2		
11		조별 실습 3		
12	개별 현장 실습	서사 인터뷰 개별 현장 실습	서사 인터뷰 30분 내외 수행 과제: 서사 인터뷰 녹음 파일, 전사 자료, 체험 보고서	7.4.2. 실습 교육
13	피드백 수업	내러티브실습 과제 개별 피드백 1	개인 별 20분 내외 피드백	7.4.3. 평가 및 피드백 교육
14		내러티브 실습 과제 개별 피드백 2		
15		내러티브실습 과제 개별 피드백 3		
16		수업 마무리	개별 실습에 대한 경험 및 소감 나누기 수업에 대한 소감 나누기	

---

7   이 책의 참조 부분에는 수업에 도움이 될 수 있는 다른 다양한 참고문헌들이 제시되어 있다.

8   별첨 자료 1은 모범 동영상이 없을 경우 전체 자료를 읽고 학습생이 개별 또는 조별로 평가를 하고 피드백을 해보는 실습 자료로 활용할 수 있다.

8. 경청과 공감 교육 방법론 2: 정밀읽기의 활용

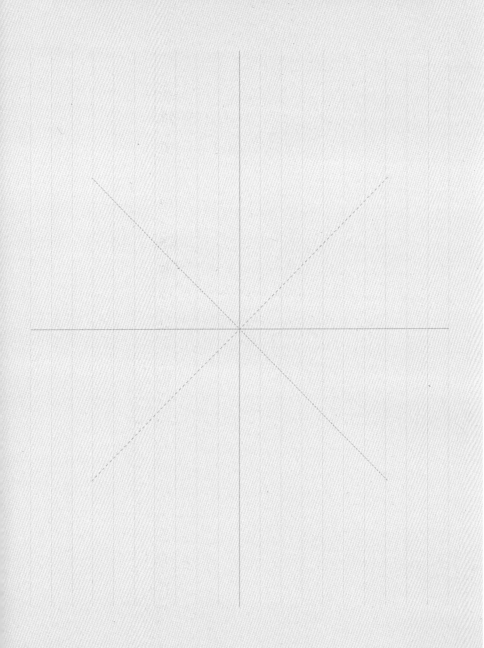

8. 경청과 공감 교육 방법론 2: 정밀읽기의 활용

8.1. 정밀읽기의 이해

서사의학이 지향하고 추구하는 본질적 가치는 의사가 질병과 관련된 환자의 경험 이야기에 집중적인 주의를 기울일 수 있는 경청 능력, 환자를 그의 관점에서 바라보고 이해하고 그에 따라서 적절하게 반응할 수 있는 타자성과 공감 능력, 그리고 의사와 환자의 사회적이고 정서적인 연대와 유대감 형성 능력이라고 할 수 있다(Charon 2007, 1265-1266; Charon 2017, 3).[1] 서사의학을 통해서 의료인은 질병 중심이 아닌 환자 중심적 돌봄을 할 수 있고, 환자의 의료적 돌봄 과정에서 필수적인 개별 환자의 고통과 감정 및 그가 처한 여러 사회적인 상황에 대한 이해를 할 수 있으며, 환자와의 정서적 유대감을 형성하고 유지할 수 있다. 이를 통해서 서사의학은 환자의 만족도와 치료의 질을 제고할 수 있으며 궁극적으로는 의료인의 직업만족도와 삶의 질 향상을 추구한다(Charon et al. 2016, 1).

---

1   이 장의 내용은 2021년 의료커뮤니케이션 16호 2집에 게재된 '의료인의 경청과 공감 능력 향상을 위한 정밀읽기의 원리와 방법론'과 텍스트언어학 51집에 게재된 '텍스트언어학 밖에서의 텍스트 분석 -의학교육에서 텍스트 정밀읽기-'를 토대로 하였다.

이러한 서사의학의 목적을 구현하기 위해서 의료인은 대상을 인식하고 꼼꼼하게 살펴보기 위한 집중 능력을 가지고 있어야 하고, 자기 자신을 비우고 타자의 이야기에 빠져들며 의미 있는 가설을 세울 수 있어야 한다. 서사의학의 창시자 중의 한 명이며 현재 이 분야에서 가장 잘 알려져 있고, 서사의학 교육을 위한 구체적인 교육 프로그램을 운영 중인 미국 컬럼비아 대학 의과대학의 내과 의사인 샤론은 그러한 능력을 계발하고 향상시킬 수 있는 구체적인 교육 방법으로서 정밀읽기(close reading)를 제시하고 있다(Charon 2016, 171). 정밀읽기의 목표는 의사가 환자에게 집중적인 관심을 가질 수 있고, 동료를 존중하고 동료와의 깊은 관계 속에서 자기 자신을 발견할 수 있으며, 의료적 직무 수행의 과정과 일상생활에서 혼자가 아니라는 느낌을 가질 수 있게 하는 것이다(Charon 2016, 205).

'정밀읽기'는 영어 close reading의 번역어로서 한국의 학계에서는 '자세히 읽기', '꼼꼼하게/꼼꼼히 읽기', '미시적 읽기' 등으로 번역되어 활용되고 있기도 하다. 이러한 번역어는 'close'의 '철저한', '면밀한', '촘촘한', '빽빽한' 등과 같은 의미소를 토대로 이루어진 것으로 보인다(이순영 2015, 41).

정밀읽기의 개념과 읽기 방법은 1920년대에 문학비평에서 만들어졌고 20세기 중반에는 신비평에서 자주 사용되었다. 이 두 문예이론은 작품을 독립적이고 자율적 존재로 간주했고, 작품을 이해하고 평가하는 데 필요한 모든 요소가 작품의 언어와 언어 작용의 층위에 존재한다고 보았다. 그렇기 때문에 그러한 작품을 구성하는 언어적 요소를 세밀하고 철저하게 분석하여 작품의 의미를 정확하게 이해하는 것, 즉 정밀읽기가 작품 해석의 본질적 방법이 되었다(이순영 2015, 44; 문학비평용어사전2). 정밀읽기의 개념이 문학비평에서 만

들어졌고 그 이후 신비평에서 자주 사용되면서 문예학의 개념으로 널리 알려졌지만, 현재는 집중적이고 비판적이며 꼼꼼한 읽기의 한 방법을 표현하는 보편적인 개념으로 사용되고 있다(Charon 2016, 158). 한국에서는 영미문학과 국어교육 및 독서교육 등과 같은 연구 분야에서 이 용어가 주로 사용되고 있다.

정밀읽기의 특징은 첫째로 텍스트를 이해하고 해석하는 과정에서 독자의 선입견이나 선행지식을 배제하고 텍스트 자료를 중심으로 하여야 한다는 관점이다. 그러므로 텍스트의 이해나 해석은 텍스트를 구성하는 언어적 요소와 언어 요소의 구조 그리고 그러한 것들이 만들어내는 맥락을 중심으로 도출되어야 하고, 모든 해석에 대한 근거 또한 그러한 것들에 의거해야 한다(이상옥 2001, 7-9).[3] 정밀읽기의 두 번째 특징은 텍스트를 구성하는 미시적 요소나 세부 사항에 대한 꼼꼼한 읽기를 통해서 텍스트의 전체 의미를 정확하고 심도 있게 이해하는 것이다(이순영 2015, 41-42). 정밀읽기의 세 번째 특징은 동일한 텍스트를 읽은 사람들과 이해한 결과에 대해서 토론함으로써 텍스트의 의미에 대한 자신과 타인의 관점을 이해할 수 있고, 이를 통해서 텍스트의 의미를 보다 객관적으로 이해할 수 있는 데 있다(황현미 2014, 213).

8.2. 서사의학의 교육 수단으로서 정밀읽기의 적합성

서사의학이 추구하는 철학 또는 본질적 가치는 의사가 환자의 질병과 관련된 경험 이야기에 기울이는 집중적 관심, 환자(타자)를 그의 관점에서 바라보

3　이상옥(2001), 이론 시대의 승산 없는 싸움 - '자세히 읽기'를 위한 변명. 영미문학교육 5, 5-20.

며 이해하고 느낄 수 있는 타자성과 공감 능력, 의사와 환자의 사회적이고 정서적인 유대감 형성 등을 통해서 환자에 대한 돌봄 능력을 개선하는 것이라고 할 수 있다. 서사의학의 본질적 가치를 실현하기 위해서 의사가 해야 할 행동은 환자에 대한 깊은 관심과 경청(attention), 듣고 인식한 것을 말과 글로써 재현하는 표현(representation) 그리고 환자와의 연대와 유대감(affiliation) 형성이다(Charon 2007, 1265-1266; Charon 2017, 3). 샤론이 이러한 능력을 계발하고 향상시키기 위한 가장 효율적인 교육 방법으로서 정밀읽기를 활용하는 이유는 정밀읽기에 서사의학의 목적과 관련된 다음과 같은 효능이 있기 때문이다.

(1) 집중적 관심과 경청 능력 계발

샤론은 의료에서 가장 중요한 요소 중의 하나가 바로 환자에 대한 의사의 집중적인 관심과 경청 능력이라고 규정한다(Charon 2016, 166). 샤론이 정밀읽기가 집중적인 관심과 경청 능력의 구체적인 교육 방법론으로서 가장 적합하다고 판단하는 이유는, 정밀읽기가 집중적인 관심과 주의 집중 그리고 세밀한 부분에 대한 이해를 촉진하기 때문이다. 그렇기 때문에 정밀읽기 방법을 숙련하게 되면 집중적 관심의 태도와 경청의 방법도 익힐 수 있게 된다는 것이다(Charon 2016, 168). 그러므로 샤론은 정밀읽기를 집중적 관심과 경청의 모델이자 방법이고 서사의학의 실험실이자 훈련장으로 간주하고 있다(Charon 2016, 157).

(2) 이해 능력 향상

정밀읽기 교육을 통해서 의료인은 복잡한 텍스트에 집중하고 능숙하게 읽을 수 있게 되고, 정밀읽기가 아니라면 인식할 수 없는 것을 인식하고 이해할 수 있는 능력을 가질 수 있게 된다. 또한 낯선 텍스트의 내용을 집중적이고 세밀하게 다루는 정밀읽기를 통해서 의료인은 타자, 다른 시간, 다른 입장, 다른 자기를 접하고 이해할 수도 있다. 정밀읽기에 능숙한 의료인은 환자의 이야기를 통해서 전달하고자 하는 세밀한 내용을 정확하게 이해할 수 있게 된다.(Charon 2016, 166-167).

(3) 공감 능력 향상

서사의학의 교육 목표 가운데 하나는 의료인의 환자 또는 타자에 대한 공감 능력이다. 공감의 궁극적인 목적은 상대방이 타인으로부터 이해되고 수용되며 지지받고 존중받는 느낌을 갖도록 하는 것이다(정연옥/박용익 2020). 공감을 잘하기 위해서는 무엇보다도 공감자가 어떠한 편견이나 판단 또는 가치평가 없이 전적으로 상대방의 관점에서 상대방의 감정이나 내적 상태를 정확하게 이해하는 것이다. 정밀읽기는 독자의 주관적인 생각과 선행지식을 배제하고 오로지 텍스트의 자료에 근거해서 텍스트에 대한 정밀한 이해를 추구하는 것이다. 그러므로 정밀읽기는 타자의 입장에서 타자의 감정과 내면적 요구를 이해하고 타자를 존중하고 수용할 있는 공감적 태도를 계발할 수 있다(Charon 2016, 171-172).

(4) 성찰 능력 향상

통상적으로 소규모의 집단으로 이루어지는 정밀읽기의 특징 가운데 하나가 동일한 텍스트를 읽은 사람들과 텍스트를 이해한 과정과 내용에 대해서 논의하는 것이다. 이를 통해서 교육생들은 자신과 타인의 텍스트 이해에 대한 관점과 이해한 결과를 공유할 수 있게 된다. 정밀읽기를 통한 자신의 관점과 이해 과정을 관찰하게 되면 교육생은 자신의 인지적이고 정서적이며 성격적인 방법들이 의미를 창출하기 위해서 어떻게 작동하는지를 알게 된다(Charon 2016, 170).

(5) 타자와의 연대와 유대감 형성 능력 향상

서로에 대한 집중적 관심과 정확한 경청을 통해서 화자와 청자는 유대감을 형성할 수 있고, 서로에게 관심을 가질 수 있으며, 서로를 투명하게 이해할 수 있게 된다(Charon 2016, 157). 특히 교육생들은 동료들과의 깊은 유대감 속에서 자기를 발견할 수 있고, 자신이 수행하고 있는 일과 학업 그리고 인생에서 혼자가 아니라는 느낌을 가질 수 있다(Charon 2016, 205). 연구 결과에 따르면 서사의학을 교육 받은 콜럼비아 의과대학생은 동료 및 환자들과 보다 강화된 유대감을 형성할 수 있는 능력이 향상된 것으로 나타났다(Charon 2016, 182).

(6) 환자 돌봄 능력 향상

정밀읽기의 궁극적인 목적은 환자에 대한 깊은 관심, 경청, 정확한 이해, 수용, 공감, 자신에 대한 성찰과 통찰력 향상 등과 같은 효능과 기대효과를 통해서 환자에 대한 의료인의 돌봄 능력을 향상시키는 것이다.

요약하자면 정밀읽기는 의료에서 가장 중요한 요소 가운데 하나인 집중적 관심과 경청 능력을 계발 또는 향상시킬 수 있고, 이러한 집중과 경청을 통한 타인과 환자에 대한 정확한 이해 능력 및 타자성과 공감 능력을 발달시킬 수 있다. 또한 정밀읽기를 통해서 자신에 대한 성찰과 통찰 능력이 개선되기도 한다. 타인에 대한 관심과 경청 그리고 정확한 이해와 공감 능력을 바탕으로 의료인은 타인과의 연대와 유대감을 형성할 수 있는 능력을 가질 수 있게 되고 이러한 모든 정밀읽기의 효능 또는 기대효과는 결과적으로 효과적이고 질적으로 우수한 환자 돌봄 능력을 가질 수 있는 토대 및 전제조건이기도 하다.

8.3. 정밀읽기의 원리와 방법

8.3.1. 정밀읽기를 위한 기초 원리

루치우스-회네와 데퍼만은 해석학과 대화분석론 그리고 이야기 이론 등을 토대로 하여, 이야기를 하는 과정에서 화자가 정체성을 구성하는 과정과 그 결과에 대한 의미를 객관적이고 체계적으로 분석하고 해석하기 위해서 필요한 기초 원리를 제시하였다(Lucius-Hoene/Deppermann 2011, 141-152). 이들이 제시한 분석과 해석의 기초원리는 정밀읽기의 기초원리로 활용할 수 있다. 정밀 읽기의 기초 원리로는 자료 중심의 원칙, 재구성적 태도의 원칙, 의미성 전제의 원칙, 다차원적 관찰의 원칙, 연속체와 문맥 중심의 원칙, 순환성과 결속성의 원칙, 명료성과 논증적 태도의 원칙 등이 있는데 이를 요약하여 제시하면 아래와 같다(Lucius-Hoene/Deppermann 2011, 143-152).

(1) 자료 중심

자료 중심적 태도의 핵심은 분석과 해석이 실제 텍스트 자료에서 출발해야 하고 그 결과에 대한 검증 또한 실제 텍스트 자료를 근거로 삼아야 한다는 사실이다. 이는 연구자의 특정한 이론이나 관점 또는 사전 지식을 토대로 사용 의미를 추측하거나 예단하지 말아야 함을 함의한다.

(2) 재구성적 태도

사용 의미의 분석과 해석 과정에서 지켜야 할 두 번째 기본 원리인 재구성적 태도는 텍스트가 다양한 의미로 해석될 수 있는 만큼 텍스트 내용을 지나치게 빠르게 그리고 처음부터 특정한 의미로 확정적으로 해석하지 말고, 처음에 해석한 의미와 다른 의미로 해석될 수 있는 가능성을 전제하면서, 텍스트를 천천히 그리고 정밀하게 해석해야 하는 것을 의미한다.

(3) 의미성 전제

의미성 전제의 원리는 텍스트 자료에 나타난 모든 현상이 의미가 있을 것이라고 전제하는 것을 뜻한다. 이 원칙은 텍스트에 나타난 특정 요소가 정돈되어 있지 않거나 너무 작은 단위라서 의미가 없어 보이는 것이라고 할지라도, 그 요소에는 경우에 따라서 결정적인 의미가 담겨 있을 수 있기 때문에 그것에 대한 면밀한 관찰과 고려가 필요함을 함의한다.

(4) 다차원적 관찰

다차원적 관찰의 원리는 어떤 언어 의사소통적 요소가 특정한 차원에서는 아무런 의사소통적 기능이나 의미가 없을 수 있지만, 다른 차원에서는 특정한 기능이나 의미가 있을 수 있기 때문에, 여러 다양한 차원에서 언어 의사소통적 요소의 기능과 의미의 존재 여부를 살펴야 함을 의미한다.

(5) 연속체와 문맥 중심

연속체와 문맥 중심의 원리는 언어 의사소통 요소의 기능과 의미의 발현이 그것이 나타나는 문맥에 의해서 결정되는 사실과 관련이 있다. 만일에 문맥을 배제한다면 언어 의사소통 요소의 기능과 의미는 매우 다양하게 해석된다. 그러한 여러 잠재적인 의사소통적 기능과 의미 가운데에서 분석하고자 하는 텍스트에서 발현되는 언어 의사소통 요소의 특정한 의미를 발견하기 위해서는, 그러한 요소가 나타나는 연속체 내에서의 발현 순서와 앞뒤 맥락을 면밀하게 관찰해야 한다.

(6) 순환성과 결속성

순환성은 텍스트의 전체 의미와 전체 의미를 구성하는 개별 의미 사이의 상관관계를 의미한다. 텍스트의 전체 의미는 개별 의미의 총합이고, 반대로 전체 의미를 구성하는 개별 의미는 전체 의미에 의존되어 발현된다. 개별 의미와 전체 의미 그리고 여러 개별 의미들 사이에는 의사소통적 기능과 의미적으로 서로 연결되어 있다. 이 둘 사이의 그러한 의미적 연결성이 바로 결속성이다. 그러므로 전체 의미를 정확하게 해석하기 위해서는 전체 의미를 구성하는 여러 개별 의미를 보다 면밀하게 살펴야 하고, 동시에 개별 의미의 규정은 전체 의미 및 결속성의 관련성 속에서 이루어져야 한다. 이것이 함의하는 바는 전체 의미가 개별 의미의 분석 결과에 따라서 수정될 수도 있고 또한 거꾸로 전체 의미에 의해서 앞서 해석한 개별 의미가 수정될 수도 있다는 사실이다.

(7) 명료성과 논증성

명료성과 논증성의 기본 원리는 연구자가 명료하고 정확하게 해석의 결과를 제시해야 하고 그러한 해석이 무엇에 근거하여 이루어졌는가를 명료하게 제시해야 하는 의무와 관련이 있다(명료성). 또한 연구자는 텍스트의 어떤 부분이나 맥락에 의해서 또는 어떤 이유로 의미 해석을 했는가에 대한 구체적인 근거를 제시해야 한다(논증성).

정밀 읽기를 위한 기본 원리의 핵심은 분석과 해석이 연구자의 특정 이론이나 관점에 따라서 이루어지는 것이 아니라 오로지 실제 텍스트에 나타난 현상과 그러한 현상이 발현된 문맥을 근거로 하여 정밀하게 이루어져야 하는 실증적이고 경험적인 원리를 토대로 하는 것이다. 이러한 기본 원리는 텍스트에 나타난 사용 의미를 객관적이고 체계적으로 분석하고 해석하기 위한 기초 원리로써 활용할 수 있다.

8.3.2. 텍스트 해석을 위한 지식 자원

앞 절에서 논의한 텍스트 해석을 위한 기본 원칙에 따르면 텍스트 해석은 오로지 자료에만 의거해서 이루어지는 것으로 보일 수도 있다. 하지만 텍스트의 이해와 해석은 언제나 하향식 과정(top down process)과 상향식 과정(bottom up procss)이 양방향적으로 상호작용하면서 이루어진 결과이다(Heinemann/Viehweger 2001, 149). 하향식 과정에서 언어 사용자는 텍스트를 구성하는 개별적인 부분 의미를 파악하기 전에, 자신의 다양한 사전 지식과 문맥 등을 활성화하여 텍스트의 전체 의미가 어떠할 것이라고 예측하고 기대한다. 이 과정에서 텍스트의 전체 의미가 잠재적으로 규정된다. 동시에 상향식 과정을 통해서 언어 사용자는 텍스트의 전체 의미를 구성하는 부분 의미를 순차적으로 해석한다. 이 과정에서 개별적인 부분 의미의 해석은 잠정적으로 상정한 전체 의미와의 상관관계 속에서 이루어진다. 이와 관련하여 하이네만과 피이베거는 텍스트 해석이 텍스트에 의거한 과정과 해석자의 사전 지식에 의거한 과정이 상호 보완적으로 작용하는 과정이며, 텍스트로 표출되는 정보 내용과 해석자의 사전 지식이 상호 통합되는 과정이라고 규정한 바 있다(Heinemann/Viehweger 2001, 148). 해석자가 사전 지식을 토대로 상정한 전체 의미는 잠정적인 것으로서 부분 의미를 해석하는 과정에서 타당한 것으로 인증되거나 확장 또는 심화되기도 하며, 경우에 따라서는 수정될 수도 있고 타당하지 않은 것으로 부정될 수도 있다(Lucius-Hoene/Deppermann 2011, 150; Heinemann/Viehweger 2001, 148).

양방향적 텍스트 해석의 과정이 함의하는 바는 텍스트 해석이 비록 자료 중심적이고 재구성적인 원칙으로 이루어진다고 하더라도, 이 과정에서 해석자는 불가피하게 자신의 사전 지식을 해석의 과정에서 활용할 수밖에 없다는 사실이다. 또한 사전 지식과 문맥을 통해서 규정한 텍스트의 전체 의미가 잠재적인 것일 뿐 확정적인 것으로 간주하지 말고, 자료의 해석을 통해서 미리 상정한 전체 의미의 타당성에 대한 검증을 지속적으로 해야 하는 것이다. 결론적으로 말하자면 텍스트 해석의 과정에서 해석자는 자신의 사전 지식을 활용하여 전체 의미를 예측할 수는 있지만, 전체 의미를 확정적으로 규정하거나 예단하지 말아야 한다. 미리 상정한 전체 의미의 타당성과 적확성은 텍스트의 구성 요소를 순차적으로 해석하는 과정에서 지속적으로 검증되고 확인되어야 한다. 또한 해석자는 해석의 결과가 자신의 사전지식에 의해서 텍스트 자료에 담겨 있는 원래의 의미를 은폐하고나 왜곡한 결과일 가능성에 대해서 끊임없이 성찰해야 한다.

연구자가 텍스트 의미를 해석했다면 그는 그에 대한 구체적인 근거를 명료하게 제시해야 한다. 특히 텍스트 해석의 결과가 사전 지식을 토대로 이루어졌다면 그러한 사전 지식의 유형이 무엇인지를 밝혀야 그 결과에 대한 보다 객관적이고 체계적인 논증을 할 수 있다. 텍스트의 해석 과정에서 자원으로 활용할 수 있는 사전 지식으로는 일상지식, 민족지학적-역사적 지식, 언어 및 의사소통적 지식, 이론적 지식(예 : 심리학, 사회학, 언어학 등) 등이 있다(Lucius-Hoene/Deppermann 2011, 153-156).

(1) 일상지식

인간은 오랜 기간의 성장 과정과 일상적인 생활의 경험을 토대로 수많은 일상지식을 축적한다. 이 일상지식은 텍스트 이해와 해석의 가장 자주 그리고 많이 활용되는 해석의 핵심 자원이다. 일상지식을 해석에서 자원으로써 활용하는 예를 들면 "삼각-"이란 말을 접하게 되면 예를 들어서 수학 시간이라면 '삼각자'를, 식사 시간이라면 '삼각 김밥'을, 과학 수업 시간이라면 '삼각주'를, 남녀관계에 대한 담소를 나눈다면 '삼각관계'를 통상적으로 상정할 가능성이 크다.

(2) 민족지학적-역사적 지식

텍스트에 발현되는 의미는 텍스트 생산자가 살아온 삶의 이력이나 그가

살아온 삶의 환경과 문화 및 역사적 배경과 직접적으로 관련되어 있는 경우
가 많다. 그러므로 텍스트를 정확하게 해석하기 위해서 특정한 표현 또는 의
미가 텍스트 생산자가 처한 환경이나 문화 또는 역사적 배경에 대한 다양한
지식이 필요하다. 민족지학적-역사적 지식을 해석의 자원으로 활용할 수 있
는 한 가지 사례를 예로 들면 아래와 같다.

1. 의사: 부인 돌아가실 때 장례식은 다 참석하셨고
2. 환자: 누가?
3. 의사: 【한쪽 손을 환자 쪽으로 뻗는다.】
4. 환자: 그라믄요.
5. 의사: 【작게】그러시구나. 많이 슬프셨어요?
6.   【휴지】
7. 환자: 【날숨】아휴 그냥 못가게 그냥 사람들 싹 저기 한게 그래가지구서 그냥 매장을
8.   할라그랬는데 또 딸들하고 그냥 내 장손, 장조카하고 장조카넌 전부 그게 뭐여
9.   공원묘지에다가
10. 의사: 음
11. 환자: 광덕 공립묘지에다가 전부 납골당에다 작은 아버지네도 납골당으로 해서(?)
12. 의사: 음
13. 환자: 【작게】딸만 둘이【눈을 비비며】우리 큰 아들이 딸만 둘 낳고 안 낳는다고 그렇
14.   게 했으니까 그냥 다 한데다 화장해서 들어가면 좋다고 그래서 그래가지구서는
15.   양 (1500만원에다?) 거기다 다 그러니까 거기 다 뭐 사춘들 모 다 거기 다

위의 부분 텍스트는 2006년에 이루어진 부인과 사별을 한 60대의 남성 환
자와 가정의학과 의사의 진료 상담의 일부분이다. 부인과의 사별로 인해서
심리적 고통을 크게 겪고 있는 남성 환자는 장례식 참석 여부에 대한 질문에
본인은 원래 매장을 하려 했으나 자식들과 친척들의 권유로 화장을 하게 되
었음을 언급하고 있다. 여기서 확인할 수 있는 의미는 부인의 화장이 자신의

의지와는 상관없는 것이었고 타인의 의도에 의해서 이루어졌다는 사실이다. 한국 사회에서 현재 일반적인 장례의 방식으로 정착된 화장은 얼마 전까지만 하더라도 선호되지 않는 장례 방식이었다. 이 남성은 타인에 의해서 주도된 화장이 자신이 원하거나 주도한 것이 아니라는 사실을 표현함으로써 부인을 화장한 데 대한 미안함을 덜려는 마음이 있을 수 있다는 사실을 추론할 수 있다. 이러한 해석은 화장을 선호하지 않았던 한국 사회의 문화 및 역사적 지식을 가지고 있어야 가능하다.

(3) 언어 및 의사소통적 지식

동일한 사인이라고 하더라도 그것을 어떤 방식으로 표현하느냐에 따라서 의미가 매우 다르게 해석될 수 있다. 모든 의미가 언어 및 비언어적 표현을 통해서 발현되기 때문에 그러한 표현에 대한 풍부한 지식과 면밀한 관찰이 의미의 정확한 해석에서 필수적이다.

> 내겐 잊혀지지 않는 겨울 얘기가 있어
> 그 얘기 속엔 두 여인이 나오고
> 추억의 노래가 흐르는 카페도 있고
> 아직도 난 널 사랑하고
> 모두 들떠 있던 축제의 그날
> 그녀가 날 이끈 그 곳엔
> 아주 작고 어린 소녀가 날 보며
> 메리 크리스마스 웃고 있었네
> 기억하나요 우리 사랑을
> 그땐 서로의 아픔을 함께 했었죠
> 이젠 무엇도 남아 있지 않지만

하얀 눈 내리던 그날의 입맞춤은 기억해요

너를 가지려던 나의 꿈들은

눈 속 어딘가에 묻혔고

우리 셋이 함께 한 그날의 파티는

세상 어느 곳보다 따스했었지

돌아오는 길에 너의 뜨거운 입맞춤에

나는 하늘을 날았고

안녕하며 돌아선 내 머리 위엔

어느새 하얀 눈이 내려 있었지

위의 텍스트는 "겨울 이야기"라는 가요의 가사이다. 텍스트의 한 부분으로 "아주 작고 어린 소녀"의 내용에서 "소녀"는 '나이가 어린 미성년의 여자아이'라고 해석될 가능성이 크다. 하지만 텍스트의 둘째 줄에서 "그 얘기 속엔 두 여인이 나오고"라는 말이 나오고 있고, 이 전체 텍스트에서 등장하는 여성은 "그녀"와 "소녀"뿐이다. 그러므로 "두 여인"은 "그녀"와 "소녀"만을 지칭한다. 한국어에서 "여인"은 '성인이 된 여성'을 지칭한다.[4] 그러므로 "소녀"는 성인이 아닌 나이가 어린 미성년의 여자로 해석하는 것은 타당하지 않다. "여인"에 대한 언어 지식을 통해서 "소녀"는 키가 작고 외모가 나이 어린 소녀처럼 보이는 성인 여성을 은유적으로 표현한 것이라고 해석하는 것이 타당할 가능성이 크다.

---

4   https://ko.dict.naver.com.

(4) 이론적 지식

이론적 지식은 특정 연구 분야에서 생산된 전문적 지식으로서 텍스트 해석의 자원으로서 활용될 수 있다. 예를 들면 위의 "겨울 이야기" 텍스트에서 두 여인이 등장인물로 등장하는데 "그녀"와 "아주 작고 어린 소녀"는 누구이고 이 둘 사이는 어떤 관계인가에 대한 해석이 다양하게 이루어질 수 있다. 첫 번째의 가능성으로는 그녀와 그녀의 어린 딸, 즉 모녀 관계라는 해석할 수 있다. 두 번째로는 "그녀"가 과거의 어린 시절로 돌아가는 회상장면(flashback)이어서 그녀와 소녀는 동일한 인물이라는 해석이 가능할 수도 있다. 세 번째로는 두 여인이 남성 화자와 관련된 서로 다른 인물이라는 해석이 가능하다. 첫 번째 해석은 이미 앞에서 논의한 바대로 두 여인이 미리 나와 있기 때문에 소녀가 그녀의 나이가 어린 딸이 될 수 없다. 그렇기 때문에 첫 번째 해석은 타당하지 않다.

두 번째 해석은 특정한 시간("축제의 그날")과 장소("그곳")에 두 여인(그녀와 소녀)이 있다고 했기 때문에 그녀와 소녀가 회상장면을 통해서 서로 다른 시간과 장소에 등장하는 동일한 인물일 가능성이 매우 낮다.

세 번째 해석이 가장 타당할 수 있는 근거는 같은 시간과 장소에서 남성과 두 여인이 함께 있었기 때문이다("우리 셋이 함께 한 그날의 파티는"). 세 번째 해석을 보다 더 자세하게 하자면 남성 화자가 그녀와 함께 파티에 가서 한 소녀를 알게 되었고 세 사람이 파티를 즐기는 과정에서 남성 화자와 소녀가 사랑에 빠졌을 가능성이 있다. 물론 그러한 추론을 명확하고 구체적으로 증명할 수 있는 내용이 가사 텍스트에는 제시되어 있지 않기 때문에 자료 중심의 해석의 기초 원리에 따라서 그러한 해석이 타당하다고 강변할 수는 없다. 그렇기 때문에 이 해석이 궁극적으로 타당하다고 확증하는 것은 불가능하지만 화자가 왜 이 이야기를 하는가에 대한 질문에 대해서 서사 이론을 적용하면 그러한 추론의 간접 증거는 찾을 수는 있다. 통상적으로 화자가 이야기를 하는 이유는 이야기의 내용이 비일상적인 것, 스캔들, 불안정적 요소 등으로서 정상적이거나 비일상적인 것으로서 청자의 관심을 끌 수 있기 때문이다 (Lucius-Hoene/Deppermann 2011, 38). 그러므로 "겨울 이야기"가 흥미롭고 들을 만한 가치가 있는 것은 한 남자와 두 여자 사이의 스캔들적 요소가 중요하게 작용하기 때문이라고 추론할 수 있다. 물론 그러한 전문적 서사이론이 세 번째 해석에 대한 확증적 증거라고는 할 수는 없지만 해석의 개연성에 대한 간접적인 증거로 활용될 될 수는 있다.[5]

지금까지 해석을 위한 네 개의 지식 자원에 대한 논의와 해석의 과정에서 지식 자원의 활용 사례를 소개하였다. 해석의 과정에서 앞 절에서 기술한 해석의 기초 원칙의 적용이 매우 중요함을 알 수 있다. 예를 들자면 민족지학적-역사적 지식의 자원 활용에서 남성 화자는 의사가 묻지도 않은 장례 방법에 대해서 언급한다. 의사는 단지 그 남성이 장례식에 갔었는지에 대해서 물었을 뿐인데 그 남성은 타의에 의해서 화장을 한 사실에 대해서 언급을 하고 있다. 의사의 질문에 의해서 생성된 맥락에서는 타의에 의한 화장이란 사실은 별다른 의미가 없을 수도 있다. 하지만 부인을 매장해주지 못하고 화장을 한 데 대한 미안함을 덜고자 하는 화자의 의도가 있을 수도 있다는 사실을 추론할 수 있다. 이와 관련하여 의미성 전제의 원칙과 다차원적 관찰 원칙의 적용이 중요함을 알 수 있다. 언어 의사소통적 지식 자원의 활용의 사례에서

---

5   이와 같은 텍스트 자료를 직접적인 증거로 제시할 수 없는 추론된 의미는 그것이 절대적으로 타당하고 적확하다고 주장할 수 없다. 그렇기 때문에 추론된 의미가 사실과 부합하느냐 아니냐는 논의의 대상이 아니다. 논의의 핵심은 추론은 사실이 아닌 잠정적인 의미 해석으로서 사실에 대한 개연성과 설명력을 얼마나 보여주는가와 관련이 있다.

는 "아주 작고 어린 소녀가" 미성년의 나이 어린 소녀가 아니라는 사실은 앞에서 제시된 "두 연인"을 통해서 불가능한 해석이라고 판단할 수 있는 것은 바로 연속체와 문맥 중심의 원칙과 직접적인 관련이 있음을 알 수 있다.

8.3.3. 텍스트 해석의 검증을 위한 변이 실험 방법론

앞 절에서 텍스트 해석을 할 수 있는 가장 기본적인 태도와 방법 및 활용 가능한 자원에 대해서 기술하였다. 특히 하향식 해석의 과정에서 이루어지는 지식 자원을 통한 텍스트 해석은 주관성을 바탕으로 이루어지는 것이기 때문에 텍스트 자료에 나타난 실제 의미를 은폐하거나 왜곡시키거나 간과할 수 있는 위험이 있다. 그렇기 때문에 해석자의 지식 자원을 토대로 이루어진 텍스트 해석의 결과의 객관성 또는 타당성에 대한 검증을 지속적으로 해야 한다. 텍스트 해석의 객관성이나 타당성 또는 개연성을 확보하기 위한 방법으로 구조주의 언어학에서 활용되었던 변이 실험(variation experiment)을 텍스트 해석에서도 응용할 수 있다. 변이 실험으로는 바꿔보기 실험, 빼어보기 실험, 보충하기 실험, 순서 바꾸기 실험 등이 있다(Deppermann 2002, 134; Lucius-Hoene/Deppermann 2011, 262-266). 이와 같은 변이 실험은 텍스트의 특정 요소를 다른 요소로 바꾸거나 삭제해보기 또는 텍스트에는 없던 요소를 보충하거나 텍스트에 나와 있는 요소들의 순서를 바꾸어보기 등을 해보게 되면 변이 시험 전의 텍스트 의미와 다른 의미가 있음을 알 수 있다. 이를 통해서 변이 실험 전의 텍스트 해석의 타당성에 대한 근거를 발견할 수 있다.

(1) 바꿔보기 실험

특정한 텍스트 요소를 삭제할 경우 나타날 수 있는 의미 변화의 가능성에 대한 실험이다. 이에 대한 예를 들자면 앞에서 사용된 "겨울 이야기"에서 화자는 자신이 체험한 사태가 본인의 의도나 주도에 의한 것이 아닌 타인의 주도성에 의해서 발생한 것으로 일관되게 기술하고 있다고 해석할 수 있다. 이에 대한 구체적인 근거는 다음의 예문에서 찾을 수 있다. "<u>그녀가</u> 날 이끈 그곳엔"은 화자가 본인의 주도가 아니라 그녀의 주도에 의해서 그곳에 간 것으로 해석할 수 있다. 이 발화의 일부분을 바꾸어서 "<u>그녀를 이끌고 간</u> 그곳엔"으로 한다면 화자의 주도로 그녀를 대동하고 그곳에 갔다고 해석할 수 있다. 또한 "<u>그녀와 함께 간</u> 그곳엔"로 바꾸어서 표현한다면 상호 주도적으로 그곳에 갔거나 누구의 주도에 의해서 그곳에 갔는지를 정확하게 파악할 수 없게 된다.

"아주 작고 어린 <u>소녀가</u> 날 보며 메리 크리스마스 웃고 있었네"는 아주 작고 어린 소녀가 날 보고 먼저 성탄 인사를 건넨 것으로 해석할 수 있다. 하지만 이 발화의 일부를 바꾸어서 "아주 작고 어린 <u>소녀를</u> 보며 메리 크리스마스 웃고 있었네"로 표현한다면 아주 작고 어린 소녀에게 내가 먼저 성탄 인사를 건넨 것으로 해석할 수 있다.

"돌아오는 길에 <u>너의</u> 뜨거운 입맞춤"은 입맞춤이 화자의 주도가 아닌 상대방의 주도로 이루어진 것으로 해석할 수 있다. 이를 "<u>나의</u> 뜨거운 입맞춤"으로 바꾸어서 표현한다면 입맞춤이 화자의 주도로 이루어진 것으로, "<u>우리의</u> 뜨거운 입맞춤"으로 바꾸어서 표현하면 입맞춤이 상호 주도로 이루진 것으로 해석할 수 있거나 누구의 주도인지 정확히 알 수 없게 된다.

이러한 바꿔보기 실험을 통해서 사건 발생의 주도성이 타인이 아닌 화자에게 있는 것으로 변화함을 알 수 있다. 또한 화자가 "그녀가 날 이끈", "소녀가 날 보며", "너의 입맞춤" 등과 같은 표현이 우연히 또는 비의도적으로 사용된 것이 아니라 과거 사건의 발생이 타인 주도에 의해서 발생한 것이라는 관점을 명확하게 표현하고자 하는 화자의 의도에 의해서 사용된 것이라고 해석할 수 있다. 이러한 바꿔보기 실험의 결과는 텍스트 해석의 타당성에 대한 근거로 활용될 수 있다.

(2) 빼어보기 실험

특정한 텍스트 요소를 삭제할 경우 나타날 수 있는 의미 변화의 가능성에 대한 실험이다. 예를 들어서 "너의 뜨거운 입맞춤에"서 "너의"를 생략해본다면 입맞춤이 누구의 주도로 이루어졌는지를 확인할 수 있는 근거가 사라지게 되고, 이 경우 화자가 입맞춤의 주도성에 대해서 별다른 의미를 두지 않는 것으로 해석할 수 있다. 앞 절에서 "겨울 이야기"의 해석 과정에서 이론적 지식 자원을 적용하게 되면 그녀와 소녀는 서로 다른 인물이고 그녀와 함께 갔었던 화자가 소녀와 사랑에 빠지게 되었을 가능성이 크다는 추론을 하였다. 이러한 추론은 전체 텍스트에서 소녀와 관련된 사항에 대한 빼어보기 실험을 하게 되면 타당성이 더욱 명료해진다.

> 내겐 잊혀지지 않는 겨울 얘기가 있어
> 그 얘기 속엔 두 여인이 나오고
> 추억의 노래가 흐르는 카페도 있고

아직도 난 널 사랑하고

모두 들떠 있던 축제의 그날

~~그녀가 날 이끈 그 곳앤~~

~~아주 작고 어린 소녀가 날 보며~~

~~메리 크리스마스 웃고 있었네~~

기억하나요 우리 사랑을

그땐 서로의 아픔을 함께 했었죠

이젠 무엇도 남아 있지 않지만

하얀 눈 내리던 그날의 입맞춤은 기억해요

너를 가지려던 나의 꿈들은

눈 속 어딘가에 묻혔고

~~우리 셋이 함께 한 그날의 파티는~~

~~세상 어느 곳보다 따스했었지~~

돌아오는 길에 너의 뜨거운 입맞춤에

나는 하늘을 날았고

안녕하며 돌아선 내 머리 위엔

어느새 하얀 눈이 내려 있었지

위와 같이 소녀와 관련된 내용을 삭제하게 되면 화자와 그녀 사이의 사랑 이야기가 된다. 그러나 소녀와 관련된 내용이 전체 내용에 섞여 들어가면서 전체적으로 화자가 사랑한 여인이 누구인지, 그리고 화자가 누구와 입맞춤을 했는지에 대해서 불명확해진다. 소녀와 관련된 내용을 전체 이야기 속에 포함시킴으로써 화자는 소녀에 관한 이야기가 전체 이야기의 내용과 관련하여 의미가 있음(의미성 전제의 원칙), 즉 화자와 소녀 사이에 사랑의 관계가 있었음을 암시하는 것이라고 해석할 수 있다. 그러나 소녀와 관련된 내용을 빼어보기 실험을 했을 경우처럼 화자가 사랑한 사람이 그녀이고 소녀와 아무런 관계도 없었다면 화자가 소녀와 관련된 내용을 전체 이야기 속에서 언급한 이유와 목적을 발견하기 어렵다.

(3) 보충하기 실험

원래의 텍스트에는 없는 내용을 텍스트에 추가해봄으로써 나타날 수 있는 의미 변화의 가능성에 대한 실험이다. 겨울 이야기의 전체 내용의 특징 가운데 하나는 이미 앞에서 논의했듯이 화자가 자신이 체험한 사건의 주도성을 자신이 아닌 타인에게 부여하는 것이다. 또 다른 특징은 화자가 사용한 인칭 대명사 "우리", "너"가 누구를 지칭하는지를 구체적으로 밝히지 않은 것이다. 이로써 지칭된 사람이 누구인지를 텍스트 외적 지식 자원을 활용하여 추론할 수는 있지만 명증하고 확정적으로 누구라고 특정하는 것이 불가능하다. 화자가 이렇듯 이야기를 모호하게 하는 것에도 특정한 이유와 목적이 있을 것이다. 이러한 모호성은 보충하기 실험을 통해서 해소될 수 있다. 예를 들어서 "그녀가 날 이끈 그 곳엔"에서 "그녀가 날 이끈 뒤 떠난 그 곳엔"처럼 "뒤 떠난"을 보충하면 그러한 모호성이 사라지게 된다. 다시 말해서 그녀가 떠난 그날의 그곳엔 소녀만이 있으므로 화자 사랑한 여인이 소녀라는 것을 명증하게 알 수 있다. 그러므로 화자의 모호한 이야기 방식에도 특정한 의미가 있음을 알 수 있다.

(4) 순서 바꾸기 실험

텍스트를 구성하는 요소들의 순서를 바꾸어봄으로써 나타날 수 있는 의미 변화의 가능성에 대한 실험이다. 하나의 발화 앞에 나온 발화는 후행 발화에 대한 문맥을 형성하고 후행 발화는 뒤에 나타나는 발화에 대한 새로운 문맥을 형성한다. 문맥은 텍스트 의미 구성과 해석에서 매우 중요한 기능을 발현한다. 예를 들면 "배고파"에 대해서 "배가 아픈 것이 아니어서 다행이구나"라는 발화가 이어지면 "배고파"는 배가 아픈 것이 아니라 배가 고프다는 주장을 의미하는 것이고, "알았어 얼른 밥 줄게"라는 발화가 이어지면 밥을 달라는 요청이나 부탁을 의미하는 것일 수도 있다. 또는 "식사 준비가 늦어서 미안해"라는 발화가 이어진다면 그 발화는 식사 준비가 늦은 데 대한 비판이나 비난을 의미할 수 있고, "그래 밥 먹으로 가자"라는 발화가 이어지면 그 발화는 함께 식사를 하러 가자는 제안을 의미할 수 있다. 이처럼 문맥은 하나의 발화가 어떻게 해석될 수 있는지에 대한 중요한 지표이다. 특히 어떤 발화가 특정한 위치에 나타나는 것에 특정한 의미가 있을 수 있다. 이러한 의미를 논증하기 위한 방법으로 순서 바꾸어 보기를 해볼 수 있다.[6]

네겐 잊혀지지 않는 겨울 얘기가 있어	내겐 잊혀지지 않는 겨울 얘기가 있어
그 얘기 속엔 두 여인이 나오고	그 얘기 속엔 두 여인이 나오고
추억의 노래가 흐르는 카페도 있고	추억의 노래가 흐르는 카페도 있고
모두 들떠 있던 축제의 그날	아직도 난 널 사랑하고
아직도 난 널 사랑하고	모두 들떠 있던 축제의 그날
돌아오는 길에 너의 뜨거운 입맞춤에	너를 가지려던 나의 꿈들은
나는 하늘을 날았고	눈 속 어딘가에 묻혔고
하얀 눈 내리던 그날의 입맞춤은 기억해요	그녀가 날 이끈 그 곳엔
그녀가 날 이끈 그 곳엔	아주 작고 어린 소녀가 날 보며

---

6   밑줄 부분은 원래 텍스트에서는 다른 곳에 있었던 텍스트의 일부분이 순서 바꾸기를 통해서 옮겨진 자리이고, 삭제 표시가 된 부분은 원래 텍스트에서는 있었으나 순서 바꾸기를 통해서 다른 부분으로 옮겨져서 없어진 텍스트의 일부분을 나타낸다.

아주 작고 어린 소녀가 날 보며
메리 크리스마스 웃고 있었네
기억하나요 우리 사랑을
그땐 서로의 아픔을 함께 했었죠
이젠 무엇도 남아 있지 않지만
하얀 눈 내리던 그날의 입맞춤은 기억해요
너를 가지려던 나의 꿈들은
눈 속 어디엔가묻혔고
우리 셋이 함께 한 그날의 파티는
세상 어느 곳보다 따스했었네
돌아오는 길에 너의 뜨거운 입맞춤에
나는 하늘을 날았고
안녕하며 돌아선 내 머리 위엔
어느새 하얀 눈이 내려 있었지

메리 크리스마스 웃고 있었네
기억하나요 우리 사랑을
그땐 서로의 아픔을 함께 했었죠
이젠 무엇도 남아 있지 않지만
하얀 눈 내리던 그날의 입맞춤은 기억해요
너를 가지려던 나의 꿈들은
눈 속 어딘가에 묻혔고
우리 셋이 함께 한 그날의 파티는
세상 어느 곳보다 따스했었지
돌아오는 길에 너의 뜨거운 입맞춤에
나는 하늘을 날았고
안녕하며 돌아선 내 머리 위엔
어느새 하얀 눈이 내려 있었지

[순서 바꾸기 실험 1]   **[순서 바꾸기 실험 2]**

위의 순서바꾸기 실험 1과 2처럼 텍스트의 후반부에 배치되어 있던 발화의 일부를 텍스트 전반부로 순서를 바꾸어보면 실험 1의 경우에는 화자가 사랑한 사람이 그녀이고 소녀에 대한 언급은 큰 의미가 없는 것으로 해석할 수 있다. 반대로 실험 2는 그녀와의 사랑이 이루어지지 않은 이후에 소녀와 새로운 연인 관계로 발전한 내용에 대한 이야기로 해석이 가능할 수 있다. 이처럼 텍스트를 구성하는 요소들이 어떤 위치에 나타나느냐에 따라서 텍스트의 의미가 변화될 수 있고 화자가 배치한 텍스트 요소의 순서는 특정한 의미를 구성하는 기능을 가지고 있음을 확인할 수 있다.

8.4. 정밀읽기의 원칙과 교육 방법

샤론은 정밀읽기에 적용되는 보편적인 원칙으로 사회적 정의를 위한 행동, 학술적 엄밀성, 포용성, 모호성에 대한 관용, 참여적이고 평등한 방법, 관계적이고 간주관적인 과정 등을 제시한다.[7]

사회적 정의를 위한 행동의 원칙은 정의롭고 효율적인 건강 돌봄을 지향하는 서사의학의 목표와 관련이 있다. 서사의학은 발전의 초기 단계부터 계급, 성, 인정, 성적 기호 및 건강 상태 등과 관련하여 평등을 지향한다. 정밀읽기가 건강과 관련한 사안에서 공정성을 찾는데 결정적인 도구라고 판단되는 이유는, 정밀읽기를 통해서 계발될 수 있는 타자의 입장을 상상해볼 수 있는 능력이 타자의 입장에서 행동하고 존중적이고 겸손하며 수용적 태도를 발달시키기 위한 전제조건이기 때문이다.

학술적 엄밀성의 원칙은 정밀읽기가 문학 비평과 서사학 그리고 정신분석학과 인지적 뇌과학 등과 같은 인접 학문의 이론과 방법론에 보다 철저하게 천착해야 함을 의미한다. 학술적 엄밀성을 통해서 의료인과 학생은 현대의 여러 비판적 담론과 이들이 나타나는 배경인 사상의 계보에 익숙해지게 되고, 시대의 흐름에 보다 적극적으로 참여할 수 있게 된다. 또한 서사능력을 가진 의료인은 의료적 사안에 신속하게 대응할 수 있고, 의료인으로서의 높은 책임의식을 가질 수 있으며, 타인으로부터 인정받고 존중받게 될 가능성이 크다.

포용성의 원칙은 정밀읽기에서 교육생들이 특정한 텍스트 장르나 이론 또

---

7   정밀읽기의 보편적인 원칙은 모든 유형의 서사의학 접근법에도 기본적으로 적용되는 것으로서 이에 대한 논의는 샤론(Charon 2016, 171-175)을 참조하였다.

는 관점에 의존하지 않아야 하는 것과 관련이 있다. 교육생이 다양한 비판적 접근법과 텍스트 그리고 텍스트 실행 양상에 노출됨으로써 이들이 다양한 이론과 장르 그리고 예술가와 관점을 접하고 포용하는 것을 의미한다. 모호성에 대한 관용의 원칙은 과학적 객관성을 토대로 명확한 사실 확인에 익숙한 의료인이 질병의 발견과 치료 과정에서 항상 존재하는 모호성을 인내하지 못하는 태도와 관련이 있다. 텍스트의 의미는 많은 경우 정확하게 무엇을 의미하는지가 모호한 경우가 많다. 다양하고 대립적인 의미 해석을 자주 경험할 수 있는 정밀읽기의 교육과 연습을 통해서 모호성에 대해서 익숙해지고 관대하게 대처할 수 있게 된다.

참여적이고 평등한 방법의 원칙은 정밀읽기의 교육 과정에서 모든 참여자들이 동등하고 평등하게 참여하는 교육 방법론과 관련이 있다. 교육생들은 정밀읽기를 하고 난 후에 텍스트에 대한 자신의 경험을 글로 쓰고 발표를 하며 이 과정에서 다른 참여자들과 의견을 교환한다. 이때 참여자들의 정밀읽기를 통한 텍스트 해석 결과에 대한 이견 또는 대립적 관점이 존재하더라도 하나의 의견으로서 존중되고 수용되어야 하며, 특정한 해석의 결과가 다른 참여자들의 해석 결과보다 우월하거나 열등한 것으로 치부되는 것을 지양한다. 참여적이고 평등한 방법의 원칙이 추구하는 궁극적인 목적은 권력의 평등이다.

관계적이고 간주관적인 과정의 원칙은 개인이 단독자로서 존재할 수 없고 언제나 타자와의 관계 속에서만 존재한다는 관계론적 세계관과 관련이 있다 ("자기는 타자와의 관계 속에서 자기가 된다"(Charon 2016, 175). 소집단으로 진행되는 텍스트 해석에 대한 논의 과정에서 한 사람의 해석 결과에 대해서 동료의 코멘트와 그들의 다양한 다른 해석을 체험하면서, 자신의 관점과 기질을 통찰할 수 있고 이를 통해서 자신의 자아 정체성을 확인할 수 있게 된다. 이러한 과정을 거치면서 교육생들은 서로를 잘 알게 되고 친밀한 관계로 발전하게 된다.

정밀읽기의 교육의 진행과정은 정밀읽기를 위한 자료 또는 텍스트 선정, 정밀읽기, 정밀읽기의 결과에 대한 토론, 창의적 글쓰기, 창의적 글쓰기 결과를 발표하고 토론하는 과정으로 이루어진다.

정밀읽기 교육을 위한 텍스트 선정에서 질병체험이나 의학 또는 건강과 관련된 내용에 국한할 필요는 전혀 없다. 그 이유는 정밀읽기 교육에서 텍스트의 내용이나 행위에 집중하는 것이 아니라 언어가 어떻게 작동하는지, 언어를 통해서 실현되는 것이 무엇인지를 탐구하는 것이 중요하기 때문이다. 또한 정밀읽기의 또 다른 목적이 시나 이야기 또는 발화 속에 들어 있는 모든 세부 사항을 인식할 수 있는 습관을 계발하는 것이기 때문이기도 하다. 임상의료 또는 질병체험과 관련된 텍스트는 교육생이 언어의 작동 방식이나 언어의 작용에 집중하기보다는 의료적인 측면에 더 많은 관심과 주의를 기울일 수 있기 때문에 정밀읽기 교육에서 적절하지 않을 수 있다. 텍스트 선정에서 중요한 기준은 교육생이 교육을 받으러 반복해서 올 수 있도록 흥미를 유발하는 것과, 교육생이 이전에는 인식하지 못했던 것을 인식할 수 있도록 하고, 동시에 그들이 정밀읽기 이후에 스스로 어떻게 변화했는지를 알 수 있도록 해주는 것이다. (Charon 2016, 182-183).

정밀읽기에 참여하는 교육생이 갖추어야 할 조건은 추상적 사고 능력과 텍스트 판단력 그리고 심리적 통찰력과 텍스트에 몰입할 수 있는 능력 등이다. 정밀읽기의 교육생은 텍스트를 구성하는 문장이나 발화의 언어적 형태와 구조, 은유, 암시 그리고 시적 또는 수사학적 측면 등을 모두 꼼꼼히 살펴야 한다.

정밀읽기 교육은 매우 다양한 방법으로 이루어질 수 있다. 소그룹 세미나의 형태로 이루어지는 교육에서 시나 소설의 한 단락 또는 사례보고에 대해서 정밀읽기를 수행한다. 교육생이 텍스트에 들어 있는 내용 정보와 모호함, 복합성과 텍스트 구조 그리고 분위기 및 플롯과 관련하여 텍스트를 읽도록 교육생을 유도하고 장려한다. 정밀읽기를 수행하고 난 후에 교육생은 읽은 결과에 대해서 공동으로 면밀한 검토를 하고 토론한다(Charon/Hermann/Devlin 2016, 347).

8.5. 정밀읽기와 창의적 글쓰기

모든 서사의학의 교육, 특히 정밀읽기 교육 과정은 창의적 쓰기 교육 과정을 포함한다. 정밀읽기 후에 곧바로 이어지는 창의적 글쓰기가 교육생 스스로가 인식한 것을 검증하고 타인과 소통하고 공유할 수 있는 효과적인 방법이기 때문이다(Charon/Hermann/Devlin 2016, 347). 정밀읽기를 통해서 인지하고 이해한 것을 글로써 재현하게 되면, 내면적인 것이 외재화되고 추상적인 것이 구체적인 형태를 갖추게 되며, 일목요연하게 정리되지 않은 것이 체계성을 갖추게 된다. 그럼으로써 교육생은 텍스트의 내용과 구조 및 텍스트에 대한 자신의 인식을 보다 명확하게 이해할 수 있게 되고 이해한 것을 잘 기억할 수 있게 된다. 또한 텍스트에 대해서 이해한 것을 글로써 정리하게 되면 자신의 텍스트 이해에 대해서 타자와 공유하고 의사소통을 할 수도 있게 된다.

정밀읽기 결과에 대한 토론을 마친 후에 교육생들에게 창의적 글쓰기를 위한 프롬프트를 제시하고 그에 따라서 현장에 즉흥적으로 4-5분 동안 글쓰기를 실시하도록 한다. 프롬프트의 형식은 짧아야 하고 내용은 개방적이고 포괄적이어야 한다. 그 이유는 그렇게 해야 교육생이 무엇을 써야 할지 어떻게 써야 할지, 또는 쓰기에서 요점이 무엇이어야 하는지를 사전에 구체적으로 규정하지 않기 때문이다. 프롬프트에 따라서 쓰기를 하면서 교육생은 어떤 해석이 이루어졌는지, 어떤 기분이 떠올랐는지, 어떤 암시가 들렸는지, 어떤 기억이 떠올랐는지, 어떤 아름다움이 발견되었는지, 어떤 아이디어가 생겨났는지 등을 스스로 잘 이해할 수 있게 된다(Charon 2016, 184). 글쓰기 과정이 종료되면 교육생은 자신의 글을 발표하고 동료들은 그에 대해서 각자의 의견을 제시하는 과정을 거친다. 동료의 발표와 상호 토론 과정을 통해서 교육생은 자신이 미처 발견하지 못한 것을 발견할 수 있음으로써 인식의 폭을 넓힐 수 있고 다양한 관점을 가질 수 있게 된다. 그럼으로써 결과적으로 텍스트에 대한 보다 정확한 이해를 할 수 있게 된다.

글쓰기 과제가 제출되면 교수는 학생의 글을 정밀하고 세심하게 읽고 학생에게 피드백을 해주어야 한다. 소그룹 세미나의 형식으로 이루어지는 정밀읽기와 창의적 쓰기 교육을 수행하기 위해서 다수의 교수자가 필요하고, 교수자는 정밀읽기와 창의적 쓰기를 스스로 할 수 있어야 한다. 의과대학은 이러한 교육을 담당할 수 있는 다수의 교수자를 양성해야 하고, 이를 위해서 의과대학의 제도와 의학교육의 문화가 전반적으로 변화해야 한다.

교육생의 글쓰기 과제는 점수로 평가하지 않는다. 대신에 교육생이 글쓰기 과정에서 자신의 행위와 인식을 되돌아볼 수 있도록, 교육생이 보고 행한 것이라고 생각되는 것을 상상해보고 피드백을 해주는 것은 필요하다. 이러한 과제를 올바로 수행하기 위한 최선의 방법은 교수가 교육생이 쓴 글의 형식과 글쓰기 방식에 대해서 정밀하게 읽고 판단하는 것이다. 교수가 글을 세심하게 읽은 후에 글쓴이에게 면대면 또는 서면으로 그가 글로써 무엇을 했는지에 대해서 코멘트를 한다. 이러한 과정을 통해서 교육생이 글쓰기를 통한 자신의 행위와 인식 그리고 자기 자신에 대해서 보다 명확하게 이해할 수 있게 된다(Charon/Hermann/Devlin 2016, 347). 미국의 컬럼비아 대학의 의과대학은 교수가 학생의 창의적 글쓰기 과제를 정밀하게 읽고 적절하게 판단하고 효율적으로 피드백해주기 위해서 다음과 같은 읽기 지침서를 개발하였다.

(1) 관찰: 기호 – 시각, 청각, 후각, 촉각, 장면의 세부 사항, 묘사, 감각적인 측면.

(2) 관점: 다양한 관점이 표현되고, 탐색되고, 추측되었는가? 이러한 관점이 어떻게 전달되었는가?

(3) 형식: 형식에 대한 기술, 텍스트 장르(이야기, 시, 연극, 각본, 우화, 경고 이야기, 괴담, 블랙 코미디), 은유나 상징의 사용에 주목하기. 텍스트의 시간적 구조에 대한 기술(사건이 일어난 시간적 순서나 역순으로 또는 순서 없이 이야기되는가?, 다른 이야기나 글에 대한 암시도 있는가?, 삽입된 텍스트(인용구, 편지, 하위 스토리 등)가 있는가?), 어떤 어투로 이야기하는가(공식적 어투, 경쾌한 어투, 관료적 어투, 학술적 어투?)

(4) 목소리: 누구의 목소리인가?, 이야기가 1인칭, 2인칭, 또는 3인칭의 목소리로 전개되는가?, 화자의 어투는 어떠한가(친근함 또는 거리두기. 내밀함 또는 낯설음)?, 화자의 존재를 느낄 수 있는가?, 이야기가 자아 인식을 바탕으로 이루어지고 있는가?

(5) 분위기: 텍스트의 분위기는 어떠한가?, 텍스트를 읽으면 어떤 기분이 드는가?

(6) 동작: 이야기는 무엇을 지향하는가?, 화자가 처음부터 끝까지 움직이는 것 같은가?, 이야기가 교육생을 어디론가 이끄는가?(Charon 2016, 243)

읽기 지침서는 학생의 글쓰기 과제를 평가하기 위한 것이 아니라, 학생이 작성한 텍스트에 어떤 요소들이 있는지를 발견하기 위한 도구로써 활용된다. 글쓰기 과제에 대한 교수 검토의 목표는 교육생의 글을 평가하고 어떻게 다르게 할 수 있는지를 알려주고자 하는 것도 아니고 그들을 더 나은 작가로 만들려고 하는 것도 아니다. 이 과정의 목표는 교육생이 자신의 글을 통해서 타자 또는 독자가 볼 수 있는 것을 되돌아보도록 하는 데 있는 것이다. 물론 이러한 비평가적이고 단순 반영적인 피드백이 "이렇게 하면 더 좋지 않겠는가?, 텍스트에 들어 있는 이 요소는 발견하지 못했는가?, 이것은 이렇게 해석하는 것이 더 타당하지 않겠는가?" 등과 같은 평가를 하는 것보다 훨씬 더 복잡하고 어려운 일이다(Charon 2016, 24).

8.6. 이야기 텍스트에 대한 정밀읽기의 사례

8.6.1. 전체 대화와 이야기의 구조와 내용 구성

정밀읽기의 사례로 제시되는 텍스트는 2005년 10월에 심한 가래로 인해서 한 대학병원의 가정의학과에 방문한 67세의 남자 환자와 의사 사이에 16분 40초 동안 이루어진 진료실 대화를 전사한 것이다(별첨 자료 2 참조). 이 대화를 내용과 대화의 진행 시간에 따라서 구분하면 다음과 같다.

[표 12] 별첨 자료 2의 대화 내용과 진행단계

줄번호	대화의 내용과 진행 단계	시간
1-19	대화 시작 및 병력 대화(환자의 심한 가래)	00:00-01:08
20-184	부인과의 사별과 관련된 환자의 이야기	01:08-10:23
189-221	의사의 문진	10:23-11:38
222-239	신체 진찰	11:38-12:32
240-339	진단결과 통보와 처방	12:32-16:27
339-348	대화 종료	16:27-16:40

이 대화 텍스트는 여러 양상에 대한 분석을 통해서 의료인과 의과대학생의 경청과 공감 능력 계발에 활용될 수 있지만, 이 책에서는 9분 15초 동안 이루어진 부인의 별세와 그에 따른 환자의 사회 심리적 요소에 관한 환자의 이야기 부분에 대해서 집중하여 정밀읽기의 사례를 제시하면 아래와 같다.

[표 13] 환자 이야기 정밀 읽기 사례

(1)	옛날에 고생 많이 시키고 (……) 애들 크고 밥술이라도 먹을 만하니께 세상 뭐 고생을 많이 했거든(81-83) 고생을 많이 시켜갔고 그것이 인자 그 생각만 해서(160) 고생만 안 시켰어두(161) 그냥 불쌍한 생각 나구 그냥 그래가지구서(100-101)	부인에 대한 미안함과 연민	
(2)	생각 안 할래야 안 할 수가 없어 (……) 인저 노가다 판에 내가 다니는데 여시 일하는 정신으루다가 모르는데 인저 차 타고 가만:히 그냥 자꾸 생각을 안 할래두 냥 남모래 자꾸 눈물이 쏟아지구 냥 생각이 이렇게 난다구(88-92) 혼자 배깥에 나갔다 들어가면 생각나구 자꾸 【눈 주위를 만지며】안 날래야 안 날 수가 없어(99-100)	그리움	환자가 부인과의 사별로 인해서 겪고 있는 심정적 및 신체적 증상
(3)	지금두 생각을 하면 양 속이 양 답답한게(36) 그냥 속이 답답한 그거죠 뭐(85) 속이 답답하쥬(95)	답답함	
(4)	속이 찢어지는 것 같으구(32) 남모래 자꾸 눈물이 쏟아지구 냥 생각이 이렇게 난다구(92) 자꾸 눈물이 나구요(160)	슬픔	
(5)	인제 애들이 약초를 넣어서 인제 보약이라고 인제 해 줘서 이까꺼 안 먹는다구 나 죽으면 그만이지 그까꺼 내가 모하러 먹냐구(33-35) 딸이 인제 한집에 인저 사는 그냥 정~말 아부지 가서 한 번 해보라구 그냥 그러더라구요. 그래서 에이 그냥 한 번 죽으면 그만이지 그냥 뭘 해보냐고 그러면서(47-49)	절망감과 삶의 의지 상실	

	죽는 것이 두려웠는데 지금은 뭐 죽는 것이 두렵질 않아 맘에(177) 시방 빨리 죽었으면 같이 가서 있지 싶은 이런 생각이 나는 게 옛날엔 죽는 게 두려웠는데 지금은 죽는 것이 뭐 그렇게 두려워하질 않아 마음이(179-181) 딸이 인제 한 집에 들어와서 있는데 그냥 엑스레찍어 보고 저기 뭐야 그걸 다 해보라구 해서 예이 죽으면 그만이지 그 까지꺼 뭐 내가 왜 하냐구 절대 그런건 안 한다구 안 하고 죽는다구 (183-186)		
(6)	요만큼씩 한 숟갈 먹지 먹구 싶지를 않아요 (……) 안 먹어 두 속이 씨리구 (37-39)	식욕부진과 속쓰림	
(7)	여기와서 그냥 고쳐 볼라구 그냥 여기와서(105) 여기 와서 엑스레이란 엑스레이는 다 찍어보구 (……) 하루에 와 갔구는 두 군데씩 병원을 댕기구 막 이랬어요 (120-122) 사년을 서울대학병원에서 사년을 약 갔다 먹었어(125-126) 한 번 입원을 시켜 봤으면 좋겠다고 해서 그때 했으니까 의사를 잘 만났고. 돈이 얼마나 많아서 입원시킬라 그러냐고 입원할 필요 같으면 우리가 입원해지 말래도 해라 그랬다고 입원해두 소용없구 돈만 내 버리니까(129-132)	오랜 기간 많은 병원을 찾아다님	부인의 치료를 위한 노력
(8)	집에서 동네 사람들두 굿해보래서 해서 굿 두 번씩이나 그냥 해 보구 뭐 별 짓 다 해 봤어요(163-164)	굿	
(9)	의사: 부인 돌아가실 때 장례식은 다 참석하셨고 – 환자: 그라문요(135-138) 그냥 매장을 할라그랬는데 또 딸들하고 그냥 내 장손, 장조카하고 (……) 화장해서 들어가면 좋다고 그래서 그래가지구선은 양 (1500만원에다?) 거기다 다 그러니까 거(141-151)	매장을 원했으나 가족과 친지의 강권으로 화장	부인의 장례

환자는 의사에게 주 주상인 심한 가래에 대한 병력에 대해서 이야기하는 도중에 갑자기 부인이 별세한 사실에 대해서 이야기하기 시작한다. 환자는

부인과의 사별로 인해서 여러 심정적 및 신체적인 증상을 가지고 있다. 환자는 부인이 생전에 많은 고생을 하였다고 생각하고 그에 대해서 자책감과 미안함 그리고 연민의 마음을 가지고 있다(1). 부인이 별세한 이후로 1년 가까운 시간이 지났지만 여전히 부인에 대한 생각을 자주하게 되고(2) 생각을 할 때마다 가슴이 답답하고(3) 눈물이 쏟아지는 슬픔을 느끼고 있다(4). 환자는 부인의 별세로 인해서 삶에 대한 의지가 상실되고 자신도 따라 죽고 싶다는 마음이 있으며(5) 식욕부진과 속쓰림의 신체적 증상에 대해서도 언급을 하고 있다(6). 부인에 대한 미안함과 죄책감의 표현과 동시에 환자는 부인을 위해서 여러 병원을 찾아다녔고 대학병원에 입원을 시킬려고 하였으며(7) 이웃의 권유로 굿도 두 번씩이나 하는(8) 등 부인을 위한 자신의 여러 노력에 대해서도 이야기를 하였다. 부인의 장례식 참석 여부에 대한 의사의 질문에 대해서 환자는 장례식 참석에 대한 이야기와 더불어 매장을 하고 싶었으나 가족과 친지의 강력한 권유로 화장을 한 것에 대한 이야기를 하기도 하였다(9).

(1)-(6)은 전반적으로 환자가 부인과의 사별로 인해서 겪고 있는 심정적이고 신체적 증상에 관한 내용인 동시에 부인과 관련하여 자신의 부정적인 자아상을 표출한다고 할 수 있다. 이와는 반대로 (7)-(8)은 환자가 부인의 치료를 위한 자신의 노력과 부인에게 매장을 해주려고 노력한 내용인 동시에 부인과 관련하여 자신에 대한 긍정적인 자아상을 표출한다고 할 수 있다.

8.6.2. 이야기 속에 표출된 환자의 정체성

이야기의 다양한 목적 가운데 하나는 이야기 과정에서 화자가 자신의 정체성을 창출하고 표현하는 것이다. 화자는 이야기를 통해서 자신의 성격, 행위 성향, 소속 집단, 역할, 및 자신에 대한 판단과 평가를 자리매김하고 이를 청자가 인증하고 수용하기를 기대하거나 요구한다(Lucius-Hoene/Deppermann 2011, 80). 이 책의 사례 이야기 텍스트에서 환자는 사별한 부인과 관련된 이야기 속에서 다양한 방식으로 자기 자신의 정체성을 직·간접적으로 표출한다. 언뜻 보기에 환자는 자신에 대해서 주로 부정적인 자아 정체성을 표출하는 것으로 보인다. 하지만 환자 이야기를 보다 정밀하게 살펴보면 환자는 궁극적으로 자기 자신에 대한 긍정적인 자아상을 표출하는 것으로 판단할 수 있다.

이에 대한 첫 번째 예를 들면 환자는 부인에게 잘해주지 못해서 부인이 고생을 많이 한 것에 대해서 부정적인 자아 정체성과 미안한 감정을 표출한다("옛날에 고생 많이 시키고 (……) 세상 뭐 고생을 많이 했거든"). 그러나 이야기가 진행되는 과정에서 환자는 자신이 부인의 치료를 위해서 오랫동안 여러 병원을 다녔고 부인을 위해서 굿을 두 번씩이나 해주는 등 부인을 위해서 온갖 노력을 다한 긍정적인 자아 정체성을 표출하기도 한다. 이미 앞에서 기술한 바와 같이 화자의 이야기를 통한 자아 정체성의 표현은 상대방이 그것을 인정하고 추인하기를 기대하고 요구하는 것이기도 하다. 화자가 부정적인 자아 정체성을 표방할 경우에는 상대방이 그것을 추인하고 수용하기보다는 그것을 부정하고 수용하지 않는 반응을 상대방으로부터 기대하는 것이 통상적이다.

159. 환자: 아 그거야 뭐 말할 것도 없고… 에, 첫째 고생을 많이 시켜갔고 그것이 인자 그
160.   생각만 해서 자꾸 눈물이 나구요 (손가락 하나로 책상을 문지르며)고생만 안
161.   시켰어두
162. 의사: 그래두 부인을 위해서 많이 애 쓰셨잖아요.

위의 예문에서 의사는 "그래두"[8]라는 말을 함으로써 환자가 표방하는 자아

---

8   "앞 내용을 받아들일 만하지만 그럴 수 없거나 그렇지 않음을 나타낼 때 쓰여 앞뒤 어구나 문장을 이어 주는 말"(고려대 한국어대사전: https://ko.dict.naver.com)

정체성이나 부정적 감정을 수용하지 않음을 예고하고, 환자에게 부인을 위해서 최선을 다했다는 말을 함으로써 환자에게 오히려 지지와 공감의 표현을 해준다. 이를 통해서 환자는 자신의 긍정적인 자아 정체성이 타인에 의해서도 추인되고 수용되었다고 느낄 가능성이 크다. 반대로 아래의 예문에서는 환자가 긍정적인 자아 정체성을 표방한 데 대해서 의사가 존중하고 적극적으로 수용하는 공감적인 반응을 한다.

105 환자: 아 여기와서 그냥 고쳐 볼라구 그냥 여기와서 그냥

106 의사: 애 쓰셨네

⋮

125. 환자: 그래 가지구 뭐 정말 해보지도 못하고 여기 와서 엑스레이란 엑스레이는 다 찍
126.   어보구 단, 저 순천향 병원 천안 와갔구서는 (격장병원?)부터는 하루에 와 갔구
127.   는 두 군데씩 병원을 댕기구 막 이랬어요
128. 의사: 네, 그래도 부인을 위해서 많이 애를 쓰셨네요?
129. 환자: 【책상에 팔꿈치를 올리고 손으로 이마를 잡으며】 에휴 말도 못해지요 뭐【그 상
130.   태로 눈을 닦으며】 사년을 서울대학병원에서 사년을 약 갔다 먹었어. 어우 먹
131.   고(?)【손을 내리고】 고칠 생각을 하지 말래는데 뭐 오죽 답답하면
132. 의사: 부인을 위해서 최선을 다 하셨네요.

환자의 자아 정체성 자리매김에 대한 두 번째 예는 환자가 부인의 투병 과정에서 부인을 병원에 입원시켜주지 못하고 통원치료만 받게 해주었고, 이로 인해서 부인에게 자책감과 미안한 감정을 느낀다고 말하는 데서 찾을 수 있다. 이와 관련하여 환자는 부정적으로 자신의 자아 정체성을 자리매김하는 것으로 보인다. 하지만 환자는 이 사태를 자신이 의도한 것이 아니라 전문가인 의사의 권유에 따른 것으로 표현한다("한 번 입원을 시켜 봤으면 좋겠다고 해서 그때 했으니까 의사를 잘 만났고. 돈이 얼마나 많아서 입원 시킬라 그러냐고 입원할 필요 같으

면 우리가 입원 해지 말래도 해라 그랬다고: 입원해두 소용 없구 돈만 내 버리니까"). 이는 부인을 병원에 입원시키지 못한 것은 미안한 일이지만 그 사건은 환자의 의도가 아닌 의사의 전문가적 조언을 따른 결과로 발생한 것이라고 말하는 것이다. 이를 통해서 환자는 자신의 자아에 대한 부정적인 요소(부인을 입원시켜 주지 못한 사람)를 없애거나 경감시키려고 하는 것으로 보인다.

이와 비슷한 환자의 인식은 부인의 장례와 관련된 언급에서도 발견할 수 있다. 2000년대 초중반만 하더라도 일반적인 장례 방식이 매장이었고 화장은 매정한 장례 방식으로 꺼려지던 사회적 분위기에서, 환자는 자신의 의도와는 달리 가족과 친지의 강권으로 화장을 할 수밖에 없었다는 사실을 언급하였다("그냥 매장을 할라그랬는데 또 딸들하고 그냥 내 장손, 장조카하고 (……) 화장해서 들어가면 좋다고 그래서"). 이를 통해서 사회적으로 선호되지 않던 화장을 한 데 대해서 자신은 책임이 없다는 사실을 암시하는 것이라고 볼 수 있다. 이 또한 자신의 정체성에 대한 부정적인 측면을 없애거나 경감하려는 목적으로 언급된 것으로 보인다.

환자의 자아 정체성 자리매김에 대한 네 번째 예는 환자의 절망감과 삶에 대한 의욕 상실과도 관련이 있다. 환자는 부인의 사별로 인해서 약이나 치료도 받고 싶지 않을 만큼 절망감을 느끼고 있고, 죽고 싶다는 말을 자주 하고 있다. 이를 근거로 환자가 무력감을 느끼고 있고 삶의 의지를 상실했다고 판단할 수도 있다. 하지만 아래의 예문에서 볼 수 있듯이 일용직 노동을 하는 환자는 자신이 일을 나가지 않으면 현장의 일이 제대로 돌아가지 않을 만큼 자신의 역할이 중요하기 때문에 근무에 빠질 수가 없다고 말하고 있다.

284 의사: 한 번 또 오실 수 있으시죠?

285 환자: 예 인제 (……)

288. 의사:　(차트를 쓰며)그렇게 바쁘세요? (……)

291. 환자:　빠질 수가 없으니까. (……)

317. 의사:　아무리 바쁘셔도 한 번 정도는 좀 더 오시면 제가 잘 봐 드릴 수 있을 것 같은

318.　　　　데. 가능 하세요?

319. 환자:　나 없으면 일 못한당께

　　이로 미루어볼 때 환자는 부인과 관련해서는 자존감이 매우 낮고 삶의 의지가 없는 위험한 심리적 상태에 처해 있다고 판단할 수도 있지만, 자신의 직업 및 사회적 역할과 관련해서는 자존감이 매우 높고 삶에 대한 의지도 상당히 강하게 가지고 있는 것으로 판단할 수 있다.

　　요약하자면 환자가 이야기를 하는 과정에서 여러 곳에서 자신이 무능력하고 부인에 대해서 죄책감과 미안함을 가지고 있으며, 삶에 대한 의지가 상실된 사람으로서 자기 자신을 부정적으로 규정한다. 그렇기 때문에 이야기 전체 텍스트를 자세히 살펴보지 않으면 환자가 자신에 대한 부정적인 자아상을 가지고 있는 것으로 보일 수 있다. 하지만 환자가 일면 부인에 대해서 죄책감을 가지고 있기도 하지만, 궁극적으로는 부인을 위해서 최선의 노력을 다한 사람으로서, 직업과 관련하여 유능한 사람으로서 자기 자신을 인식하고 있고, 삶에 대한 의지도 강하게 가지고 있는 사람으로서 스스로를 자리매김하는 것으로 판단할 수 있다. 이는 환자가 심리적으로 비교적 안정되고 건강한 상태임을 나타낸다. 그 이유는 통상적으로 개인의 자아 정체성은 본질적으로 선(善)하다는 특징을 가지고 있고, 개인이 긍정적인 자아 정체성을 가지고 있어야 비로소 자기 자신이 가치가 있다고 판단할 수 있기 때문이다(Taylor 1989, 43). 사례 이야기의 환자는 사별한 부인 및 자신의 직업과 관련하여 자기 자신을 선하고 정당한 사람으로서, 그리고 자신의 삶이 의미와 가치가 있는 것으로서 규정하는 긍정적인 자아상을 가지고 있다고 판단할 수 있다. 이와 비

슷하게 환자가 부인의 사별과 관련하여서는 무력감에 빠져 있고 삶에 대한 의욕을 상실한 것으로 보이지만, 일상의 삶에서는 자신이 없으면 일이 돌아가지 않을 것이라고 생각할 만큼 자신의 역할에 대한 가치를 표명하고 있고, 근무를 소홀히 할 수 없다는 적극성과 삶에 대한 의욕을 보이기도 한다.

8.7. 수업 계획표 예시

아래에 제시된 수업 운영 계획표 예시는 정밀읽기를 활용하여 경청과 공감 능력을 계발하기 위한 것이다. 이 계획표는 한 학기 동안 2시간씩 16주로 진행되는 수업을 전제로 한 것이다. 이 수업에서 학생의 인원은 15명 내외가 적절하고 최대 20명을 넘지 말아야 한다. 그 이유는 정밀읽기가 매우 정밀하고 섬세한 활동이기도 하고, 정밀읽기의 결과에 대한 학습자간 활발한 토론이 필요한 교육이기 때문이다. 이를 위해서는 소그룹으로 이루어지는 수업이 효율적이다. 소그룹 학습이 중요한 또 다른 하나의 이유는 학습자의 글쓰기 과제에 대한 발표와 토론의 내용 속에 학습자의 내면세계와 개인적인 부분이 들어 있기 때문에, 원활한 발표와 토론을 위해서 학습자 사이의 친밀감과 신뢰감이 필요하기 때문이기도 하다. 아래의 강의 구성은 하나의 모범 사례일 뿐이다. 그러므로 교수자가 원할 경우 수업의 내용과 방식에 대해서 변경할 수 있고, 여러 주차의 이론 수업의 내용을 압축해서 진행할 수도 있고 1개 주차의 수업을 여러 주차의 수업으로 확장해서 진행할 수도 있다.

[표 14] 정밀읽기를 활용한 경청과 공감 능력 계발 수업 운영 계획표 예시

주차	수업 형식	수업 주제	활동 및 과제	이 책의 참조 부분[9]
1	이론 강의	수업의 전체 진행과정과 방법에 대한 안내		8.4. 정밀읽기의 교육 방법과 진행과정
2		경청과 공감 능력 계발을 위한정밀읽기		8.1. 정밀읽기의 이해 8.2. 서사의학의 교육 수단으로서 정밀읽기의 적합성
3		정밀읽기 방법의 이해		8.3 정밀읽기의 원리와 방법
4		이야기의 구조와 분석 방법		4.2. 이야기의 구조와 구성요소 4.3. 이야기의 텍스트 유형학적 특성[10]
5		경청과 공감 그리고 정체성과 정밀읽기		Lucius-Hoene/Deppermann (2011)의 3장 참조 정연옥/박용익(2017) 참조
6	실습 발표 토론	정밀읽기 실습 1-1	짧은 이야기 텍스트에 대한 정밀읽기 실습 결과에 발표 및 토론	짧은 이야기 텍스트의 예로 이 책에서 사용한 "겨울이야기" 가사를 사용할 수 있음
7		정밀읽기 실습 1-2	짧은 이야기 텍스트에 대한 정밀읽기 실습 결과에 대한 교수자의 분석 및 코멘트	짧은 이야기 텍스트의 예로 이 책에서 사용한 "겨울이야기" 가사를 사용할 수 있음
8		정밀읽기 실습 2-1	환자 이야기 텍스트에 대한 정밀읽기 실습 결과 발표 및 토론	별첨 자료 1 활용
9		정밀읽기 실습 2-2	환자 이야기 텍스트에 대한 정밀읽기 실습 결과에 대한 교수자의 분석 및 코멘트	별첨 자료 1에 등장하는 환자 또는 의사의 입장에서 짧은 이야기 쓰기 과제
10		창의적 글쓰기 실습 1	환자 또는 의사의 입장에서 짧은 이야기 쓰기 과제 발표 및 토론	

11		정밀읽기 실습 3-1	이야기 텍스트에 대한 정밀읽기 실습 결과 발표 및 토론	교수자 또는 학생이 원하는 짧은 텍스트 선정
12		정밀읽기 실습 3-2	이야기 텍스트에 대한 정밀읽기 실습 결과에 대한 교수자의 분석 및 코멘트	이야기 텍스트의 내용을 토대로 짧은 이야기 쓰기 과제
13		창의적 글쓰기 실습 2	이야기 텍스트의 내용을 토대로 짧은 이야기 쓰기 과제 발표 및 토론	임상실습 경험을 토대로 기억에 남는 체험을 A4용지 1쪽 이내의 이야기 쓰기 과제
14		창의적 글쓰기 실습 3-1	임상실습 경험을 토대로 기억에 남는 체험에 대한 이야기 발표 및 소감 나누기	
15		창의적 글쓰기 실습 3-2	임상실습 경험을 토대로 기억에 남는 체험 이야기 글쓰기에 대한 교수 코멘트	
16		수업 마무리	수업에 대한 소감 나누기	

---

9 이 책의 참조 부분에는 수업에 도움이 될 수 있는 다른 다양한 참고문헌들이 제시되어 있다.

10 이야기의 텍스트 구조와 분석 방법에 대한 보다 구체적인 사항은 박용익/정연옥(2013)을 참고할 수 있다.

참고문헌

강신익(2015), 질병서사와 치유에 관한 생명-사회-인문학 가설. 의철학연구 20, 35-63.

강영안(1995), 레비나스:타자성의 철학. 철학과 현실, 147-166.

고미영(2004), 이야기 치료와 이야기의 세계. 청목출판사.

고미영(2007), 가능성을 불러오는 이야기의 힘. 국어국문학 146, 151-180.

권상옥(2004), 근거중심 의학의 사상. 의사학 13(2), 335-346.

권상옥(2005), 의료인문학의 개념과 의학 교육에서의 역할. 한국의학교육 17(3), 217-223.

권상옥(2008), 의료인문학의 성격과 전망. 의철학연구 5, 3-18.

권의섭(2017), 포스트모던 시대 인성교육의 방향과 실천. 철학논총 87, 55-82.

김성리(2012), 시치유에 대한 인문의학적 접근 - 한센인의 시를 중심으로. 의철학연구 13, 163-210.

김연숙(2000), E. Levinas 他者倫理에서 倫理的 流通에 관한 연구: 얼굴·만남·대화. 국민윤리 연구 44, 83-99.

김연숙(2000), 레비나스 他者倫理의 先秦需家的 理解. 需教思想昭究 14, 537-567.

김연숙(2004), 타자와 함께 하는 감성의 도덕교육. 도덕교육연구 15(2), 139~168.

김옥주(2013), 한국 현대의학사 연구에서 구술사의 적용. 의사학 22(2), 449-482.

김용옥(1993), 맹자. 사람의 길. 통나무.

김윤희/김진숙(2015), 공감훈련 프로그램의 효과에 대한 메타분석. 상담학연구 16(4), 1-21.

김익진(2010), 소통의 모델에 기초한 인문치료의 이론 모형. 인문과학연구 25, 5-507.

김익진(2011), 인문치료의 구성요소로서의 감성. 호남문화연구 49, 99-124.

김재홍(1982), G. H. Mead의 컴뮤니케이션 觀. 동서문화 14, 51-69.

김정선(2018), 임상심리학적 공감 개념과 공감의 신학적 의미. 신학과 실천 59, 507-536.

김정숙(2015), 의료인문학 분야의 다큐멘터리 연극 활용 가능성에 대한 시론 - 리미니프로토콜 (Rimini Protokoll)을 중심으로. 한국연극학 6, 297-327.

김정현(2012), 휴머니즘의 의료. 소통과 보살핌의 의철학. 철학연구 122, 49-71.

김준수(2017), 미드의 행동주의적 상호주관성 이론. 범한철학 84, 35-83.

김준혁(2015). 벤야민 문예이론을 통한 의무기록사 읽기에 비추어 본 서사의학의 요청. 의철학연구

18, 65-91.

김준혁(2019), 다시 읽고 다시 쓰기를 통한 서사의학의 확장: 의사-해석자 되기. 박사학위 논문(부
　　　산대학교 치의학대학원).

김해진/이명선(2015), 한국 간호대학생의 공감 능력에 영향을 미치는 요인. 한국간호교육학회지
　　　21(2), 237-245.

김혜영(2016), 예비 간호사를 위한 인지행동치료 기반 공감훈련프로그램 개발 및 효과. 박사학위
　　　논문(명지대학교).

김혜영/김정민/이미영(2016), 예비간호사를 위한 인지행동치료 기반 공감훈련 프로그램 개발 및
　　　효과. 인지행동치료 16(4), 567-594.

김호연/엄찬호(2010), 구술사(oral history)를 활용한 인문치료의 모색 - 기억, 트라우마, 그리고 역
　　　사치료 -. 인문과학연구 24. 361-383.

남정길(1977), 부버의 대화원리와 그 적용. 기독교사상 7월호(통권 제229호), 32-42.

노용균(2009), 의료커뮤니케이션 교육 현황: 의과대학/의학 전문대학원 중심으로, 대한의료커뮤
　　　니케이션학회 봄철학술대회 워크숍 자료집.

뤼양(2009), 공자의 충서사상 논고. 동서사상 6, 93-126.

맹광호(2003), 한국의과대학에서의 의료윤리교육현황 분석. 의료윤리 6(1),

맹광호(2007), 우리나라 의과대학에서의 인문사회의학교육: 과제와 전망. 한국의학교육 19(1), 5-11.

문성훈(2014), 인정의 시대. 현대사회 변동과 5대 인정. 사월의 책.

박민정(2006), 내러티브란 무엇인가?: 이야기 만들기, 의미구성, 커뮤니케이션의 해석학적 순환.
　　　아시아교육연구 7(4), 27-47.

박성희/이동렬(2003), 공감 교육에 대한 개관 연구. 1970년 이후 영어로 출판된 연구를 중심으로.
　　　교육학 연구 41(3), 499-518.

박연규(2017), 레비나스 '얼굴 윤리학'의 퍼스 기호학적 이해. 기호학 연구 50, 109-136.

박용익(2006), 의사-환자 대화의 제도적 특징과 유형학. 텍스트언어학 21, 207-237.

박용익(2006), 이야기란 무엇인가?. 텍스트언어학 20, 143-163.

박용익(2012), 의료인의 커뮤니케이션(1) - 의료인에게 커뮤니케이션이 중요한 이유. Medical
　　　Postgraduates 6(40), 1-5.

박용익(2012), 질적 연구와 텍스트언어학. 텍스트언어학 32, 125-147.

박용익(2014), 대화분석론. 제4판. 현문사.

박용익(2014), 환자 중심의 의료 커뮤니케이션 - 대화분석을 기반으로 하는 의료인의 의사소통 교
　　　육 방법론. 제2판. 수문사.

박용익(2015), 그들은 왜 자살을 시도하게 되었는가? - 자살시도 요인에 대한 텍스트언어학적 질적
　　　연구. 고려대학교 출판부.

박용익(2016), 의사소통 교육은 무엇을 목표로 해야 하는가? 인문과학(연세대학교 인문학연구원) 107, 5-32.

박용익(2017), 텍스트언어학의 혁신과 도약을 위한 '인문 텍스트언어학'. 텍스트언어학 42, 31-57.

박용익/정연옥(2012), 인문학적 이야기 치료와 서사 인터뷰. 의료커뮤니케이션 7(2), 59-71.

박용익/정연옥(2013), 이야기의 테스트 구조. 언어와 언어학 61, 53-79.

박용익/정연옥(2017), 의사소통 교육을 위한 응용 대화분석 연구의 방법과 절차. 인문과학(연세대학교 인문학연구원) 111, 115-150.

박용익/진정근/임인석/정연옥/김찬웅(2013), 임상수행 능력평가의 환자의사 관계 항목에 대한 평가 분석 - 대화분석적 연구 -. 의료커뮤니케이션 8(1), 13-25.

박원빈(2008), 에마뉘엘 레비나스의 타자윤리 - 마르틴 하이데거와 다르게 사유하기 철학 95, 173-198.

박재현(2018), 공감적 의사소통 역량의 교육 내용 체계. 작문연구 37, 7-34.

박치완(2012), 레비나스의 "얼굴", 윤리학적 해석이 가능한가? 범한철학 64, 163-197.

박치완(2013), 비평적 해석의 관점에서 본 레비나스의 윤리학. 철학과 현상학 연구, 58,73-103.

박홍원(2011), 주체, 타자, 커뮤니케이션. 레비나스와 함께 커뮤니케이션을 다시 생각하기. 언론과 사회 19(2), 225～267.

반재유/예병일(2012), 의예과 인문학 교육에서 '치유하는 글쓰기'의 적용 예. 한국의학교육24(3), 189-196.

백상호(2010), 좋은 의사를 만드는 길. 한국의학교육 22(4), 249-256.

변순용(2000), 타자의 윤리학. 레비나스(1906-1995)를 중심으로. 국민윤리연구 45, 47-66.

손철민(2004), 이야기치료 이론. 성경과 상담 4, 29-44.

손철민(2004), 이야기치료의 이론과 실제. 상담과 선교 45, 35-54.

손현순/정선/백드보라/김현진/강혜영(2021), 우리나라 보건의료계열 대학의 인문사회 교육과정 분석. 약학회지 65(3), 190-200.

신우열/김주환(2010), 우리의 대화를 지배하는 것은 우리의 마음이다: 대화에 있어서 정서의 우선성에 관한 시론. 한국언론학보 54(4), 150-167.

안덕선(2014), 한국의 의사상. 대한의사협회지 57(1), 3-7.

안정희/권복규/이순남/한재진/정재은(2008), 우리나라 의과대학, 의학전문대학원의 인문사회의학 교과목 운영현황 및 학습내용 분석. 한국의학교육 20, 133-144.

안형식(2009), 근거중심의학의 개념과 발전방안. 대한직업환경의학회 학술대회 논문집, 35-44.

안혜리(2012), 예술과 의학의 융합 가능성 : 시각예술 중심의 의료인문학 연구. 미술교육 연구논총 33, 315-340.

양유성(2004), 이야기 치료의 상담원리와 방법론. 상담과 선교 45, 6-34.

여인석(2010), 의과대학 의학사교육의 현황과 과제. 연세의학사 13(2), 7-19.

왕철(1995), 바흐친과 부버의 대화이론. 영어영문학 19(2), 123-146.

우정길(2007), 마틴 부버: 대화철학과 대화교육학의 임계점에 관하여. 교육철학 40, 139-161.

윤대선(2004), 레비나스의 타자철학. 소통과 초월의 윤리를 찾아서. 문예출판사.

윤대선(2004), 레비나스의 얼굴개념과 타자철학. 철학과 현실, 112-123.

윤석빈(2006), 마틴 부버의 대화원리 - 인간 실존의 토대로서의 대화-. 동서철학연구 42, 271-294.

이남인 (2005), 현상학과 질적연구방법. 현상학과 현대철학 24, 91-121.

이민용(2009), 인문치료와 이야기치료 -『천일야화』를 중심으로-. 뷔히너와 현대문학 32, 259-284.

이민용(2010), 서사와 서사학의 치유적 활용 - 인문치료 방법론의 관점에서 -. 독일언어문학 47, 247-268.

이민주/정연진/강지연/나현주(2019), 간호대학생의 공감, 의사소통, 대인관계에 미치는 효과. 인문사회 21 10(2), 425-440.

이상숙/서민호/천경희(2009), 인문사회의학 교육과정 개발을 위한 조사. 계명의대학술지 28, 12-26.

이수원(2012), 바흐친 (Bakhtin)의 대화주의 이론(Dialogism)과 유아교육적 적용. 유아교육연구 32(5), 257-275.

이영미/안덕선(2007), '좋은 의사'의 특성규명을 위한 기초 연구. 한국의학교육 19(4), 313-324.

이영의(2010), 인문치료 패러다임. 범한철학 56, 283-309.

이용승(2010), 정신분석에서의 동기 이론. 철학사상 36, 153 – 177.

이은영(2008), 립스 감정이입론에 대한 에디트 슈타인의 논쟁. 현상학과 현대철학 36, 101-129.

이혜용/정연옥/석소현/박성철/박용익/이정우/진정근(2016), 의료 조직 구성원들은 서로 어떻게 의사소통하는가: 의사소통의 문제점과 개선 방안을 중심으로. 사회언어학 24(1), 213-239.

임정란/한규석(2011), 좋은 의사에 대한 일반인의 인식 연구: 의사-환자 간의 의사소통 중심으로. 한국심리학회 학술대회 자료집 (1), 411-411.

장성민(2006), 근대과학적 합리주의 비판. 철학논총 46(4), 369-387.

전우택(2010), 인문사회의학 교육과정 개선을 위한 제안. Korean medical education review 12(1), 23-31.

전우택/김상현/오승민(2010), 인문사회의학. 청년의사.

정상섭(2005), 공감적 듣기의 듣기교육적 수용 연구. 한국초등국어교육 28, 277-305.

정연옥/박용익(2012), 인문학적 이야기 치료와 서사 인터뷰. 의료커뮤니케이션 7(2), 59-71.

정연옥/박용익(2013), 이야기 텍스트의 구조. 언어와언어학 62, 53-80.

정연옥/박용익(2016), 간호사의 인수인계 의사소통 교육 방법론. 텍스트언어학 42, 269-293.

정연옥/박용익(2017), 간호사의 자리매김 행위에 나타난 의사의 정체성. 텍스트언어학 43, 165-192.

정연옥/박용익(2019), 인간의 원초적 의사소통으로서 이야기의 진화과정과 보편성. 텍스트언어학 47, 135-153.

정연옥/박용익(2020a), 공감 개념의 발달과 공감 능력의 진화. 의철학 30, 73-100.

정연옥/박용익(2020b), 공감이 의학에 끼치는 영향과 의미. 인문과학(연세대학교 인문과학연구원) 120, 225-254.

정연옥/박용익/석소현/이정우(2015), 간호사의 인수인계대화 평가 도구 개발. 인문논총(서울대학교 인문학연구원) 72(2), 507-542.

정진옥/김수(2019), 간호대학생을 위한 공감교육 프로그램이 공감능력, 대인관계 능력 및 돌봄에 미치는 효과. 한국 간호교육학회지, 25(3), 344-356.

정혜신(2018), 당신이 옳다. 정혜신의 적정 심리학. 해냄출판사.

조용길(2004), 불교의 生命그물과 生廳環境. 倫理觀의 인드라망. 한국불교학 36, 208-274.

조유선(2009), 의학교육과 예술의 창의적 만남. 의철학연구 8, 25-56.

최진석(2009), 타자 윤리학의 두 가지 길 - 바흐친과 레비나스. 노어노문학 21(3), 173-194.

최진석(2017), 인간이 그리는 무늬 - 욕망하는 인문적 통찰의 힘. 소나무.

최희봉(2010), 인문학, 인문학 실천, 그리고 인문치료. 인문과학연구 25, 327-346.

하홍규(2011), 조지 허버트 미드와 정신의 사회적 구성. 철학탐구 30, 208-239.

한국보건의료인국가시험원, www.kuksiwon.or.kr/, 검색일: 2020.07. 17.

한국의과대학·의학전문대학원협회(2007), 인문사회의학 교육과정 개발 연구. 한국의과대학·의학전문 대학원협회 연구보고서. https://kamc.kr/main/index.php?m_cd=56&b_id=20161222105476600.

한태희(2015), 의과대학 인문학 교육: 환원과 통합 사이에서. 한국의학교육 27(3), 163-165.

홍성우(2002), 자아의 정체성과 도덕적 선의 관련성 문제. 범한철학 25, 163-188.

황임경(2007), 환자, 의사 그리고 텍스트. 의철학연구 3, 117-137.

황임경(2010), 질병체험과 서사. 의철학연구 10, 3-28.

황임경(2011), 생명의료윤리에서 서사(narrative)의 역할과 의의. 생명윤리 12(1), 1-18.

황임경(2013), 의료인문학 교육에서 질병체험 서사의 활용 방안. 한국의학교육 25(2), 81-88.

황임경(2014), 질병과 이야기 - 문학과 의학이 만나는 지점들. 서강인문논총 40, 113-140.

황임경(2015), 서사에 대한 의철학적 비판 - 서사의학에 대한 찬반 논의를 중심으로. 의철학연구 19, 119-145.

황임경(2018), 서사의학의 철학적 기초로서 의학적 해석학의 가능성과 한계. 의철학연구 26, 67-98.

황임경/김호연(2013), 구술사와 서사의학의 만남, 그 시론적 탐색. 의사학 22(2), 357-388.

Academic Medicine (2003), 78(10). https://journals.lww.com/academicmedicine/toc/2003/10000.

Alcauskas M./Charon R. (2008), Right reading, writing, and reflecting Making a case for narrative medicine in neurology. Neurology 70, 891-894.

Allot, R. (1992), Evolutionary aspects of love and empathy, Journal of social and evolutionary systems 15(4), 353-370.

Anderson-Shaw L./Baslet G./Villano, J.L. (2010), Brain neoplasm and the potential impact on self-identity. AJOB Neurosci 1, 3-7.

Arnott, R./Bolton, G/Evans, M. et al. (2001), Proposal for an academic association for medical humanities. J Med Ethics, 27, 104-105.

Baker, R.B./McCullough, L.B. (2012), What is the history of medical ethics? R.B. Baker/L.B. McCullough (Eds.), The cambridge world history of medical ethics. Cambridge University Press, 1-15.

Balint, E. (1969), The possibilities of patient-centered medicine. The Journal of the Royal College of General Practitioners 17, 269-276.

Balint, M./Ball, D.H./Hare, M.L. (1969), Training medical students in patient-centered medicine. Comprehensive Psychiatry 10(4), 249-258.

Balint, M. (1957), The doctor, his patient and the illness. Edinburgh et al.: Churchhill Liviunstone.

Barber, S,/Moreno-Leguizamon, C.J. (2017), Can narrative medicine education contribute to the delivery of compassionate care? A review of the literature. Med Humanit 43, 199-203.

Bardes, Ch.L. (2012), Defining "patient-centered medicine". The New England Journal of Medicine 366(9), 782-783.

Barthes, R./Duisit, L. (1975), An Introduction to the structural analysis of narrative. New Literary History 6(2): On Narrative and Narratives, 237-272.

Barthes, R./Duisit, L. (2008), An introduction to the structural analysis of narrative. New Literary History, 6(2), 237-272.

Baumer, S./Ferholt, B./Lecusay, R. (2005), Promoting narrative competence through adult-child joint pretense: Lessons from the Scandinavian educational practice of playworld. Cognitive Development 20, 576-590.

Benbassat, J./Baumal, R. (2004), What is empathy, and how can it be promoted during clinical clerkships? Acad Med 79, 832-839.

Bensing, J. (2000), Bridging the gap. The separate worlds of evidence-based medicine and patient-centered medicine. Patient Education and Counseling 39, 17-25.

Betzler, R.J. (2018), How to clarify the aims of empathy in medicine. Medicine, health care and philosophy 2(4), 569-582.

Bleakley, A. (2018), 의료인문학과 의학 교육 - 의료인문학이 더 나은 의사를 만드는 방법. 김준혁 (역). 학이시습.

Bogner, A./Menz, W. (2009), Experteninterviews in der qualitativen Sozialforschung. Zur Einführung in eine sich intensivierende Methodendebatte. 3. grundlegend überarb. Aufl. A. Bogner/B. Littig/W. Menz (Hg.), Experteninterviews. Theorien, Methoden, Anwendungsfelder. Wiesbaden: VS Verlag, 7-31.

Boudreau, J.D./Cassell, E.J./Fuks, A. (2018), Physicianship and the rebirth of medical education. Oxford: Oxford Scholarship Online.

Bourassa, K.J./Allen, J.B./Mehl, M.R./Sbarra, D.A. (2017), Impact of narrative expressive writing on heart rate, heart rate variability, and blood pressure after marital separation. Psychosom Med. 79, 697−705.

Boyd, K.M. (2000), Disease, illness, sickness, health, healing and wholeness: exploring some elusive concepts. Medical Humanities 26, 9−17.

Bradley, E.L. (2010), Narrative medicine and healthcare reform. Journal of medical humanities 32(9), 9-20.

Bruner, J. (1987), Life as narrative. Social Research 54, 11-34.

Bruner, J.S. (2010), 이야기 만들기. 법/문학/인간의 삶을 말하다. 강현석/김경수(역). 교육문화사.

Buber, M. (2014), Das dialogische Prinzip. 13. Aufl. Gütersloh: Güterloher Verlagshaus.

Burns, L. (2017), What does the patient say? Levinas and medical ethics. Journal of Medicine and Philosophy 42, 214−235.

Cappuccio, A./Limonta, T./Parodiet, A. et al. (2017), Living with chronic spontaneous urticaria in Italy: A Narrative medicine project to improve the pathway of patient care. Acta Derm Venereol 97, 81−85.

Cappuccio, A./Sanduzzi, A.Z./Verga, M. et al. (2018), Narrative medicine educational project to improve the care of patients with chronic obstructive pulmonary disease. ERJ Open Res 4, 1-12.

Cepeda M.S./Chapman, C.R./Miranda, N. et al. (2008), Emotional disclosure through patient narrative may improve pain and well-being: Results of a randomized controlled trial in patients with cancer pain. Journal of pain and symptom management 35(6), 623-631.

Charmaz, K. (1983), Loss of self: a fundamental form of suffering in the chronically ill. Sociology of Health and Illness 5(2), 168-195.

Charon, R. (2000), Literature and medicine: origins and destinies. Academic Medicine 75(1), 23−27.

Charon, R. (2001), Narrative Medicine: A model for empathy, reflection, profession, and trust. JAMA 286-15, 1897-1902.

Charon, R. (2001), Medical writings, Narrative Medicine: Form, Function, and Ethics. Annals of Internal Medicine 134(1), 83-87.

Charon, R. (2001), What narrative competence is for. The American Journal of Bioethics 1(1), 62-63.

Charon, R. (2004), Narrative and medicine. N Engl J Med 350(9), 862-864.

Charon, R (2007), What to do with stories. The sciences of narrative medicine. Canadian Family Physician 53, 1265-1267.

Charon, R. (2008), Narrative medicine: honoring the stories of illness. Oxford University Press.

Charon, R. (2008), The art of medicine. Narrative evidence based medicine. The Lancet 371(9609), 296-297.

Charon, R. (2008), The art of medicine. Narrative evidence based medicine. The Lancet 371-9609, 296-297.

Charon, R. (2008), Where does narrative medicine come from? Drives, diseases, attention, and the body. P.L. Rudnytsky/R. Charon (eds.), Psychoanalysis and Narrative Medicine. State university of of New York Press, 23-36.

Charon, R. (2009), Narrative medicine as witness for the self-telling body. Journal of Applied Communication Research 37(2), 118-131.

Charon, R. (2009), The polis of a discursive narrative medicine, Journal of Applied Communication Research 37(2), 196-201.

Charon, R. (2010), Calculating the contributions of humanities to medical practice-motives, methods, and metrics. Academic Medicine 85(6), 935–937.

Charon, R. (2014), Narrative reciprocity, narrative Ethics: The Role of stories in bioethics. Special report, Hastings Center Report 44(1), 21-24.

Charon, R. (2016), A framework for teaching close reading. R. Charon,/S. DasGupta/N. Hermann/C. Irvine/E,R. Marcus/E.R. Colsn/D. Spencer, D./M. Spiegel, The principles and practice of narrative medicine. Oxford: Oxford university press, 180-207.

Charon, R. (2016), Clinical contributions of narrative medicine. R. Charon,/S. DasGupta/N. Hermann/C. Irvine/E,R. Marcus/E.R. Colsn/D. Spencer, D./M. Spiegel, The principles and practice of narrative medicine. Oxford: Oxford university press, 292-309.

Charon, R. (2016), Close Reading: The signature method of narrative medicine. R. Charon,/S. DasGupta/N. Hermann/C. Irvine/E,R. Marcus/E.R. Colsn/D. Spencer, D./M. Spiegel, The principles and practice of narrative medicine. Oxford: Oxford university press, 157-179.

Charon, R. (2016), Introduction. R. Charon,/S. DasGupta/N. Hermann/C. Irvine/E,R. Marcus/E.R. Colsn/D. Spencer, D./M. Spiegel, The principles and practice of narrative medicine. Oxford: Oxford university press, 1-12.

Charon, R./Banks J.T./Connelly, J.E. et al. (1995), Literature and Medicine: Contributions to clinical practice. Ann Intem Med 122, 599-606.

Charon, R./DasGupta, S. (2011), Narrative Medicine, or a sense of story. Literature and Medicine 29(2), 7-13.

Charon, R./DasGupta, S./Hermann, N./Irvine, C./Marcus, E. R./Colsn, E. R./Spencer, D./Spiegel, M. (2016), The Principles and Practice of Narrative Medicine. Oxford: Oxford university press.

Charon, R./Hermann, N. (2012), A Sense of story, or why teach reflective writing? Academic Medicine 87(1), 5–7.

Charon, R./Montello, M. (2002), The role of narrative in medical ethics. Family Practice 20(3), 254.

Charon, R./Williams, P. (1995), Introduction: The humanities and medical education. Academic Medicine 70(9), 758-760.

Chen, P.J./Huang, C.D./Yeh, S.J. (2017), Impact of a narrative medicine programme on healthcare providers' empathy scores over time. BMC Medical education 17, 100-108.

Cialdini, R.B. (2001), 설득의 심리학, 사람의 마음을 사로잡는 6가지 불변의 법칙. 이현우(역). 21세기 북스.

Coe, K./Aiken, N. E./Palmer, C. T. (2006), Once upon a time: Ancestors and the evolutionary significance of stories. *Anthropological forum: A journal of social anthropology and comparative sociology* 16(1), 21-40.

Cole, S.A. (1991), *The medical interview: a three function approach.* St. Louis, MO: Mosby-Year Book.

Corsten, S./Hardering, F. (2018), Retelling one's life story - Using narratives to improve quality of life in case of chronic language impairment. G. Lucius-Hoene/Ch. Holmberg/Th. Meyer (eds.), *Illness narratives in practice: Potentials and challenges of using narratives in health-related contexts.* Oxford: Oxford university press, 89-103.

Cuff, B.M.P./Brown, S.J./Taylor, L./Howat, D.J. (2014), Empathy: A review of the concept. *Emotion Review* 8(2), 144-153.

Dalai Lama/Cutler, H.C. (2002), 달라이 라마의 행복론. 류시화 (역). 김영사.

Danziger, K. (1990), *Constructing the subject: historical origins of psychological research.* Cambridge: Cambridge University Press.

DasGupta, S./Charon, R. (2004), Personal illness narratives: using reflective writing to teach empathy. *Academic Medicine* 79, 351-356.

DasGupta, S. (2007), Between stillness and story: lessons of children's illness narratives. *Pediatrics* 119(6), 1384-1391.

Davidson, J.H. (2015), Clinical empathy and narrative competence: the relevance of reading talmudic legends as literary fiction. *Rambam maimonides medical journal* 6, 1-7.

de Moor, C.A (2002), Pilot study of the effects of expressive writing on psychological and behavioral adjustment in patients enrolled in a phase II trial of vaccine therapy for metastatic renal cell carcinoma. Health Psychol 21, 615–619.

Debes, R. (2015), From Einfühlung to empathy. Sympathy in early phenomenology and psychology. E.

Schliesser (ed.) (2015), *Sympathy. A history.* Oxford/New York: Oxford University Press, 286-322.

Divinsky, M. (2007), Stories for life. Introduction to narrative medicine. *Canadian Family Physicianl* 53(February), 203-205.

Dobson, S. (2005), Narrative competence and the enhancement of literacy. Some theoretical reflections. International journal of media, technology and lifelong learning 1, 1-14.

Egnew, Th.R. (2018), A narrative approach to healing chronic illness. *Annals of family medicine* 16(2), 160-165.

Ehrlich, P.R./Ornstein, R. (2012), 공감의 진화. '우리' 대 '타인'을 넘어선 공감의 진화인류학. 고기탁 (역). 에이도스.

Ekman, E./Krasner, M. (2017), Empathy in medicine: Neuroscience, education and challenges. *Medical Teacher* 39, 164-173.

Ekman, E./Halpern, J. (2015), Professional distress and meaning in health care: Why Professional empathy can help. *Social Work in Health Care* 54(7), 633-650.

El-Moamly, A. A.-R. (2017), *Medical humanities in education : definition, history, benefits, challenges, debates and experiences of medical schools around the world.* Nova Science Publishers.

Elwyn, G.R. (1999), Narrative based medicine: Stories we hear and stories we tell: Analysing talk in clinical practice. *British Medical Journal* 318, 186-188.

Emanuel, E.J./Emanuel, L.L. (1992), Four models of the physician-patient relationship. *JAMA* 267, 2221-2226.

Engel, G.L. (1977), The need for a new medical model: A challenge for biomedicine. *Science* 196(4286),129-136.

Evans, H. M. (2007), Medical humanities: stranger at the gate, or long-lost friend? *Medicine, Health Care and Philosophy* 10, 363–372.

Evans, H.M. (2008), Affirming the existential within medicine: medical humanities, governance, and imaginative understanding. *J Med Humanit* 29, 55–59.

Evans, M./Greaves, D. (1999), Exploring the medical humanities. *British Medical Journal* 319, 1216.

Feldman M./Sköldberg, K./Brown, R,N./Horner, D. (2004), Making sense of stories: A Rhetorical approach to narrative analysis. *Journal of Public Administration Research and Theory* 14(2), 147–170.

Fioretti, C/Mazzocco, K/Riva, S./Oliveri, S./Masiero, M./Pravettoni, G. (2016), Research studies on patients' illness experience using the Narrative Medicine approach: a systematic review. *BMJ Open* 6(e011220), 1-9.

Fortuna, J. (2018), Integrating art and narrative to enhance quality of life in palliative care. *The Open Journal of Occupational Therapy* 6, Article 14.

Fox, E./Arnold, R.M./Brody, B. (1995), Medical ethics education: past, present, and future. *Acad Med* 70, 761-769.

Frank, A. (2013), *The wounded storyteller.* Second ed. Chicago/London: University of Chicago Press.

Frank, A. F. (2007), Narrative medicine: honoring the stories of illness. *Literature and Medicine* 26, 408-412.

Fraser, H. (2004), Doing narrative research analysing personal stories line by line. *Qualitative Social Work* 3(2), 179–201.

Freud, S. (1912/2000), Ratschläge für den Arzt bei der psychoanalytischen Behandlung. Studienausgabe. Ergänzungsband. Schriften zur Behandlungssthechnik. Frankfurt am Main/Fischer, 169-180.

Garden, R. (2008), Expanding clinical empathy: An Activist perspective. *J Gen Intern Med* 24(1), 122–125.

Garden, R. (2010), Telling stories about illness and disability - the limits and lessons of narrative. *Perspectives in Biology and Medicine* 53(1), 121–35

Gianpaolo, D. (2015), Medical humanities and narrative medicine in perinatal care. *J Matern Fetal Neonatal Med* 28(1), 1-2.

Gladstein, G.A. (1983), Understanding empathy: Integrating counseling, developmental, and social psychology perspectives. *Journal of Counseling Psychology* 30(4), 467-482.

Greenhalgh, T. (1998), Narrative based medicine in an evidence based world. T. Greenhalgh/B. Hurwitz (ed.), *Narrative based Medicine. Dialogue and Discourse in Clinical Practice.* London: BMJ Books.

Greenhalgh, T. (1999), Narrative based medicine: Narrative based medicine in an evidence based world. *British Medical Journal* 318, 323-325.

Greenhalgh, T./Hurwitz, B. (1998), *Narrative based medicine: dialogue and discourse in clinical practice.* London: BMJ Books.

Greenhalgh, T./Hurwitz, B. (1999), Why study narrative? *British Medical Journal* Jan 2, 48-50.

Grimley, E.J. (1995), Evidence-based and evidence biased medicine. *Age Ageing* 25, 461-464.

Gülich, E. (2018), Using illness narratives in clinical diagnosis: narrative reconstruction of epileptic and non-epileptic seizures and panic attacks. G. Lucius-Hoene/Ch. Holmberg/Th. Meyer (eds.), *Illness narratives in practice: Potentials and challenges of using narratives in health-related contexts.* Oxford: Oxford university press, 203-219.

Gülich, E./Hausendorf, H. (2000), Vertextungsmuster Narration. K. Brinker/G. Antos/W. Heinemann/S. F. Sager (Hg.), *Text- und Gesprächslinguistik. Ein internationales Handbuch zeitgenössischer Forschung.* 1. Halbband. "Textlinguistik". Berlin/New York: de Gruyter, 369-385.

Gülich, E./Quasthoff, U. (1985), Narrative analysis. T.A. van Dijk (ed.), *Handbook of discourse analysis*

2: Dimensions of discourse. London: Academic Press, 169-197.

Gunz, Ph./Neubauer, S./Maureille, B./Hublin, J.-J. (2010), Brain development after birth differs between Neanderthals and modern humans. *Current Biology* 20(21), 921-922.

Haker, H. (2018), Illness Narratives in Counselling - Narrative Medicine and Narrative Ethics. G. Lucius-Hoene/Ch. Holmberg/Th. Meyer (eds.), *Illness narratives in practice: Potentials and challenges of using narratives in health-related contexts.* Oxford: Oxford university press, 63-74.

Halil, T. (2017), Ethical considerations related to narrative medicine. (http://dx.doi.org/10. 5772/66167).

Halpern, J. (2001), *From detached concern to empathy. humanizing medical practice.* Oxford: University Press.

Harré, R./van Langenhove, L. (eds.) (1999), *Positioning theory: moral contexts of intentional action.* Oxford: Blackwell.

Hausendorf, H./U. M. Quasthoff (2005), *Sprachentwicklung und Interaktion. Eine linguistische Studie zum Erwerb von Diskursfähigkeiten.* Radolfzell: Verlag für Gesprächsforschung.

Hawkins A. H./McEntyre M. C. (2005), 문학과 의학교육. 신주철/이영미/이영희(역). 동인.

Heinemann, W. (2000), Vertextungsmuster Description. K. Brinker/G. Antos/W. Heinemann/S. F. Sager (Hg.), *Text- und Gesprächslinguistik. Ein internationales Handbuch zeitgenössischer Forschung.* 1. Halbband. "Textlinguistik". Berlin/New York: de Gruyter: 356-368.

Heinemann, W./Viehweger, D. (2001), 텍스트언어학 입문 백설자(역). 역락.

Helman, C.G. (1981), Disease versus illness in general practice. *Journal of the Royal College of General Practitioners* 31, 548-552.

Herman, D./Jahn, M./Ryan, M.-L. (eds.) (2010), R*outledge encyclopedia of narrative theory* (Paperback). Reprinted. London/New York: Rouledge.

Hermann, N. (2016), Creativity: What, why, and where? R. Charon,/S. DasGupta/N. Hermann/C. Irvine/E,R. Marcus/E.R. Colsn/D. Spencer, D./M. Spiegel (eds.), *The Principles and Practice of Narrative Medicine.* Oxford: Oxford university press, 211-232,

Herxheimer, A./McPherson, A./Miller, R./Shepperd, S./Yaphe, J./Ziebland, S. (2000), Database of patients' experiences (DIPEx): a multi-media approach to sharing experiences and information. *Lancet* 355, 1540–43.

Herxheimer, A./Ziebland, S. (2003), DIPEx: fresh insights for medical practice. *Journal of the royal society of medicine* 95(5), 209-210.

Hinton, L./Locock, L./Ziebland, S. (2018), Understanding and using health experiences to improve healthcare - examples from the United Kingdom. G. Lucius-Hoene/Ch. Holmberg/Th. Meyer (eds.), *Illness narratives in practice: Potentials and challenges of using narratives in health-related contexts*. Oxford: Oxford university press, 263-271.

Hodgkin, P. (1996), Medicine, postmodernism, and the end of certainty. *British Medical Journal* 313, 1568.

Hoffmann, L. (1983), Berichten und Erzählen. K. Ehlich (Hg.), *Erzählen in der Schule*. Tübingen: Narr: 55-66.

Hojat, M. (2016), *Empathy in health professions education and patient care*. Philadelphia, PA: Springer.

Hojat, M./Michael, J./Vergare, K.M. et al. (2009), The Devil is in the Third Year: A Longitudinal Study of Erosion of Empathy in Medical School. *Academic Medicine* 84(9), 1182–1191.

Honneth, A. (2011), 인정투쟁 - 사회적 갈등의 도덕적 형식론. (이현재/문성훈 (역)). 사월의 책.

Howald, B. S. (2011), *The Transformation of spatial experience in narrative dicsourse*. Dissetation. Georgetown University.

Hrdy, S.B. (2009), *Mothers and others: The evolutionary origins of mutual understanding*. Cambridge et al.: Harvard University Press.

Hudson, A. (1999), Narratrive based medicine. Narrative in medical ethics. *BMJ* 318, 253-256.

Hunter, K.M./Charon, R./Coulehan, J.L. (1995), The study of literature in medical education. *Academic Medicine* 70(9), 787-794.

Hurwitz, B. (2000), Narrative and the practice of medicine. *The lancet* 356, 2086–2089.

Hurwitz, B./Bates, V. (2018), The roots and ramification of narrative medicine. S. Atkinson/J. Macnaughton/J. Richards/A. Whitehead/A. Woods (eds.), *The Edinburgh companion to the critical medical humanities. Published to edinburgh scholarship online*: January. (DOI: 10.3366/edinburgh/9781474400046.001.0001).

Hurwitz, B./Charon, R. (2013), A narrative future for health care. Lancet 381(9881), 1886–1887.

Hurwitz, B./Dakin, P. (2009), Welcome developments in UK medical humanities. Journal of the Royal Society of Medicine 102, 84–85.

Hussain, S.T. (2013), Homo empathicus. Versuch einer Evolutionären Anthropologie der Empathie. Implikationen für die anthropologische Bestimmung des modernen Menschen und das Verschwinden letzter Neandertaler. Bonn: Verlag Dr. Rudolf Habel.

Hydén, L.C. (2018), Stories, illness and narrative norms. G. Lucius-Hoene/Ch. Holmberg/Th. Meyer (eds.), Illness narratives in practice: Potentials and challenges of using narratives in health-related contexts. Oxford: Oxford university press, 40-51.

Imhof, M./Janusik, L.A. (2006), Development and validation of the imhof-janusik listening concepts inventory to measure listening conceptualization differences between cultures. Journal of Intercultural Communication Research 35(2), 79–98.

Irvine, C.A. (2005), The other side of silence: Levinas, Medicine, and Literature. Literature and Medicine 24(1), 8-18.

Irvine, C./Charon, R. (2016), Deliver us from certainty: training for narrative ethics. R. Charon,/S. DasGupta/N. Hermann/C. Irvine/E,R. Marcus/E.R. Colsn/D. Spencer, D./M. Spiegel, The principles and practice of narrative medicine. Oxford: Oxford university press, 110-133.

Irvine, C./Spencer, D. (2016), Dualism and its discontents I: Philosophy, literature, and medicine. R. Charon,/S. DasGupta/N. Hermann/C. Irvine/E,R. Marcus/E.R. Colsn/D. Spencer, D./M. Spiegel, The principles and practice of narrative medicine. Oxford: Oxford university press, 63-86.

Irvine, C./Spencer, D. (2016), Dualism and its discontents II: Philosophical tinctures. R. Charon,/S. DasGupta/N. Hermann/C. Irvine/E,R. Marcus/E.R. Colsn/D. Spencer, D./M. Spiegel, The Principles and Practice of Narrative Medicine. Oxford: Oxford university press, 87-109.

Jahoda, G. (2005), Theodor Lipps and the shift from "sympathy" to "empathy". Journal of the History of the Behavioral Sciences 41(2), 151-163.

Jahr, S. (2000), Vertextungsmuster Explikation. K. Brinker/G. Antos/W. Heinemann/S. F. Sager (Hg.), Text- und Gesprächslinguistik. Ein internationales Handbuch zeitgenössischer Forschung. 1. Halbband. "Textlinguistik". Berlin/New York: de Gruyter: 385-398.

Jakobson, R. (1968), Child language aphasia and phonological universals. The Hague: Mouton.

Jeoung, Y.O./Lucius-Hoene, G./Bak, I.K. (2018), On 'narrative spirit'. Narratives for training doctors in Korea. G. Lucius-Hoene/Ch. Holmberg/Th. Meyer (eds.), Illness narratives in practice: Potentials and challenges of using narratives in health-related contexts. Oxford: Oxford university press, 140-150.

Johnstone, B. (2001), Discourse Analysis and Narrative. D. Schiffrin/D. Tannen/H. E. Hamilton (eds.), The handbook of discourse analysis. Oxford: Blackwell Publishers, 635-649.

Jones, A.H. (1999), Narrative based medicine: Narrative in medical ethics. British Medical Journal 318, 253-256.

Jones, A.H. (2013), Why teach literature and medicine? Answers from three decades. J Med Humanit 34, 415–428.

Jones, E.M./Tansey, E.M. (eds.) (2015), The Development of Narrative Practices in Medicine c.1960-c.20 00. London: Queen Mary University of London. (http://www.histmodbiomed.org/).

Kalitzkus, V./Matthiessen, P. F. (2009), Narrative-based medicine: Potential, pitfalls, and practice. The Permanente Journal 13(1), 80-86.

Kalitzkus, V./Wilm, S./Matthiessen, P. F. (2009), Narrative Medizin - was ist es, was bringt es, wie setzt man es um? Zeitschrift für Allgemeinmedizin, 85(2), 60-66.

Karen, E.G. (2011), Empathy, sympathy, and pity: 21st-century definitions and implications for practice and research. Journal of Social Service Research 37(3), 230-241.

Kathy, A./Stepien, B. S./Baernstein, A. (2006), Educating for empathy. A Review. J Gen Intern Med 21, 524-530.

Kelm, Z./Womer, J./Walter, J.K./Feudtner, Ch. (2014), Interventions to cultivate physician empathy: a systematic review. BMC Medical Education 14(219), 0-10.

Kenneth, M. (2000), Disease, illness, sickness, health, healing and wholeness: exploring some elusive concepts. J Med Ethics: Medical Humanities 26, 9-17.

Kiss, A./Steiner, C. (2018), Using narratives for medical humanities in medical training. G. Lucius-Hoene/Ch. Holmberg/Th. Meyer (eds.), Illness narratives in practice: Potentials and challenges of using narratives in health-related contexts. Oxford: Oxford university press, 129-139.

Klein, J. (2001), Erklären und Argumentieren als interaktive Gesprächsstrukturen. G. Antos/K. Brinker/W. Heinemann/S. F. Sager (Hg.), Text- und Gesprächslingui- stik. Ein internationales Handbuch zeitgenössischer Forschung. 2. Halbband "Gesprächslinguistik". Berlin/New York: de Gruyter: 1309- 1329.

Klemperer, D. (2003), Wie Ärzte und Patienten Entscheidungen treffen. Konzepte der Arzt-Patient-Kommunikation. BerlWissenschaftszentrum Berlin für Sozialforschung. http://skylla.wz-berlin.de/pdf/2003/i03-302.pdf.

Körner, J. (1998), Einfühlung: Über Empathie. Forum Psychoanalyse 14, 1-17.

Kurtz, S./Silverman, J./Draper, J. (1998), Teaching and learning communication skills in medicine. Oxford: Radcliffe Medical Press.

Küsters, I. (2009), Narrative Interviews. Grundlagen und Anwendungen. 2. Aufl. Tübingen: dgvt Verlag.

Labov, W. (1972), The transformation of experience in narrative syntax. W. Labov (ed.), Language in the inner city. Philadelphia, PA: University of Pennsylvania Press, 354-396.

Labov, W./Waletzky, J. (1967), Narrative analysis: Oral versions of personal experience. J. Helm (ed.), Essays on the verbal and visual arts: proceedings of the 1966 Annual Spring Meeting of the American Ethnological Society. Seattle/WA: University of Washington Press, 12-44.

Lang, E. (1976), Erklärungstexte. In: F. Danes ˇ /D. Viehweger (Hg.): Probleme der Textgram- matik. Berlin, 147-182.

Langewitz W./Martin Denz, M./Keller, A./Kiss, A./Rüttimann, S./Wössmer, B. (2002), Spontaneous talking time at start of consultation in outpatient clinic: cohort study. British Medical Journal 325, 682–683.

Lanzoni, S. (2018), Empathy. A history. New Haven/London: Yale University Press.

Launer, J. (1999), Narrative based medicine: A narrative approach to mental health in general practice. British Medical Journal 318, 117-119.

Leopold, S.S. (2018), Editorial: What is narrative medicine, and why should we use it in orthopaedic practice? Clinical orthopaedics and related research 476(11), 2105-2107.

Linde, Ch. (1993), Life stories. The creation of coherence. New York: Oxford University Press.

Lipps, Th. (1903), Einfühlung, innere Nachahmung, und Organempfindungen. Archiv für die gesamte Psychologie 1, (2 u. 3), 185-204. (www.formesth.com/textes_detail.php?id=41 1-10).

Lortie, F. (1999), Healing dramas and clinical plots: The narrative structure of experience. British Medical Journal 318, 1219.

Lossignol, D. (2014), Narrative ethics in the field of oncology. Curr Opin Oncol 26, 385-388.

Louis-Courvoisier, M. (2003), Medical humanities: A new undergraduate teaching program at the university of geneva school of medicine, Switzerland. Acad Med. 78(10), 1043–1047.

Lucius-Hoene, G. (2007), Narrative Therapie. 의료커뮤니케이션 2(1), 77-90.

Lucius-Hoene, G. (2008), Levels of narrativity in doctor-patient-interaction. 의료커뮤니케이션 3(2), 81-90.

Lucius-Hoene, G./Deppermann, A. (2014), 이야기 분석. 박용익 (역). 역락.

Lucius-Hoene, G./Holmberg, Ch./Meyer, Th. (2018), Introduction: Chances and problems of illness narratives. G. Lucius-Hoene/Ch. Holmberg/Th. Meyer (eds.), Illness narratives in practice: Potentials and challenges of using narratives in health-related contexts. Oxford: Oxford university press, 3-9.

Lucius-Hoene, G./Holmberg, Ch./Meyer, Th. (eds.) (2018), Illness narratives in practice: Potentials and challenges of using narratives in health-related contexts. Oxford: Oxford university press.

Maibom, H.L. (2017), Introduction to philosophy of empathy, H.L. Maibom (ed.), The Routledge handbook of philosophy of empathy. New york: routledge.

Marcus, E/Charon, R. (2016), A narrative transformation of health and health care. R. Charon,/S. DasGupta/N. Hermann/C. Irvine/E,R. Marcus/E.R. Colsn/D. Spencer, D./M. Spiegel (eds.), The principles and practice of narrative medicine. Oxford: Oxford university press, 271-291.

Marini, G.M. (2015), Narrative medicine: Bridging the gap between evidence-based care and medical humanities. Heidelberg/New York/London: Springer.

Breuning M./Lucius-Hoene, G./Burbaum, Ch./Himmel W./Bengel, J. (2017), Subjektive Krankheitserfahrungen und Patientenorientierung DasWebsite-Projekt DIPEx Germany. Bundesgesundheitsblatt 60, 453–461.

Matthiessen, P. F. (2006), Ärztliche Praxis und wissenschaftlicher Status der Medizin. Forschende Komplementärmedizin 13, 136–139.

McDonald, P. (2018), Using patient narratives as source material for creative writing. G.

Lucius-Hoene/Ch. Holmberg/Th. Meyer (eds.), Illness narratives in practice: Potentials and challenges of using narratives in health-related contexts. Oxford: Oxford university press, 163-174.

McKechnie, C.C. (2014), Anxieties of communication: the limits of narrative in the medical humanities. Medical Humanities 40, 119-124.

Mead, G.H. (2010), 정신 자아 사회 - 사회적 행동주의자가 분석하는 개인과 사회. 나은영(역). 한길사.

Mehl-Madrona, L./Hartmann, Th. (2011), Narrative Medicine: The use of history and story in the healing Process. Rochester: Bear & Company.

Meyer, Th./Xyländer, M. (2018), Choices of illness narratives in practice: applying ideas of sampling and generalizability. G. Lucius-Hoene/Ch. Holmberg/Th. Meyer (eds.), Illness narratives in practice: Potentials and challenges of using narratives in health-related contexts. Oxford: Oxford university press, 52-59.

Miles, S.H./Lane, L.W./Bickel, J./Walker, R.M./Cassel, C.K. (1989), Medical ethics education: Coming of age. Academic Medicine 64, 705 – 714.

Miller, M/Mcgowen, R (2000), The painful truth: Physicians are not invincible. Southern medical journal 93, 966-973.

Mohrmann, M.E./Shepherd, L. (2012), Ready to listen: why welcome matters. J Pain Symptom Manage 43, 646–650.

Morris, D.B. (2008), Narrative Medicines: Challenge and Resistance. The Permanente Journal 12 (1), 88-96.

Motsch, W. (2000), Handlungsstrukturen von Texten. K. Brinker/G. Antos/W. Heinemann/S. F. Sager (Hg.), Text- und Gesprächslinguistik. Ein internationales Handbuch zeitgenössischer Forschung. 1. Halbband. "Textlinguistik". Berlin/New York: de Gruyter, 414-421.

Musalek, M. (2016), From evidence-based medicine to human-based medicine in psychosomatics. Acta Derm Venereol 217, 14–17.

Nellie, H. (2016), Can creativity be taught? R. Charon,/S. DasGupta/N. Hermann/C. Irvine/E,R. Marcus/E.R. Colsn/D. Spencer, D./M. Spiegel (eds.), The Principles and Practice of Narrative Medicine. Oxford: Oxford university press, 233-254.

Neuman, B./Young R.J. (1972), A model for teaching total person approach to patient problems Nursing Res 21, 264-269.

Nowaczyk, M.J. . (2012), Narrative medicine in clinical genetics practice. Am J Med Genet Part A 158A, 1941–1947.

Nowak, A. (2011), Introducing a pedagogy of empathic action as informed by social entrepreneurs, Doctoral Dissertation, McGill University, Montreal, Canada.

O'Mahony, S. (2013), Against narrative medicine. Perspectives in biology and medicine 56(4), 611–619.

Palant, A./Himmelm, W. (2018), How to use illness narratives in medical education: First teaching experiences with the German DIPEx website project. G. Lucius-Hoene/Ch. Holmberg/Th. Meyer (eds.), Illness narratives in practice: Potentials and challenges of using narratives in health-related contexts. Oxford: Oxford university press, 151-162.

Pearce, E./Stringer, Ch./Dunbar, R.I.M. (2013), New insights into differences in brain organization between Neanderthals and anatomically modern humans. Proceedings of the Royal Society B: Biological Sciences 280(1758), 1-7.

Pedersen, R. (2009), Empirical research on empathy in medicine-A critical review. Patient Education and Counseling 76, 307–322.

Pence, M./Vickery, A. (2012), The roles of personality and trait emotional intelligence in the active-empathic listening process: Evidence from correlational and regression analyses. International journal of listening 26(3), 159-174.

Pennebaker, J.W./Seagal, J.D. (1999), Forming a story: the health benefits of narrative. J Clin Psychol 55, 1243–1254.

Perlina, N. (1984), Bakhtin and Buber: Problems of dialogic imagination. Studies in 20th Century Literature 9(1), 13-28.

Peterkin, A./Havey, T. (2012), Narrative means to professional ends New strategies for teaching CanMEDS roles in Canadian medical schools. Canadian Family Physician 58, 563-569.

Pope, C./Ziebland, S./Mays, N. (2000), Analysing qualitative data. British Medical Journal 320, 114-116.

Quasthoff, U. (2001), Erzählen als interaktive Gesprächsstruktur. K. Brinker/G. Antos/W. Heinemann/S. F. Sager (Hg.), Text- und Gesprächslinguistik. Ein internationales Handbuch zeitgenössischer Forschung. 2. Halbband "Gesprächs- linguistik". Berlin/New York: de Gruyter, 1239-1302.

Rakic, P. (2009), Evolution of the neocortex: a perspective from developmental biology. Nature reviews. Neuroscience 10(10), 724-735.

Rebecca, G. (2007), Expanding clinical empathy: An activist perspective. J Gen Intern Med 24(1), 122-125.

Rebecca, G. (2007), The Problem of Empathy: Medicine and the Humanities. New Literary History 38, 551-567.

Rees, L. (1983), The development of psychosomatic medicine during the past 25 years. Journal of psychosomatic Research 21(2), 157-164.

Rehbein, J. (1983), Beschreiben, Berichten und Erzählen. K. Ehlich (Hg.), Erzählen in der Schule. Tübingen: Narr, 67-124.

Reinke, E.E. (1937), Liberal values in premedical education. The Journal of the Association of American Medical Colleges 12, 151–156.

Riessman, C. K. (2005), Narrative Analysis. N. Kelly/Ch. Horrocks/K. Milnes/B. Roberts/D. Robinson (eds.), Narrative, memory and everyday life. Huddersfield: University of Huddersfield, 1-7.

Rifkin, J. (2009), The empathic civilization: the race to global consciousness in a world in crisis. New York: the Penguin Group.

Rogers, A.E/Addington-Hall, J.M/Abery A.J. et al. (2000), Knowledge and communication difficulties for patients with chronic heart failure: Qualitative study. British Medical Journal 321, 605-607.

Rogers, C. (1942), Counseling and psychotherapy: Newer concepts in practice. Boston/New York: Houghton Mifflin Company.

Rogers, C. (1951), Client-centered therapy: Its current practice, implications and theory. London: Constable.

Rogers, C. (1959), "A theory of therapy: Personality and interpersonal relationships as developed in the client-centered framework," Sigmund Koch (ed.), Psychology, a study of science: Foundations of the person and the social context. New York: McGraw-Hill.

Rogers, C. (1975), Empathic - an unappreciated way of being. The Counseling Psychologist 5(2), 2–11.

Rogers, C. (1980), A Way of Being. Boston: Houghton Mifflin.

Rogers, C. (2007), 사람-중심의 상담, 오제은(역). 학지사.

Rogers, C. (2009), 칼로저스의 카운슬링의 이론과 실제. 한승호/한성열(역). 학지사.

Romanoff B. D./Thompson, B. E. (2006), Meaning construction in palliative care: the use of narrative, ritual, and the expressive arts. Am J Hosp Palliat Care 23, 309–316.

Rosenblatt, I. (2006), Being the monster: women's narratives of body and self after treatment for breast cancer. Med Humanit 32, 53–56.

Rosenthal, G./Loch, U. (2002), Das Narrative Interview. D. Schaeffer/G. Müller-Mundt (Hg.), Qualitative Gesundheits- und Pflegeforschung. Bern u.a.: Huber, 221-232.

Roter, D.L./Hall, J.A. (1992), Doctors talking with patients/patients talking with doctors. Westport, CT.: Auburn House.

Rothman, D.J. (2003), Strangers at the bedside. A history of how law and bioethics transformed medical decision making. Second paperback edition. New York: Aldine de Gruyter.

Sacristán, J.A. (2013), Patient-centered medicine and patient-oriented research: improving health outcomes for individual patients. Medical Informatics and Decision Making 13(6), 1-8.

Sands S. A./Stanley P./Charon, R. (2008), Pediatric narrative oncology: Interprofessional training to promote empathy, build teams, and prevent burnout. The Journal of Supportive Oncology 6(7), 307-312.

Sarton, G./Siegel, F. (1948), Seventy-first critical bibliography of the history and philosophy of science and of the history of civilization. Isis 39(1/2), 70-139.

Schütze, F. (1983), Biographieforschung und narratives Interview. Neue Praxis 13, 283-293.

Schwantes, U. (2006), „Erzählen Sie doch bitte…". Berliner Äzte 43(2), 19–21.

Selzer, R./Charon, R. (1999), Stories for a humanistic medicine. Academic Medicine 74(1), 42-44.

Shaffer, V. A./Zikmund-Fisher, B. J. (2018), Narratives in decision aids: A controversy. G. Lucius-Hoene/Ch. Holmberg/Th. Meyer (eds.), Illness narratives in practice: Potentials and challenges of using narratives in health-related contexts. Oxford: Oxford university press, 251-260.

Shannon L. et al. (2013), Narrative medicine as a means of training medical students toward residency competencies. Patient Education and Counseling 91, 280–286.

Shapiro, J. (2002), Applications of narrative theory and therapy to the practice of family medicine. Family Medicine 34(2), 96-100.

Shapiro, J. (2011), Illness narratives: reliability, authenticity and the empathic witness. Med Humanit 37(2), 68-72.

Shapiro, J./Coulehan, J./Wear, D./Montello, M. (2009), Medical humanities and their discontents: Definitions, critiques, and implications, Academic Medicine: 84(2), 192-198.

Shapiro, J./Ross, V. (2002), Applications of narrative theory and therapy to the practice of family medicine. family medicine 34(2), 96-100.

Shih-Li, Ts./Ming-Jung, Ho (2012), Can narrative medicine training improve OSCE performance? Medical education 46, 1099–1136.

Shorter, E. (1993), The history of the doctor-patient relationship. W.F. Bynum/R. Porter (eds.), Companion encyclopedia of the history of medicine, Volume 1 & 2, London. New York: Routledge, 783-800.

Silistraru, I. (2017), Narrative Medicine - the methodology of doctor-patient communication analysis. Social Change Review 15(1-2), 105-128.

Slocum, R.B./Howard, T.A./Villano, J.L. (2017), Narrative medicine perspectives on patient identity and integrative care in neurooncology. J Neurooncol 134, 417–421.

Smith, D./Schlaepfer, Ph./Major, K. et al. (2017), Cooperation and the evolution of hunter-gatherer storytelling. Nature communication 8(1853), 1-9.

Smith, R. (1999), Ethics and narrative. British Medical Journal 318, 1-4

Smyth, J.M./Stone, A.A./Hurewitz, A./Kaell, A. (1999), Effects of writing about stressful experiences of symptom reduction in patients with asthma or rheumatoid arthritis: a randomized trial. JAMA 281, 1304–1309.

Southard, E.E. (1918), The empathic index in the diagnosis of mental diseases. The journal of abnormal psychology 4-XIII, 199-214.

Spiegel, M./Spencer, D. (2016), This is what we do, and these things happen: experience, emotion, and relationality in the classroom. R. Charon,/S. DasGupta/N. Hermann/C. Irvine/E,R. Marcus/E.R. Colsn/D. Spencer, D./M. Spiegel, The principles and practice of narrative medicine. Oxford: Oxford university press, 37-59

Spiegel, M./Spencer, D. (2016), Accounts of Self: Exploring Relationality through Literature. R. Charon,/S. DasGupta/N. Hermann/C. Irvine/E,R. Marcus/E.R. Colsn/D. Spencer, D./M. Spiegel, The principles and practice of narrative medicine. Oxford: Oxford university press, 15-36.

Stanley, P/Hurst, M (2011), Narrative palliative care: A method for building empathy. Journal of Social Work in End-of-Life & Palliative Care 7, 39–55.

Stanton, A. (2002), Randomized, controlled trial of written emotional expression and benefit finding in breast cancer patients. J Clin Oncol. 20, 4160–4168.

Steiner J.F. (2005), The use of stories in clinical research and health policy. JAMA 294, 2901–2904.

Stewart M./Brown J. B./Donner. A./McWhinney, I. R./Oates, J/Weston, W. W./Jordan J. (2000), The impact of patient-centered care on outcomes. The journal of family practice 49(9), 796-804.

Stewart, M./Brown, J.B./Weston, W.W. et al. (2014), Patient-Centered Medicine. Transforming the clinical Method. Third edition. London/New York: Radcliffe Publishing.

Strawson, G. (2004), Against narrativity. Ratio 17, 428-452.

Stunder, W.A. (2004), Spontane Redezeit von Patienten zu Beginn der Konsultation in einer Hausarztpraxis. Z Allg Med 80, 49–52.

Sugiyama, M.S. (1996), On the origins of narrative. Storyteller bias as a fitness-enhancing strategy. Human Nature 7(4), 403-425.

Sugiyama, M.S. (2001), Narrative theory and function: why evolution matters. Philosophy and Literature 25(2), 233-250.

Swartz. M.H./Colliver, J.A./Bardes, C.L./Charon, R./Fried, E.D./Moroff, S. (1997), Validating the standardized-patient assessment administered to medical students in the new york city consortium. Academic Medicine 72, 619-626.

Swartz. M.H./Colliver, J.A./Bardes, C.L./Charon, R./Fried, E.D./Moroff, S. (1999), Global ratings of videotaped performance versus global ratings of actions recorded on checklists: A criterion for performance assessment with standardized patients. Academic Medicine 74(9), 1028-1032.

Taylor, C. (1989), Sources of self: The making of the modern identity. Cambridge: Harvard University Press.

Thomas Percival (1740-1804) codifier of medical ethics (1965), JAMA 194(12), 1319-1320.

Tiffany, W./Hamer, D./Karam, G. (2018), Implementing a narrative medicine curriculum during the internship year: An internal medicine residency program experience. The permanente journal 22, 17-187.

Titchener, E.B. (1909), Lectures on the experimental psychology of the thought-processes (New York: MacMillan Co.

Tromp, T./Ganzevoort, R. (2009), Narrative competence and the meaning of life. Measuring the quality of life stories in a project on care for the elderly. L.J. Francis/M. Robbins/J. Astley, (eds.), Empirical theology in texts and tables. Qualitative, quantitative and comparative perspectives. Leiden: Brill, 197-216.

Tudor, K. (2011), Understanding empathy. Transactional Analysis Journal, 41(1), 39-57.

van Dijk, T.A. (1980), Textwissenschaft. Eine interdisziplinäre Einführung. Tübingen: Niemeyer.

Vannatta, S./Vannatta, J. (2013), Functional Realism: A Defense of Narrative Medicine. Journal of Medicine and Philosophy 38(1), 32-49.

Ventriglio, A./Torales, J./Bhugra, D. (2017), Disease versus illness: What do clinicians need to know? International Journal of Social Psychiatry 63(1), 3-4.

Vischer, R. (1873), Ueber das optische Formgefühl, Ein Beitrag zur Aesthetik, Leipzig: Hermann Credner.

von Stutterheim, Ch./Kohlmann, U. (2001), Beschreiben im Gespräch. K. Brinker/G. Antos/W. Heinemann/S. F. Sager (Hg.), Text- und Gesprächslinguistik. Ein internationales Handbuch zeitgenössischer Forschung. 2. Halb- band "Gesprächslinguistik". Berlin/New York: de Gruyter, 1279-1292.

Welsch, W. (2008), Unsere postmoderne Moderne. 7. Aufl. Berlin: Akademie Verlag.

Wilkinson, J.E. (2006), Who is my patient? use of a brief writing exercise to enhance residents' understanding of physician-patient issues. Journal for learning through the arts 2(1), 1-7.

Woods, A. (2011), The limits of narrative: provocations for the medical humanities. Medical Humanities 37, 73-78.

Woods, A (2011), Post-narrative - An appeal. Narrative Inquiry 21(2), 399–406.

Yaseen, Z.S./Foster, A.E. (2019), What is empathy?," A.E. Foster/Z.S. Yaseen (eds.), Teaching empathy in healthcare. Building a new core competency. Cham: Springer.

Yngve, V.H. (1970), On getting a word in edgewise. Papers from the sixth regional meeting, Chicago Linguistic Society. Chicago: Chicago Linguistic Society, 567-577.

Zaharias, G. (2018), What is narrative-based medicine? Narrative-based medicine 1. Canadian family physician 64(March), 176-180.

Zaharias, G. (2018), Learning narrative-based medicine skills. Narrative-based medicine 3. Canadian family physician 64(May), 352-356.

Zaharias, G. (2018), Narrative-based medicine and the general practice consultation. Narrative-based medicine 2. Canadian Family Physician 64(April), 286-290.

Ziebland, S./Herxheimer, A. (2008), How patients experiences contribute to decision making: illustrations from DIPEx (personal experiences of health and illness) Journal of Nursing

Management 16, 433–439.

Zurek, P.P./Scheithauer, H. (2017), Towards a more precise conceptualization of empathy: an integrative review of literature on definitions, associated functions, and developmental trajectories. International Journal of Developmental Science 11, 57–68.

별첨 자료1

1.	인터뷰어:	당뇨를 겪으셨잖아요. 그렇죠?	01:25
2.	인터뷰이:	네	
3.	인터뷰어:	그래서 그 생각나시는 대로	
4.	인터뷰이:	예	
5.	인터뷰어:	어떠한 당뇨와 관련돼서 어떤 체험을 하셨는지	
6.	인터뷰이:	예	
7.	인터뷰어:	그런 그 좀 말씀을 듣고 싶습니다. 그니까 뭐 단초를 드릴수도 있	
8.		지만,	
9.	인터뷰이:	네	
10.	인터뷰어:	선생님께서 이 부분이 좀 "이 부분부터 시작하고 싶다." 뭐 그런	
11.		부분이 있을 수도 있다고 생각하거든요?	
12.	인터뷰이:	예, 글쎄요. 오시면서 어떤 질문을 할까 혹시 그런 쪽 생각을 좀 했	
13.		었는데, 뭐 막연하게 말씀을 해주시니까, 사실 이제 어떻게 당뇨	
14.		를 알게 된 것부터 얘기해야 하나, 아니면 요즘에 제가 어떻게 지	
15.		내는가를 얘기해야 하나 제가 고민을 했는데, 사실 이제 최근에	
16.		인제 지난주에 제가 병원을 정기적으로 갔다가 약을 받고 왔는데,	
17.		그때 혈당 재고 하다보니까 생각보다… 저는 작년 연말에 술도 많	
18.		이 먹고 식사조절도 못하고 막 그래서 안 좋을 거라 예상했지만	
19.		여전히 안 좋고, 또 의사선생님께서 또 경고도 또 주시고 그래가	
20.		지고 사실 지난주 주말부터 조금 "이제 조심해야겠다." 생각을 하	
21.		고 혈당체크도 자주 좀	
22.	인터뷰어:	네.	02:35

23.	인터뷰이:	해야겠다고 생각하고 그렇게 진행을 하고 있었어요. 근데 뭐 오늘
24.		수요일입니다만 월요일날도 그 늦게까지 고객 때문에 회식하게
25.		되고
26.	인터뷰어:	네.
27.	인터뷰이:	어제도 좀 일찍 들어가야 된다고 생각했는데 또 친한 선배가 찾아
28.		와서 저녁 먹으면서 소주 한 잔 마시고.
29.	인터뷰어:	네.
30.	인터뷰이:	하니까 중간에 혈당체크를 해보니까 전혀 떨어지지가 않더라고
31.		요. 제가 기대한 수준까지. 그래서 사실 좀 고민이 있는 상태입니
32.		다. 그니까 이걸 줄이려면, 뭐 집에서도 좀 식사조절을 하고, 특히
33.		제가 아침 일찍 나오고 하다보니까 식사나 이런 걸 거의 밖에서
34.		해결하다 보니까, 중간에 '식사할 때 어떻게 좀 줄일 수 없을까, 만
35.		남을 좀 줄일 수 없을까' 뭐 이런 고민들을 '이제 조심해야지'라는
36.		생각과, 또 반대로 현 상황은 좀 전에 얘기했지만 월요일 화요일,
37.		오늘은 또 팀 회식이 있어가지고 또 본사에 가봐야 하거든요. '아,
38.		이게 쉽지가 않다. 힘들다. 이거 어떻게 해야 되지?' 이게 의지의
39.		문제인지, 당뇨병이 당 관련된 수치의 문제가 아니라, 이런 의지
40.		도 흔드는 병인가 굉장히 어려운 병인가, 이런 고민을 사실 좀 요
41.		즘 하고 있었고요. 이제 저는 사실은 처음 몸 관련해갖고는 간 쪽
42.		에 좀 걱정이 있었어요. 무슨 얘기냐면, 저의 집안 내력에 할아버
43.		님이나 큰 아버님이 간 관련된 질병으로 돌아가셨고, 그리고 실제
44.		저도 그 학교 다닐 때 물론 술도 마시고 조절도 못했지만, 입사할
45.		때 간수치 때문에 입사가 지연이 됐고, 농담 삼아 이야기 합니다
46.		만, 통상 한번 피 뽑고 신체검사에 통과하면 입사 하는데, 저는 다
47.		섯 번을 뽑았거든요.
48.	인터뷰어:	아. 예.

04:12

49.	인터뷰이:	재검 나오고 재검 나오고 그래가지고 어렵게 입사를 해서 그 간을
50.		좀 조심하는 그런 쪽을 좀 조심하는 상태였었는데 그… 정확히 한
51.		7년 전 쯤에, 제가 당뇨인 것을 안 거는, 그 속이 좀 안 좋아서 속이
52.		좀 안 좋아가지고, 그게 뭐 위염인지 뭔지 그 이렇게 해서 내과를
53.		갔다가 내시경을 하자고 해서 "내시경 받는 김에 피검사도 하시
54.		죠." 하는데 가봤더니 당이 있으시다고 그래서 사실 그때 알게 되
55.		었고요. 지나간 과거를 이렇게 보면, 당뇨 걸릴 수 있는 여러 가지

56. 여건들을 고려해 보면, 제가 예를 들어서 몸이 좀 상대적으로 이
57. 제 비만이라고 할 수 있을 정도로 몸무게가 많이 나가고, 또 식생
58. 활도 보면 야채나 채소 뭐 이런 쪽 보다는, 고기나 또는 기름에 뭘
59. 굽거나 튀기거나 이런 걸 좋아하고, 또 어울리는 걸 좋아하다 보
60. 니까 술 같은 걸 자주 먹게 되고, 거기다가 담배를 좀 늦게 배웠습
61. 니다마는 그 배운 이후로 사실 또 끊어버리지 못하고 지금까지 피
62. 고 있고, 누가 보면은 그 당뇨 걸리는데, 당뇨병 걸리는데 아주 최
63. 적의 뭐 이렇다고 얘기 하더라고요. 거기다가 정신노동인 상태고,
64. 제가 움직이는 게… 영업이나 차라리 했으면 움직이는 게 좀 많을
65. 텐데, 주로 연구 관련된 뭐 사무를 하다 보니까, 그 최근 당 체크할
66. 때도 봤지만, 계속 움직여 줘야 되는데 가만히 앉아 있으니까 당
67. 수치가 잘 안 내려가더라고요. 아주 그냥 당뇨를 걸릴 수 있는 최
68. 적의 조건이었던 것 같고. 돌아보면 이제 그랬던 것 같습니다. 그
69. 래서 그 때 이제 아까 말씀드린 데로 이제 처음에 그렇게 알게
70. 되었는데, 처음에 처방은 그냥 그렇게 경구용 약 있잖아요. 약을
71. 받았는데 처음 먹다 보니까 그날 저녁때 저혈당 증세가 드러날 정
72. 도로

73. 인터뷰어: 아. 예.   06:15

74. 인터뷰이: 약 효과가 바로 이렇게 받았던 것 같아요. 지금에 비하면 지금 약
75. 의 양을 늘려도 잘 혈당 안 떨어지는데, 아마 처음에 딱 먹었을
76. 때는 그 저혈당 증세를 제가 느낄 정도였으니까, 통상 어지럽거나
77. 손 떨리고 뭐 이런 정도로. '이런 약을 먹으니까 이렇게 몸에 바로
78. 효과가 있고 반응이 있구나.' 아마 이런… 이런 생각이 한 번 있었
79. 던 것 같고. 근데 그때는 사실 그때 좀 준비를 해서 제 생활이나 여
80. 러 가지를 좀 조정을 했었어야 했는데, 이거를 정보의 부족이라
81. 할지 뭐라고 해야 될지… 주변에서 많은 원인을 주기는 했어요.

82. 인터뷰어: 네.

83. 인터뷰이: 그니까 "당뇨 걸리면 뭐라더라. 다리가 썩으면 다리를 자르는 경
84. 우도 있고"

85. 인터뷰어: 예예.

86. 인터뷰이: 뭐 합병증 얘기하고 뭐 얘기하고 했지만, 당시에는 30대 초중반 이
87. 였기 때문에 왕성하게 활동도 하고 있었고, 그런 것 땜에 몸에 어
88. 떤 지장이나 이런 것들을 못 느꼈거든요, 사실.

89. 인터뷰어: 예.

90. 인터뷰이: '그래서 그렇구나.' 주는 약 좀 먹고, 그 외에는 그냥 평소대로 행
91.   동했어요. 앞에 얘기한, 뭐 음식 식사나 또 담배피고 운동 별로 안
92.   하고 뭐 여러 가지 이런 건 그대로 유지한 상태로 계속 됐죠. 그래
93.   서 약 3년 4년 지나고 나니까, 아 몸에서 조금 느끼는 게 느껴져요.
94.   그니까 예를 들면, 전에 보다 상처가 조금 늦게 낫기 시작하고, 소
95.   위 얘기하는 당뇨증상들이 좀 나타나기 시작하고, 그 다음에 이제
96.   혈당을 재다 보니까 그 컨트롤이 안 되고 점점 평균수치가 좀 높
97.   아지는 것도 느껴지고, 뭐 그 다음에 인제 주변에서 우려도 더 많
98.   아지고, 직접 보면 중간에 책도 좀 사보고

99. 인터뷰어: 네.

100. 인터뷰이: 인터넷 서점에서… 뭐 사실 인터넷 책 서점이나 이런 걸 보면 제   08:03
101.   목 보고 많이 사게 되거든요. 저는 이제 시간이 많지 않으니까 서
102.   점 가서 책 내용을 좀 보고 이렇게 사는 것보다는 서평이나 이렇
103.   게 제목을 따 놓은 걸 보고 어 이거 재밌겠다라고 다른 책도 그렇
104.   게 사지만 이 책도 이제 책도 사보고 식사 관련된 것들 막 여러 가
105.   지 샀는데 실제로 끝까지 안 보게 되고. (웃음)

106. 인터뷰어: (웃음)

107. 인터뷰이: 그 다음에 관련해서 이제 그 다음에 나타나는 증상들이 이런 것들
108.   이죠. 몸에 이상이 생기면, 뭐든지 혹시 당뇨와 관련된 것일까 라
109.   고 의심을 하게 되니까 인터넷이나 뭐 이런 사례가 있나 이제 뒤
110.   져…보는 거죠. 그게 뭐 아까 얘기한 상처 같은 빨리 안 낫는 부분
111.   이라던가, 하다 보면 또 뭐 이런 것은 좀 우습겠지만, 성욕이나 뭐
112.   이런 부분도 예전보다 뭐 이렇게 좀 더 떨어지는 것 같고. 그게 관
113.   련이 있나 뭐 이런 것도 좀 보고. 그 다음에 뭐… 주먹을 쥐는데 옛
114.   날에 이게 비해서 유연했던 느낌 대비해서 전체적으로 좀 뻣뻣해
115.   지는 느낌들. 뭐 이게 뭐 관련이 있나 뭐 하다못해 무슨 반응이 있
116.   을 때마다 이렇게 확인하는 그런 것들이 좀 많이 늘었고요. 음…
117.   그리고 이제 저는 지금 아까 말씀드렸지만은 조절을 못하고 하려
118.   고 한다 라고 했습니다만은, 그 자라면서 큰 병을 앓았던 적은 없
119.   었던 것 같아요.

120. 인터뷰어: 네.

121. 인터뷰이: 농담 삼아 친구들한테 얘기했지만 집 집을 떠나서 뭐 오래 있었던   09:31
122.   것도 군대 외에는 뭐 (웃음) 없다 라고

123. 인터뷰어: (웃음)

124. 인터뷰이: 할 정도로 어디 멀리 떨어져서 혼자 있었던 적도 없고, 관리 하에
125.   부모님 관리하는 집에서 있었던 것 같고. 그 다음에 그 뿐만 아니
126.   라 아파서 입원한 케이스가 전혀 없었어요.

127. 인터뷰어: 네.

128. 인터뷰이: 종기가 나서 뭐 잠깐 째거나 뭐 간단한 이런 것 때문에 정말 아프
129.   고 병원에 있다 라는 이런 느낌이 그래서 내 몸을 관리를 좀 잘
130.   해야겠다 이런 거에 대한 필요성을 뼈저리게 느낀 적이 없어서 인
131.   지 몰라도 당 자체 성격 때문에 그런지 몰라도

132. 인터뷰어: 그러시죠. 예.

133. 인터뷰이: 어디 다리가 부러졌거나 하면 당장 못 움직이고 일을 못하고 이런
134.   건 그렇지만 당뇨는 그렇지 않잖아요.

135. 인터뷰어: 그렇죠.

136. 인터뷰이: 일도 하고 막 그러니까. 두 개를 관리하기 너무 그런 거예요. 누구
137.   는 뭐… 돈도 많이 벌어오고 (웃음)

138. 인터뷰어: (웃음)   10:22

139. 인터뷰이: 잘난 사람한테 회사 일도 잘하고 업무도 잘하고 당뇨관리도 잘하
140.   고 그러면 좋겠는데, 그게 서로 그렇게 부합해서 이렇게 잘 조절
141.   이 되는 게 아니라, 서로 장애가 되는 거죠. 그러니까 몸 관리를 조
142.   금 더 하고 조금 더 피곤한 거, 뭐 그리고 술 먹는 걸 줄이면 회사
143.   에서 조금 소홀하게 되는 느낌들…

144. 인터뷰어: 그러시겠죠.

145. 인터뷰이: 그니까 그게 동료관계나 고객과의 관계나 이런 게 계속 긴밀하게
146.   계속 유지가되어 되는데 그런 자리를 피하게 되니까 그런 부분
147.   들… 그다음에 거꾸로 회사 일 열심히 하다 보면 또 그런 자리 많
148.   이 하다 보면 조절 안 되고, 뭐 그런 부분이 있었던 것 같습니다. 그
149.   래서 저는 다행히 의사 선생님 같은 경우는 제 아는 분을 통해서

150. 인터뷰어: 예.   11:07

151. 인터뷰이: 편하게 얘기를 해주시고 뭐 하고 하는데 다 좋습니다. 워낙

152. 인터뷰어: (웃음)

153. 인터뷰이: 설명도 잘해주시는 분이고 또 개인적인 친분이 있어서 그런지 몰
154.   라도, 그 저한테 그러니까 진료 받을 때 할당하는 시간도 굉장히
155.   많으시거든요.

156. 인터뷰어: 예.

157. 인터뷰이: 제 친구들이나 뭐 아는 분들 의사들 보면 그 진료과목에 따라서

158. 인터뷰어: (웃음)

159. 인터뷰이: 이것도 비즈니스니까 저한테 그런 얘기를 해요. 이를테면 내과나
160.   이럴 때 하루 몇 명을 봐야 수지가 맞고. 어쨌든 생활이니까

161. 인터뷰어: 맞습니다.

162. 인터뷰이: 뭐 어떤 경우는 이보다 적을 수 있고 그렇겠죠. 성형수술이나 뭐
163.   이런 것들은 또 시간 대비해서 저희가 내는 돈이 많은데 비해서 내
164.   과나 이런 데 보면 저희 몇 천 원씩 밖에 안 내잖아요.

165. 인터뷰어: 맞습니다. 예.

166. 인터뷰이: 그거에 비하면 정말 많은 환자를 봐야하는데, 저는 좀 혜택을 받
167.   는지 모르겠지만 많은 시간을 할당 할당해주시고 매번 자상하게
168.   설명해주시고 그러셔가지고, 제 몸에 관련해서는 사실은… 지금
169.   불만은 없습니다. 근데, 단지 제 개인적으로 그렇게 배려를 해주
170.   시니까, 혹시 좀 안일한 생각을 하지 않았는가…라는

171. 인터뷰어: 네.   12:14

172. 인터뷰이: 거꾸로 제 반성을 하게 되요.

173. 인터뷰어: 음.

174. 인터뷰이: 그러니까 통상 의사선생님한테 가면 바쁜 시간 때문에 그 증상 보
175.   고 바로 처방해주시고 이렇게 이제 하다는 것에 비해서 대화나 그
176.   런 게 적다고 본다면,

177. 인터뷰어: 네.

178. 인터뷰이: 오히려 많고 내가 많은 내 상황을 설명을 했기 때문에 그 '특별하게
179.   강하게 워닝(warning)을 주지 않으면 내가 별로 문제가 없겠구나'

180. 인터뷰어: 음.

181. 인터뷰이: 이런 생각을 좀 안일하게 생각을 했던 것 같아요. 그래서 그 가만

182.	히 되돌아보면, 약도 늘어나고 뭐도 늘어나고 막 이런 걸 보면
183. 인터뷰어:	네.
184. 인터뷰이:	사실 제가 좀 심각하게 가고 있었음에도 불구하고 (웃음) 워낙에
185.	잘 해주셔서 그런 부분은 오히려 역효과가 나지 않았는가 싶기도
186.	합니다. 그래서 음 뭐 중간에 다른 분한테 한번 가볼까 이런 생각
187.	을 갖고 있었어요.
188. 인터뷰어:	네.
189. 인터뷰이:	그러니까 이제 저가 아니라 저희 집에, 특히 제가 최근 2, 3년 사이
190.	에 의료비 관련해가지고 지출이 좀 많았거든요?
191. 인터뷰어:	예.
192. 인터뷰이:	그러니까 그 저는 부모님하고 같이 모시고 살고 있는데, 그전까지
193.	는 뭐 의료비… 뭐 연말정산 혹시 아실지 모르지만
194. 인터뷰어:	예.
195. 인터뷰이:	의료비 일정 분 이상이 돼야 그게 저기 되잖아요.
196. 인터뷰어:	맞습니다.
197. 인터뷰이:	최근 2, 3년 동안 제가 많이 혜택을 많이 받았거든요. 그게 혜택인
198.	지 모르겠습니다만. 아버님 아프시고 뭐 어머님도 아프시고 그 다
199.	음에 애들도 좀 그런 경우가 있고 막 그래가지고, 이렇게 보면 병
200.	원을 하나 선택을 하려면 진료를 여러 군데 사실은 확인을 해요,
201.	개인적으로는요.
202. 인터뷰어:	네.
203. 인터뷰이:	최근에 저의 아버님이 그 척추디스크 수술을 하셨거든요?
204. 인터뷰어:	예예
205. 인터뷰이:	작년 말에 가 가을에요? 근데 그 적정한 병원을 찾으려고 한 세 군
206.	데 정도를 갔었어요. 물론 그 전에 인터넷 찾고, 그 다음에 소문 들
207.	어보고 주변에 있는 사람보고 "어디가 좋냐, 어떠냐" 이러면 특히
208.	모르겠습니다. 척추와 관련된 병원들이 워낙 비즈니스가 막 이렇게
209.	있어서인지 몰라도 되게 막 다양한 이야기들을 들을 수 있거든요?
210. 인터뷰어:	예예.
211. 인터뷰이:	근데 이게 정말 잘 하는지 안 하는지

13:06

13:53

212. 인터뷰어: (웃음)

213. 인터뷰이: 예, 그니까 소개시켜주는, 중간에서 얘기하는 사람의 신뢰도에 따
214. 라서 그 병원의 수준이나 의사의 수준이 결정되는 것처럼 느껴지
215. 더라고요, 제가 판단했을 때. 왜냐하면 예를 들면 저희가 제가 하
216. 는 사업이나 그런걸 보면, 어떤 업체나 또는 어떤 사람이 잘하냐
217. 마냐는 그 사람이 내놓은 결과물에 대한 어떤 평가들이 있거든요?
218. 여태까지 나온 통계라든가 처리된 어떤 결과물이라든가, 뭐 이런
219. 것들을 보고 어땠는지, 이렇게 쉽게 접근할 수 있는 또 있고 한데,
220. 사실 의사 쪽은 그 그 병원의 환자로 있거나 아니면 경험을 했던
221. 사람들을 통해서 보지 않으면, 인터넷상에서도 보면 자세히 보면
222. 굉장히 광고성으로 나온 것도 굉장히 많고요

223. 인터뷰어: 그렇겠죠, 네

224. 인터뷰이: 그래서 신뢰하기가 쉽지가 않은 상태입니다. 그래서 그 가만히 보   15:00
225. 면 지금 상태에서 그런 추천을 신뢰할 수 있는 부분은 내가 신뢰
226. 할 수 있는 사람이 추천해 준 경우가 그 의사가 신뢰가 되는, 뭐 요
227. 런 상태인 것 같아요. 그리고 객관적으로 볼 수 있는 자료나 이런
228. 게 없고요. 제 3자가 할 수 할 수 있는, 뭐 실제 이런 것은 맞는지
229. 모르겠습니다만 의료분쟁이 얼마나 있었는지, 아니면 수술을 얼
230. 마나 많이 했는지

231. 인터뷰어: 음.

232. 인터뷰이: 이런 게 공식적인 통계가 별로 없었던 것 같아요. 그냥 광고로서
233. 그 분이 워낙 수술을 오래 하셨고 리더서 총 뭐 수술을 뭐 몇 천
234. 번 했는지 만 번 했는지 이런 걸 했다는 홍보성을 봐도, 실제 그렇
235. 게 했는지 뭐 이런 것들에 대한 정보들이 사실 환자 입장에서는
236. 부족하더라고요.

237. 인터뷰어: 예.

238. 인터뷰이: 그래서 다른 쪽의 저의 형제나 뭐 부모님 이렇게 했을 때는 사실
239. 굉장히 딜레마고

240. 인터뷰어: 음.

241. 인터뷰이: 저는 이제 당뇨 제 병 관련해가지고는 이제 전적으로 의지를

242. 인터뷰어: 음.

243. 인터뷰이: 많이 한 부분이고, 아까 말씀 하신대로 그것 때문에 그 좀 더 스스
244.   로 좀 의지쪽 관리를 더 하지 못한… 오히려 역효과가 있지 않았
             나

245. 인터뷰어: (웃음)

246. 인터뷰이: 느끼기에 그런 생각이 듭니다. 한편으로는 좀 권위적인 모습의 의
247.   사나 뭐 이런 부분들이

248. 인터뷰어: 네.

249. 인터뷰이: 그 이런 제가 말씀 드린 것의 반면에 인제 장점도 있겠죠.

250. 인터뷰어: 그렇습니다.

251. 인터뷰이: 그러니까 뭐냐면 그 부드럽게 얘기하신 분이 "식사 조절 하세요."
252.   이렇게 얘기하는 것과 좀 퉁명스럽게 "이런 식으로 하면 당신 죽
253.   습니다."

254. 인터뷰어: (웃음)   16:34

255. 인터뷰이: "똑바로 하세요."했을 때, 이제 와 닿는 느낌.

256. 인터뷰어: 음.

257. 인터뷰이: 정말 환자를 위해서라고 한다면 사실 둘 다 다 그 고언인데, 그 좋
258.   으라고 저를 위해서 한 말인데

259. 인터뷰어: 네.

260. 인터뷰이: 깜짝 놀라면서 사실 자극을 받는 것은 오히려 보면 좀 더 권위적
261.   이고 고압적인, 뭐 이런 부분이 좀 낫는 분이 있을 것 같아요. 그래
262.   서 환자의 의지와 관계된 부분은 좀 고압적이고 권위적이고 좀 강
263.   하게 말씀하시는 게 맞고,

264. 인터뷰어: 예.

265. 인터뷰이: 또 반면에 인제 설명을 하거나, 이해하지 못하는 부분이라던가, 좀
266.   이런 거는 자상하게 설명해줄 수 있는 그 제 표현으로는 저도 이제
267.   후배들한테 얘기하는데 "일을 할 때는 항상 역동적으로 해라."

268. 인터뷰어: 음.

269. 인터뷰이: 그러니까 막 만날 목소리를 높여갈 수도 없고, 쭉 낮춰갈 수도 없
270.   으니

271. 인터뷰어: 예.   17:21

272. 인터뷰이: 좀 상황에 따라서 좀 시간이나 늦게까지 빡세게 일하기도 하고,
273.   그러는 것처럼 선생님도 상황에 따라서 그런 것들을 병행하면 좋
274.   겠다라는 생각들은 좀 합니다.

275. 인터뷰어: 아예. 일방적으로 그니까 부드럽게 얘기하는 것보다도 나름대로
276.   좀 어떨 때는 강요라든가

277. 인터뷰이: 예예예. 그죠.

278. 인터뷰어: 강한 사인을 줘서 각성할 수 있도록 하는 게 선생님께서는 더 좋
279.   으시다, 그런 말씀이시죠?

280. 인터뷰이: 그렇죠. 그러니까 환자의 의지가 필요한 경우는

281. 인터뷰어: 네.

282. 인터뷰이: 그게 필요하다는 생각이 들어요.

283. 인터뷰어: 네. 그럴 것 같아요.

284. 인터뷰이: 그리고 환경을 봐야겠죠?

285. 인터뷰어: 네.

286. 인터뷰이: 뭐 저희도 저희도 project-base로 일을 하는데,   17:55

287. 인터뷰어: 네.

288. 인터뷰이: 똑같은 프로젝트가 하나도 없다고 얘기하거든요?

289. 인터뷰어: 음

290. 인터뷰이: 그건 뭐 국제 문서에도 그렇고 항상 그런데, 거꾸로 의사 입장에
291.   서는 환자가 똑같은 환자가 없을 거 아닙니까.

292. 인터뷰어: 네.

293. 인터뷰이: 같은 감기환자도 다 틀릴 거고,

294. 인터뷰어: 네. 그렇습니다.

295. 인터뷰이: 똑같은 감기를 앓더라도 여성, 남성, 몸무게 뭐 그전의 병력 다 틀
296.   릴 거 아닙니까. 거기에 맞출 수, 나름대로 거기에 어느 정도 (?) 하
297.   면 좋겠다는 생각을 많이 하죠.

298. 인터뷰어: 예, 아이고 뭐 이렇게 말을 길게 잘 해주셔서 제가 여쭐게 하나도
299.   없는데

300. 인터뷰이: 예예.

301. 인터뷰어: 혹시 목 좀 마르시면…

302. 인터뷰이: 예예예예

303. 인터뷰어: 됐습니까?

304. 인터뷰이: 네.

305. 인터뷰어: 제가 추가로 질문드릴 것도 있지만, 혹시 뭐 또 이어서 하실 말씀
306.   이 있는지?

307. 인터뷰이: 인제 뭐 인제부터 말씀드리면 횡설수설일 것 같아가지고 (웃음)   18:41

308. 인터뷰어: 아니에요. 지금도 너무너무 지금 소중한 얘기고요, 그 다음에 제
309.   가 참고로 말씀드릴 것은, 제가 좀 적극적으로 피드백을 해드려야
310.   하는데

311. 인터뷰이: 예.

312. 인터뷰어: 그러면 제 목소리가 너무 강하게 들어가서

313. 인터뷰이: 예.

314. 인터뷰어: 나중에 인터넷에 올리고 그럴 때

315. 인터뷰이: 예. 괜찮습니다.

316. 인터뷰어: 목소리를 최대한 자제하는 것 좀 이해해주시고요

317. 인터뷰이: 예.

318. 인터뷰어: 그 다음에 쓰는 것은 미리 말씀드렸어야 되는데 "혹시 요런 것 좀
319.   더 설명해줬으면 좋겠다." 이런 걸 쓰고 있어요. 왜냐하면 잘 잊어
320.   버리니까 제가.

321. 인터뷰이: 예.

322. 인터뷰어: 혹시 또 제가 질문을 드릴까요? 아니면 조금 더 말씀을 하시겠습
323.   니까? 혹시 생각나는 쪽으로…

324. 인터뷰이: 오… 그런 지금 딜레마 중의 하나가   19:08

325. 인터뷰어: 네.

326. 인터뷰이: 이런 것도 있는 것 같아요. 병은 자랑하라고 얘기하잖아요.

327. 인터뷰어: 그렇습니다. 예.

328. 인터뷰이: 제 느낌부터 말씀드리면, 인제 아까 병은 자기 잘못이 아니라고
329.   했지만

330. 인터뷰어: 네.

331. 인터뷰이: 특히 당뇨 같은 경우에는 그 생활습관이나, 뭐 이런 것들이 많이
332.   영향을 주는 거거든요. 사실은 생활…

333. 인터뷰어: 음. 그렇죠. 사실

334. 인터뷰이: 하다못해 다리가 부러졌다 그러면 이게 내가 일부러 부러뜨리거나

335. 인터뷰어: 그렇죠.

336. 인터뷰이: 뭐 장난해서가 아니라 누가 차가 와서 받거나 이래서 다치면 정말
337.   자기 잘못은 아니잖아요? 근데 당은 당뇨는 보면 생활습관이나 이
338.   런 부분들이 썩 그렇게 바람직하지 않을 때 나타나는 부분이라,
339.   이렇게 막 자랑할 만한 것들은 아니잖아요.

340. 인터뷰어: 근데 유전적인 요소도 있을 수 있으니까요.   19:54

341. 인터뷰이: 저는 아닌 것 같아요.

342. 인터뷰어: 아.

343. 인터뷰이: 근데 유전적인 거는 간 쪽은 제가 좀 있는 것 같아서 주의를 좀 했
344.   다고 말씀드렸는데, 당은 제 주변에 직계에는 없는 것 같아요.
345.   단지 몸이 좀 크고 뭐 식생활에 전반적으로 비해서 덩치가 좀 큰
346.   부분은 있기는 합니다만, 당 쪽 하는 부분에 정말 이걸 자랑해서
347.   주변에 조언 이런 뭘 들어야 하는 건지, 그걸 오픈을 해서 여러 가
348.   지 조언이나 뭐 도움이 되는 정보들을 획득할 수 있는 게 맞는 건
349.   지, 반면에 나름 또 제 치부를 드러내는 것 같은 부담 때문에

350. 인터뷰어: 예예.

351. 인터뷰이: 사실 그런 게 하나 있고요. 또 하나는 이제 제가 직장을 다니고 있
352.   는데, 뭐 이런 얘기를 하잖아요. 저희 직장에서는 뭐 예를 들면 높
353.   은 직급에 올라가는데 결혼을 안 하고 총각으로 있었다.

354. 인터뷰어: 네.

355. 인터뷰이: 그러면 이 사람 무슨 문제가 있는 거 아니냐. 진급하는데 뭐 안 좋
356.   은 불이익이 있지 않을까. 뭐 이런 게 실제 그런지 안 그런지 모르
357.   지만, 그런 것처럼, 당이나 몸이 안 좋은 건 특히 그 일하는 조직에
358.   서의 조직관리 측면에서 보면 '자기관리를 못하는데 조직 관리는
359.   어떻게 할 수 있겠느냐'라는 것이 약간 논리적으로 맞을 수 있거
360.   든요?

361. 인터뷰어: 그럴 수도 그럴 수도 있죠.

362. 인터뷰이: 그래서 이렇게 떠놓고 떼어놓고 자랑을 할 수 있는… 자랑이 아니   21:07
363.   라, 좀 알려서 정보를 받을 수 있는 상황이 아니라 아니기 때문에,
364.   그런 다양한 정보를 다른 데서 좀 취할 수 있는

365. 인터뷰어: 음.

366. 인터뷰이: 뭐 이런 것들이 좀 특히 당뇨환자들에게 많이 필요하지 않을까하
367.   는 생각이 들어요. 그렇다고 뭐 여유가 있어서, 시간이 있어서 그
368.   런 강좌나 병원에서 하는 강좌를 들을 수 있는 상황들이냐면,

369. 인터뷰어: 음.

370. 인터뷰이: 그것도 아니거든요. 그래서 얼마 전에 제가 인터넷에서 이렇게 동
371.   영상 파일로 쭉 한번 당 관련된 자료들을 찾아보고 했는데 이렇게
372.   썩 많지가 않더라고요. 그리고 또 이제 광고와 관련된 것들은 많
373.   지만, 이제 직접 제공하는 뭐 이런 쪽은… 그리고 좀 좀 뭐라고
374.   해야 되나, 그… 개인에게 좀 다양한 정보들이

375. 인터뷰어: 예.

376. 인터뷰이: 필요하거든요? 제가 예를 들어서 '당뇨 관련된 좋은 음식들' 이렇
377.   게 했는데 몇 개가 없어요. 제가 가만히 생각해보면, 매일 같은 음
378.   식을 먹고 있지는 않잖아요.

379. 인터뷰어: 그렇습니다.   22:06

380. 인터뷰이: 물론 이제 주로 밥을 먹고 있기는 하지만 반찬이나 여러 가지 계
381.   속 저희가 회식을 하거나 뭐 가족들이랑 모여서 다양한 음식들 맛
382.   있는 또는 새로운 경험 뭐 이런 걸 생각하고 있는데, 실제 음식물
383.   을 보면 목적 지향적이라는 것이죠. 그러니까 뭐 이런 거죠. 당 수
384.   치를 올라가는데 막아주거나 적 적게 올라가는 음식들. 이렇게 얘
385.   기했는데, 차라리 그게 많이 리스트가 올라왔으면 좋겠고 거기다
386.   가 어떻게 조합해서 먹으면 맛도 있더라.

387. 인터뷰어: (웃음)

388. 인터뷰이: 뭐 이러면 사실 식사가 굉장한 즐거움 중의 하나인데,

389. 인터뷰어: 그렇죠.

390. 인터뷰이: 당뇨 앓는 사람들이 그게 쉽지 않잖아요. 그런 것들에 대한 정보
391.   들 다양한 이런 것들이… 좀 공개적으로 또는 저렴하게 접근할 수

392.   있는

393. 인터뷰어: 음.

394. 인터뷰이: 뭐 이런 것들이 있으면 좋겠다는 생각을 좀 많이…

395. 인터뷰어: 예… 저희가 아까 말씀드렸다시피 이제 그런 니드가 있다고 생각   22:56
396.   했기 때문에

397. 인터뷰이: 예.

398. 인터뷰어: 정말 모든 분들에게

399. 인터뷰이: 네.

400. 인터뷰어: 사실 사례비를 드리지만 그건 차비밖에 안 되는 거고요, 그래서
401.   모든 분들이 무료로 이런 정보에 접근할 수 있도록

402. 인터뷰이: 네.

403. 인터뷰어: 도움을 드리기 위해 저희가 이런 사업 연구를 하고 있는 거죠, 사
404.   실은.

405. 인터뷰이: 낼 때도 좀 공익성 있게 냈으면 좋겠어요.

406. 인터뷰어: 예. 예 예

407. 인터뷰이: 무슨 얘기냐면, 그 그런 정보를 오픈 제공하는 그런 데들이 의약
408.   회사인지

409. 인터뷰어: 예, 아.

410. 인터뷰이: 아니면 어떤 식품회사인지, 공공성 갖고 있는 조직인지, 아니면
411.   일반 어떤 영익을 위한 병원인지 이제 구분이 좀 사실 안 되거든
412.   요. (웃음)

413. 인터뷰어: 예. 그래서 저희는 앞으로 스폰서를 여러 군데에서 받아야 하는데,

414. 인터뷰이: 예.

415. 인터뷰어: 지금은 뭐 국가에서 받고 있지만, 그래서 제약회사, 병원업체 일
416.   체 그런 지원을 받을 생각이 없어요. 왜냐면 그런 곳이 개입되면
417.   조금이라도

418. 인터뷰이: 예.

419. 인터뷰어: 혼탁해질 수가 있기 때문에 그렇게 할 생각이 전혀 없어요.

420. 인터뷰이: 홍보도 좀 많이 하세요.   23:46

421. 인터뷰어: 아 그렇게 해야 하는데, 저희가 홍보가 좀 안 돼서, 어떤 분들은,
422. 　　　　　선생님은 지금 직장생활을 하시니까,

423. 인터뷰이: 예.

424. 인터뷰어: 저희가 영상자료를 공개 안하는 걸 저희가 백퍼센트 이해를 하겠
425. 　　　　　는데

426. 인터뷰이: 예.

427. 인터뷰어: 그러니까 이제 저희가 홍보가 처음 시작하는 단계라서 섭외하는
428. 　　　　　데 조금 문제가 있고. 왜냐하면, 또 이제 의사 선생님이 하라고 하
429. 　　　　　니까 안 할 수도 없고. 그런 부분이 있는데, 저희가 인제 좀 사회
430. 　　　　　저명인사들을 섭외해서

431. 인터뷰이: 예.

432. 인터뷰어: 그분들이 이제 이런 사업을 할 수 있는 그런 도움을 받을 생각입
433. 　　　　　니다. 저희도 아직 걸음마 단계라서요.

434. 인터뷰이: 예. 아니에요. (웃음)

435. 인터뷰어: 저희도 이거 잘 못하고 있습니다.

436. 인터뷰이: 사업하다 보면 인제 홍보문제 겹치는데,

437. 인터뷰어: 예.

438. 인터뷰이: 특히 인터넷에서 저희도

439. 인터뷰어: 네.

440. 인터뷰이: 일을 많이 하는데, 홍보하려니까 뭐 관련 신문, 매체, 돈이 굉장히
441. 　　　　　많이 들더라고요.

442. 인터뷰어: 그렇죠. 예.

443. 인터뷰이: 그래서 쉽지 않다는 것도 알고 있기 때문에.　　　　　　24:32

444. 인터뷰어: 예.

445. 인터뷰이: 하여튼 뭐.

446. 인터뷰어: 예. 혹시 또 뭐 생각나는 부분이 있으신가요? 아니면…

447. 인터뷰이: 생각나면 중간중간에 제가 말씀드릴게요.

448. 인터뷰어: 예예 그래요. 그럼 제가 몇 가지 제가… 그럼 아까 이렇게 당뇨 진
449. 　　　　　단 받으시기 전에 뭐 전조증상들이 전혀 느껴지지 않으셨다는 말
450. 　　　　　씀이신 거죠?

451. 인터뷰이: 지금 생각하니까 잘 기억이 안 나는데요.   24:50

452. 인터뷰어: 예.

453. 인터뷰이: 그때 그러니까 그 확정 받을 때는 전혀 제가 아까 말씀드렸듯이,
454.   위가 안 좋아서 갔던 거고, 겸해서 피 뽑자고 했을 때는 당이 아니
455.   라 혹시 간 쪽에 저도

456. 인터뷰어: 음.

457. 인터뷰이: 혹시 어떤가 최근에 뭐 그래서 확인을 해본 거였지 전조증상이나
458.   뭐 이런 게 있어서 '아, 확인 해봐야겠다.' 이렇게 생각한 것은 아
459.   니었습니다.

460. 인터뷰어: 음.

461. 인터뷰이: 그런데 돌이켜보면, 인제 아까 말씀드렸던 생활습관이나 여러 가
462.   지를 봤을 때

463. 인터뷰어: 음.

464. 인터뷰이: '그럴 수 있었겠구나.' 라는…

465. 인터뷰어: 원인은 갖고 있었죠.

466. 인터뷰이: 예.

467. 인터뷰어: 전조증상은 잘 못 느꼈다.

468. 인터뷰이: 잘 못 느꼈어요.   25:30

469. 인터뷰어: 예.

470. 인터뷰이: 아니면 뭐 전조증상이 어떤 건지도 사실은 지금도 사실은 잘 모르
471.   겠어요. 쉬 피곤하고

472. 인터뷰어: 아.

473. 인터뷰이: 막 이런 게 예를 들면, 그러니까 아까 말씀드린 몇 가지 있었잖아
474.   요. 상처가 잘 안 낫는다거나,

475. 인터뷰어: 음.

476. 인터뷰이: 눈이 요즘 침침해지는데 그것 때문인가? 뭐 이게 여러 가지 이제
477.   연관을 시켜서 고민을 한다… 확정된 이후에는 고민한다고 말씀
478.   을 드렸지만, 그전에는 피곤하면 예를 들어서, 그러면 그게 간처
479.   럼 간이 안 좋아서 그런가 ?

480. 인터뷰어: 음.

481. 인터뷰이: 아니면 잠을 못 자서 그런가 여러 가지 딴 쪽을 생각했지, 전혀 생
482.   각을 못 했어요.

483. 인터뷰어: 그러셨구나.

484. 인터뷰이: 주변에 환자도 있질 않았기 때문에 전혀 없었습니다.

485. 인터뷰어: 진단 받으실 때는 어떤 느낌이 드셨는지 궁금합니다. 그러니까 어
486.   떤 느낌 같은거, '아 당뇨구나.' 라고 받아드리셨는지, 아니면 뭐
487.   좀 불안하셨는지. 뭐 좀 여러 가지 느낌이 있으셨을텐데

488. 인터뷰이: 그게 제 문제라고 자꾸 얘기하는데요.

489. 인터뷰어: (웃음)

490. 인터뷰이: 성격이 낙천적이어서 그런 건지, 아니면 몸에 대해서 그렇게 애착   26:23
491.   을 막 챙기지 않은 편이 아니기 때문인지는

492. 인터뷰어: 음.

493. 인터뷰이: 뭐 여러 가지 그런 걸 봤을 때는 그냥 '그런가보다.' 했어요.

494. 인터뷰어: 음.

495. 인터뷰이: 예. 그냥 그렇고, "뭐 어떻게 해야 돼요?" 이런 입장이었고.

496. 인터뷰어: 음.

497. 인터뷰이: 뭐. 되게 조건부였잖아요. 합병증 걸리면 뭐 하고 "이건 무조건 합
498.   병증으로 간다."

499. 인터뷰어: 음.

500. 인터뷰이: 이런 개념이 아니라 "관리 못하면, 합병증으로 간다."

501. 인터뷰어: 그렇지.

502. 인터뷰이: 이런 식이기 때문에 그때 당시는 "관리하면 되지 뭐."

503. 인터뷰어: 음.

504. 인터뷰이: 이런 식의 "조심하면 되지 뭐." 그리고 오히려 주변이 걱정을 많이
505.   하셔서,

506. 인터뷰어: 음.

507. 인터뷰이: 반대로 피드백을 통해서, 갸우뚱 갸우뚱 한적은 있었죠. 근데
508.   뭐… 암담하다? 어… 확정 받고 잠시 뭐 한 반나절?

509. 인터뷰어: 음

510. 인터뷰이: 그 날은 '이게 뭐지? 어떻지?'. 뭐 이런 것은 있었던 것으로 기억해
511.   요. 뭐 '이게, 이게 뭐지?' 당뇨가 어떤 건지 뒤져보기도 하고,

512. 인터뷰어: 음.

513. 인터뷰이: 뭐 근데 금방 잊어버렸어요.

514. 인터뷰어: 예예.

515. 인터뷰이: 그런 거에 대해서 계속 부담 갖지는 않고요.

516. 인터뷰어: 이게 당뇨에 대한 어떤 교육이랄까, 정보의 부재와 관련이 혹시
517.   있겠습니까? 당뇨가 뭔지 알았더라면 혹시 좀 더…

518. 인터뷰이: 제 표현으로는 그 제 오래된 건 아니었지만, 지금도 사실 그렇지   27:26
519.   만 이슈화되지 않았다…

520. 인터뷰어: 선생님 개인적으로요?

521. 인터뷰이: 아니요 주변 사회적으로요.

522. 인터뷰어: 사회적으로, 사회적으로 예예

523. 인터뷰이: 제가 최근에 당뇨를 안고 있으니까

524. 인터뷰어: 음.

525. 인터뷰이: 가끔 신문에 나는 것 중에, 그러니까 신평원이라고 해야 하나

526. 인터뷰어: 예예.

527. 인터뷰이: 그 국립건강보험공단에서

528. 인터뷰어: 예.

529. 인터뷰이: 나가는 돈 중에 당뇨 관련된 게 이만큼이거나 또는 국민 몇 명 중
530.   몇 명이 뭐 당뇨환자고 또 앞으로 늘어날 확률이 있다, 가능성이 크
531.   다 이런 표현을 했을 때 좀 와 닿는데, 그게 실제 널리 당뇨에 대해
532.   서 확산돼서, 그러니까 그 그 그 알게 된 그런 것인지 아니면 내가
533.   관심이 있어서 눈에 띈 건지, 제 입장에서 보면 설사 그런 기사가
534.   뜨더라도 지금 당장 당뇨 확정이나 판정을 안 받았을 때는 별로 안
535.   와 닿을 수 있을 것 같아요.

536. 인터뷰어: 예.

537. 인터뷰이: 제가 판정 받기 전에는 그렇게…

538. 인터뷰어: 내 일이 아니다.

539. 인터뷰이: 예. 또는 나이 드신 50, 60대 이런 생각들 했었거든요?

540. 인터뷰어: 예. 그러셨구나. 그래서 이제 아까 이 특히 인제 우리가 뭐 선생님 28:27
541. OOO선생님, 그 이름은 이름은 나중에 다 지워집니다. 걱정하지
542. 마시고요.

543. 인터뷰이: (웃음)

544. 인터뷰어: 에 이제 소개하실 때, 또 직장인이시기 때문에 직장인에게 줄 수
545. 있는 어떤 메시지가 많이 있으실 거다. 그리고 선생님 말씀 들어
546. 보면서 그런 느낌이 드는데, 직장생활을 하시면서 하시기 때문에
547. 당뇨관리의 어려움 어려움을 말씀하셨는데, 거꾸로 그 당뇨 때문
548. 에 사회생활의 어려움을 구체적으로 느끼신 적이 있으신가요?

549. 인터뷰이: 사회생활이라면 뭐 직장생활 아니면 뭐 친구

550. 인터뷰어: 뭐 직장생활이든, 친구, 뭐 아니면 뭐 아니면 또 여러 가지 뭐 친
551. 척. 아무래도 직장이 아무래도 생활을 가장 시간을 많이 보내실
552. 테니까.

553. 인터뷰이: 저는 그걸 사회생활의 당뇨 관계가 '일종의 줄타기다'라는 생각이 29:13
554. 드는데요,

555. 인터뷰어: 예.

556. 인터뷰이: 그게 무슨 얘기냐면 아까 직장생활과 개인을 왔다갔다 얘기를 말
557. 씀드렸잖아요.

558. 인터뷰어: 음.

559. 인터뷰이: 그러니까 사회생활을 정상적으로

560. 인터뷰어: 음.

561. 인터뷰이: 또는 특히 리딩을 할 정도로,

562. 인터뷰어: 음.

563. 인터뷰이: 그러니까 모임을 한다고 하면 리딩을 한다거나 그 분위기를 가져
564. 갈 사람 뭐 이런 것들을 원하잖아요, 그냥 참여해서 하는 것 보다.

565. 인터뷰어: 네.

566. 인터뷰이: 그런 것과 내 몸을 챙기는 것과는 같이 가기가 쉽지 않다. 이쪽으
567. 로 기울이냐 이쪽으로 기울이냐에 따라서 줄타기를 하다 보면 이
568. 쪽으로 기울이든 이쪽으로 기울이든 떨어지는 거 아니에요.

569. 인터뷰어: 예.

570. 인터뷰이: 그러니까 사회생활을 너무 많이 하다 보면 내 건강이 나가는 거고,   29:48

571. 인터뷰어: 음.

572. 인터뷰이: 내 건강 막 챙기다 보면, 제가 예를 들어서 부와 명예나 이런 것들
573.   을 이미 확보한 상태면 모르겠습니다만,

574. 인터뷰어: 음.

575. 인터뷰이: 그 외에도 또 필요한 게 있겠지만, 내 몸 챙기다 보면 실제로 제가
576.   기본 생계를 유지한다거나

577. 인터뷰어: 음.

578. 인터뷰이: 아니면 생계유지 이상으로 내가 갖고 있는 뭔가 목적이나 이런 걸
579.   성취하는 데 있어서 굉장히 많이 장애를 받기 때문에

580. 인터뷰어: 음.

581. 인터뷰이: 쉽지가 않죠. 그런 것들 중에 대표적인 게 이런 거죠. 항상 그러니
582.   까 제가 중간에 있다고 하는 게 뭐냐면, 항상 내 몸 챙긴다고 어떤
583.   모임이나 술을 안 먹거나 이걸 아주 철저하게 잘 관리되는 것도 아
584.   니고. 그렇다고 해서 내 몸 다 내팽개치고 그런 모임이나 술 먹고
585.   막 늦게까지 있고 또 전적으로 그러는 것도 아니고. 생각에 따라서
586.   그 날에 따라서 적정하게 조절하는 편인데. 근데 이제 애매한 거죠.
587.   그러니까 "어떤 조직에 가서 모임에서는 잘 어울려서 술도 잘 마셨
588.   다며. 근데 오늘은 뭐 와서 먹는데 이게 왜 이렇게 안마시고 왜 이
589.   렇게 못 어울려" "아, 내가 몸에 좀 당이 있어서 좀 줄이려고 해." 그
590.   럼 받아들이는 사람이

591. 인터뷰어: 음.   30:52

592. 인터뷰이: 뭐 한편으로는 니가 몸이 안 좋으니까 안타깝다라는 의미도 있지
593.   만

594. 인터뷰어: 예.

595. 인터뷰이: 반면에 좀 서운할 수도 있는 부분이거든요?

596. 인터뷰어: 그렇지.

597. 인터뷰이: 또는 또 동일한 사람이

598. 인터뷰어: 음.

599. 인터뷰이: "지난주까지 어제까지 잘 오던 사람이 얘가 갑자기

600. 인터뷰어: 음.

601. 인터뷰이: 오늘은 또 왜 뭐 왜 갑자기 그런 일을 안 하느냐?"

602. 인터뷰어: 음.

603. 인터뷰이: 이렇게 얘기했을 때, 제 입장에서는 보면 이쪽 그 개인의 건강이
604.   나 이런 걸 생각할 때 몸이 좀 안 좋아졌기 때문에

605. 인터뷰어: 음.

606. 인터뷰이: '오늘은 몸을 소위 사려야겠다.'라는 생각에 액션을 취한 건데,

607. 인터뷰어: 음.

608. 인터뷰이: 그런 것들이 갈등이거나 힘들거나

609. 인터뷰어: 음.

610. 인터뷰이: 뭐 이런 부분들이 되고요, 그 다음에… 그 다음에… 뭐가 있을까요.

611. 인터뷰어: 그러면 일단 그 회사에서도

612. 인터뷰이: 예.

613. 인터뷰어: 어떻게 보면 아까 말씀하시길 불이익이 있을 수 있는데, 그 공개
614.   를 어느 정도로 하고 계신 거예요? 아니면

615. 인터뷰이: 그렇죠. '불이익이 있다.'라고 하는 것이 아니라 불이익에 대한 두   32:01
616.   려움이죠.

617. 인터뷰어: 두려움이요.

618. 인터뷰이: 예. 실제로 평가를 하거나 뭐 하거나 제가 저도 이제 중간관리자
619.   기 때문에

620. 인터뷰어: 음.

621. 인터뷰이: 밑의 친구들을 평가하거든요?

622. 인터뷰어: 네.

623. 인터뷰이: 근데 거기에 건강이나 뭐 이런 부분이 직접적으로 반영되지는 않
624.   아요. 제가 평가하더라도.

625. 인터뷰어: 음.

626. 인터뷰이: 그런데 오히려 간접적으로는 반영되겠죠? 예를 들면, 그 친구가
627.   몸이 정말 안 좋은데 다 같이 해서 급한 일이 있거나 급박한 일이

628.   있어서 늦게까지 일을 하는데

629. 인터뷰어: 음.

630. 인터뷰이: 혹시 이 친구가 몸이 안 좋아서 그렇게 같이 못했다.

631. 인터뷰어: 음.

632. 인터뷰이: 그러면 어떻게 보면 평가를 못 받을 수가 있잖아요.

633. 인터뷰어: 음.

634. 인터뷰이: 그 건강이 안 좋은 게 문제가 아니라,

635. 인터뷰어: 예예.

636. 인터뷰이: 실제 일을 그만큼 한 친구가 있는데 그것 밖에 못했으니까. 그게   32:43
637.   오히려 제가 보기에는 그런 경우도 오히려 배려를 해서 좀 더 그
638.   래도 몸 건강이나 거기에 비해서 열심히 했다고 평가해서 제가 볼
639.   때는 절대업무량에 비해서는 좀 더 평가를 좀 더 잘해 주는

640. 인터뷰어: 음.

641. 인터뷰이: 뭐 이런 상황도 있는 것처럼. '실제 불이익이 있다.'

642. 인터뷰어: 는 건 아니라고 보고요. 네

643. 인터뷰이: 단지, 그것이 거꾸로 두려움인거죠.

644. 인터뷰어: 두려움.

645. 인터뷰이: 예. 또는 원인을 많이 찾잖아요.

646. 인터뷰어: 음.

647. 인터뷰이: 회사에서는 예를 들어서 이사가 돼야 하는데 이사에 떨어졌다. 그
648.   럼 내 뭐의 문제 때문에 안 됐을까, 뭐 그게 현실적으로 줄이냐, 뭐
649.   내 성과가

650. 인터뷰어: 음.

651. 인터뷰이: 부족했냐,

652. 인터뷰어: 음.

653. 인터뷰이: 뭐가 개인의 문제냐 많이 생각할 때, 이제 그 중의 하나가 될 수 있
654.   는 고민할 수 있는 부분이라고 그 정도의 수준이라고 생각하고요.
655.   실제 내부적으로는 알고 있습니다, 주변에. 제 친한 주변에 있고,
656.   굳이 제가 나서서 나 이런 병이 있다. 그래서 뭐 술이나 음식조절
657.   해야 하니까 나한테 이런 도움을 주고 뭐 이렇게 해 달라 라고 공

658.　　　　식화하지 않았을 뿐,

659. 인터뷰어: 음.

660. 인터뷰이: 친한 사람들은 뭐 약 먹는 것도 볼 수 있고, 그 다음에 제가 "오늘　　33:42
661.　　　　은 좀 술을 안 먹었으면 좋겠다." "왜 그래?" 했을 때 가까운 친구
662.　　　　들 가까운 동료들한테는 얘기할 수 있고요.

663. 인터뷰어: 음.

664. 인터뷰이: 회사차원에서 보면, 모르겠어요. 이게 공개가 되는지 모르겠는데,
665.　　　　그 제가 병원 가거나 뭐 한 것들이 회사가 알고 있을지 모르겠는
666.　　　　데 또 하나는 이런 게 있어요. 저희는 회사에서 그 의료비나 이런
667.　　　　부분들을 다 지원을 하거든요.

668. 인터뷰어: 음.

669. 인터뷰이: 보험공단에서 해주는 것 말고, 개인이 지불한 거에 대해서는

670. 인터뷰어: 음.

671. 인터뷰이: 약제비든 뭐든 다 회사가 지원하거든요. 그러면 신청을 해야 하잖
672.　　　　아요.

673. 인터뷰어: 네.

674. 인터뷰이: 뭐 그러다 보면 알 수 있다고 보는 거고. 그리고 뭐 그걸 굳이 피하
675.　　　　려고 얘기하는 건 아니지만

676. 인터뷰어: 음.

677. 인터뷰이: '알고는 있을 거다, 그리고 내가 굳이 그걸 주변에 널리 알릴 필요
678.　　　　는 없다.'

679. 인터뷰어: 음.

680. 인터뷰이: 필요에 의해서 알려줄 사람들은 알려주고 있다.' 뭐 이정도 수준
681.　　　　인 것 같죠.

682. 인터뷰어: 아 뭐. 저는 그런 생활 전혀 몰랐는데, 불이익이 없다는 게 저로서
683.　　　　는 굉장히 좀 마음이 안도하는 느낌인데…

684. 인터뷰이: (웃음) 예상이 그런 거죠. 실제가 어떤지는 모르는데요.　　　　34:35

685. 인터뷰어: 예.

686. 인터뷰이: 있잖아요. 예를 들면 입사 때 간수치가 안 좋으면,

687. 인터뷰어: 음.

688. 인터뷰이: 입사제약을 받잖아요.

689. 인터뷰어: 아예.

690. 인터뷰이: 사실은 공식적으로 받는 부분들인데, 회사에서 일을 할 때는, 그
691.   게 회사 일을 하면서 사실 또 얻은 병일수도 있기 때문에 회사의
692.   기본적인, 공식적인 정책상은 그런 거에 대한 치료비 지원이나 여
693.   러 가지를 하고 있는 부분들인 거죠.

694. 인터뷰어: 음.

695. 인터뷰이: 근데 이제 경쟁사회 안에서는

696. 인터뷰어: 예예예.

697. 인터뷰이: 좀 다른 측면에서 본다면 오너 입장에서나 뭐 입장에서 좀 건강한
698.   친구가 또 눈에 띄거나 더 잘할 거라 생각할 수 있는 그런 팩터들
699.   은 있기 때문에,

700. 인터뷰어: 음.

701. 인터뷰이: 당뇨관련해서는 굳이 자랑할 건 아닌 것 같다.

702. 인터뷰어: 음.

703. 인터뷰이: 뭐…

704. 인터뷰어: 그래서 아까 이제 뭐 특히 술자리와 관련돼서 이 공개를 했을 때   35:18
705.   도 약간 서운하게 반응하는 부분이 있었는데, 그 혹시 뭐 구체적
706.   으로 이렇게 지나치게 서운하게 했다거나 아니면 또 거꾸로

707. 인터뷰이: 네.

708. 인터뷰어: 적극적으로 이렇게 이렇게 주위에서

709. 인터뷰이: 네.

710. 인터뷰어: 도움을 주는 그런 사례는 없으셨나요?

711. 인터뷰이: 적극적으로 도움을 주는 경우는 별로 없었던 것 같아요.

712. 인터뷰어: (웃음)

713. 인터뷰이: 그러니까 "그래, 그럼 그만 마셔. 그래, 그럼 먼저 들어가." 뭐 이런
714.   정도 수준인거고요. 오히려 이제 한국사회에 제 또래 이상. 그니
715.   까 모든 세대는 다 낀 세대라고 하는데.

716. 인터뷰어: 예.

717. 인터뷰이: 제 윗 선배하고 아래는 다 그렇다고 얘기하는데, 저도 뭐 같은 느

718.   껌입니다만, 그 후배들은 술이나 이런 걸 강요하는 분위기는 분명

719.   히 아니에요.

720. 인터뷰어: 음.

721. 인터뷰이: 그리고 또 선배들은 그 어떤 규율이나 그 어떤 권위적인 뭐 이런

722.   부분들이 있기 때문에, 주로 힘든 건 선배들이나

723. 인터뷰어: 음.

724. 인터뷰이: 특히 고객하고

725. 인터뷰어: 음.

726. 인터뷰이: 만날 때 힘든 상황이 벌어지죠.

727. 인터뷰어: 아 그럴 수 있겠다.

728. 인터뷰이: 네. 그러니까 특히 저희 같은 경우는 고객이 다수를 갖고 있는 형   36:16

729.   태가 아니라, 예를 들면 껌을 하나 만들면 먹는 사람들은 많잖아

730.   요. 그러니까 불특정다수의 고객이 아니라, 저희는 고정된 고객들

731.   이 있기 때문에 눈에 보이고, 또 그 사람들의 결정에 따라서 많은

732.   것들이 변화가 되기 때문에 고객한테 한편으로는 좋은 말로는 잘

733.   보여야 되고

734. 인터뷰어: 음.

735. 인터뷰이: 또 소위 얘기하는 눈에 벗어나거나 이런 거는 안 하려고 하잖아

736.   요. 근데 예를 들어 고객이 술을 좋아하는데, 그리고 또는 술자리

737.   에서 중요한 얘기가 오가거나 하는데, 어 제가 술을 안 먹고 이렇

738.   게 말똥말똥한 상태에서 반응을 하게 됐을 때 이렇게 썩 기분이

739.   좋지 않죠.

740. 인터뷰어: 그렇구나.

741. 인터뷰이: 그리고 저도 거꾸로 철저하게 관리를 해서 정말 안 먹는다고 다

742.   어느 자리에서나 안 먹었으면

743. 인터뷰어: 음.

744. 인터뷰이: 이게 룰이 맞긴 맞는데…

745. 인터뷰어: (웃음)   37:06

746. 인터뷰이: 뭐 어떤 자리에서는 마시고 (웃으면서) 그렇다고 해서 오늘 특별

747.   히 컨디션이 안 좋은데, 평소에 안 마신다고 할 수도 없고. 그런 식

748.   이기 때문에 특히 고객관계에서는 그리고 위의 선배나 윗분하고
749.   마실 때는 부득이하게 마시는 경우가 많고.

750. 인터뷰어: 부득이하게.   37:24

751. 인터뷰이: 예. 그리고 돌아와서 많이 힘들어하죠.

752. 인터뷰어: 음.

753. 인터뷰이: 술 자체 힘든 것도 있고,

754. 인터뷰어: 음.

755. 인터뷰이: 혈당 같은 걸 체크해보면

756. 인터뷰어: 음.

757. 인터뷰이: 상당히 높게 상승되어 있고. 그렇죠. 그렇다고 다음 날 좀 쉬거나
758.   하면 좋은데, 그렇지 못할 경우, 이런 게 사실 딜레마죠.

759. 인터뷰어: 음.

760. 인터뷰이: 어떻게 보면 좀 약자인 것 같아요. 뭐냐면 나 술을 억지로 먹이지
761.   마라라고 맞서서 싸우는 게 아니라

762. 인터뷰어: 예.

763. 인터뷰이: 좀 피하거나 좀 가슴앓이 하고 가는 뭐 이런 정도 수준이였던 것
764.   같아요.

765. 인터뷰어: 고민이 가끔 되지. 아까 줄타기 말씀하셨는데, 그런 정말 그날 컨
766.   디션이

767. 인터뷰이: 네

768. 인터뷰어: 안 좋고 그럴 때, 이게 내 당과 관련이 있을 텐데,

769. 인터뷰이: 네

770. 인터뷰어: 그럼에도 불구하고 고객관리라든지 어떤 조직에서의 생활 때문
771.   에 그걸 할 때, 할 수밖에 없는 상황이 있으실 텐데, 그럴 때는 기
772.   분이 어떠실까요?

773. 인터뷰이: 속상하죠.   38:17

774. 인터뷰어: 속상하시고.

775. 인터뷰이: 속상하죠. 왜냐면. 이런 거죠. 출세 지향적이라면 고객과 윗분들
776.   을 많이 만나서 그런 자리를 많이 해야 되거든요? 한편으로는 좋
777.   은 관리자는 밑의 후배들을 잘 관리해야 한다는데

778. 인터뷰어: 네.

779. 인터뷰이: 그런 아까 상황 때문에, 그 굳이 찾으 보통 회사에서 찾아가서 이
780. 　　　　　렇게 만나고 해야 하는데, 그렇게 못하죠. 횟수가 줄어들고. 그리
781. 　　　　　고 그런 부분 때문에 인제 혹시나 일에서 불이익을 받거나 내지는
782. 　　　　　좀 그 일에 대한 성과나 여러 가지 인정 못 받을 때, '아, 내가 좀 더
783. 　　　　　자리를 많이 갖고, 또 술도 많이 하고 했으면 좋았을 텐데…'

784. 인터뷰어: 음.

785. 인터뷰이: 뭐 이런 생각들이 좀 있죠. 그래서 뭐 이런 것도 고민을 좀 해요.
786. 　　　　　농담 삼아 남자들 짧고 굵게 산다 뭐 이런 얘기하잖아요.

787. 인터뷰어: (웃음) 네.

788. 인터뷰이: 근데 실제로 가족들 보고

789. 인터뷰어: 음.

790. 인터뷰이: 애들 보면, 굵게는 모르겠는데 짧게 사는 거에 대해서는 부담이
791. 　　　　　되거든요.

792. 인터뷰어: 아, 그럼요.　　　　　　　　　　　　　　　　　　　　39:21

793. 인터뷰이: 그런데 그런 상황에서 점점 이게 의지가 그런 거에 대한 의지가 목
794. 　　　　　표지향적인 부분들이 그… 왜 회사생활에 가장 CEO들이 얘기하는
795. 　　　　　것 중에 중요한 덕목이 열정이라고 하잖아요. '이놈이 지식이 많든
796. 　　　　　이런 게 중요한 게 아니라, 하고자 하는 의욕이 많아야 뭔가 일을
797. 　　　　　저지르고 다닐 거고 그 중에 잘되면, 회사에 도움이 된다.' 이렇게
798. 　　　　　생각하는 건데, 그런 열정들이 식는 거예요.

799. 인터뷰어: 음.

800. 인터뷰이: 예. 당뇨가. 회사에서 뭔가 막 성취하려고 하고 그러다보면 많이
801. 　　　　　움직이고 많이 만나고 뭔가 이렇게 소위 조절 관리하지 못하는 상
802. 　　　　　황들로 가야 하는데,

803. 인터뷰어: 음.

804. 인터뷰이: 그것을 하기가 쉽지 않으니까 회사 안에서 그런 것들이 부담스럽
805. 　　　　　고 속상하게 되죠.

806. 인터뷰어: 음. 예… 아까 뭐 잠깐 이제 회사나 직장생활을 말씀 말씀하셨는　40:11
807. 　　　　　데, 그 그 그 병원 찾는 문제와 관련돼서 가족 말씀을 좀 하셨지만,
808. 　　　　　가족에서의 어떤… 결혼하신 거잖아요?

809. 인터뷰이: 예.

810. 인터뷰어: 부모님도 그러시고, 사모님도 그러시고. 특히 이제 사모님이라든
811.   지 어떻게 관리가 관리하는 데 얼마큼 협조를 하시는지 아니면 뭐
812.   잘… 어떤 문제가 있는지 가족에서는? 가족 관련된 체험 좀 말씀
813.   해주시면 감사하겠습니다.

814. 인터뷰이: 글쎄 당뇨 자체가 집에서 뭐 (??) 살다보면 뭐 집에서 와이프든 부
815.   모든, 전 이제 부모님을 같이 모시고 삽니다마는, 뭐 생활에서 많
816.   이 부딪히는 일이 많겠죠? 근데 그 중에 제가 당뇨를 겪고 있기 때
817.   문에 겪는 것도 상당부분 어느 정도 없다고 볼 수 없죠.

818. 인터뷰어: 음.

819. 인터뷰이: 상당히 있습니다. 근데 예를 들면, 이제 남자들 다 그렇지만 잔소
820.   리로 들리는 경우가 많잖아요.

821. 인터뷰어: 음.

822. 인터뷰이: 예를 들어 제가 늦게 술을 먹고 늦게 들어왔다. 그때 이제 보통 얘
823.   기면 "왜 이제 피곤할 텐데 술을 많이 마셨냐. 뭐 좀 더 적게 먹어
824.   라." 이렇게 얘기하는 것과

825. 인터뷰어: 음.

826. 인터뷰이: 당뇨를 앓으면 이제 강해지죠.

827. 인터뷰어: 음.

828. 인터뷰이: 집에서 이제 하는 얘기가 "당뇨도 앓고 있으면서 안 좋다는 늦게
829.   까지 술 마시고 들어오는데 그러지 마라"가 아니라 "죽고 싶냐"
830.   (웃음) 뭐 이런 식의 인제 강하게 얘기를 많이 하게 되고요. 그리고
831.   걱정을 많이 하죠.

832. 인터뷰어: 그러시겠죠.

833. 인터뷰이: 걱정을 많이 하고. 근데 이제 제 의지만큼 가족도 순간 깜빡깜빡   41:50
834.   하는 거죠. 그러니까 그 당뇨 걸리게 된 게 식생활의 영향이 있었
835.   다고도 얘기 합니다만, 그러면 저희 집에서 먹는 어떤 여러 것들
836.   이 여전히 있죠.

837. 인터뷰어: 음.

838. 인터뷰이: 그리고 좀 주의를 하고 그러기는 하지만, 집 자체가 예를 들어 전
839.   체가 당뇨식을 하는 식으로까지 하지는 않거든요. 또 바라지도 사

840. 실 않고요. 진짜 한다면 제가 아예 조절을 해야 되니까. 근데 그런
841. 쪽 측면에서 이제… 좀 스트레스를 좀 받는 것 같아요. 그러니까
842. 제가 식사나 이런 부분들이 일주일에 두세 번 밖에 안돼요. 집에
서.

843. 인터뷰어: 댁에서 하시는 게

844. 인터뷰이: 예. 아침 일찍 나오니까 아침 못 먹고, 저녁까지 다 밖에서 먹고 오
845. 고 토요일날… 최근에 한 1년 동안은 또 주말에도 많이 나갔기 때
846. 문에, 토요일날 오전에 좀 늦게 자다가 아점 먹고 출근하고 일요
847. 일도 아점 먹고 출근하고 이러니까

848. 인터뷰어: 일요일까지…

849. 인터뷰이: 예. 뭐 두 번인 경우, 보통 세 번, 네 번 이 정도인데,

850. 인터뷰어: 음.

851. 인터뷰이: 그 중에 한 번은 또 주말이니까 또 외식을 하게 되는 케이스가 많
852. 잖아요.

853. 인터뷰어: 음.

854. 인터뷰이: 있더라도요. 그럼 집에서 먹는 경우가 두세 번 밖에 안돼요.

855. 인터뷰어: 그러시구나.

856. 인터뷰이: 그러니까 집에서 어떤 식이조절이나 뭐나 이렇게 할 수 있는 당뇨
857. 식이나 이렇게 할 게제도 아니고

858. 인터뷰어: 음.

859. 인터뷰이: 그리고 가끔 집에서 딱 먹을 때 보면 그런 게 관리 안 되는 게 좀
860. 보이죠. 저는 이제 서운한 부분이 좀 있긴 한데, 지금은 이제 한 행
861. 동이 있으니까. 맨날 늦게 들어오고 뭐하고 뭐하고 하니까 이제
862. 특별하게 강요는 안 하는데 그런 부분도 좀 집에서 가족들이 좀
863. 알아서 해주면 좋죠. 또 어떻게 보면 제가 또 그 정말 필요에 의해
864. 서 당뇨식도 하고 뭐 이런 걸 하게 될 때, 집에서 도와줬으면 하는
865. 바람이 있죠.

866. 인터뷰어: 음. 그러니까 서운하다고 하셨는데, 구체적으로 어떤 점이 서운하
867. 셨어요?

868. 인터뷰이: 아니 그러니까, 예를 들면 제가 지난 주말 얘기만 해도,   43:43

869. 인터뷰어: 네.

870. 인터뷰이: '이제부터 당 관리를 해야지' 하고 딱 마음먹고 있는데, 저녁때 삼
871.   겹살을 이만큼 사와서 가족들이 먹는 거죠.

872. 인터뷰어: 음. (웃음)

873. 인터뷰이: 예. 근데 그거를 제가 아들이 되거나 아버지가 돼서 "아이씨 나 못
874.   먹는데 삼겹살은 무슨 삼겹살. 그냥 시금치에 밥 먹자."

875. 인터뷰어: 음.

876. 인터뷰이: 이래버리면 분위기 깨잖아요.

877. 인터뷰어: 그렇죠.

878. 인터뷰이: 뭐 그런 거죠. 그러니까 이제 좀 커뮤니케이션이 부족하다라고 할
879.   수도 있겠습니다마는, 본인의 의지하고 가족들의 의지가 항상 일
880.   치하는 게 아니잖아요. 저희 어머니나 와이프 입장에서는 아 지금
881.   쯤이면 아이들에게 고기를 먹일 때도 됐고 해서 먹은 건데 제 입
882.   장은 또 다르잖아요. 네. 그런 것들. 그 다음에 그 한편으로는 이거
883.   죠. 그러니까 저도 마찬가지인데. 상대방이 고민이 있거나 뭔가
884.   도움이 되려면, 내용을 좀 파악해서 와 닿아야 하는 거잖아요.

885. 인터뷰어: 음.

886. 인터뷰이: "아 당뇨 걸렸다니 큰일 났다. 걱정이다. 조심해야겠다."라는 부분
887.   까지는 사실 공유됐지만 '그래서 나는, 그래서 우리 가족은 어떻게
888.   해줘야겠다.' 뭐 이런 부분까지는 아직 좀 부족한 거죠. 그게 서운
889.   하다면

890. 인터뷰어: 음.

891. 인터뷰이: 서운하건데,

892. 인터뷰어: 음.

893. 인터뷰이: 그걸 뭐 서운하다고 얘기하는 게 맞는지 모르겠어요.

894. 인터뷰어: 음.

895. 인터뷰이: 그러니까 보면 당뇨환자들 주변에 유혹이 참 많거든요?   44:58

896. 인터뷰어: 그러시죠.

897. 인터뷰이: 예. 근데 직장 아까 말한 회사 직장 동료 안 도와줘, 회사동료 안
898.   도와줘, 근데 집은 그나마 좀 더 소규모의 더 결속력이 있는 조직
899.   임에도 불구하고, 또 제가 강하게 얘기할 수도 없고. 또 거기는 요

900.		즘에는 또 보면 각각 또 생활하는 게 또 좀 있으니까 또 생각보다
901.		회사보다는 더 서포팅을 좀 해줘야 하는데 뭐 그런 게 또 부족하
902.		고. 그렇습니다. 그런 것들이 좀 아쉽죠. 서운한 게 아니라 아쉽죠.

903. 인터뷰어: 예. 그러실 것 같아요. 그래서 보통 당뇨환자들이 얘기하실 때, 이
904.   게 이제 당뇨를 앓는 분들하고 앓지 않는 분들하고 너무 세상이
905.   차이가 난다. 너무 몰라준다. 그런 말씀을 하시는데 그런 느낌을
906.   받으셨어요?

907. 인터뷰이: 어… 막 너무 너무라는 말을 붙이니까 제가 좀 그러는데

908. 인터뷰어: (웃음) 아 죄송합니다.

909. 인터뷰이: 분명 차이가 있다고 느껴요.

910. 인터뷰어: 예.   45:55

911. 인터뷰이: 예, 근데 제가 관리를 잘하고 있다면 아마 '너무'라는 말을 붙일 수
912.   도 있겠죠.

913. 인터뷰어: 음.

914. 인터뷰이: 근데 제가 관리가 약간 요즘엔, 요즘이 아니라 전반적으로 좀 소
915.   홀한 편이고

916. 인터뷰어: 음.

917. 인터뷰이: 아직까지 그 몸 관리 쪽보다는 회사 일이나 다른 쪽을 더 우선하
918.   게 행동해서 그런지 모르겠습니다만은

919. 인터뷰어: 음.

920. 인터뷰이: 차이는 분명히 느끼지만 아직까지 '너무 차이난다.' 이것까지는   46:16
921.   아닌 것 같아요.

922. 인터뷰어: 음.

923. 인터뷰이: 근데 소위 이상적으로 한다면 세상이 다를 것 같아요. 뭐 생각을
924.   한 번 해보세요.

925. 인터뷰어: 음.

926. 인터뷰이: 그러니까 4,50대 중견의 사원들이 회식을 하면 먹으려는

927. 인터뷰어: 음.

928. 인터뷰이: 아이템과

929. 인터뷰어: 음.

930. 인터뷰이: 일과 2,30대 직원들이 원하는 아이템이 갭이 나잖아요. "야, 차이
931.   난다." 이렇게 얘기하잖아요. 그래도 역시 회식을 하면 고기가 들
932.   어가잖아요.

933. 인터뷰어: 그렇죠.

934. 인터뷰이: 근데 당뇨환자는 그거에 더 가서 "야, 우리 채소 먹자." 회식하는
935.   데, 만약 예를 들어서 "당뇨식을 먹자." 이래버리면 그건 정말 딴
936.   세상이죠. 그러니까 뭐 후배들과 갭이 나고 세대차이가 난다고 하
937.   지만 그 이상의 갭이라는 거죠.

938. 인터뷰어: 그래서 사실 외국에는 이제 채식주의자가 참 많은데, 한국에 와서
939.   채식주의자로 살기는 불가능하다고 얘기하더라고요.

940. 인터뷰이: 전 봤어요.

941. 인터뷰어: 워낙 배려가 안 되기 때문에 사실 요즘 꼭 당뇨환자 뿐만 아니라   47:13
942.   그냥 천성적으로도 사실 못 드시는 분들도 계실 텐데,

943. 인터뷰이: 예.

944. 인터뷰어: 그런 거에 대한 우리가 사회적 배려가 너무 작은 것이 문제인
945.   것…

946. 인터뷰이: 네.

947. 인터뷰어: 꼭 당뇨환자뿐만 아니라 모든 그런 사람들에 대해서 우리가 너무
948.   한쪽으로만 치우쳐서… 아까 잠깐 언급하셨는데, 또 이제 성 관련
949.   돼서 부부생활 같은 것들은

950. 인터뷰이: 예.

951. 인터뷰어: 약간 성욕이 떨어진다고 말씀하셨는데 거기 관련돼서 성트러블
952.   이라던지 부부갈등 그런 거는 없으십니까? 뭐 불편하시면 얘기
953.   안 하셔도 좋고요.

954. 인터뷰이: 아니 트러블은 없고요. 횟수가 줄은 거죠.

955. 인터뷰어: 음.

956. 인터뷰이: 예. 줄었고요. 그리고 그게 보통 나이 들면서 준다고는 하는데, 당
957.   연히 뭐 그렇겠습니다만, 그래도 그게 딱 그렇잖아요. 애도 다 낳
958.   고 뭐 이러면서 줄 때이긴 했었긴 했지만 하지만 느낌인거죠.

959. 인터뷰어: 음.

960. 인터뷰이: 저는 집에서 그게 와이프가 사실 이렇게 많이 원하거나 그런 스타
961.   일이 아니기 때문에

962. 인터뷰어: 예.

963. 인터뷰이: 뭐 그것 때문에 트러블 생길정도는 아니고, 그것 땜에 서운해 했
964.   던 적은 있었던 것 같아요. 생각이 제가 별로 안 나니까.

965. 인터뷰어: 네.

966. 인터뷰이: 그리고 가끔 잠자리에서 물어보면, "좀 너무 뜸한 거 아냐?" 뭐 요   48:20
967.   런 정도의 얘기는 들을 정도.

968. 인터뷰어: 음.

969. 인터뷰이: 근데 그게 나이 들어서 그런 건지, 당하고 관련된 건지. 그건 사실
970.   의사 선생님하고, 의사 선생님하고는 의논을 안 해봤어요.

971. 인터뷰어: 너무 친하시니까. (웃음)

972. 인터뷰이: (웃음) 네. 아무 얘기 안해봤고, 비아그라라도 처방을 좀 해달라고
973.   하나? 그걸 뭐 예를 들면 그걸 질문을 못 하는 거죠. "제가 당 때문
974.   에 성욕이 감퇴가 되거나 횟수가 줄어서 그러는데 예를 들어서 그
975.   런 처방을 받을 수 있습니까?" 라는 질문을 못 하겠어요.

976. 인터뷰어: 음.

977. 인터뷰이: 어디다 하죠? 이런 것들이 고민이 되는 거죠.

978. 인터뷰어: 음.

979. 인터뷰이: 예. 인터넷에 올리기도 좀 그렇고. 뭐 암튼 받을 수 있는지도 실제
980.   도…

981. 인터뷰어: 음.

982. 인터뷰이: 그 발기가 안 되는 건 아닌데 (웃음), 암튼 분명히 줄긴 줄었고. 그
983.   게 영향이 있는 게 아닌가.

984. 인터뷰어: 음.   49:15

985. 인터뷰이: 약을 항상 강 강화제를 먹고 먹을 때와 않을 때와 차이가 좀 있는
986.   것 같아요.

987. 인터뷰어: 음.

988. 인터뷰이: 그래서 제가 그렇게 한 거고. 근데 제가 말씀을 드리지만 의사선
989.   생님하고 편하게 말씀드리면 좋은데,

990. 인터뷰어: 음.

991. 인터뷰이: 사실 잘 아시는 분도 존경하는 쪽 입장이기 때문에 개인 사생활
992.   이게 편하게 얘기 못하는 게

993. 인터뷰어: 그럴 수 있어요. 예예

994. 인터뷰이: 분명 있는 것 같아요. 그 다음에 또 하나는 제가 이제 병원 쪽에 아
995.   쉬웠던 걸 전반적으로 보면, 그게 시스템 문제인지 아니면 그걸
996.   도입을 안 하는 건지 잘 모르겠는데요. 예를 들어서 그 의사들이
997.   그러잖아요. 약 약 병이 잘 안 나으면 "약은 잘 드셨습니까?" 그러
998.   면 "저 깜빡하고 잘 안 먹었는데요?" "그거 약 안 드시니까 그렇잖
999.   아요." 이렇게 그냥 끝내버리잖아요.

1000. 인터뷰어: 음.

1001. 인터뷰이: 그러니까 저희가 뭐 만들어도, 만들어서 잘 안 쓰잖아요?

1002. 인터뷰어: 그렇습니다.   50:03

1003. 인터뷰이: 그러면 저흰 쓰게 하는 방법까지 홍보하고 쓰게 하고 교육하고 뭐
1004.   하고 체크하고 성과까지 다 보고

1005. 인터뷰어: 음.

1006. 인터뷰이: 뭐 이런 보고를 하잖아요. 마찬가지로 개인이 하는 병원이라서 아
1007.   니면 뭐 일반 병원도 모르겠지만, 중간에 전화를 주면 안 되냐 이
1008.   거죠.

1009. 인터뷰어: 음.

1010. 인터뷰이: 예를 들면, 열흘 치를 가져갔으면,

1011. 인터뷰어: 음.

1012. 인터뷰이: 한 5일 쯤에 체크를 해서 메시지를 보내주던,

1013. 인터뷰어: 음.

1014. 인터뷰이: 아니면 전화를 하던 메일을 보내주던 지금쯤에 이러이러한 약들
1015.   을 먹어서 먹어야 된다는 것 하고 증상이 이래야 한다는 것 하고

1016. 인터뷰어: 음.

1017. 인터뷰이: 이상이 있느냐라던가, 뭐 이런 정보들을 좀 알려주거나 가이드를
1018.   하는 경우가 거의 없었던 것 같아요.

1019. 인터뷰어: 굉장히 중요한 메시지 같습니다.

1020. 인터뷰이: 네. 며칠날 와라 정도만 얘기하고. 근데 실제로 집에 계시는 부모
1021.   님이나 애들이면

1022. 인터뷰어: 음.

1023. 인터뷰이: 챙겨주지만,

1024. 인터뷰어: 음.

1025. 인터뷰이: 사실 가장 왕성하게 일할 나이 대들은 그거 못 챙겨가는 경우가
1026.   많거든요. 제가 작년에, 그러니까 몸이 그러고 나서 건강검진을
1027.   삼년 전부터 받기 시작을 했어요. 그전에는 받으라고 했지만 뭐
1028.   그게 꼭 의무사항은 아니었기 때문에 그냥 안 받고 넘어가고 막
1029.   그랬어요. 근데 한 3년부터는 봤는데, 당뇨 외에도 다른 증상들
1030.   이… 당뇨와 같이 가는 것들이 있잖아요. 예를 들면 이제 콜레스
1031.   테롤 수치나 간수치나 여러 가지를 보니까 구간에 위험한 구간에
1032.   거의 끝에 가 있더라고요.

1033. 인터뷰어: 음.

1034. 인터뷰이: 넘어가면 위험해지는,

1035. 인터뷰어: 음.

1036. 인터뷰이: 그래서 주기적으로 작년에 건강검진을 제가 한 열댓 번 이상을 연   51:26
1037.   기해서 결국 못 받았어요.

1038. 인터뷰어: 음.

1039. 인터뷰이: 그 날짜 마다 하여튼 간 뭐 무슨 일이 생겨가지고. 병원도 마찬가
1040.   지라는 거죠. 특히 어디 상처가 나서 피가 흘리거나 이런거거나
1041.   아니면 정말 아파서 통증이 있으면 뭐 병원을 찾아가겠지만, 당뇨
1042.   같은 경우는 통증도 없이 있는 거라 더 이렇게 개인이 관리하기 더
1043.   쉽지 않거든요. 그러면 의료시스템 자체가 그런 걸 케어 할 수 있
1044.   는 뭐 그런 게 있으면 좋겠다. 막 생각을 많이 했어요. 예. 그 누가
1045.   친구가 그러는데 "그 인건비는 어떻게 할 건데"

1046. 인터뷰어: (웃음)

1047. 인터뷰이: 그러면 저는 오히려 그런 비용이 들어가도 좋다고 생각해요.

1048. 인터뷰어: 예.

1049. 인터뷰이: 오늘 뭐 하다못해 사실 옆에 있는 와이프도 있거든요. 제가 매일
1050.   몇 년 동안 약을 먹다보니까 약을 먹는지 안 먹는지… 전에는 약

1051.		챙겨서 이렇게 주고 그랬는데, 약을 먹는지 안 먹는지 신경도 이
1052.		젠 안 쓰거든요. 알아서 먹겠지하고
1053.	인터뷰어:	음.
1054.	인터뷰이:	그런데 지금쯤이면. 그리고 또 그렇잖아요. 처방받아서 한 달 치
1055.		받았으면, 40일이 됐어, 안 오면 모르겠어 다른 병원을 갔는지 생
1056.		각했는지 모르지만 "오 이거 약이 떨어졌을 텐데 왜 안 오십니
1057.		까?"라던가 뭐 뭔가 이렇게 피드백을 줘야 하는데 그런 것들이 좀
1058.		적은 것 같아요. 예.
1059.	인터뷰어:	관리를 좀 관리를 좀 적을 것 같습니다. 이제 운동은 그 어떻게…
1060.		운동을 이제 많이 권장하는데, 어떻게…
1061.	인터뷰이:	사실 운동 되게 좋아해요.
1062.	인터뷰어:	예.
1063.	인터뷰이:	단순한 운동은 조금 이제 뭐 육 뛰는 마라톤이나 수영은 조금 지
1064.		루해서 재미없어하긴 하지만 그 외에 뭐 공 갖고 하는 운동
1065.	인터뷰어:	음.
1066.	인터뷰이:	특히 경쟁이 되는 운동을 되게 좋아하거든요? 근데 그 최근에는
1067.		그럴 시간도 없고, 뭐 따로 시간을 내서 이렇게 할 수 있는 부분이
1068.		제가 오늘도 동료들하고 얘기하고 왔습니다마는, 그 저희 사무실
1069.		주변에 인제 헬스클럽 이런 데를 아예 사무실 통째로 이렇게 해서
1070.	인터뷰어:	음.
1071.	인터뷰이:	조금 저렴하게도 하고 뭐 이런 기회들을 많이 하는데, 저는 이번
1072.		에 안 했습니다마는, 막상 한 6개월 동안 지나고 보니까 많이 그
1073.		정기적으로 못 해요.
1074.	인터뷰어:	예.
1075.	인터뷰이:	거의 못 해요. 오늘 얘기하면서 "야, 우리 걷기라도 하던가 뭘 해야
1076.		하는데, 안 가면 뭐 벌금 얼마 하자." 이런 얘기를 합니다마는 쉽지
1077.		않은 것 같아요. 의지문제인지 어떤 문제인지 잘 모르겠지만. 저는
1078.		특히 최근에 몇 년간은 그… 정기적인 운동을 거의 못해봤습니다.
1079.	인터뷰어:	그러시구나. 예.
1080.	인터뷰어:	예.
1081.	인터뷰어:	약은 정기적으로 복용하고 계시죠?

52:45

53:26

1082. 인터뷰이: 그것도 사실… 잘… 못 지킬 때가 많이 있습니다.

1083. 인터뷰어: 아무래도 회사생활 하시니까.

1084. 인터뷰이: 예.

1085. 인터뷰어: 그 다음에 또 이제 보통 혈당검사 같은 경우 자주 정기적으로 하
1086.   라고 하는데, 그런 부분은 어떠신지요?

1087. 인터뷰이: 그 부분도. 사실 이제 좀 부족했습니다. 그래서 이제 지난 주 뭐 이   54:03
1088.   런 얘기 했던 것도 뭐냐면 '아, 약도 이제 제대로 지켜서 먹고

1089. 인터뷰어: 네.

1090. 인터뷰이: 혈당체크도 좀 해야겠다.' 해서 이제 죽 뭐 예를 들면 '뭘 먹었는데
1091.   몇 시간 뒤에 증상이 어떻더라.' '내가 걷는 건 얼마큼…' 이게 좀
1092.   체크를 좀 제 몸을 알아야겠다 해서 예전에는 좀 했는데 한동안
1093.   한참 많이 안 했기 때문에 그러니까 병원에 한 달, 한 달 치를 받아
1094.   오는데 한 달 치마다 갈 때마다

1095. 인터뷰어: 음.

1096. 인터뷰이: 체크를 해요. 근데 수치가 높죠. 왜냐면 약이 떨어져서 그 주에 이
1097.   삼일 동안 안 먹고 있다가

1098. 인터뷰어: 음. 그러시겠다.

1099. 인터뷰이: 가니까요. 그니까 수치가 높죠. 그데 그 전에는 컨디션이 좋았는데
1100.   도대체 얼마였는지 모르잖아요.

1101. 인터뷰어: 예.

1102. 인터뷰이: 선생님한테 얘기를 설명을 드려야 되는데 이게 최근 며칠 동안 안
1103.   좋아서 그런 거다. 그 전에는 얼마 정도를 유지했다. 이렇게 돼야
1104.   하는데 그전에 그렇게 말씀 드린 적이 거의 없거든요.

1105. 인터뷰어: 음.

1106. 인터뷰이: 왜냐면 체크를 안 했기 때문에… 그래서 그거 정기적으로 하는 것
1107.   도 쉽지가 않습니다. 특히 젊을수록 힘들 거예요. 저는

1108. 인터뷰어: 그렇겠다.

1109. 인터뷰이: 이제 제가 사무실에 제 자리가 약간 이렇게 뭐라고 해야 하나요?
1110.   은폐되어 은폐라기보다는 직급이 높아 가면 자꾸 남들 등을 보고
1111.   안게 되잖아요.

1112. 인터뷰어: 음.

1113. 인터뷰이: 그러면 거기 앉아서 혈당체크를 해도 누가 와서 "어 뭐해?" 이런
1114. 얘기를 잘 안 하거든요? 근데 뭐 중견이나 대리나 과장쯤이나 되
1115. 는 친구들은 만약 그걸 중간에 점심 먹고 체크한다고 그러면

1116. 인터뷰어: 음.

1117. 인터뷰이: 이렇게 신기하게 생각하는 것부터 시작해서 뭐 여러 가지 얘기가
1118. 나오겠죠.

1119. 인터뷰어: 음.

1120. 인터뷰이: 회사에서 그렇게 체크하는 게 쉽지가… 않습니다.

1121. 인터뷰어: 예. 선생님도 지금 그 아까 말씀하신 것처럼 조금은 위에 있는 직   55:35
1122. 급에 계신데, 그럼에도 불구하고 회사에서 체크하시기 어렵다는
1123. 말씀이신가요?

1124. 인터뷰이: 그렇죠. 그… 쉽지 않고요. 그 지금은 지금은 갖다 놓고 하고는 있
1125. 어요.

1126. 인터뷰어: 예.

1127. 인터뷰이: 예. 거기에는 이제 제 직급 되니까 제가 하는 거에 대해서는 누가
1128. 뭐라고 할 사람이 크게 없다는 의미고, 그리고 뭐 관심 좀 지켜보
1129. 고 지나가는 정도지 밑의 친구들은 관심을 가질 거라는 거고. 그
1130. 다음에 잘 깜빡깜빡 해요. 회의 들어가거나 밥 먹고 얘기하고 뭐
1131. 이렇게 하다 보면 '아, 두 시간 뒤에 체크했어야 했는데 못 했구나'

1132. 인터뷰어: 음.

1133. 인터뷰이: 뭐 이런 것들을 자꾸 잊어버리죠.

1134. 인터뷰어: 그러시구나. 아이고, 뭐 굉장히 많은 말씀을 해주셔서 지금 얼마
1135. 큼 얘기했는지 기억도 안 나는데.

1136. 인터뷰이: 예.

1137. 인터뷰어: 혹시 저혈당이나 뭐 다른 여러 가지 뭐 합병증이라던 지 뭐 이런   56:25
1138. 거 체험해보신 적 있으십니까?

1139. 인터뷰이: 이제 곧 나타날 거라고 워닝(warning)을 많이 선생님들이

1140. 인터뷰어: 아하…

1141. 인터뷰이: 주고 계시고 있고요. 그 전반적으로 그런 증상들이었던 것 같아

1142.	요. 아까 말씀드렸던 것처럼, 병이 걸리거나 상처가 났을 때 빨리
1143.	안 낫는 것 같다라는, 또 예전보다. 또 상처나 이런 것들이 흉터가
1144.	예전보다 더 많이 남는 것들. 그 다음에 눈도 좀 약간 정기적으로
1145.	치과 질환 뭐 요런 것들이 파격적으로 어떤 합병증이 이렇게 온
1146.	건 아니고요, 어 이제 몸으로 좀 우려가 된다는 느낌. 치과치료…
1147.	저는 부모님한테 전반적으로 몸은 잘 받았다고 생각해요. 그러
1148.	니까 저희 와이프는 당도 없고 뭐도 없는데 이(치아) 치료하러 가서
1149.	뭐 수백씩 쓰고 그러거든요?

1150. 인터뷰어: (웃음)

1151. 인터뷰이: 그런데 저는 뭐 양치질도 이렇게 점심때까지 챙기고 이런 정도가
1152.   아니고 그냥 아침 나갈 때, 저녁 잘 때 정도 수준밖에 안 되고 잘
1153.   관리 안하고 와이프보다 이상하다고 할 정도인데, 결국 보면 부모
1154.   님이 참 튼튼하게 낳아주셨다라고 생각을 하거든요?

1155. 인터뷰어: 음.

1156. 인터뷰이: 근데 그런 튼튼한 몸인데, 조금 조금씩 그 '어 이게 무뎌지고 있구
1157.   나, 뭐가 이상이 생기고 있구나.' 이런 느낌은 있습니다. 근데 구체
1158.   적으로 이렇게 합병증을 이렇게 저기 받은 확진을 받은 상태는 아
1159.   직 없습니다.

1160. 인터뷰어: 다행입니다. 예예. 뭐 정기적으로 병원을 방문하고 계신 거죠? 그   57:58
1161.   러니까요 어쨌든 시간을 조금

1162. 인터뷰이: 예.

1163. 인터뷰어: 지키진 않더라도

1164. 인터뷰이: 네.

1165. 인터뷰어: 꾸준히 한 선생님을 방문하고 계신 거죠?

1166. 인터뷰이: 네 그렇습니다.

1167. 인터뷰어: 근데 거기 좀 멀지 않으세요?

1168. 인터뷰이: 네. 그래서 최근에 선생님께서 그… 약 받는 그러니까 그 근처 병
1169.   원으로 원래는 근처 살다가

1170. 인터뷰어: 음.

1171. 인터뷰이: 이사를 왔기 때문에 지금 멀어진 거거든요. 그래서 이렇게 다녔는
1172.   데 근처를 한 번 소개시켜주겠다. 라고 하시면서

1173. 인터뷰어: 음.

1174. 인터뷰이: 그 나름대로 또 이렇게 다른 의사선생님께 이렇게 하는데 막연하
1175.   게 해줄 수는 없다.

1176. 인터뷰어: 음.

1177. 인터뷰이: 니가 요즘 관리를 잘 못하고 있으니까, 좀 체크를 좀 더 하고 해서
1178.   딱 최적의 처방을 자기가 파악한 후에 집 근처에서 인제 주기적으
1179.   로 할 수 있도록 해주겠다. 그렇게 말씀하셨어요. 그래서 거리가,
1180.   거리 그 아까 말씀드린 그 (이?) 나는 거,

1181. 인터뷰어: 음.

1182. 인터뷰이: 약이 떨어져서 2,3일, 길게는 일주일, 뭐 이렇게 제가 갈 수 있는
1183.   게 평일날 가기 좀 어려우니까 주말에 토요일 가거든요? 근데 집
1184.   안 행사가 있거나 그러면 일주일 확 넘어갈 가능성이 크잖아요. 우
1185.   편으로 요청하기도 하고 그랬습니다만,

1186. 인터뷰어: 음.

1187. 인터뷰이: 그런 거를 좀 줄이기 위해서 근처로 좀 옮기는 쪽으로 추진하고
1188.   있습니다.

1189. 인터뷰어: 음. 아 굉장히 인포메이션리치 (웃음) 이야기이신데,   59:17

1190. 인터뷰이: 아 (웃음)

1191. 인터뷰어: 혹시 그래도 지금 혹시 이런 이야기는 좀 더 하고 싶다. 생각나시
1192.   는 부분이… 없으시면 뭐…

1193. 인터뷰이: 네. 뭐 특별히…

1194. 인터뷰어: 특별히 없으신가요? 아니면 혹시 당뇨환자들이나 아니면 당뇨환
1195.   자가 아닌 분들에게 워닝이랄까 하시고 싶은 말씀이 있으신지. 아
1196.   니면 당부랄까 뭐 충고랄까 당뇨환자나 당뇨환자가 아니더라도…

1197. 인터뷰이: 아니 뭐 좋은 어떤 뭐 관리하는 데나 아니면 치료하는 데 좋은 아
1198.   이디어가 있으면 널리 알려주고 하면 참 좋을 텐데, 뭐 제가 썩 관
1199.   리를 잘 하거나 그런 게 아니었기 때문에, 특별하게 드릴 말씀은
1200.   없습니다. 그러니까 아직도 저는 그 어느덧 당뇨확진을 받은 이후
1201.   로 꽤 오래 거의 10년은 안 됐지만

1202. 인터뷰어: 음.

1203. 인터뷰이: 7년 정도 된 것 같아요. 근데도 느낌이 뭐냐면 막 당뇨확진을 받은

1204. 인터뷰어: 음.

1205. 인터뷰이: 초보자

1206. 인터뷰어: 음.

1207. 인터뷰이: 같은 느낌…들입니다. 거기다 의지도 없고. 뭐 이런 부분들이 있
1208.   어서 뭐 특별하게 같은 병을 갖고 있는 분들에게 얘기해줄 거는
1209.   없는 것 같아요. 없는 것 같고요. 오히려 거꾸로

1210. 인터뷰어: (웃음)   60:33

1211. 인터뷰이: 좋은 사례들 많이 있으면, 치료나 관리하는데 좋은 사례 있으면
1212.   좀 공유를 하고 알려줄 수 있으면

1213. 인터뷰어: 음.

1214. 인터뷰이: 저도 동참하고, 저도 관리하는 데 도움이 됐으면 좋겠다.

1215. 인터뷰어: 예. 그래서 올해 우리 목표가 올해 10월이나 늦어도 연말까지는 당   60:46
1216.   뇨병과 관련돼서는 우리가 정보를 인터넷에서 공개할 수 있도록
1217.   그렇게 추진을 하고 있습니다. 그래서 저희가 부지런히 인터뷰를
1218.   하고 있습니다. 혹시 대화하시는 동안 불편한 사항 없으셨어요?

1219. 인터뷰이: 네, 없었습니다. 편하게 말씀드렸어요.

1220. 인터뷰어: 후회되시는 부분 없으시고요?

1221. 인터뷰이: 아니요, 뭐 후회…(웃음) 초보자라 아까 말씀드렸지만, 이게 부
1222.   끄… 그러니까 전반적으로 널리 알리는 것은 부끄럽다는 느낌이
1223.   지만

1224. 인터뷰어: 예.

1225. 인터뷰이: 뭐 그냥 구체적인 이런 얘기를 하는 것이 이렇게 부끄러운 일인지
1226.   아닌지 뭐 그런 개념은 사실은 잘 없어요, 저한테.

1227. 인터뷰어: 예. 아까도 말씀드린 것처럼, 이게 선생님께서는 뭐 그냥 두서없
1228.   다. 아니면 이게 중요하지 않을 것 같다, 하지만 분명히 귀하게 중
1229.   요하게 쓰일 거라 생각합니다. 감사합니다.

1230. 인터뷰이: 그럼 다행입니다. 고맙습니다.   61:30

별첨 자료 2

1. 의사: 【팔을 내밀며】앉으세요. 문을 닫으셔야 되는데   00:00

2. 환자: 【문을 닫는다.】

3. 의사: 예, 안녕하세요? 석준…【휴지】【주머니의 물건과 명찰을 정리한다.】예,
4.   【펜을 딸깍 거린다.】오늘은 뭘 뭘 도와드릴까요?

5. 환자: 이 이 가래가 그냥 끓는 데가 봐선 한 삼월달서부턴 그런데

6. 의사: 아 그러시구나

7. 환자: 내가 뭐 이 그냥 일을 댕기느냐고 여간 이제 이런 병원엘 못 오고 그냥
8.   직산(?) 그런데서 인자 시간지낭게 가 보고 약만 타다 먹고 이랬는데
9.   【들숨】영 안나요.

10. 의사: 예

11. 환자: 그래가지구선 그냥 가래가 하루 죙일 그냥 남 보기에 아주 그냥 민망해
12.   갖고 같이 일을 하는 사람들하고

13. 의사: 예

14. 환자: 칵하고 두 번씩 뱉어도 금방 또 생기고 또 생기고

15. 의사: 오

16. 환자: 요 목구녕【왼속으로 목을 가르키며】요기 가서 항상 걸쳐 있는거 모양

17. 의사: 아 그러시구나

18. 환자: 예 칵 배트구 한참 가서 있으면 또 생겨요.

19. 의사: 예

20. 환자: 그럼 그냥 갑갑하구 그리구 작년 12월 달에 즈히 식구가 세상을 떴어요.   01:08

21. 의사:　아【작게】그러시군요

22. 환자:　12월 달에. 그래가지구선 그냥 그 뒤루다가 그냥 생각만 하믄 그냥 가
23.　　　　슴이 찢어지는 것 같으구 그냥 속이 답답한 것이 그냥 아주 뭐 말 할 수
24.　　　　가 없어요. 그래 요 가까운 병원에서도 가끔 가믄 그런 얘기 하믄 첨엔
25.　　　　그 (생각을 한 번) 내시경을 한번 해 보라구 그러더라고요

26. 의사:　아 예

27. 환자:　예 이까짓 거 내가 죽으면 그만이지 혼자 살면 모 하느냐구 그러면서
28.　　　　이렇게 살면서 그냥 아~예 큰 덩어리믄 내가 아주 그냥 근데

29. 의사:　그렇죠

30. 환자:　요즘 와서는 그냥 지금두 생각만 하면은 그냥 여- 시월 다음 달이 인저
31.　　　　2년이 되는건데 지금두 생각만 하면 속이 답답한 게 아주 그 때는 그냥
32.　　　　뭐 말루 속이 찢어지는 것 같으구 그냥 아주 속이 답답해 걍 견딜 수가
33.　　　　없어요. 그래서 인제 애들이 약초를 넣어서 인제 보약이라고 인제 해 줘
34.　　　　서 이까끼꺼 안 먹는다구 나 죽으면 그만이지 그까끼꺼 내가 모하러 먹
35.　　　　냐구 안 먹구 애들이 죄 해 줘서 할 수 없이 그냥 먹구 그랬는데 그냥
36.　　　　지금두 생각을 하면 양 속이 양 답답한게 근디 요즘 와서는 그냥 이렇
37.　　　　게 밥만 아침 커피 먹을랴고 요만큼씩 한 숟갈 먹지 먹구 싶지를 않아
38.　　　　요. 그래가지구선 그냥 뭐 조금만 먹으면 그냥 속이 답답하구 안 먹어두
39.　　　　속이 씨리구 이르케 답답허구 이래가지구 여기【왼쪽 점퍼 주머니에서
40.　　　　무언가를 꺼내며】이게 저기 뭐야【꺼내 보며】생전 이런 것들 걍 안 해
41.　　　　갖고 이거 뭐 무료진단표 이거

42. 의사:　【같이 보며】아 하셨구나　　　　　　　　　　　　　　　　　02:36

43. 환자:　아니 안 했어 아직

44. 의사:　아 아직 안 하셨어요 (?)

45. 환자:　아까 요기 사층으로 가니까 점심시간이라고 안내해 줘서

46. 의사:　해 보셔야 돼요

47. 환자:　【종이를 집어넣으며】에 딸이, 딸이 인제 한집에 인저 사는 그냥 정~말
48.　　　　아부지 가서 한 번 해보라구 그냥 그러더라구요. 그래서 에이 그냥 한
49.　　　　번 죽으면 그만이지 그냥 뭘 해보냐고 그러면서

50. 의사:　흠흐

51. 환자:　아~주【얼굴을 손으로 감싸며】내시경 옛날에 한 번 해 보구【감싼 손을

52.		내리며】다시는 안 한다구 그냥 하두 죽을 뻔 해가지구서는	
53.	의사:	혼나셨네	
54.	환자:	네 그래 가지구 속이 이르케 씨리구	
55.	의사:	네	
56.	환자:	먹~으나 안 먹으나 이렇게 속이 씨리구 그야 그렇다긍게	
57.	의사:	네	
58.	환자:	무슨 여기서 목이 가래가 자꾸 나오니께 이 약이나 좀 갖다 먹구【들숨】	03:07
59.		또 저기 가선 내시경 좀 저기 해서는 간 좀 (?)	
60.	의사:	그러니까 지금 제가 들어보니까 가래도 좀 많이 나오시고	
61.	환자:	가래땜에 아주 지쳐	
62.	의사:	네 그 다음에 목도 많이 불편하시고	
63.	환자:	아 속이 씨리고 아 먹으나 안 먹으나 아 더부룩 한 것이	
64.	의사:	입맛이 입맛이 좀 없으시고	
65.	환자:	아 밥은 아주 뭐 안 심한 거니까	
66.	의사:	담배도 좀 피시고	
67.	환자:	담배는 많이 피지요	
68.	의사:	또 다른 거 제가 도와 드릴 건 없을까요?	
69.	환자:	【눈을 비비며】다른 건 뭐 그거지 뭐 다른 건 없구요 담배는 하루에 한	
70.		갑 정도? 여태 안 피구【들숨】그냥 병원마다 가믄 끊자고 손가락 걸구	
71.		그냥 난 내일 죽어도 담배는 펴야 된다고 그냥 못 견디것어유.	
72.	의사:	쉽지 않으시죠?	
73.	환자:	네. 이를 빼구선두 한 삼십분 있다 빼 저기 솜 빼라 그러문 나와서 빼지	
74.		말구 담배 피는데. 못 견디겠으니 어떡해 그니 나 죽어도 담배는 못 끊	
75.		는다구 그냥【웃으며】의사들하고 그래노니까	
76.	의사:	아까 부인이 2년 전에 돌아 가셨다고	
77.	환자:	아니요 작년에	
78.	의사:	아 작년에(?)	04:10
79.	환자:	작년 시월달에 예, 근디 그지같은 병이 생겨갔구 걍 속이 답답하구	04:11

80. 의사: 부인이 부인이 좋은 분이셨었나봐요?

81. 환자: 에유, 좋지 않음 모 옛날에 고생 많이 시키고 그래서 인자 밥술이라도
82.   먹을 만하고 애들 크고 밥술이라도 먹을 만하니께 세상 뭐 고생을 많이
83.   했거든

84. 의사: 지금 부인 생각하시면 어떤 기분이 드세요? 마음 속에

85. 환자: 그냥 속이 답답한 그거죠 뭐

86. 의사: 【고개를 끄덕인다.】 슬픔이 있으신가요 아직?

87. 환자: 예에 이렇게 인저 일갔다가 인저 차를 타고 가만히 오면 자꾸 의성어에
88.   가까움) 생각 안 할래야 안 할 수가 없어. 그러니께 인저 일을 할 때는
89.   인저 모른다구 【손을 아랫배 부분에서 가로 저으며】 일하면서 지내구
90.   여시 인저 노가다 판에 내가 다니는데 여시 일하는 정신으루다가 모르
91.   는데 인저 차 타고 가만히 그냥 자꾸 생각을 안 할래두 냥 남모래 자꾸
92.   눈물이 쏟아지구 냥 생각이 이렇게 난다구.

93. 의사: 【손으로 턱을 괴며】 지금 지금 이렇게 부인에 대해 말씀하시니까 어떤
94.   느낌이세요?

95. 환자: 【고개를 흔들며】 속이 답답하쥬

96. 의사: 【작게】 답답하세요

97. 환자: 그 전보담은 좀 멧달 전보다 좀 덜하긴 덜하는데 그래두 뭐

98. 의사: 【작게】 네   05:20

99. 환자: 밤에 혼자 배깥에 나갔다 들어가면 생각나구 자꾸 【눈 주위를 만지며】
100.   안 날래야 안 날 수가 없어 차 타구 나서 생각하면 그냥 불쌍한 생각 나
101.   구 그냥 그래가지구서 그냥 자꾸

102. 의사: 부인이 뭐. 좋은 하늘나라 가셨겠지요.

103. 환자: 네?

104. 의사: 【작게】 하늘나라 가셨겠지

105. 환자: 아 여기와서 그냥 고쳐 볼라구 그냥 여기와서 그냥

106. 의사: 애 쓰셨네

107. 환자: 에, 여기와서 그냥 저기하구 그냥 여기 와서 그냥 저기 【손가락을 꼽으
108.   면서】 단대병원, 저 순천향병원

109. 의사: 무슨 병으로 돌아가셨다구요?

110. 환자: 신경성 못 고친대요 서울 대학병원을

111. 의사: 무슨 뭐로 돌아가셨어요?

112. 환자: 신경성으로다가 저 서울 대학병원에서두 신경성이라 그러더라구

113. 의사: 아 정신과 치료를 받으셨군요?

114. 환자: 예 (?)가니까 고칠 생각은 말구 저기 뭐야 약이나 먹구 더 하지나 않게끔

115. 의사: 음

116. 환자: (… 해야지?). 젊어서 신경성이믄 나이 먹으면 빨리 이게 온다는 구만?   06:06
117.   그래가지구선 우리 나중에 인저 혼저 같이 댕기다가 인저 혼저 댕기는
118.   데 그런 얘기 약그 끊으라고 그러더래

119. 의사: 【작게】음 그러시구나.   06:19

120. 환자: 그래가지구 뭐 정말 해보지도 못하고 여기 와서 엑스레이란 엑스레이
121.   는 다 찍어보구 단, 저 순천향 병원 천안 와갔구서는 (격장병원?)부터는
122.   하루에 와 갔구는 두 군데씩 병원을 댕기구 막 이랬어요

123. 의사: 네, 그래도 부인을 위해서 많이 애를 쓰셨네요?

124. 환자: 【책상에 팔꿈치를 올리고 손으로 이마를 잡으며】에휴 말도 못해지요
125.   뭐【그 상태로 눈을 닦으며】사년을 서울대학병원에서 사년을 약 갔다
126.   먹었어. 어우 먹고 (?)【손을 내리고】고칠 생각을 하지 말래는데 뭐 오
127.   죽 답답하면

128. 의사: 부인을 위해서 최선을 다 하셨네요.

129. 환자: 예, 한 번 입원을 시켜 봤으면 좋겠다고 해서 그때 했으니까 의사를 잘
130.   만났고. 돈이 얼마나 많아서 입원 시킬라 그러냐고 입원 할 필요 같으
131.   면 우리가 입원 해지 말래도 해라 그랬다고 입원해두 소용 없구 돈만
132.   내 버리니까 약이나 갔다 먹구 그래 인자 처음에 원래 병원에서 약을
133.   제조해 해주믄 되게끔 되 있는데 시골에서 올라오구 저기해서 한 번만
134.   해 준다구 그러더라구 병원에서. 거기서 약 탄 사람도 많긴 많더라구요.

135. 의사: 부인 돌아가실 때 장례식은 다 참석하셨고   07:25

136. 환자: 누가?

137. 의사: 【한쪽 손을 환자 쪽으로 뻗는다.】

138. 환자: 그라믄요.

139. 의사: 【작게】그러시구나. 많이 슬프셨어요?

140.　　　【휴지】

141. 환자:　【날숨】아휴 그냥 못가게 그냥 사람들 싹 저기 한게 그래가지구서 그냥
142.　　　매장을 할라그랬는데 또 딸들하고 그냥 내 장손, 장조카하고 장조카넨
143.　　　전부 그게 뭐여 공원묘지에다가

144. 의사:　음

145. 환자:　광덕 공립묘지에다가 전부 납골당에다 작은 아버지네도 납골당으로
146.　　　해서 (?)

147. 의사:　음

148. 환자:　【작게】딸만 둘이【눈을 비비며】(우리 큰 아들이) 딸만 둘 낳고 안 낳는
149.　　　다고 그렇게 했으니까 그냥 다 한데다 화장해서 들어가면 좋다고 그래
150.　　　서 그래가지구선 양 (1500만원에다?) 거기다 다 그러니까 거기 다 뭐
151.　　　사춘들 모 다 거기 다

152. 의사:　나중에 부인을 만나시면 뭐라고 말씀하시 말씀하시고 싶으세요?

153. 환자:　글쎄 그런 걸 뭐 아직 뭐 흐흐흐

154. 의사:　지금 부인이 잠깐 오셨다고 생각하시면 뭐라고 말씀 하실 수 있으실까
155.　　　요? (…) 무슨 말을 하고 싶으세요?

156. 환자:　【바닥을 바라보며】아이구 무슨 말은 뭐 별로 생각을 안 해 봐서. 생각
157.　　　만 해도 낫다(나왔다?) 뿐이지 뭐

158. 의사:　보고 싶단 말씀 해 보신 적 있습니까?

159. 환자:　아 그거야 뭐 말할 것도 없고… 에, 첫째 고생을 많이 시켜갔고 그것이　　08:39
160.　　　인자 그 생각만 해서 자꾸 눈물이 나구요【손가락 하나로 책상을 문지
161.　　　르며】고생만 안 시켰어두

162. 의사:　그래두 부인을 위해서 많이 애 쓰셨잖아요.　　08:52

163. 환자:　에휴다 집에서 동네 사람들두 굿해보래서 해서 굿두 번씩이나 그냥 해
164.　　　보구 뭐 별 짓 다 해 봤어요.

165. 의사:　이제 부인이 본인을 기쁜 얼굴로 쳐다보고 있지 않으실까요? 아직
166.　　　두 지금 **님을 원망하고 계실까요? 어떤 모습으로 바라보시면 낫
167.　　　겠어요?

168. 환자:　그거야 모르지유【손으로 턱을 감싸며】

169. 의사:　음.

170. 환자: 【고개를 끄덕인다.】   09:21
171.   【침묵】
172. 의사: 지금 마음속에 어떤 느낌이 있으신 거에요? 어떤 느낌이 있으시면 억제   09:28
173.   하지 마시고 그 느낌 속에 좀 머물러계세요. 괜찮으세요. 눈물이 나시
174.   면 눈물을 흘리셔두 되요. 많이 슬프셨는데 아직 부인을 돌아가신
175. 환자: 아이구 그러니 그전
176. 의사: 부인을 떠나보내신 것(?)
177. 환자: 죽는 것이 두려웠는데 지금은 뭐 죽는 것이 두렵질 않아 맘에
178. 의사: 그렇죠.
179. 환자: 예 시방 빨리 죽었으면 같이 가서 있지 싶은 이런 생각이 나는게 옛날
180.   엔 죽는 게 두려웠는데 지금은. 죽는 것이 뭐 그렇게 두려워하질 않아
181.   마음이.
182. 의사: 【작게】음 그렇죠.
183. 환자: 그러니께 그냥 벌써부터 그렇게 딸이 인제 한 집에 들어와서 있는데 그
184.   냥 엑스레찍어 보고 저기 뭐야 그걸 다 해보라구 해서 예이 죽으면 그
185.   만이지 그까지꺼 뭐 내가 왜 하냐구 절대 그런건 안 한다구 안 하고 죽
186.   는다구
187. 의사: 지금 연세가 어떻게 되세요?
188. 환자: 예순일곱【작게】(?)
189. 의사: 부인은 연세가 어떻게 되셨어요?
190. 환자: 나랑 동갑이여
191. 의사: 동갑이셨고
192. 환자: 예 작년에 예순 여섯
193. 의사: 큰 따님은 연세가 어떻게 되세요?
194. 환자: 음 지금 걔가 【눈을 꼭 감고】【작게】큰 애 큰 애가 서른일곱 서른아홉
195.   마흔 하난가?
196. 의사: 둘째 둘째는?
197. 환자: 【다리를 만지며】둘째 둘째 딸이 서른아홉.
198. 의사: 【작게】둘째 셋째는?

199. 환자: 아들인디 저기 뭐야 서른 일곱.   10:47

200. 의사: 【작고 짧게】세 네째는?   10:50

201. 환자: 서른 다섯.

202. 의사: 막내는?

203. 환자: 막내가 서른 지금 둘인가

204. 의사: 누구하고 같이 사세요? 혼자 계시는 거에요?

205. 환자: 지금은 큰 딸하고

206. 의사: 큰 딸하고, 큰 딸 결혼하셨고

207. 환자: 어, 다 했지 막내만 안 하구 다 했지

208. 의사: 큰 딸이 잘 해 주시나봐요?

209. 환자: 【고개를 크게 끄덕인다.】예 근디 큰 딸이 인저【양 손끝으로 눈 사이를
210.   만지며】(지 엄마 병간호 하러) 한 이년 들어와 있다가 인저【한 손으로
211.   눈을 비빈다.】(올 11월) 다음 달에 인제 이사해요.(?)동 (?)아파트 짓는
212.   데다가. 아들 학교 저기 뭐야 당기는데 맨날 그냥 밤에 태워오구 학원
213.   대닐테니까 그냥【고개를 두 번 끄덕거린다.】

214. 의사: 지금도 말씀 하시면서 눈물이 좀 나셨어요.

215. 환자: 【턱을 손으로 괴면서】휴 그래가꾸선 이젠 나간다구 그래서 큰 사우는
216.   자꾸 나보고 같이 나가자고 그러는데 내가 왜 사우 뭐 사우네 집 가서
217.   뭐러 얹혀 사느냐구

218. 의사: 같이 계시면 좋죠 뭐.【진찰대를 손으로 가리키며 동시에 둘이 일어서   11:38
219.   서 진찰대 쪽을 향해 간다.】올라가서 누워 계시면 제가 한 번 진찰 해
220.   드리고【환자의 등을 만짐】왜 가래가 있는지

221. 환자: 【들숨】아주 그냥 이거 뭐

222. 의사: 검사도 좀 해드릴까? 검사?

223. 환자: 【침대에 누우며】이거만 그냥 가래만 안 끓어도 그냥 좀 속 아프고 그럼 양

224. 의사: 【환자의 다리를 잡으며】무릎 세워 보시고 그래서 담배를 피시면 가래가
225.   많이 나오실 텐데【청진기를 주머니에서 꺼내며】옷을 올려보세요

226. 환자: 【윗옷을 올린다.】

227. 의사: 【청진기를 귀에 꼽고 복부에 대고】【작게】숨 쉬었다 깊게 내쉬고 쉬었   12:08

228.   다 깊게 내쉬고 앉아보시고 좀 앉아보세요.

229. 환자: 【일어나 앉는다.】

230. 의사: 【청진기를 등에 대고】숨 들이쉬었다 내쉬었다 숨 들이쉬었다 됐습니   12:25

231.   다. 내려 오시구요

232. 환자: 【의사를 향해 돌려 앉는다.】

233. 의사: 【청진기를 빼고 의자에 앉으며】지금 제가 이렇게 숨소리 들어서는 소

234.   린 참 좋으세요. 【차트에 기록하며】너무 염려하실 건 없고

235. 환자: 【의자에 앉는다.】

236. 의사: 아무래도 담배를 많이 피시니까 에 가래가 좀 끓는 건 있으시겠죠.

237. 환자: .아니 뭐 그 전엔 안 그랬었는데   12:45

238. 의사: 아

239. 환자: 삼월 달

240. 의사: 【작게】삼월

241. 환자: 부터 그냥 이렇게 목구녕에 걸쳐 있어갔구 그냥 저기 뭐야 뺄구 그냥

242.   같이 일하는 사람한테두 미안하구

243. 의사: 숨이 많이 차거나 그러진 않으세요?

244. 환자: 지금 이기 속이 씨리구 그냥 아프구요

245. 의사: 속이 좀 쓰리시구

246. 환자: 예.

247. 의사: 그럼 제가

248. 환자: 속이 더부룩 한 것이

249. 의사: 【작게】아 가래 나온 거 하고 그 다음에 속 불편한 거에 대해서 검사를

250.   좀 해드리고 다음 주에 오시면 어 검사 결과를 설명 해 드릴 것 같습니

251.   다. 괜찮으시겠어요?

252. 환자: 다음 주에【들숨】거기가 일을 또 다니기 시작, 다니기 시작하면

253. 의사: 아

254. 환자: 내가 삼월부터 내가 여태 일 다니느라고 병원에도 큰 병원 못 찾아가

255. 의사: 【빠르게】그러니까 오늘 오늘은 뭐 오늘 검사를 뭐 사진 같은거 찍으실   13:27

256.   순 있는데 내시경 검사는 오늘 못하시거든요?

257. 환자: 아니 그래 인저 【손가락으로 위를 가리키며】 저 저기 가서 저 4층에
258.   가서)

259. 의사: 아 거기서 내시경 하실 수 있으신가요?

260. 환자: 아니 거기 【바지 주머니에서 용지를 꺼내며】 아까 거기 보다

261. 의사: 【환자쪽을 향해 턱을 괴며】 거기 가셔도 내시경 검사는 못할텐데 피
262.   검사

263. 환자: 아 글쎄 인자 못하는데

264. 의사: 어

265. 환자: 이거다가 저 그냥 저기 하면은 나중에 인저 내시경 하러 오라구 이렇게
266.   하실라나

267. 의사: 아 그렇게 하시겠죠.【들숨】근데 아 내시경은 내시경은 못하실 거에요.
268.   내시경은 제가 따로 내 드려서

269. 환자: 지금- 지금은 못하죠

270. 의사: 네 제가 따로 (?)해서

271. 환자: 지금 못해죠

272. 의사: 근데 제가 카바(?) 해드리면 일주일 후에 하실 수 있거든요? 한 번 해 보
273.   실래요? 하루만 더 오시면 돼요.

274. 환자: 【작게】 며칠날 쯤

275. 의사: 다음 주 아무 때나 편하실 때.   14:06

276. 환자: 이건 무료로다가 저기 하는 거잖아   14:09

277. 의사: 【빠르게】 그렇지 그건 피검사, 피검사 위주로 하시는 거고【차트에 쓰면
278.   서】 그러면 가슴 사진은 찍으실 필요 없고 왜냐면 여기서 사진을 찍었
279.   다니까 그러면 오늘 제가 내시경 검사 내 드리고 가래 약하고 위장약을
280.   좀 드릴게요.

281. 환자: 글쎄요 그거나 좀(?)

282. 의사: 다음에 제가 좀더 상담도 해 드릴게요.

283. 환자: 예예.

284. 의사: 한 번 또 오실 수 있으시죠?

285. 환자: 예 인제

286. 의사: 괜찮으시겠어요?

287. 환자: 언제 올지 모르지 인자.

288. 의사: 【차트를 쓰며】그렇게 바쁘세요?

289. 환자: 다음 저기서부터 일을 다니다 보니까 뭐 그런데

290. 의사: 하루

291. 환자: 빠질 수가 없으니까.

292. 의사: 하루는 좀 와보시면 좋은데

293. 환자: 오게되면 또 내가 오구 내가 오게 되믄 올 수가 있어.

294. 의사: 그 정도에요? 어떻게 그럼 일주일 후에 내시경 검사하러 오실 수 있으
295.   세요? 다음 주 수요일.)

296. 환자: 【용지를 보며】무료 검진이 되는 건가 그럼?   14:52

297. 의사: 아니죠. 내시경 검사는 비용을 내셔야 되요.

298. 환자: 아니 이거 저기 뭐여 저기 내시경 검사까지 무료루다 이거

299. 의사: 내시경 검사까지? 내시경은 해당이 안되는데

300. 환자: 아 다된다 그러던데? 동네사람들 다

301. 의사: 아 내시경을?【용지를 가까이 보며】거기 표시가 대상이 안 된다고. 치
302.   료비 지원, 위암, 아 50%부담? 가서 한 번 여쭤보시고 그러면 오늘 제가
303.   약만 드리고

304. 환자: 네.

305. 의사: 약을 한 그러면 보름치 드리고 만약에 거기 올라가서 내시경을 못 한다
306.   고 하시면

307. 환자: 예 여기루다가

308. 의사: 저한테 내려오셔서 다시 제가 봐드릴게요

309. 환자: 네

310. 의사: 그렇게 하시면 되겠죠?

311. 환자: 예.

312. 의사: 좋으시네요.【작게】(?) 예 그럼 제가 오늘 가래에 대한 약하고

313. 환자: 예 가슴 답답하고 쓰리고 그런거

314. 의사: 예, 그리구 아 위에 대한 약을 좀 드리구 그 다음에 【컴퓨터에 입력한   15:44
315.   다.】담배를 한 번 좀 끊어보시면 좋은데 쉽지 않으시죠?

316. 환자: 쪼금씩 펴 볼라고 그러긴 그러는건데요 아예 끊군 못 견디겠어요.

317. 의사: 아무리 바쁘셔도 한 번 정도는 좀 더 오시면 제가 잘 봐 드릴 수 있을 것   16:02
318.   같은데 가능 하세요?

319. 환자: 나 없으면 일 못한당께

320. 의사: 하하

321. 환자: 하하

322. 의사: 언제 오시게요? 하여튼 인제 제가 약을 보름치 드렸고 요 검사도 하시
323.   고 혹시 위검사 하실 수 있으면 하시고 그 다음에 뭐 더 필요하시면 저
324.   한테 오세요.

325. 환자: 네.

326. 의사: 다음에 예약할 땐 우리 간호사가 도와 드릴 거예요.

327. 환자: 예.

328. 의사: 【손으로 문을 가리키며】나가시면 안내해 드릴 거예요. 잘 지내세요.   16:27

329. 환자: 【차트를 보며】이거 가지고 가요?

330. 의사: 여기 놔두세요【따로 챙긴다.】

331. 환자: 약만 타면 되나요?

332. 의사: 예 약만 드릴게요.

333. 환자: 예 수고하세요.

334. 의사: 예

335. 환자: 거기 가서 약 기달리는 거지?

336. 의사: 그러시죠. 예   16:40

박용익

독일 뮌스터 대학교 언어학 박사
전 연세대학교 연구교수
전 서울대학교 선임연구원
전 가톨릭대학교 초빙교수
전 고려대학교 연구교수
전 건양대학교 의과대학 연구교수

· 주요 연구 분야: 대화분석, 이야기 분석, 의료커뮤니케이션, 의사소통 교육, 질적 연구
· 저서: 『대화분석론』, 『수업대화의 분석과 말하기 교육』, 『의료커뮤니케이션』, 『그들은 왜 자살을
　생각하게 되었는가?』
· 역서: 『이야기 분석』, 『회화 분석론』

서사의학
의료인문학 교육을 위한 이야기 활용 방법론

초판1쇄 인쇄 2022년 6월 20일
초판1쇄 발행 2022년 6월 30일

지은이　　박용익
펴낸이　　이대현
편집　　　이태곤 권분옥 문선희 임애정 강윤경
디자인　　안혜진 최선주 이경진
마케팅　　박태훈 안현진

펴낸곳　　도서출판 역락
출판등록　1999년 4월 19일 제303-2002-000014호
주소　　　서울시 서초구 동광로 46길 6-6 문창빌딩 2층(우06589)
전화　　　02-3409-2060
팩스　　　02-3409-2059
홈페이지　www.youkrackbooks.com
이메일　　youkrack@hanmail.net

ISBN　979-11-6742-330-6 93700